泛产业地产“生态圈”

鲁能集团战略转型与创新发展之路

鲁 能 绿 色 发 展 研 究 院 / 主 编

社会科学文献出版社
SSAP
SOCIAL SCIENCES ACADEMIC PRESS (CHINA)

本书由鲁能绿色发展研究院编制

主　　编	刘　宇	鲁能集团董事长、党委书记
副主编	蓝　海	鲁能集团党委副书记、副总经理
	孙文燕	鲁能集团党委委员、工会主席
	王业强	中国社会科学院城市发展与环境研究所土地经济与不动产研究室主任，《中国房地产发展报告》主编

编　　委　李恩平　董　昕　邹琳华　王　蕾　苏红键
郭叶波　王　宁　徐李璐邑　朱春筱　傅郭鑫

序

（一）

这是一个新时代。

党的十九大报告指出，中国特色社会主义进入新时代。在这个新时代，我国社会主要矛盾已经转化为人民日益增长的美好生活需要和不平衡不充分的发展之间的矛盾。

什么是日益增长的美好生活需要？我们知道，人最基础的生活需要就是衣食住行学医养。按照习近平总书记的说法，就是“幼有所育，劳有所得，老有所养，弱有所扶，学有所教，病有所医，住有所居”，这是美好生活的基础。

十九大报告提出，坚持“房子是用来住的，不是用来炒的”的定位，意味着房地产的功能属性将发生转变，由其过度衍生的投资投机属性回归到基本的居住属性，更多地发挥社会保障功能，确保广大居民能够安居乐业，实现住有所居的发展目标，不断满足人民日益增长的对美好生活的需要。

因此，面对住房领域发展不平衡不充分问题，必须转变过去粗放的住房发展理念，真正形成以人为本的住房发展理念，在发展中保障和改善民生，补齐民生短板、全面改善居住条件。

在新的住房发展阶段，我们亟须改变过度强调住房经济属性的倾向，更加准确地界定住房的本质属性，让住房回归居住本质属性，要针对不同收入、不同区域的差异性，根据分层、分城施策原则，精准界定不同类型住房产品的属性。

十九大报告进一步提出，要加快建立多主体供给、多渠道保障、租购并举的住房制度，系统阐述了未来一个阶段我国住房政策的价值取向、制度框架和发展目标，为解决新时代住房领域的不平衡不充分问题提供了一个清晰的路线图和解决方案。

十九大之后，房地产进入了新时代。

（二）

这也是一个改革创新的时代。

中国四十年改革开放的一条最重要的经验就是“摸着石头过河”。但是，现在水深了，摸不到石头了，怎么办？

十九大胜利召开，中国特色社会主义进入新时代，“将改革进行到底”体现了推进改革开放事业的坚定信念。站在历史变革的桥头，房地产也以“房住不炒”的全新定位迸发新的活力。

十九大报告指出，加快建立多主体供给、多渠道保障、租购并举的住房制度，让全体人民住有所居。这意味着，我国实行了近20年的商品房供应制度将出现重大变革。

当前，区域房地产市场供需与房价开始出现明显的分化，迫使房地产开发商由三、四线城市扎堆一、二线中心城市，造成中心城市“地王”频现并屡创新高；另外，房地产开发的暴利时代一去不返，房地产开发商开始由住宅地产向商业、旅游、养老等多元化延伸，由粗放的土地开发商向精细化的综合服务商转变，由国内市场向海外市场发展，甚至由单一的房地产开发向多元化经营转型。

在市场风险日益积累、行业内竞争日趋激烈的大背景下，战略创新已经成为房地产企业持续发展的当务之急。

（三）

这还是一个绿色发展的时代。

中国目前面临着一系列的环境挑战，亟须把经济增长与工业消耗进行分离。这也意味着需要逐渐完成现有工业的绿色化和未来大量投资绿色产业发展，刺激企业充分融入绿色发展中，最终实现传统产业的绿色转型。

地方政府对产业与城市发展的巨大需求，也使得房地产开发商成为城镇化的建设与运营者成为可能，“城市运营”已经成为房地产开发企业的主要转型方向，各企业都提出了“城市运营”的模式和目标。

目前，生态文明建设理念深入人心，绿色发展成为我国的核心国策之一。中国正迎来第三次消费结构升级，消费结构升级使得房地产市场绿色产品的增值效应明显。

在中国推进城镇化和向可持续发展的经济转型过程中，建筑行业将成为中国城市实现经济转型的决定性因素之一。

随着中国城市向低碳经济转型，曾经主导城市经济的重工业逐渐被关闭或迁移，建筑占城市碳排放清单的份额将稳步增长。因此，建筑行业的绿色发展对中国城市向可持续发展的经济转型至关重要。

全国各地的住建部门都将发展绿色建筑作为响应国家绿色发展战略的必要途径，并在土地获取、城市建设等方面制定了相应的激励政策和约束政策。

近年来，随着国家密集出台各种绿色建筑政策，获得绿色建筑评价标识的地产项目呈爆发式增长。与此同时，越来越多的房地产企业开始推出绿色发展理念，越来越多的地产开发企业将绿色建筑一星级认证作为公司项目的基本要求。房地产绿色发展的时代已经到来。

（四）

这更是一个融合共享的时代。

消费结构升级，人们对精神和文化的追求日益增加，单纯的物理建筑已经不能满足人们的居住需求。新时代下，中国经济由高速增长转变为高质量增长，品质则将成为未来竞争格局的核心。

消费者对于品质生活的强烈需求，将是新时代房地产高质量发展最大的驱动力，围绕这种品质生活需求侧的升级所呈现的居住品质生态、产业结构生态、企业效率生态的产业供给侧升级变化，将是房地产未来新动能产生的核心意义。

从目前中央对于房地产业发展的定调来看，供给和需求的关系将产生重要变换。这种导向下，决定了房地产需求已经开始从“有没有”的时代，进入“好不好”的时代，这是房地产发展进入新时代的显著特征。未来，房地产企业将转变为“品质生活”的策划师、生产商和服务设计师。

新时代下，房地产市场步入高质量发展阶段，坚守品质，实现多产业、跨界融合是中国房企的共同责任，在高品质人居的基础上为社会、消费者提供更美好的生活。

伴随着土地资源的集约使用，以及存量资产的盘活，房地产企业的发展必将迎来一个合作共赢的大发展时代，跨界融合、多产业融合、多企业融合将是最为显著的特征。

（五）

在这样一个伟大的新时代，房企应该何去何从？

作为一个负责任的房地产央企，鲁能集团已经做出了明确的选择。

2016 年底，鲁能集团紧跟国家战略，对企业发展路径进行适时调整，确立了“泛产业地产发展商”的战略定位，通过多业态融合和产业链集成共同推动区域经济发展。

以“泛产业地产发展商”这一战略定位为引领，鲁能集团创新性地提出商业地产、文旅地产、体育地产、健康地产、科技地产、美丽乡村、民生地产 7 大产品线，涵盖商业、文旅、体育、健康、科技等多个产业，产业链上下游相互补充，形成以地产开发为平台的产业集群。

同时，鲁能集团将“生态、健康、运动、娱乐、科技”的理念融入产品研发，以相关产业为引领，形成自成一体的产业空间和生活空间，搭建出一条完整的国际休闲生活生态链，通过多重业态的融合、多种元素的合作，形成集群与扩散效应，对项目范围内的环境生态、人文等持续产生良性影响，同时也促进了区域社会经济的发展。

鲁能集团泛产业地产已经脱离传统意义上地产开发乃至产业地产的范畴，而是以地产开发为牵引，延伸至商业、文化旅游、体育、健康、运动、娱乐、科技创新等多个领域，并通过资源的整合将不同元素及产业链上下游串联起来，从而形成一个自成一体的生态圈。这种关于新概念的思考和行动，将给整个行业在商业逻辑和思维方面带来改变。

冯长春

北京大学不动产鉴定中心主任

2018 年 7 月 3 日

目　录

序 …………………………………………………………………………… 001

上篇　中国房地产行业发展趋势

第 1 章　中国房地产业发展历程与趋势转变 ………………………… 003
第一节　中国房地产业发展阶段划分 ………………………………… 003
第二节　中国房地产市场发展趋势与周期转变 ……………………… 021
第三节　十九大后中国房地产市场展望 ……………………………… 026

第 2 章　中国房地产宏观环境的 PESTE 分析 ……………………… 029
第一节　政治环境 ……………………………………………………… 029
第二节　经济环境 ……………………………………………………… 036
第三节　社会环境 ……………………………………………………… 044
第四节　科技环境 ……………………………………………………… 050
第五节　自然环境 ……………………………………………………… 053

第 3 章　中国房地产业融合与创新发展 ……………………………… 056
第一节　房地产业供给侧改革与融合创新发展 ……………………… 056
第二节　房地产业融合创新的主要类型与特点 ……………………… 058

第 4 章　中国房地产开发企业的战略转型和发展方向 …… 075
第一节　中国房地产开发企业现状与问题 …… 075
第二节　经济新常态下房地产开发企业的战略转型 …… 083
第三节　房地产开发企业创新发展与战略选择 …… 090

中篇　鲁能集团发展战略转型

第 5 章　鲁能集团发展战略演变 …… 107
第一节　多元化发展战略（2002～2009 年） …… 107
第二节　地产引领发展战略（2010～2014 年） …… 109
第三节　泛产业地产发展战略（2015 年至今） …… 115

第 6 章　鲁能集团的战略定位
——泛产业地产发展商 …… 121
第一节　泛产业地产发展商的宏观背景 …… 121
第二节　泛产业地产发展商的核心理念 …… 131
第三节　泛产业地产发展商的战略定位 …… 140

第 7 章　鲁能集团的五大维度发展理念 …… 147
第一节　鲁能集团五大维度与五大新发展理念 …… 147
第二节　生态维度的发展理念 …… 149
第三节　健康维度的发展理念 …… 152
第四节　运动维度的发展理念 …… 155
第五节　娱乐维度的发展理念 …… 158
第六节　科技维度的发展理念 …… 160

第 8 章　泛产业地产发展的国际经验借鉴 …… 163
第一节　国外绿色地产发展的案例及经验 …… 163

第二节 国外商业地产发展的案例及经验…… 166
第三节 国外健康地产发展的案例及经验…… 169
第四节 国外科技工业地产发展的案例及经验…… 172
第五节 国外旅游地产发展的案例及经验…… 175

下篇 鲁能集团产品线创新发展

第 9 章 鲁能商业地产产品线…… 181
第一节 商业地产模式创新…… 181
第二节 鲁能商业地产产品线内涵与价值定位…… 185
第三节 鲁能商业地产产品线的具体特点和主要产品…… 188
第四节 鲁能商业地产产品线成功经验与趋势…… 199

第 10 章 鲁能文旅地产产品线 …… 203
第一节 文旅地产产品线的行业背景…… 203
第二节 鲁能文旅地产产品线…… 211
第三节 鲁能文旅地产产品线的特色案例…… 216
第四节 鲁能文旅地产产品线的未来发展方向与提升空间…… 227

第 11 章 鲁能体育地产产品线 …… 229
第一节 体育地产的行业背景…… 229
第二节 鲁能体育地产产品线：概念、特征与价值…… 240
第三节 鲁能体育地产产品线案例…… 248
第四节 鲁能体育地产产品线未来发展方向…… 259

第 12 章 鲁能健康地产产品线 …… 263
第一节 健康地产的行业背景…… 263

第二节　鲁能健康地产产品线 …… 270
第三节　鲁能泰山9号：内涵、定位 …… 276
第四节　鲁能健康地产的发展趋势 …… 280

第13章　鲁能科技地产产品线 …… 282
第一节　科技地产发展的政策机遇 …… 282
第二节　鲁能科技地产产品线 …… 287
第三节　鲁能科技地产产品线发展战略构想 …… 294
第四节　鲁能科技地产产品线未来发展方向 …… 300

第14章　鲁能民生地产产品线 …… 303
第一节　民生地产的行业背景 …… 303
第二节　鲁能民生地产产品相关 …… 309
第三节　鲁能民生地产产品线案例 …… 314
第四节　鲁能民生地产的发展趋势 …… 318

第15章　鲁能美丽乡村产品线 …… 321
第一节　美丽乡村产品线的行业背景 …… 321
第二节　鲁能美丽乡村产品线 …… 328
第三节　鲁能美丽乡村产品线案例 …… 340
第四节　鲁能美丽乡村产品线未来发展方向 …… 345

参考文献 …… 348

上　篇
中国房地产行业发展趋势

第1章
中国房地产业发展历程与趋势转变

房地产与国民经济其他产业的关联度大，属于基础性、先导性产业，房地产业的发展状况，直接影响建筑业、建材业、建筑装潢业等相关产业的发展。随着房地产业日益发展壮大，其在国民生产总值中所占的比重也日益提高，地位不断上升。根据发达市场经济国家的经验，房地产业的增加值占国民生产总值的比重可达10%左右。同时，房地产业的发展，直接影响社会总供给和总需求的总量平衡和结构平衡，对整个国民经济的协调快速发展至关重要。在经济新常态下，保持房地产业的适度平稳发展，对保持国民经济的稳定具有重要的意义。

第一节　中国房地产业发展阶段划分

新中国成立以来，中国房地产业的发展与变迁与经济体制改革的进程密切相关，与土地制度改革和住房制度改革的进程密切相关。从1978年改革开放至今有两个关键性的节点：一是1998年住房分配货币化改革，二是2007年保障性住房被重新赋予重要地位。这两个关键性的节点将中国房地产业的发展划分为三个阶段，即1978～1997年的市场萌芽期，1998～2006年的快速发展期，以及2007～2016年的整合发展期。2016年底，中央经济工作会议提出要坚持“房子是用来住的、不是用来炒的”的定位，标志着中国房地产业进入了新的发展阶段。

一　中国房地产业的市场萌芽期（1978～1997年）

1978 年，党的十一届三中全会在北京举行，自此，中国迈出了改革开放的步伐，开始了从"以阶级斗争为纲"到以经济建设为中心、从僵化半僵化到全面改革、从封闭半封闭到对外开放的历史性转变。随着经济体制改革的进行，中国城镇住房的配置方式也开始由计划向市场转变，这种转变是在土地制度改革和住房制度改革推动中进行的。中国房地产业也进入了由计划向市场过渡的阶段，即房地产市场的萌芽期。

1. 土地制度改革措施

土地制度改革方面，主要的改革举措包括土地有偿使用、土地所有权与使用权分离、土地产权可流转等。随着一系列法规政策的出台和各地的突破性实践，我国的土地资源由无偿、无期限、无流动使用的状态开始向有偿、有期限、有流动使用转变。

（1）土地有偿使用

1979 年 7 月，第五届全国人民代表大会第二次会议通过的《中华人民共和国中外合资企业经营法》中规定"如果场地使用权未作为中国合营者投资的一部分，合营企业应向中国政府缴纳使用费"，从而首次提出了土地有偿使用的概念。1980 年 7 月，国务院颁布《关于中外合营企业建设用地的暂行规定》进一步指出"中外合营企业用地，不论新征用土地，还是利用原有企业的场地，都应计收场地使用费。场地使用费的计算，应该包括征用土地的补偿费用，原有建筑物的拆迁费用，人员安置费用"。而 1982 年 1 月 1 日开始实施的《深圳经济特区土地管理暂行规定》则具体提出了不同用途土地各自使用最长年期和不同用途、不同地区每年每平方米土地使用费标准，正式开始征收土地使用费。1984 年以后，抚顺、广州等城市也开始推行土地有偿使用制度。1987 年，深圳市政府首次公开招标出让土地使用权。

（2）土地所有权与使用权分离

1982 年，我国第一次以宪法的形式确定了土地所有权性质，将我国的土地划分为城市和农村两大组成部分，分别归国家和集体所有。此后，土地所有权和使用权分离的思想逐步明晰，1986 年的《中华人民共和国土地管理法》明确提出土地所有权与使用权的划分、归属、确权与管理，尽管带有浓厚的计划经济色彩，但是这一法律的出台，将我国土地管理工作纳入依法管理的轨道，并为土地产权的交易奠定了法律基础。

（3）土地产权可流转

1988 年的《中华人民共和国宪法修正案》删去了 1982 年宪法第十条第四款中不得“出租”土地的规定，增加了“土地的使用权可以依照法律的规定转让”的规定，承认了土地使用权的商品属性，这是我国土地使用制度的根本性变革。随后，《土地管理法》也做了相应的修改。1990 年 5 月，国务院发布《中华人民共和国城镇国有土地使用权出让和转让暂行条例》，对土地使用权的出让、转让、出租、抵押等以及划拨土地的使用权问题做了具体的规定，标志着国家有偿有限期土地出让使用权政策实施，为土地使用权有偿出让提供了具体依据，为建立可流转的房地产市场奠定了基础。

2. 住房制度改革措施

住房制度改革方面，主要的改革举措包括出售公房、提租补贴、新建商品房、建立住房公积金制度等。住房商品化进程不断加深，产权公有、实物分配、低租金使用的福利住房制度被打破，通过市场来解决住房问题逐步被认可。

（1）出售公房

1978 年邓小平同志提出了房改的问题——“解决住宅问题能不能路子宽些”，并于 1980 年在关于建筑业和住宅问题的讲话中，指出了我国城镇住房制度的改革方向和基本思路。住房制度改革的实践，始于 1979 年，在西安、南宁、柳州、桂林、梧州五个城市试行中央拨款建设，以土建成本价向居民出售住宅。到 1981 年，试点城市扩大到全国 50 多个中小城市，但是由于当时我国整体工资收入水平较低，居民有效购买能力有限，在依然可以享受国家分配低租住房的情况下，这种全价售房的改革并没有推广开来。于是在 1982 年，常州、郑州、沙市、四平四个城市开始“三三三制”分担机制下的住宅出售试点，即个人、企业和国家各负担房屋售价的三分之一，到

1984年初，四个城市共补贴出售住宅1214万套，建筑面积11.45万平方米，投资1640万元，收回的资金约占投资的30%，并出现了供不应求的局面。据此，1984年国务院批准扩大城市公有住房补贴出售的试点城市，到1985年底，全国共有27个省、自治区、直辖市的160个城市和300个县镇实行了向个人补贴出售住宅①。由于“三三三制”国家和单位的补贴量大，资金不能实现自我循环，政府负担较重，因而于1986年停止。但是，出售公房的种种尝试，从理论上、认识上打破了传统住房制度的束缚，为住房商品化、分配货币化积累了一定经验。

（2）提租补贴

1986年“国务院住房制度改革领导小组”成立，负责领导和协调全国的房改工作。我国的住房制度改革开始转向传统福利住房制度的核心之一——低租金，提出了“提租补贴”的改革思路，即提高公房租金，增加工资，变暗贴为明补，以此激励个人购买住房。1988年，国务院出台《在全国城镇分期分批推行住房制度改革的实施方案》，明确了“我国城镇住房制度改革的目标是：按照社会主义有计划的商品经济的要求，实现住房商品化。从改革公房低租金制度着手，将现在的实物分配逐步改变为货币分配，由住户通过商品交换，取得住房的所有权或使用权，使住房这个大商品进入消费品市场，实现住房资金投入产出的良性循环”。由于提租补贴改革受当时工资改革缓慢的影响，加之进入1988年第二个季度后，国民经济开始出现严重的通货膨胀，继续实施该方案有可能导致进一步的通货膨胀，于是原计划用3~5年完成的提租补贴方案未能得到全面推行。

（3）新建商品房

1991年6月国务院发布《关于继续积极稳妥地进行住房制度改革的通知》，提出要在合理调整现有公有住房的租金、出售公有住房的同时实行新房新制度，使新建住房不再进入旧的住房体制，实行新房新租、先卖后租，

① 《1984年：扩大城市公有住房补贴出售试点》，http://news.dichan.sina.com.cn/2009/09/30/70090.html。

从而减小存量住房提租的阻力，通过新建商品住房实行增量房改。同年 10 月，国务院批转了国务院住房制度改革领导小组起草的《关于全面推进城镇住房制度改革的意见》，提出了城镇住房制度改革的总目标：城镇住房制度改革是经济体制改革的重要组成部分，其根本目的是要缓解居民住房困难，不断改善住房条件，正确引导消费，逐步实现住房商品化，发展房地产业。1992 年，在邓小平讲话的带动下，我国对外开放及市场化改革的步伐加快，房地产业的发展进入快速扩张期，新建商品房数量随之迅速增加。

（4）建立住房公积金制度

1991 年，上海开始试点住房公积金制度，随后逐步推广到全国。1994 年 7 月发布的《国务院关于深化城镇住房制度改革的决定》，将全面推行住房公积金制度作为首要的城镇住房制度改革任务之一。住房公积金制度的建立，一方面可以归集住房资金、使居民进行强制性住房储蓄用于住房消费，推进了住房制度改革；另一方面也为商业住房贷款的起步积累了经验，是我国住房金融发展的重要里程碑。

3. *房地产业发展指标*

1978～1997 年这一阶段，在土地制度改革和住房制度改革的双重推动下，我国房地产业经历着由计划经济向市场经济的转变，房地产业增加值从 1978 年的 79.9 亿元提升至 1997 年的 2921.1 亿元，占 GDP 的比重也从 1978 年的 2.2% 发展到 1997 年的 3.7%。万科、万通、中海、保利、恒大等房地产企业在此期间成立并快速发展，截至 1997 年底，全国房地产开发企业（单位）数量达到 2.13 万家。在这一阶段，房地产市场也已经初具雏形，1997 年，房屋新开工面积 14027 万平方米，其中，住宅 10997 万平方米；商品房销售面积 9010 万平方米，其中，住宅销售面积 7864 万平方米①。

在房地产市场的萌芽期，住房由国家的计划统一提供转变为国家、集体、个人三者分担，中国城镇住房市场开始逐步形成。城镇居民的住房条件

---

① 资料来源于国家统计局网站。

明显有所改善，城镇人均住房建筑面积从 1978 年的 6.7 平方米增长到 1997 年的 17.8 平方米。这一阶段房地产业的发展，正如 1992 年 11 月国务院发布的《关于发展房地产业若干问题的通知》中所说——“房地产业在我国是一个新兴产业，是第三产业的重要组成部分，随着城镇国有土地有偿使用和房屋商品化的推进，将成为国民经济发展的支柱产业之一”。

二　中国房地产业的快速发展期（1998～2006年）

为了应对 1997 年东南亚经济危机给我国经济带来的不利影响，拉动内需，刺激经济增长，加之我国的住房制度改革基础已经较为成熟，1998 年 7 月，国务院发布《关于进一步深化城镇住房制度改革加快住房建设的通知》，明确要求各省、自治区、直辖市 1998 年下半年开始停止住房实物分配，逐步实行住房分配货币化。至此，中国城镇住房市场才真正形成。我国的土地制度改革与住房制度改革开始进一步深化，城镇住房配置的市场化程度逐步提高，房地产业进入快速发展期。

1. 土地制度改革措施

土地制度改革方面，重点改革的是土地出让方式，由以协议出让为主转向招标、拍卖、挂牌公开出让的方式。在协议出让的情况下，具有良好政府关系或者支付了“寻租”成本的企业和个人，就能以低价获取优质的土地资源，导致国有土地资产流失；而招、拍、挂引入了公开竞争，让市场机制在土地资源配置中发挥基础性作用。

（1）公开出让土地的规定日益严格

2002 年 7 月 1 日开始施行的由国土资源部颁布的《招标拍卖挂牌出让国有土地使用权的规定》，要求“商业、旅游、娱乐和商品住宅等各类经营性用地，必须以招标、拍卖或者挂牌方式出让。前款规定以外用途的土地的供地计划公布后，同一宗地有两个以上意向用地者的，也应当采用招标、拍卖或者挂牌方式出让”。这一规定被房地产业内称为第二次“土地革命”。2004 年国土资源部、监察部《关于继续开展经营性土地使用权招标拍卖挂牌出让情况执法监察工作的通知》要求各地严格执行经营性土地使用权招标拍卖挂牌出让制度，在2004年8月31日前将历史遗留问题界定并处理完毕，8月31日后，不得再以历史遗留问题为由采用协议方式出让经营性土地使用权。

（2）工业用地被纳入公开出让的范围

2004年出台的《国务院关于深化改革严格土地管理的决定》提出：禁止非法压低地价招商，工业用地也要创造条件逐步实行招标、拍卖、挂牌出让。2006年出台的《国务院关于加强土地调控有关问题的通知》则要求：工业用地必须采用招标拍卖挂牌方式出让，其出让价格不得低于公布的最低价标准。2006年12月27日，国土资源部发布《全国工业用地出让最低价标准》，并将从2007年1月1日起实施。

2. 住房制度改革措施

住房制度改革方面，改革的主要内容包括住房分配货币化、购房金融支持、规范市场交易等政策措施。

（1）住房分配货币化

在1998年国务院《关于进一步深化城镇住房制度改革加快住房建设的通知》停止住房实物分配的要求下，各地陆续停止福利分房，住房分配货币化逐步推广，房地产市场得到快速发展。到2000年，住房实物分配已经在全国范围内停止。

（2）购房金融支持

1998年5月，中国人民银行颁布《个人住房贷款管理办法》，倡导贷款买房，并特意安排1000亿元的贷款指导性计划。1999年2月，中国人民银行下发《关于开展个人消费信贷的指导意见》，提倡“积极开展个人消费信贷”，稳步推进和拓展消费信贷业务，加大消费信贷投入，购房首期付款比例也由之前要求的所购住房全部价款的30%降为20%。此后，按揭贷款购房被越来越多的居民所接受和使用。

（3）规范市场交易

1999年4月，建设部发布《已购公有住房和经济适用住房上市出售管理暂行办法》及《城镇廉租住房管理办法》，国务院发布《住房公积金管理条例》。2001 年，建设部发布我国第一部《商品房销售管理办法》，重点解决商品房销售环节中存在的广告、定金、面积纠纷以及质量等问题。这一系列的政策法规较系统地规范了房地产市场的交易规则，对住房制度改革的深入起到了积极作用。

3. 房地产宏观调控措施

随着房地产业和房地产市场的发展，房地产价格和投资增长过快等问题较为突出，于是，从 2003 年开始我国政府房地产政策的导向，由刺激住房消费转向抑制房价过快增长和投资过热。

国家对房地产业的宏观调控措施主要包括中国人民银行《关于进一步加强房地产信贷业务管理的通知》(银发〔2003〕121 号)，国务院《关于促进房地产市场持续健康发展的通知》(国发〔2003〕18 号)，国务院办公厅《关于切实稳定住房价格的通知》(国办发明电〔2005〕8 号，简称“国八条”)，国务院办公厅转发建设部等七部委《关于做好稳定住房价格工作意见的通知》(国办发〔2005〕26 号)，银监会《加强信托投资公司部分业务风险提示的通知》(银监办发〔2005〕212 号)，国务院办公厅转发建设部等九部委《关于调整住房供应结构稳定住房价格意见的通知》(国办发〔2006〕37 号，简称“国六条”)，建设部等六部委《关于规范房地产市场外资准入和管理的意见》(建住房〔2006〕171 号)，国税总局《关于个人住房转让所得征收个人所得税有关问题的通知》(国税发〔2006〕108 号)，国税总局《关于房地产开发企业土地增值税清算管理有关问题的通知》(国税发〔2006〕187 号) 等。这些宏观调控政策从资金、土地、税收、交易限制等方面对房地产业进行规范，旨在抑制房价高涨和投资过热的问题。

4. 房地产业发展指标

1998 ~2006 年这一阶段，中国的房地产市场逐步建立并快速发展，形成了商品房占绝对主体地位的城镇住房体系。房地产业增加值从 1998 年的 3434.5 亿元提升至 2006 年的 10370.5 亿元，首次超过 1 万亿元，占 GDP 的比重也升至 4.7%。在这一阶段，房屋新开工面积累计达 41.52 亿平方米，其中，住宅新开工面积 33.65 亿平方米；商品房累计销售面积达 28.39 亿平方米，其中，住宅累计销售面积 25.26 亿平方米。商品房销售面积从 1998 年的 1.22 亿平方米增加到 2006 年的 6.19 亿平方米，同比年均增幅为 51%。房地产企业数量也明显增加，全国房地产开发企业（单位）个数从 1998 的 24378 个增加到 2006 年的 58710 个，年均增加 4292 个房地产开发商。

在这住房高度市场化的房地产业快速发展期中，我国城市居民的住房条件得到了大幅改善。1988～1997 年城镇人均住宅建筑面积由 13.0 平方米增至 17.8 平方米，同比年均增长 4.09%；而 1998～2006 年城镇人均住宅建筑面积由 18.7 平方米增至 27.1 平方米，同比年均增长 6.59%。在城镇居民平均住房条件得到大幅改善的同时，住房保障的缺位也使得中低收入群体的住房需求问题日益突出。

三　中国房地产业的整合发展期（2007～2016年）

2007 年 8 月 7 日，国务院颁发《关于解决城市低收入家庭住房困难的若干意见》，提出要进一步建立健全城市廉租住房制度，逐步扩大廉租住房制度的保障范围；改进和规范经济适用住房制度，合理确定经济适用住房供应对象、标准；逐步改善其他住房困难群体的居住条件等。这一政策标志着我国保障性住房被重新赋予重要地位，住房供应从“重市场、轻保障”转向“市场、保障并重”，住房消费模式从“重买房、轻租房”转向“租房、买房并举”。由此，中国房地产业进入了加强政府住房保障的整合发展期。

1. 土地制度改革措施

在土地制度改革方面，这一阶段主要是在原有改革基础上进一步深化，以及根据保障性住房建设需要进行调整。具体包括：

（1）土地出让方式上升到法律的高度

2007 年 3 月，第十届全国人民代表大会第五次会议通过的《中华人民共和国物权法》明确规定“工业、商业、旅游、娱乐和商品住宅等经营性用地以及同一土地有两个以上意向用地者的，应当采取招标、拍卖等公开竞价的方式出让”，标志着土地公开出让方式由国家政策上升为国家法律。

（2）扩大土地有偿使用范围

2007年，国土资源部发布《招标拍卖挂牌出让国有建设用地使用权规定》，明确了工业（包括仓储用地但不包括采矿用地）、商业、旅游、娱乐和商品住宅等经营性用地以及同一宗地有两个以上意向用地者的，应当以招标、拍卖或者挂牌方式出让。2008年《国务院关于促进节约集约用地的通知》（国发〔2008〕3号），要求深入推进土地有偿使用制度改革，严格落实工业和经营性用地招标拍卖挂牌出让制度，严格限定划拨用地范围，除军事、社会保障性住房和特殊用地等可以继续以划拨方式取得土地外，对国家机关办公和交通、能源、水利等基础设施（产业）、城市基础设施以及各类社会事业用地要积极探索实行有偿使用。

（3）加强土地利用的管理与计划

《国务院关于促进节约集约用地的通知》（国发〔2008〕3号）还强调要严格执行闲置土地处置政策，土地闲置满两年、依法应当无偿收回的，坚决无偿收回，重新安排使用；要完善建设用地储备制度，储备建设用地必须符合规划、计划，并将现有未利用的建设用地优先纳入储备。2008年10月，国务院批准实施国土资源部会同有关部门编制的《全国土地利用总体规划纲要（2006—2020年）》。随后，《关于部署运行土地市场动态监测与监管系统的通知》（国土资发〔2008〕284号）、《关于印发市县乡级土地利用总体规划编制指导意见的通知》（国土资厅发〔2009〕51号）、《关于严格建设用地管理促进批而未用土地利用的通知》等一系列加强土地利用管理与计划的政策相继出台。2009年，国土资源部出台《土地利用总体规划编制审查办法》，进一步规范了土地利用总体规划的编制、审查和报批，有助于提高土地利用总体规划的科学性。

（4）推进土地城乡一体化进程

2008年10月，党的第十七届中央委员会第三次会议通过《中共中央关于推进农村改革发展若干重大问题的决定》，提出要逐步建立城乡统一的建设用地市场，对依法取得的农村集体经营性建设用地，必须通过统一有形的土地市场、以公开规范的方式转让土地使用权，在符合规划的前提下与国有土地享有平等权益；抓紧完善相关法律法规和配套政策，规范推进农村土地管理制度改革。2012 年，国土资源部发布《土地复垦条例实施办法》；2014 年，中共中央办公厅、国务院办公厅印发《关于农村土地征收、集体经营性建设用地入市、宅基地制度改革试点工作的意见》的通知（中办发〔2014〕71 号）；2015 年，全国人民代表大会常务委员会授权国务院在北京市大兴区等 33 个试点县（市、区）行政区域暂时调整实施有关法律规定；2016 年，中国银监会、国土资源部《关于印发农村集体经营性建设用地使用权抵押贷款管理暂行办法的通知》（银监发〔2016〕26 号）……这些政策的出台都使土地制度改革进一步向前推进。

（5）强调保障性住房用地供应

为加大保障房建设力度，2009 年 5 月，国土资源部发布《关于切实落实保障性安居工程用地的通知》，要求各地分类确定城市廉租住房建设、林区、垦区、矿区棚户区改造和农村危房改造等三类保障性安居工程用地的供应标准、规模及时序，并落实到具体地块；土地利用年度计划指标紧张，已有保障性住房建设用地计划不能满足需要的市县，要统筹协调及时调整土地供应结构，扩大民生用地的比例，确保保障性住房用地的需求。

（6）完善土地管理制度

国土资源部出台了一系列完善土地管理制度的部门规章，包括 2008 年的《土地登记办法》（国土资源部令第 40 号）、2009 年的《土地调查条例实施办法》（国土资源部令第 45 号）和《国土资源行政复议规定》（国土资源部令第 46 号）、2012 年的《闲置土地处置办法》（国土资源部令第 53 号）、2014 年的《节约集约利用土地规定》（国土资源部令第 61 号）和《国土资源行政处罚办法》（国土资源部令第 60 号）、2016 年的《不动产登记暂行条例实施细则》（国土资源部令第 63 号）和《土地利用年度计划管理办法》（国土资源部令第 66 号）等。

2. *住房制度改革措施*

住房制度改革方面，以 2007 年 8 月国务院《关于解决城市低收入家庭住房困难的若干意见》为转折点，住房制度改革的重点转向保障性住房，相关政策措施也以保障房建设为重心展开。

（1）建立保障性住房管理体系

2007 年 11 月，九部委联合出台《廉租住房保障办法》，对保障方式、保障资金及房屋来源、申请与核准、监督管理等方面都做出了规定。2008 年 3 月，新成立的住房和城乡建设部发布了《关于加强廉租住房质量管理的通知》，提出要通过严格建设程序、落实有关方面责任、强化竣工验收工作、加强监督检查工作等措施，加强保障性住房建设的质量管理。2008 年 4 月，五部委联合发布关于印发《城市低收入家庭住房保障统计报表制度》的通知，强调城市低收入家庭住房保障统计这一基础性工作，以便科学制定住房保障发展规划和年度计划，合理安排住房保障资金和建设用地。根据《国务院批转发展改革委关于 2013 年深化经济体制改革重点工作意见的通知》（国发〔2013〕20 号）和《国务院办公厅关于保障性安居工程建设和管理的指导意见》（国办发〔2011〕45 号）等文件精神，住房城乡建设部、财政部、国家和发展改革委员会联合发布《关于公共租赁住房和廉租住房并轨运行的通知》（建保〔2013〕178 号），明确从 2014 年起各地公共租赁住房和廉租住房并轨运行，并轨后统称为公共租赁住房。

（2）建立配套资金、税收政策

2008 年 1 月，中国人民银行、银监会出台《经济适用住房开发贷款管理办法》，对经济适用住房开发贷款条件、期限等做出了规定，提出经济适用住房开发贷款利率可按中国人民银行利率政策在 10% 的范围内适当下浮。2008 年 3 月，财政部、国税总局发出《关于廉租住房经济适用住房和住房租赁有关税收政策的通知》，明确了廉租住房、经济适用住房建设的税收优惠政策以及鼓励个人及单位租赁住房的税收优惠。2008 年 12 月，中国人民银行、银监会联合发布的《廉租住房建设贷款管理办法》提出廉租住房建设贷款利率在基准利率水平上下浮 10% 执行，将新建廉租住房项目资本金比例下调至项目总投资的 20% 。

（3）制定廉租住房保障规划

2009 年 5 月，住建部、发改委、财政部《关于印发 2009—2011 年廉租住房保障规划的通知》提出了总体目标和年度工作任务：从 2009 年起到 2011 年，基本解决 747 万户现有城市低收入住房困难家庭的住房问题。其中，2008 年第四季度已开工建设廉租住房 38 万套，2009～2011 年各年依次解决 260 万、245 万、204 万户城市低收入住房困难家庭的住房问题，并按年将任务分解到各省、自治区、直辖市和新疆生产建设兵团。

（4）完善房地产相关制度法规

2007 年，全国人大修订了《中华人民共和国城市房地产管理法》。住房和城乡建设部在 2010 年和 2012 年先后发布了《商品房屋租赁管理办法》（住房和城乡建设部令第 6 号）和《公共租赁住房管理办法》（住房和城乡建设部令第 11 号）；2010 年财政部和住房和城乡建设部印发《中央补助城市棚户区改造专项资金管理办法》的通知（财综〔2010〕46 号）；2011 年，住建部与国家发展和改革委员会、人力资源和社会保障部联合发布了《房地产经纪管理办法》（住房和城乡建设部、国家发展和改革委员会、人力资源和社会保障部第 8 号令）；2011 年，国务院颁布《国有土地上房屋征收与补偿条例》（国务院令第 590 号），住房和城乡建设部发布《国有土地上房屋征收评估办法》（建房〔2011〕77 号）；2012 年又再次修订此办法。

（5）建设重点转变

2010 年，住房和城乡建设部、国家发展和改革委员会、财政部、国土资源部、中国人民银行、国家税务总局、中国银行业监督管理委员会等七部委联合发布《关于加快发展公共租赁住房的指导意见》（建保〔2010〕87 号），明确了公共租赁住房的供应对象主要是城市中等偏下收入住房困难家庭；有条件的地区，可以将新就业职工和有稳定职业并在城市居住一定年限的外来务工人员纳入供应范围；并要求各地要把公共租赁住房建设用地纳入年度土地供应计划，予以重点保障。国务院办公厅发布的《关于保障性安居工程建设和管理的指导意见》（国办发〔2011〕45 号）中，也强调要重点发展公共租赁住房。2013 年，《国务院关于加快棚户区改造工作的意见》（国发〔2013〕25 号）出台，要求全面推进城市棚户区、国有工矿棚户区、国有林区棚户区、国有垦区危房等各类棚户区改造。随后2014年，《国务院办公厅关于进一步加强棚户区改造工作的通知》（国办发〔2014〕36号）发布；2015年，《国务院关于进一步做好城镇棚户区和城乡危房改造及配套基础设施建设有关工作的意见》（国发〔2015〕37号）再次发布，保障性住房建设重点已经从公共租赁住房转向了棚户区改造。

3. 房地产宏观调控措施

2007~2016年，这十年的房地产业发展经历了保增长、稳市场、去库存、踩刹车等一系列宏观调控措施。

（1）保增长

2008年，由美国次贷危机引发的全球金融危机转变为全球经济危机。为了抵御经济危机、拉动经济增长，加快建设保障性安居工程被作为扩大内需、促进经济增长的重要措施。国务院办公厅《关于促进房地产市场健康发展的若干意见》（国办发〔2008〕131号）在要求加大保障性住房建设力度的同时，提出要进一步鼓励普通商品住房消费、支持房地产开发企业积极应对市场变化。

（2）稳市场

在应对危机的经济刺激政策下，2009年房地产市场价格快速上涨。为了抑制房价过快上涨、稳定市场预期，《国务院办公厅关于促进房地产市场平稳健康发展的通知》（国办发〔2010〕4号）和《国务院关于坚决遏制部分城市房价过快上涨的通知》（国发〔2010〕10号）先后出台，提出要同时增加保障性住房和普通商品住房有效供给，合理引导住房消费，抑制投资投机性购房需求。通知要求金融机构和政府部门加强风险防范和市场监管；建立考核问责机制，对稳定房价和推进保障性住房建设工作不力、影响社会发展和稳定的省级、城市人民政府追究责任。

（3）去库存

2015年底的中央经济工作会议明确中国2016年的五大任务是去产能、去库存、去杠杆、降成本、补短板，即“三去一降一补”。其中，去库存的重点就是房地产业去库存。《国务院关于深入推进新型城镇化建设的若干意见》（国发〔2016〕8号）提出了若干去库存的政策措施，如住房保障采取实物与租赁补贴相结合并逐步转向租赁补贴为主，进一步提高城镇棚户区改造以及其他房屋征收项目货币化安置比例，鼓励引导农民在中小城市就近购房等。随后，各部委、各地方政府也出台了一系列去库存的政策措施，包括以户籍制度改革鼓励农民工购房、放宽“限购”条件、减少土地供应、降低按揭贷款首付比例、减少房地产交易税费、增加货币化安置等。

（4）踩刹车

虽然，宏观调控政策强调因地制宜、分城施策，三、四线城市的去库存政策力度较大，一、二线城市的去库存力度较小，但是，由于住房购买力的虹吸效应，使去库存的政策效果向规模更大、等级更高的城市传递，一、二线城市的住房价格上涨幅度远高于三、四线城市。为遏制房价过快上涨，北京等三十余个一、二线城市房地产市场调控不断加码，限购、限贷、限价、限售等一系列调控措施陆续出台。热点城市“刹车式”的短期调控措施收效明显，住宅价格涨幅明显回落。

4. 房地产业发展指标

2007~2016年这一阶段，可以说是中国的房地产业的整合发展期。一方面，房地产业增加值从2007年的13809.7亿元提升至2016年的48368.3亿元，占GDP的比重也从2007年的5.1%提升至2016年的6.5%；商品房销售面积从2007年的7.74亿平方米增加到2006年的15.73亿平方米。另一方面，商品房销售面积年均增速由1998~2006年的51%下降到2007~2016年的11%；房地产业法人单位数在2013年还出现了负增长①。

从2007年开始的房地产业整合发展期，我国房地产业的主旋律是增加保障性住房的建设，旨在解决在1998~2006年房屋高度市场化阶段政府住房保障缺位的问题，政府重新承担起满足中低收入群体住房需求的责任。在这一阶段，中国城镇住房保障体系逐步建立和完善，建设重点也经历了从公共租赁住房向棚户区改造的调整，土地和住房制度改革进一步深入，宏观调

① 资料来源于国家统计局。

控手段也更为灵活和丰富。但是，宏观调控政策的短期性明显，调控的长效机制亟待建立。

四　中国房地产业的创新发展期（2017年至今）

2016 年 12 月 14～16 日召开的中央经济工作会议，提出要坚持"房子是用来住的、不是用来炒的"的定位，综合运用金融、土地、财税、投资、立法等手段，加快研究建立符合国情、适应市场规律的基础性制度和长效机制，既抑制房地产泡沫，又防止大起大落，由此，中国房地产业进入了新的发展阶段。这一阶段，土地和住房制度已经进入了改革的深水区，房地产市场快速发展期已经结束，可调整的空间也逐步收窄，房地产企业的发展也面临前所未有的挑战，创新是房地产业继续发展的必然选择。

1. 土地制度改革创新

为落实党的十八届三中全会关于农村土地征收、集体经营性建设用地入市和宅基地制度改革的要求，2014 年 12 月 31 日，中共中央办公厅、国务院办公厅印发《关于农村土地征收、集体经营性建设用地入市、宅基地制度改革试点工作的意见》，决定在全国选取 30 个左右县（市）行政区域进行试点。2015 年 2 月 25 日，第十二届全国人民代表大会常务委员会第十三次会议审议通过了《关于授权国务院在北京市大兴区等 33 个试点县（市、区）行政区域暂时调整实施有关法律规定的决定（草案）》的议案。草案规定，由全国人大常委会授权国务院在北京市大兴区等 33 个试点县（市、区）行政区域暂时调整实施土地管理法、城市房地产管理法关于农村土地征收、集体经营性建设用地入市、宅基地管理制度的有关规定，停止实施集体建设用地使用权不得出让等规定，明确在符合规划、用途管制和依法取得的前提下，允许存量农村集体经营性建设用地使用权出让、租赁、入股，实行与国有建设用地使用权同等入市、同权同价；明确使用存量建设用地的，下放至乡（镇）人民政府审批，使用新增建设用地的，下放至县级人民政府审批；明确综合考虑土地用途和区位、经济发展水平、人均收入等情况，合理确定土地征收补偿标准，安排被征地农民住房、社会保障；加大就业培训力度，符合条件的被征地农民全部纳入养老、医疗等城镇社会保障体系。上述调整在 2017 年 12 月 31 日前试行，对实践证明可行的，修改完善有关法律；对实践证明不宜调整的，恢复施行有关法律规定。

在这次“三块建设用地改革试点”中，集体经营性建设用地入市和宅基地制度改革各选取 15 个区县作为改革试点，农村土地征收选取了 3 个区市县作为试点。对于试点地区的经验总结有利于对土地制度改革的创新探索可行方案提供重要支撑，土地制度改革创新将在完善土地征收制度，建立农村集体经营性建设用地入市制度，改革完善农村宅基地制度，建立兼顾国家、集体、个人的土地增值收益分配机制等方面有所突破。

2. 住房制度改革创新

2017 年 7 月，住房城乡建设部、国家和发展改革委员会、公安部、财政部、国土资源部、人民银行、税务总局、工商总局、证监会等九部委发布《关于在人口净流入的大中城市加快发展住房租赁市场的通知》（建房〔2017〕153 号），强调加快推进租赁住房建设、培育和发展住房租赁市场，是贯彻落实“房子是用来住的、不是用来炒的”这一定位的重要举措，是加快房地产市场供给侧结构性改革和建立购租并举住房制度的重要内容，是解决新市民住房问题、加快推进新型城镇化的重要方式，是实现全面建成小康社会住有所居目标的重大民生工程。

加快发展住房租赁市场，建立购租并举住房制度，将是今后一段时间内中国住房制度改革的创新重点。发展住房租赁市场的创新预计将集中在金融、存量房屋改建、住房租赁管理和服务体制等方面。金融方面，针对持有租赁物业的资金问题，建房〔2017〕153 号文提出支持金融机构创新针对住房租赁项目的金融产品和服务；支持发行企业债券、公司债券、非金融企业债务融资工具等公司信用类债券及资产支持证券，专门用于发展住房租赁业务；鼓励地方政府出台优惠政策，积极支持并推动发展房地产投资信托基金（REITs）。存量房屋改建方面，为了盘活存量房屋用于租赁，建房〔2017〕153 号文鼓励住房租赁国有企业将闲置和低效利用的国有厂房、商业办公用房等改建为租赁住房，改建后的租赁住房，水电气执行民用价格，但是并未对土地及房屋用途改变带来的与现有法规冲突的问题进行调整和处理，改变物业用途的相关法规调整的切实需求也随之产生。在住房租赁管理和服务体制方面，各地要创新性地建立部门相互协作配合的工作机制，明确住房城乡建设、发展改革、公安、财政、国土资源、金融、税务、工商、街道、乡镇等部门在规范发展住房租赁市场工作中的职责分工。

3. 开发建设内容创新

2017 年，关于特色小镇的政策不断出台，包括住房城乡建设部、国家开发银行《关于推进开发性金融支持小城镇建设的通知》（建村〔2017〕27 号），住房城乡建设部、中国建设银行《关于推进商业金融支持小城镇建设的通知》（建村〔2017〕81 号），住房城乡建设部《关于保持和彰显特色小镇特色若干问题的通知》（建村〔2017〕144 号）。

当资源向着大城市、超大城市集中的同时，中小城市的弱化、小镇功能的退化、乡村的衰落都使特色小镇应运而生。自 2016 年 7 月，住建部、国家发改委、财政部联合发布《关于开展特色小镇培育工作》的通知之后，特色小镇概念大热，也受到了地产商们的追捧，碧桂园、华侨城、绿地等多家企业纷纷涌入特色小镇培育大军中。特色小镇建设无疑为房企提供了转型的路径，然而建设过程中，小镇建设房地产化、特色小镇不特色等问题也逐渐凸显。这不仅成为政策完善的推动力，也对房地产企业如何参与到特色小镇的建设和运营中提出了更高的要求。

4. 宏观调控手段创新

从 1998 年起至今 20 年的时间里，中国房地产业取得了长足的发展，居民住房条件也得到了大幅的改善，土地和住房制度改革逐步深入，宏观调控手段也不断灵活和丰富。然而，宏观调控政策的短期性明显，调控的长效机制亟待建立。虽然“刹车式”的短期调控措施收效明显，但不能恒久为之。未来房地产调控应该选择怎样的短期调控措施、如何建立房地产调控长效机制等问题亟待解决。宏观调控手段的创新是今后保障房地产业健康发展的必然选择。

第二节　中国房地产市场发展趋势与周期转变

一　房地产动力机制转变

房地产开发投资从 2010 年之后开始进入一个加速下滑的趋势。从长期看，房地产投资从 2010 年后进入一个下降的长周期。从房地产投资数据可以看到，在 2010 年房地产投资增速达到顶点 33%，此后增速不断下滑。以此为界可以将中国房地产市场发展历程划分为两个不同的阶段：1998～2010 年的上升周期和 2011 年以后的下降周期。

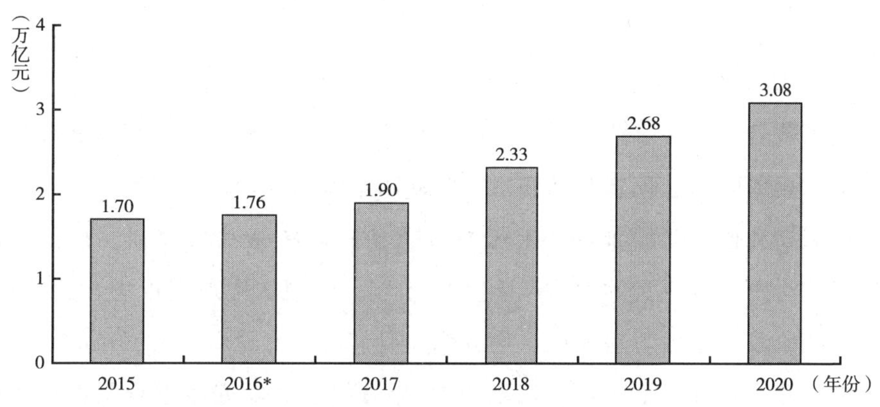

图 1－1　中国房地产开发投资增速（1998～2017 年）

1. 2010 年之前的上升周期

这一转变与人口年龄结构变化也是一致的，2010 年，劳动年龄人口占总人口的比重达到顶点 74.53%。根据中国指数研究院的调查，25～44 岁这一年龄段人口要占购房人数的 75% 左右。2010 年以后，中国人口不仅老龄化趋势更加明显，而且人口流动的速度也大幅放缓。2011 年，中国城镇化率达到 51.27%，突破 50% 的拐点，意味着城镇化将由加速推进进入减速推进的时期。人口年龄结构拐点的出现意味着人口红利的结束，也将导致房地产市场出现拐点。因此，2010 年之前房地产价格上涨与城镇化快速推进息息相关，表现为一种人口现象。

2. 2010 年之后的下降周期

而 2010 年之后房地产价格更多地体现为一种货币现象。中国经济增长自 2009 年之后，广义货币 M2 大规模超常增长，甚至超过美日，成为全球规模最大的国家。同时 M2/GDP 的比值大幅上升，从 2008 年的 1.58 倍，迅速上升到 2014 年的 1.93 倍。2015 年则已经超过 2 倍，整个经济的杠杆水平大幅上升，对人民币形成强烈的贬值预期。而当前要同时维持人民币汇率稳定和资产价格泡沫不破灭，减少资金大规模流出，以及日益严重的债务问题（2015 年中国债务/GDP 的比值在 300% 左右），在加强资本市场管制的同时实施宽松的货币政策，应该是当前应对美元加息和宏观经济增速下滑的唯一手段。

3. 由投资推动向创新驱动

美国著名经济学家波特提出，按照经济增长源泉划分，经济发展分为资源驱动、投资驱动、创新驱动和财富驱动四个不同的阶段。房地产发展在投资阶段后期和创新阶段前期，对于投资驱动和创新驱动均起到了积极的作用，但同时也形成巨大的泡沫风险。2016 年，中国的房地产市场开始转热。按照波特阶段理论去看房地产市场分化，我们就会发现，创新城市的房价几乎都在上涨，包括北上广深，以及 2016 年涨幅最高的安徽省合肥市；而武汉、南京、苏州、杭州等城市几乎都具备创新型城市的特征。按照国外定义，创新型城市就是外来人口中高学历人口所占比重较高的城市，即外部人才向哪个城市集聚，哪个城市的创新活动就活跃，通过居住需求和高净值带动市场的房价上涨。处在投资阶段后期的城市，随着基础设施和城市公共服务的改善，成为城市本地居民住房改善的首选区域，吸引周边地区高净值人口的居住集聚。然而，处在投资阶段初期的中国多数工业型城市的房价则体现不涨不跌、不温不火的格局。房价跌的多是资源型城市，因为产业过剩和就业不充分，存在居民消费不足和房地产去库存等问题。因此，可以说，当前房地产市场的动力机制已经由投资推动转向创新驱动。

二　房地产市场需求变化

随着消费升级时代来临，居民住房消费需求正在迎来新一轮升级换代，房地产市场也告别粗放式发展，步入精细化发展阶段。伴随着住房自有率的提升，消费者开始追求从量到质的提升，改善型需求占比在持续增加，成为城市购房的“新刚需”。改善性需求增加的主要表现为：一是人均居住面积在持续增加。据两次人口普查的数据，我国人均居住面积由 2000 年的 29.15 平方米上升到 2010 年的 31.06 平方米，每户房间数由 2.37 间增加到 3.12 间，以小换大的需求明显增加。二是居民提高居住水平的换房需求增加，如向学区、地铁靠近，将普通住宅换成高端豪宅，提升居住环境和品质的需求增加。三是健康消费需求持续升级，绿色地产、文旅地产、体育地产、科技地产发展突飞猛进。

从城镇人口中 35～54 岁年龄段人口数量的变化趋势看，在我国城镇人口数量不断攀升的同时，未来城镇人口中 35～54 岁年龄段人口数量将由 2010 年的约 33.5% 比例微降至 2030 年的约 33.2%。考虑到人口高峰将在 2030 年左右出现，以及 2030 年城市化率约为 54%，因此，2030 年城镇 35～54 岁年龄段人口数量约为 2.57 亿人，较 2010 年将出现明显的上升。由于人口年龄结构和置业水平具有很强的相关性，通常城镇人口在 35～54 岁会集中释放改善性需求和投资性需求，因此这一年龄段人口数量的明显上升将显著增加潜在的改善性需求。

从住房需求变化来看，由于中国未来改善性需求的潜在购房者往往已拥有一套以上的住房，考虑到国内建筑的设计理念以及建筑质量等都会经历一个由不成熟到逐渐成熟的发展过程。这就使得未来 20 年许多现有住宅将出现居住环境落伍、建筑物老化等现象，从而促使已拥有这些住宅的居民形成新的改善性需求，进而使得潜在的改善性需求上升。与此同时，房地产行业已逐渐进入差异化发展新时代，居民对养老物业、创客空间、旅游度假的住房消费升级需求上升，需要细分领域更加专业的服务，要求开发商不再只盯着拿地、卖房，而是更多地通过持有核心地段的高品质物业，用稳定的租金回报，以满足居民住房消费升级需求。

从以上分析可以看出，未来中国潜在的改善性住宅需求将快速提升。同时，由于改善性住房需求者多为二次以上购房者，所以通常已解决基本自住需求。这些人群主要由当前城镇中收入水平较高的居民组成，他们的未来收入增幅有望明显超过未来居民人均增幅，其未来改善性购房能力也将快速上升，从而使规模庞大的潜在改善性需求有望转化为现实有购买能力的需求。

因此，改善需求将推动房地产市场进入新一轮的上升周期，房地产需求正在由初次置业的刚需转变为住房更多的改善需求，对住房产品的品质也有更高要求，房地产市场逐步进入由量到质的升级时代。

与此同时，改善需求时代也意味着需求规模总量缩减、需求释放周期相对较长且会比较平稳，这都是不同于以刚需为主购房需求的显著特征，没有了刚需的迫切性和对产品的宽容度，会促使未来阶段房地产市场走向另一种发展方向。

三　房地产调控方式转变

一直以来，楼市调控的逻辑是侧重需求端，就是着力于调控住房需求，在房价上涨过快的时候抑制需求，而在房价上涨较慢时刺激需求。不管是限购、限贷抑或是购房和户籍政策挂钩均如是表现。在 2015 年底的中央财经领导小组会议上，习总书记指出，在适度扩大总需求的同时，着力加强供给侧结构性改革。房地产因受土地财政、投资投机等相关因素的影响，一直处于低质量的高供给状态，这也是房地产存在结构性过剩的关键原因之一。供给侧改革强调从生产、供给端入手，通过一系列结构性调整，激发市场主体的活力。很多开发商开发进度非常慢，坐等土地升值，这是造成房价高企进而导致房地产市场相对过剩的主要原因。从供给侧改善房地产调控，就是要改变这样的状况，提高开发商供给住房的质量和效率。从供给侧着力将是改善房地产调控政策的方向。房地产的供给侧改革并非是忽视需求，而是根据真实需求创造有效供给。房地产的供给侧改革的要求是通过法律和制度的完善，将房地产的生产要素引向需要的发展的地方去。相比之下，养老、物流、绿色、科技地产等未来的新型业态将成为房地产的主要需求方向。

供给侧改革措施主要包括：

1. 重新定位房地产

2016年底召开的中央经济工作会议明确提出“房子是用来住的、不是用来炒的”，重新定位房地产属性，弱化住房的投资属性，使其回归居住属性。一方面，这一论断明确了住房的定位，使得住房市场有望回归到居住的基本功能上来；另一方面，它旨在稀释住房的资本品属性，标明政策取向将朝着继续打击投机、防止热炒与抑制房地产泡沫的方向深入推进。为此，中央经济工作会议提出，要综合运用金融、土地、财税、投资、立法等手段，加快研究建立符合国情、适应市场规律的基础性制度和长效机制。

2. 户籍制度改革

主要是提高劳动力资源配置效率，建造适应农民居住的房产，降低农民进城购房的门槛。一方面，逐步放松城市户籍管制。积极创造条件，促进有能力在城镇稳定就业和生活的农业转移人口举家进城落户，并与城镇居民享有同等权利、履行同等义务，逐步实现外来常住人口经济权利、政治权利、文化权利、社会权利的属地化。另一方面，开辟常住人口市民化的新渠道。逐步推广专业技术职称、技能等级等同大城市落户挂钩的做法。大中城市不得采取购买房屋、投资纳税等方式进行落户限制。超大城市和特大城市要以具有合法稳定就业和合法稳定住所（含租赁）、参加城镇社会保险年限、连续居住年限等为主要条件，实行差异化的落户政策。

3. 财税体制改革

加大地方政府负债管理和政府融资体制改革、弱化地方政府收入与经济增长之间的关联程度，遏制地方政府在房地产市场中的获利行为。加快设计系统的房地产税种，对房地产的建设、交易、持有的各个环节，充分利用税收的杠杆作用进行调节，抑制房地产市场投机行为的出现，使房地产回归消费产品的属性。

4. 土地制度改革

一方面，大力盘活低效利用建设用地，包括农村建设用地存量。农村土地流转以确权为基础，以放活经营权流转为目的，从而提升土地要素的流动性。同时，放活农村土地经营权流转意味着未来廉价的农村、土地用地供给瓶颈将打开，也有助于抑制地产泡沫、加速地产库存去化。另一方面，土地制度改革的核心方向是提高土地的使用效率。提升土地利用效率，优化用地结构，更好地满足新产业新业态、新消费新投资的项目用地需求，降低新业态的用地门槛。

第三节　十九大后中国房地产市场展望

针对房地产市场发展趋势变化与周期转变，中国房地产业已经进入了一个注重品质和社会保障的新阶段，房地产业的增长结构必将发生重大变化。从房地产开发企业的角度来看，应从快速发展的思维方式、盈利模式中走出来，针对新常态、新特征及时制定新的发展规划，加快产业结构的转型升级。政府则应积极推进住房制度改革，逐步建立起房地产宏观调控长效机制，促进房地产健康发展。

一　房地产业的增长结构将进一步优化

随着十多年房地产市场的高速增长，住房总量不足的问题在多数城市已经得到了解决，绝对短缺已不存在，关键在于结构。一方面，原本完全以商品住宅为主的企业可以转型做保障房。从近几年政府的调控思路来看，保障房的建设工程将进一步推进。自 1998 年房改以来，福利分房制度在全国大部分城市地区相继停止。然而各级地方政府在住房保障方面重视和投入严重不足，导致当前房地产市场商品房占绝对主导地位，占比超过 90%，市场供应结构极不合理，距离“十二五”规划中五年内建设 3600 万套保障房的目标仍有不小差距。预计未来保障房在市场上的占比达 25% ~30%，从根本上改变我国住房市场的供应结构，以保障所有群体的居住需求。因此，在未来十年内，保障房体系建设将是中央政府在住房问题上的最重要工作内容，房地产企业致力于保障房的开发，建设也将得到土地、税费、金融等多方面的支持。另一方面，房地产企业可以致力于其他新兴产业形态，如产业地产、旅游地产、养老地产等。

二　房地产开发将逐步由制造业向服务业转变

房地产企业应摒弃单纯以新建商品住宅开发投资、销售为主体的模式，以提质增效为核心，更多关注居住服务、中介服务和物业管理等方面。开发商不仅要运用新技术、注重产品的品质提升，更要注重产品投入使用后的运营服务；不仅要有一个开发建设的团队，更要有一个运营服务的团队；不仅要注重产品的营销，更要注重服务的营销；不仅是在销售产品，更是在销售有品质有品位的生活方式；不仅要做地产开发商，更要做一个以轻资产模式或部分或全部持有物业的城市配套运营服务商。因此，必须从根本上改变企业投资经营理念、策划设计理念、管理团队、人才队伍、产业模式、产品模式、营销模式、融资模式、管理模式、服务模式等；要凝聚共识、整合资源，围绕消费者的实际需求，生产出长寿命、好性能、绿色低碳的好房子；同时提供人性化、全方位、全天候的社区服务，为消费者构建美好的生活方式。唯此，才能充分调整供给端的结构，发挥供给端对需求端的吸引力和拉动力，全面激发市场活力，以无微不至满足弥足珍贵的人本需求，以产品升级调动源源不断的住房需求，适应不断增长的城市居民消费与文化多样性需求，促进房地产行业的可持续健康发展。

三　住房制度改革与长效机制建设

十九大再度予以重申“房子是用来住的、不是用来炒的”这一基本定位，并明确指出，要“加快建立多主体供给、多渠道保障、租购并举”的住房制度，让全体人民住有所居。“多主体供给、多渠道保障、租购并举”从供给、保障、市场三个方面对住房制度进行了完整的表述，使“让全体人民住有所居”的目标有了更加明确的方向和实现路径。“多主体供给”是希望更多的社会资本参与到住房供给侧结构性改革中，既可以是由开发商通过市场供给，也可以是政府提供的“保障性住房”，还可以是通过其他方式进行住房共建；"多渠道保障"则是希望后续对各类住房供应有更全面的发展，包括地方政府提供住房保障、实行"租售同权"新政、提供"共有产权经济适用房"等等。目前，为加快推进住房保障和供应体系建设，已在北京和上海开展共有产权住房试点等。而"租购并举"则充分体现了发展住房租赁市场的紧迫性和中央的决心。发展住房租赁市场、扩大住房租赁业务、提高租赁住房在居住用房中的比重，将成为住房制度改革的重要内容之一。

2017 年 12 月 8 日召开的中共中央政治局会议提出：加快住房制度改革和长效机制建设是明年要着力抓好的一项重点工作。推动高质量发展是当前和今后一个时期确定发展思路、制定经济政策、实施宏观调控的根本要求。也就是说，从 2018 年开始，房地产调控的重心将逐渐从各地频繁出台的行政性调控转移向中央政府统一部署的长期性和基础性制度建设。短期政策旨在稳定房地产市场和预期，为长效机制的建立争取时间。但从中央政府的角度来看，短期应尽量避免采取过于频繁的全国性刺激政策扭转下行趋势。从长期来看，中央政府应当改革对地方政府以 GDP 为纲的政绩考核体制，简政放权，鼓励地方政府努力发展实业经济，引导地方房地产业由支柱产业向基础性民生工程回归，重塑民生导向的住房政策。从制度设计的角度，应自上而下构建城乡统筹、协调发展的房地产市场，形成多渠道、多层次满足城乡居民居住和投资需求的长效机制。从地方政府的角度，第一，应当优化住房供应结构，针对不同收入阶层的住房需求，调整不同类型、不同层级住房市场供应规模，建立完善的住房供应体系。第二，继续坚决抑制投资投机性需求，化解可能出现的泡沫化风险。针对市场上的大规模投资资金，政策上应当以"疏"代"堵"，寻找适当的、对社会有益的投资渠道，例如，公共租赁型住房、养老公寓等。第三，政府调控政策应更加灵活，更多发挥市场作用，例如，对于库存过剩、供大于求的二、三线城市，适时取消一些行政限制措施和其他不符合市场规律的措施，同时应建立公开、透明、及时的房地产信息发布系统，努力创造公平竞争的市场环境，尽量降低交易信息不对称带来的各种问题，促进房地产业健康可持续发展。

第2章 中国房地产宏观环境的 PESTE 分析

本章采用 PESTE 模型对中国房地产宏观环境进行分析，包括 Political（政治）、Economic（经济）、Social（社会）、Technological（科技）、Environmental（环境）五大方面。当前，在以习近平同志为核心的党中央坚强领导下，中国政局稳定，各项改革发展事业稳步推进，为促进房地产发展提供了良好的政治环境和政策环境。中国特色社会主义进入了新时代，为此鲁能集团主动适应经济新常态、工业化后期、城镇化中期发展阶段的新形势新要求，牢牢抓住国家创新驱动发展战略带来的各种机遇，应对资源环境等各方面的挑战，探索创新房地产新产品新业态新模式，推动房地产持续稳定健康发展。

第一节　政治环境

当前，我国在以习近平同志为核心的党中央坚强领导下，围绕实现中华民族伟大复兴中国梦，统筹推进“五位一体”总体布局和协调推进“四个全面”战略布局，各项事业取得了重要进展，为房地产健康发展提供了和平、稳定的政治环境和政策环境。

一　“四个全面”战略布局：房地产健康发展的根本保障

党的十八大以来，以习近平同志为核心的党中央提出了协调推进“四个全面”战略布局：全面建成小康社会、全面深化改革、全面依法治国、全面从严治党。这为推动改革开放和社会主义现代化建设迈上新台阶提供了强力保障，这也是促进我国房地产市场健康发展的根本保障。

1. 全面建成小康社会为房地产发展提供了目标指引

2012 年，党的十八大报告提出，要确保到 2020 年实现全面建成小康社会宏伟目标；党的十九大报告进一步明确，从现在到 2020 年是全面建成小康社会决胜期。全面建成小康社会的内涵是非常丰富的，包括经济持续健康发展，人民民主不断扩大，文化软实力显著增强，人民生活水平全面提高，资源节约型、环境友好型社会建设取得重大进展等内容。其中，“衣食住行”关系到最广大人民群众的切身利益，老百姓的住房水平不断提高是人民生活水平全面提高也是经济持续健康发展的重要标志，因此居住目标当然也就是全面建成小康社会战略目标的一个组成部分。根据住房和城乡建设部政策研究中心的研究，到 2020 年，我国全面建成小康社会要实现住宅数量、住宅质量与品质、住宅配套设施、居住环境与服务、居住消费五个方面的 21 项具体目标（见表 2－1）。这就为促进我国房地产健康发展提供具体的目标导向。鲁能集团作为有着 27 年城市开发经验、长期经营地产和能源的骨干企业，也要为实现全面建设小康社会的居住目标贡献一分力量。

表 2－1　2020 年全面建成小康社会居住目标

类别	序号	2020 年全面建成小康社会居住目标
住宅数量	1	城镇人均居住进驻面积 35 平方米，每套住宅平均面积在 100～120 平方米
	2	城镇最低收入家庭人均住房建筑面积大于 20 平方米，保障面达到 98%
	3	农村人均住房建筑面积 40 平方米，平均每套住宅占地面积达到 140 平方米
住宅质量与品质	4	城镇住宅成套率达到 95%
	5	城镇先进住宅节能发展超过 80%
	6	城镇先进住宅安保智能化率为 60%
	7	网络信息化率达到 75%
	8	城镇住宅的居住品质不断提升，如实现与环境、建筑与环境的协调发展，北方地区全面冬季供暖覆盖率达到 99% 以上等
	9	农村钢混，转换住宅结构比重达到 94%

续表

类别	序号	2020 年全面建成小康社会居住目标
住宅配套设施	10	城市供水普及率达到 95%
	11	城镇用电普及率达到 85%
	12	城镇污水处理率达到 75%
	13	城镇生产垃圾无害化处理率达到 55%
	14	农村家庭安全可饮用水达到 90%
	15	农村家庭洗澡设施配套率达到 50%
	16	农村家庭厕所比例达到 30%
居住环境与服务	17	城市人居公共绿地面积 8 平方米
	18	新建住宅区物业管理的覆盖率达到 95% 以上
	19	社区居民公共服务便利程度普遍提高
	20	交通便捷居住小区距离公交车站的距离最远不超过 500 米，运行频率合理，等候时间不超过 20 分钟
居住消费	21	居住消费支出比例达到 25%

资料来源：建设部政策研究中心课题组，《全面建设小康社会居住目标研究》，《经济研究参考》2005 年第 43 期。

2. 全面深化改革为房地产健康发展提供了动力源泉

2013 年，中国共产党第十八届中央委员会第三次全体会议审议通过了《中共中央关于全面深化改革若干重大问题的决定》，提出“全面深化改革的总目标是完善和发展中国特色社会主义制度，推进国家治理体系和治理能力现代化”，并对经济体制改革、政治体制改革、文化体制改革、社会体制改革、生态文明体制改革和党的建设制度改革进行了全面部署。

在全面深化改革的大背景下，我国正在深入推进供给侧结构性改革。习近平总书记指出，要在适度扩大总需求的同时，着力加强供给侧结构性改革，着力提高供给体系质量和效率。在短期内，推动供给侧结构性改革的重点任务和抓手是“三去一降一补”，在长期，推动供给侧结构性改革的关键在于激发新动能，提高全要素生产率。具体到房地产领域，深化供给侧结构性改革，涉及房地产市场的供给主体、供给方式、供给内容、供给效率等方面的内容。例如，“三去一降一补”中的“去库存”就是主要针对房地产市场的。此外，2016 年国务院办公厅下发《关于推动中央企业结构调整与重组的指导意见》对中央企业应该发力的方向细加定位，对房地产市场的供给主体也会产生深远的影响。

随着国防和军队改革的深入推进，军队要全面停止有偿服务活动。2016年2月16日，中央军委下发《关于军队和武警部队全面停止有偿服务活动的通知》，对军队和武警部队全面停止有偿服务工作进行总体部署。在这个大背景下，一些军工企业必须要聚焦于主业，逐步从房地产领域退出。例如，中国航天科工集团制定下发了《关于坚决落实巡视整改要求加快房地产业退出有关工作的通知》，明确要求其下属单位在2016年9月30日前完成退出或转型。

3. 全面依法治国为房地产健康发展提供了法治保障

2014年10月，中国共产党第十八届中央委员会第四次全体会议通过了《中共中央关于全面推进依法治国若干重大问题的决定》，对全面推进依法治国做出全面的战略部署。

具体到房地产领域，2017年5月2日，全国人大网发布《全国人大常委会2017年立法工作计划》，其中，制定房地产税法被列入预备级研究论证项目，将视情况安排审议。根据有关报道，目前，房地产税立法初稿已基本成形，正在内部征求意见并不断完善中。房地产税主体税种或由房产税、城镇土地使用税合并，具体税率可能将由地方在中央确定的税率区间内自行决定。这将为房地产市场的健康发展提供长效机制和法治保障，对房地产的长期发展产生重要而深远的影响。

4. 全面从严治党为房地产健康发展提供了政治保证

2014年10月，习近平总书记在党的群众路线教育实践活动总结大会上，提出了全面推进从严治党的要求，并对全面推进从严治党进行了部署。2016年10月，中国共产党第十八届中央委员会第六次全体会议召开。六中全会审议通过了《关于新形势下党内政治生活的若干准则》和《中国共产党党内监督条例》，对全面从严治党做出了新部署。最重要的是，六中全会正式确立了习近平同志党中央、全党的核心地位，这反映了全党全军全国各族人民的共同心愿，是党和国家根本利益所在，是坚持和加强党的领导的根本保证，是进行具有许多新的历史特点的伟大斗争、坚持和发展中国特色社会主义伟大事业的迫切需要。党的十九大报告系统阐述了马克思主义中国化最新成果——习近平新时代中国特色社会主义思想，并将其明确为全党全国人民为实现中华民族伟大复兴而奋斗的行动指南。2018 年 3 月，习近平新时代中国特色社会主义思想被写进最新修订的《中华人民共和国宪法》。

深入贯彻落实习近平新时代中国特色社会主义思想和党的十九大精神，紧密团结在以习近平同志为核心的党中央周围，牢固树立政治意识、大局意识、核心意识、看齐意识，坚决维护以习近平同志为核心的党中央权威和集中统一领导，继续推进全面从严治党，共同营造风清气正的政治生态，是确保党团结带领人民不断开创中国特色社会主义事业新局面的政治保证，当然也是促进房地产市场健康发展的政治保证。

二　住房居住属性的回归：深刻影响调控政策的目标手段

1. 住房居住属性的回归，将深刻影响房地产调控目标取向

2016 年 12 月中旬，中央经济工作会议提出，要坚持“房子是用来住的、不是用来炒的”的定位，要求回归住房居住属性。2016 年 12 月 21 日，习近平总书记在中央财经领导小组第十四次会议上进一步指出，“要准确把握住房的居住属性”。“房子是用来住的、不是用来炒的”“要准确把握住房的居住属性”，这两大提法立足国情和住房政策的实践，是对住房市场的科学再定位，是对过去片面强调住房投资属性的纠偏，对未来房地产调控政策的目标取向将产生重要而深远的影响。为此，党的十九大报告进一步强调了“房住不炒”的定位。

从理论上看，住房作为耐用消费品具有居住属性，同时作为金融投资品具有投资属性。一般来说，居住属性是住房的基本属性，投资投机属性是派生属性，投资投机属性必须服务于居住属性。如果住房的派生属性脱离了基本属性，要么形成大量无人居住的“鬼城”，最后只能卖给投机者或单纯套取银行贷款，从而对社会资源造成极大浪费；要么把房价不断炒高，少数人拥有大量住房，而多数人住房负担沉重（邹琳华，2017）。为防范房地产领

域的过度投机，避免对实体经济造成不良影响，我国宏观调控的政策目的也将朝“脱虚向实”方向进行调整。强调住房居住属性的回归，可以说是“脱虚向实”的一个具体体现。

2. 房地产政策工具不断丰富，供需双侧同时发力

房地产调控政策工具不断创新，多种手段并用。过去，中国房地产市场调控方式比较单一。自“十一五”以来，房地产调控政策工具不断丰富，逐步从单一调控转向综合调控。2016 年中央经济工作会议提出，要坚持“房子是用来住的、不是用来炒的”的定位，综合运用金融、土地、财税、投资、立法等手段，加快研究建立符合国情、适应市场规律的基础性制度和长效机制，既抑制房地产泡沫，又防止大起大落。在近两年的房地产调控政策实践中，多种政策工具联合使用，发挥了更好的作用，收到了较理想的预期效果。

近年来，我国房地产调控政策逐步从供需单侧向供需双侧发力。“十一五”期间，我国房地产调控政策的一个重要特点是调控对象由供给管理为主转向需求管理为主（李景国等，2011）。“十二五”期间，我国房地产调控政策仍然偏重于需求侧调控，无论是限购、差别化信贷，还是对营业税、所得税纳税条件的细化规定，目的都是限制购房需求、提高购房成本，抑制投资投机性需求，保障城镇居民的消费性住房需求（黄燕芬、张超，2017）。“十三五”以来，我国房地产调控政策更加注重从供需双侧发力，疏堵结合。在本轮调控中，除了使用限购、限贷等需求侧规制措施，还对多个城市实行了限价、限售等供给侧规制政策。“四限政策”同时实施，供需两端同时规制，调控效果显著增强（黄燕芬、张超，2017）。

表 2-2　2005～2017 年中国房地产调控政策措施

序号	日期	主要的房地产政策措施
1	2005 年 3 月	国务院颁布“国八条”，提出高度重视稳定住房价格工作
2	2006 年 5 月	“国六条”提出切实调整住房供应结构，完善房地产统计和信息披露制度
3	2007 年 9 月	“9·27”房贷新政出台，对当时的住房消费贷款进行了大幅度的修改

续表

序号	日期	主要的房地产政策措施
4	2008 年 12 月	颁布“国十三条”,加大对自住型和改善型住房消费的信贷支持力度
5	2009 年 12 月	国务院出台“国四条”,明确表态“遏制房价过快上涨”
6	2010 年 4 月	“新国十条”提出对贷款购买第二套住房的家庭,贷款首付不得低于 50%
7	2011 年 1 月 10 日	“国十一条”提出严格二套房贷款管理,首付不得低于 40%
8	2011 年 1 月 26 日	发布“国八条”,扩大限购范围,加大限购力度
9	2012 年 9 月	暂停发第三套及以上房贷;首套房首付比例不低于 30%
10	2013 年 2 月	“新国五条”要求严格执行商品住房限购措施,扩大个人住房房产税改革试点范围
11	2014 年	为稳增长,3 月全国“两会”提出“分类调控”,赋予地方政府更多自主权;中央相继以“央五条”、定向降准等手段“微刺激”以保障自住购房信贷需求;地方政府自 6 月起相继出台各类“救市”政策;中央放松“限贷”并降息
12	2015 年	降息 5 次、降准 3 次、营业税 5 年改 2 年、二套房首付比例下调、公积金新政、房贷 6. 15% 直降至 4. 9%
13	2016 年	全年前松后紧的政策走势明显,前半年采用降准、降息、降税、降首付等政策去库存,但从第四季度开始,采用限购、限贷、限地、提高首付、认购又认贷等政策控制热点城市的房价、地价过快上涨
14	2017 年	自“317”调控政策升级以来,全国楼市经历了 200 余次调控,打出“限购、限贷、限售、限签、限离、限价、限商”等组合拳,利率上调、信贷收紧,同时推出“共有产权”“租购并举”“租售同权”等概念,楼市秩序正在重构

资料来源：根据相关政策文件整理。

3. 房地产调控日益精准化，从“一刀切”转向分城施策

过去，中国房地产调控政策对房地产市场的区域性差异考虑不足，政府多采取“一刀切”的宏观调控手段，即对所有的城市都采取相同的政策。这在客观上不利于一些不同于全国基本趋势的城市，使其房地产市场“雪上加霜”或者“火上加油”，对区域房地产行业的正常发展造成了一定影响。今后，将会增强对区域性差异的考量，尽量减少“一刀切”调控政策的副作用。

未来房地产调控政策将从“一刀切”转向“分城施策”。为了更精准地

调控房地产市场，2016 年下半年开始推行了“一城一策”，从 9 月 30 日到 10 月 6 日，限购新政相继在北京、天津、郑州、无锡、济南、合肥、武汉、苏州、深圳、广州、珠海、东莞等二十个城市落地。各地政府在之前限购限贷的基础上，又加强了从销售价格监管、超严房贷审批、规范交易市场等层面的调控，这对房地产市场回归理性发挥了重要作用。2017 年 4 月，国土部和住建部联合发文《关于加强近期住房及用地供应管理和调控有关工作的通知》，规定“各地要根据商品住房库存消化周期，适时调整住宅用地供应规模、结构和时序。对消化周期在 36 个月以上的，应停止供地；18 ~ 36 个月的，要减少供地；6 ~ 12 个月的，要增加供地；6 个月以下的，不仅要显著增加供地，还要加快供地节奏”。这一政策充分考虑了房地产市场的区域差异性，为精准调控房地产市场奠定了良好的基础，也为各地提供了更具有可操作性的基本遵循。

第二节　经济环境

中国经济整体上仍将保持持续健康稳定增长态势，我国房地产行业发展具有良好的经济基础和条件，但必须适应中国进入经济发展新常态和工业化后期阶段的新要求、新挑战，抓住区域城乡收入差距缩小、消费结构不断升级的机遇，加快推动房地产转型发展，不断提升新品质、拓展新空间、探索新业态。

一　中国进入经济新常态：房地产行业须加快转型

1. 中国经济新常态的三个主要特点

2014 年 5 月，习近平总书记在考察河南时首次提出“新常态”这一概念。7 月，在党外人士座谈会上再提“新常态”。11 月，在 APEC 工商领导人峰会开幕式上首次全面阐释中国经济新常态的三个主要特点：一是从高速增长转为中高速增长；二是经济结构不断优化升级，第三产业、消费需求逐步成为主体，城乡区域差距逐步缩小，居民收入占比上升，发展成果惠及更广大民众；三是从要素驱动、投资驱动转向创新驱动。

2. *中国经济新常态的九大趋势性变化*

2014 年 12 月，习总书记在中央经济工作会议上强调，我国经济正在向形态更高级、分工更复杂、结构更合理的阶段演化，经济发展进入新常态。“新常态”的趋势性变化包括 9 个方面：一是资源配置模式和宏观调控方式方面，既要全面化解产能过剩，也要通过发挥市场机制作用探索未来产业发展方向。二是消费需求方面，模仿型排浪式消费阶段基本结束，个性化、多样化消费渐成主流。三是投资需求方面，传统产业相对饱和，但基础设施互联互通和一些新技术、新产品、新业态、新商业模式的投资机会大量涌现。四是出口和国际收支方面，全球总需求不振，同时我国出口竞争优势依然存在，高水平引进来、大规模走出去正在同步发生。五是生产能力和产业组织方式方面，新兴产业、服务业、小微企业作用更凸显，生产小型化、智能化、专业化将成新特征。六是生产要素方面，人口老龄化日趋发展，农业富余人口减少，要素规模驱动力减弱，经济增长将更多依靠人力资本质量和技术进步。七是市场竞争方面，逐步转向质量型、差异化为主的竞争，统一全国市场、提高资源配置效率是经济发展的内生性要求。八是资源环境约束方面，环境承载能力已达到或接近上限，必须顺应人民群众对良好生态环境的期待，推动形成绿色低碳循环发展新方式。九是经济风险方面，各类隐性风险逐步显性化，风险总体可控，但化解以高杠杆和泡沫化为主要特征的各类风险将持续一段时间。

3. *要主动适应引领经济新常态，加快推动房地产转型发展*

经济新常态有着丰富的内涵和特征：一是增长速度由超高速高速向中高速转换，这是经济新常态的表象特征；二是发展方式从规模速度型粗放增长向质量效率型集约增长转换，这是经济新常态的基本要求；三是产业结构由中低端水平向中高端水平转换，这是经济新常态的主攻方向；四是增长动力由要素驱动投资驱动向创新驱动转换，这是经济新常态的核心内涵；五是资源配置由市场起基础性作用向起决定性作用转换，这是经济新常态的机制保障；六是经济福祉由非均衡型向包容共享型转换，这是经济新常态的发展结果。在新的发展阶段，必须坚持宏观经济政策的三个基本取向：一是发展是硬道理，发展需要保持合理的速度；二是抓住创新转型这条主线，提质增效；三是坚持有为有力原则，实现好的新常态（张占斌，2015）。

认识新常态，适应新常态，引领新常态，是当前和今后一个时期我国经济发展的大逻辑。必须深刻把握经济新常态的基本内涵、趋势性变化、主要特点，加快房地产行业的转型发展：一是适应增长速度换挡，着力提高房地产发展的质量和效益；二是适应个性化、多样化消费需求，不断探索新产品、新业态、新商业模式；三是适应资源环境的刚性约束，积极创新绿色建筑、绿色地产等低碳技术；四是适应供给侧结构性改革要求，有针对性地“去库存”，积极化解房地产领域的资产泡沫和潜在风险。

二　中国进入工业化后期：房地产品质有待提升

1. 工业化发展阶段的定量化判别标准

经典的工业化理论认为，工业化是一个国家或地区随着工业发展、人均收入和经济结构发生连续变化的过程，人均收入的增长和经济结构的转换是工业化推进的主要标志（陈佳贵、黄群慧、钟宏武，2003）。具体而言，工业化主要表现为以下五个方面：①国民收入中制造业活动所占比例逐步提高，乃至占主导地位；②制造业内部的产业结构逐步升级，技术含量不断提高；③在制造业部门就业的劳动人口比例也有增加的趋势；④城市这一工业发展的主要载体的数量不断增加，规模不断扩大，城市化率不断提高；⑤在上述指标增长的同时，整个人口的人均收入不断增加（约翰·伊特韦尔等，1996；库兹涅茨，1999）。因此，一个国家或地区的工业化水平可以从经济发展水平、产业结构、工业结构、就业结构和空间结构等方面来衡量。对上述五个方面的指标采用阶段阈值法进行标准化处理，并分别赋予0.36、0.22、0.22、0.12、0.08的权重，通过线性加权即可得到工业化水平综合指数。前工业化时期的工业化水平综合指数为0，工业化初期的综合指数区间为（0，33］，工业化中期的综合指数区间为（33，66］，工业化后期的综合指数区间为（66，99］，后工业化时期的综合指数区间为（99，100］。

表 2-3　工业化不同阶段的标志值

阶段	前工业化阶段	工业化初期	工业化中期	工业化后期	后工业化阶段
2010 年人均 GDP(美元)	827 ~ 1654	1654 ~ 3308	3308 ~ 6615	6615 ~ 12398	12398 以上
三次产业增加值结构	A > I	A > 20% 且 A < I	A < 20% 且 I > S	A < 10% 且 I > S	A < 10% 且 I < S
制造业增加值占总商品增加值比重(工业结构)	20% 以下	20% ~ 40%	40% ~ 50%	50% ~ 60%	60% 以上
人口城镇化率(空间结构)	30% 以下	30% ~ 50%	50% ~ 60%	60% ~ 75%	75% 以上
第一产业就业人员占比(就业结构)	60% 以上	45% ~ 60%	30% ~ 45%	10% ~ 30%	10% 以下

资料来源：黄群慧：《中国的工业化进程：阶段、特征与前景》，《中国工业经济》2013 年第 7 期。

2. 中国即将进入工业化后期的后半阶段

当前，中国正处于工业化后期的前半阶段。从人均收入水平看，2015 年中国人均 GDP 为 49351 元，按 2010 年不变价折合为 7269 美元，具有工业化后期前半阶段的特征。从增加值结构看，2015 年三次产业的增加值结构为 8.9∶40.9∶50.2，具有后工业化阶段特征。从工业结构来看，制造业占总商品增加值的比重达 62%，具有后工业化阶段特征。从人口城镇化率看，2015 年城镇化率为 56.1%，具有工业化中期后半阶段特征。从就业结构看，第一产业就业比重为 28.3%，具有工业化后期前半阶段的特征。综合来看，2015 年中国工业化水平综合指数为 81.4，表明正处于工业化后期的前半阶段。

从纵向来看，中国已逼近进入工业化后期后半阶段的临界点。2005 年，中国的工业化水平综合指数仅为 39.1，进入工业化中期前半阶段。2010 年，工业化水平综合指数增加到 66.0，进入工业化中期后半阶段。

2015年，工业化水平综合指数达81.4，将从工业化后期前半阶段向后半阶段转变。在过去十余年，中国工业化进程快速推进，完成了从工业化中期前半阶段到工业化后期前半阶段的转变。另据有关预测，2025年左右中国工业化水平综合指数会达到最大值100，2030年前后全面实现工业化（黄群慧，2017）。

表2－4　中国工业化水平综合指数

指标	实际值			标准化得分		
	2005年	2010年	2015年	2005年	2010年	2015年
2010年人均GDP(美元)	1913	4515	7269	5.2	45.5	70.5
三次产业增加值结构	11.6:9.5:41.3	9.5:46.4:44.1	8.9:40.9:50.2	61.3	98.3	100.0
制造业增加值占总商品增加值比重(%)	55.0	57.0	62.0	84.0	90.3	100.0
人口城镇化率(%)	43.0	50.0	56.1	21.6	33.2	53.6
第一产业就业人员占比(%)	44.8	36.7	28.3	33.7	51.7	69.5
综合得分				39.1	66.0	81.4

资料来源：作者根据中国统计年鉴数据计算整理。

3. *要主动适应工业化后期阶段要求，不断提升房地产品质*

在未来一段时期，中国工业化进程会有所减缓，促进制造业转型升级也面临巨大的挑战，但工业化会持续推进且不断深化，要求从规模快速扩张转向全面提升质量，实现从粗放式增长向内涵式增长的根本性转变。根据国际发展经验，房地产行业发展必须要与工业化发展阶段相适应。一般来说，在工业化后期，主导产业是以汽车、装备制造等为代表的高加工度制造业以及生产性服务业；而在后工业化阶段的主导产业主要是服务业。未来房地产业发展也要基于这个工业化发展大趋势，围绕工业化后期阶段制造业加速转型升级以及生产性服务业快速发展的需求，不能盲目推动房地产项目的规模扩张，而应积极调整房地产产品结构，更加注重房地产项目品质的提升。

三　区域城乡收入差异缩小：房地产发展尚有新空间

1. 近年来中国区域收入差异呈现缩小态势

近十年来，中国四大区域的收入差异在缩小。2005 年，中部、西部和东北地区的城镇居民人均可支配收入分别相当于东部地区的 65.9%、65.7%、65.3%（见表 2－5）。2005～2010 年，中部、西部和东北地区与东部地区的差距在缩小，2010 年分别相当于东部地区的 68.6%、67.9%、68.5%。2010～2016 年，四大区域的相对差距进一步缩小，2016 年中部、西部和东北地区的城镇居民人均可支配收入分别相当于东部地区的 72.8%、72.2%、73.3%。

表 2－5　2005～2016 年中国四大区域城镇人均可支配收入情况

年份	城镇居民人均可支配收入（元）				城镇居民人均可支配收入（以东部地区为 100）（%）		
	东部地区	中部地区	西部地区	东北地区	中部地区	西部地区	东北地区
2005	13375	8809	8783	8730	65.9	65.7	65.3
2006	14967	9902	9729	9830	66.2	65.0	65.7
2007	16974	11634	11310	11463	68.5	66.6	67.5
2008	19204	13226	12971	13120	68.9	67.5	68.3
2009	20953	14367	14214	14324	68.6	67.8	68.4
2010	23273	15962	15807	15941	68.6	67.9	68.5
2011	26406	18323	18159	18301	69.4	68.8	69.3
2012	29622	20697	20600	20759	69.9	69.5	70.1
2013	31152	22665	22363	23507	72.8	71.8	75.5
2014	33905	24733	24391	25579	72.9	71.9	75.4
2015	36691	26810	26473	27400	73.1	72.2	74.7
2016	39651	28879	28610	29045	72.8	72.2	73.3

资料来源：作者根据《中国统计年鉴》（2014 年、2017 年）计算整理。

2. 近年来中国城乡居民收入差异开始缩小

“十二五”以来，中国城乡居民收入差异明显缩小。1978～2003 年，中国城镇居民人均可支配收入与农村居民人均纯收入的比重基本呈 W 形（见图 2－1）。2003～2009 年，中国城乡居民收入差异在高位上保持基本稳定，城乡居民收入比为 3.23～3.33。2010 年以来，中国农村居民人均纯收入增速开始反超城镇居民人均收入，城乡居民收入比开始逐步下降，2016 年城乡居民收入降至 2.95%。

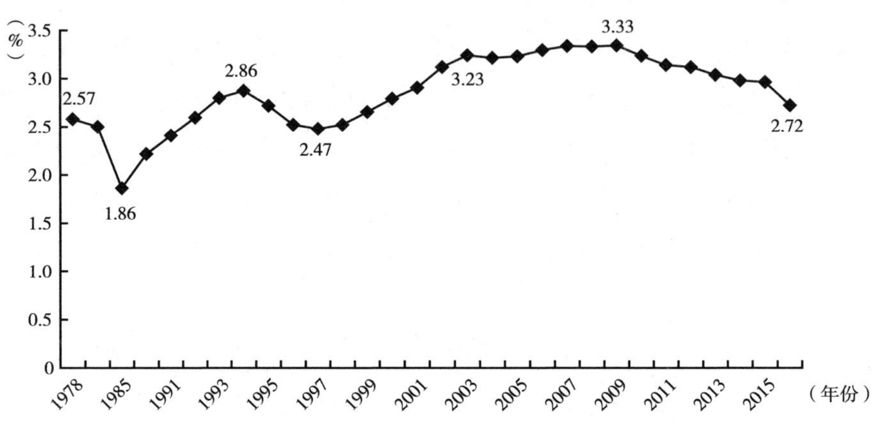

图 2－1　1978～2015 年中国城乡居民收入比情况

资料来源：作者根据《中国统计年鉴》(2017 年) 计算整理。

3. 要适应区域城乡差距缩小趋势，努力开拓房地产新空间

当前，中国四大区域的差距开始缩小，特别是中西部地区的一些城市在全国整体进入经济发展新常态的情况下经济逆势上扬，与东部地区的发展差距明显缩小。这为房地产企业在中西部地区重点城市布局地产项目提供了有利条件。

中国城乡差异也在不断缩小，农村的交通、水利、能源等基础设施建设水平不断提升，农村的发展环境也逐步在优化。这为鲁能集团选择一些资源禀赋条件较好、交通较便利的农村作为发展房地产项目，建设美丽乡村和特色小镇提供了机遇。

四　消费结构不断升级：亟须开创房地产新业态

1. 中国消费能力不断增强，消费结构不断升级

1990～2016 年，中国人均消费能力大幅提升。在此期间，农村居民人

均消费支出从 627 元增加到 10752 元，城镇居民人均消费支出从 1404 元增加到 29219 元。

1990～2016 年，中国消费结构也在不断升级。在此期间，城镇居民人均现金消费支出中，食品支出比例大幅下降，从 54.2% 下降到 34.4%，衣着、家庭设备及用品等支出比例也有所下降，居住支出比例则先升后降并保持在 9% 左右，而交通通信、文教娱乐、医疗保健等支出比例之和从 14% 增加到 37.8%。在农村居民人均消费支出中，食品支出比例下降了 26.6 个百分点，衣着支出比例略有下降，居住和家庭设备及用品在上升，居住支出比例从 17.3% 上升到 21.2%，而交通通信、文教娱乐、医疗保健等支出比例之和从 10.1% 增加到 33.2%（见表 2－6）。

表 2－6　1990～2016 年中国城乡居民人均消费的内部结构

	城镇居民人均现金消费支出（%）				农村居民人均消费支出（%）			
	1990 年	2000 年	2010 年	2016 年	1990 年	2000 年	2010 年	2016 年
食品烟酒	54.2	39.4	35.7	34.4	58.8	49.1	41.1	32.2
衣着	13.4	10.0	10.7	9.0	7.8	5.7	6.0	5.7
居住	4.8	11.3	9.9	9.4	17.3	15.5	19.1	21.2
家庭设备及用品	8.5	7.5	6.7	7.4	5.3	4.5	5.3	5.9
交通通信	3.2	8.5	6.5	16.4	1.4	5.6	10.5	13.4
文教娱乐	8.8	13.4	14.7	13.7	5.4	11.2	8.4	10.6
医疗保健	2.0	6.4	12.1	6.7	3.3	5.2	7.4	9.2
其他	5.2	3.4	3.7	3.1	0.7	3.1	2.1	1.8

资料来源：作者根据《中国统计年鉴》（2011 年、2017 年）计算整理。

2. *要适应消费结构升级的要求，着力探索房地产新业态*

按照美国心理学家马斯洛（1943）的需求层次理论，人类需求像阶梯一样从低到高按层次分为五种，分别是：生理需求、安全需求、社交需求、尊重需求和自我实现需求。根据五个需求层次，可以划分出五个消费者市场（吴照云，2012）。一是生理需求：满足最低需求层次的市场，消费者只要求产品具有一般功能即可。二是安全需求：满足对“安全”有要求的市场，消费者关注产品对身体的影响。三是社交需求：满足对“交际”有要求的市场，消费者关注产品是否有助于提高自己的交际形象。四是尊重需求：满足对产品有与众不同要求的市场，消费者关注产品的象征意义。五是自我实现：满足对产品有自己判断标准的市场，消费者拥有自己固定的品牌需求层次越高，消费者就越不容易被满足。

具体到房地产消费市场，相关企业也要遵循马斯洛的需求层次理论，适应我国城乡居民消费结构升级的需求，结合交通通信、文教娱乐、医疗保健等方面，不断创新房地产新业态，从普通住宅、商业地产拓展到文旅地产、健康地产、体育地产、科技地产等产品线。

第三节　社会环境

当前，我国城镇化进程仍在快速推进，人口老龄化社会快速来临，社会文化也在持续变迁，房地产发展总体上仍有较强的后劲，但必须面对社会分异加快的大趋势，针对不同社会阶层关于住房的差异化需求，提前谋划好房地产项目布局。

一　城镇化进程快速推进：房地产发展仍有后劲

1. 中国正处于城镇化快速推进但速度递减的中期阶段

综合考虑城镇化率、城镇化推进速度、新增城镇人口数量的变化情况，可将新中国成立以来的城镇化进程划分为城镇化初期、城镇化中期两个阶段（郭叶波，2016）。其中，城镇化初期包括 1949～1957 年恢复发展、1958～1964 年剧烈波动、1965～1978 年停滞发展、1979～1995 年稳步推进四个时期；城镇化中期包括 1996～2011 年加速推进、2012 年以来减速推进两个时期。

一般来说，城镇化演进过程遵循诺瑟姆 S 形曲线（见图 2－3）。纵观历史，中国城镇化进程基本符合诺瑟姆曲线揭示的城镇化发展一般规律。在城镇化率达 30% 以前，中国城镇化速度非常缓慢，城镇化率从 1843 年的 5.1% 到 1949 年的 10.6% 历经了 100 多年，城镇化率从 10% 到 30% 用了近 50 年时间。城镇化率超过 30% 以后，中国城镇化进程明显加速，城镇化率

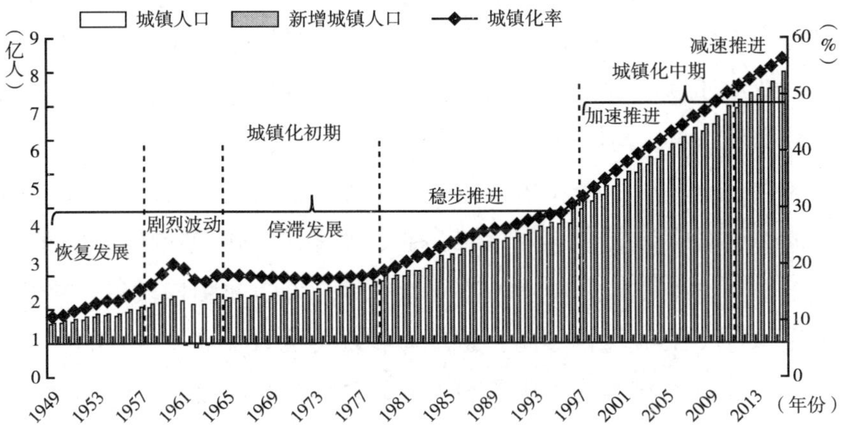

图 2－2　1949～2013 年中国城镇化进程

资料来源：郭叶波：《中国城市人口吸纳能力研究》，中国市场出版社，2016 年。

从 1996 年 30.48% 到 2011 年的 51.27%，只用了 15 年的时间。2011 年中国城镇化率首次超越了 50%，表明中国城镇化进程已跨越了诺瑟姆曲线中城镇化中期快速发展阶段的拐点。2016 年，中国城镇化率达 57.35%。这意味着中国“十二五”乃至今后较长一段时期城镇化仍将快速推进，但速度将有所减缓（魏后凯，2011）。

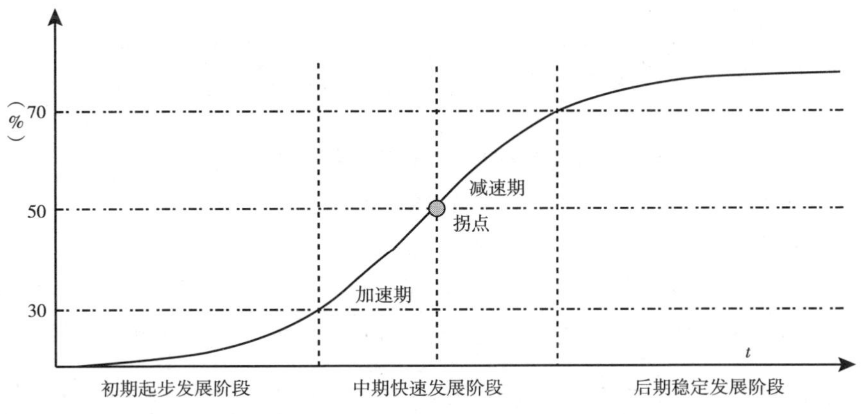

图 2－3　城镇化演进的 S 形曲线示意

资料来源：魏后凯：《走中国特色的新型城镇化道路》，社会科学文献出版社，2014。

2. 到2030年尚有2.4亿左右乡村人口进入城市

联合国人口司在《世界城市展望：2014年版》中，对中国2015~2050年的城镇化率也进行了预测。郭叶波（2016）基于OLS预测模型、基于ARMA模型的结果，与联合国预测结果进行比较发现：三种预测结果的共同特点是都表现为S形，在2026年以前三种方法预测结果相差不大；2026年以后，基于ARMA模型的预测结果最高，基于OLS模型的预测结果居中，联合国的预测结果最低。基于联合国的预测，2033年中国城镇化率首次突破70%；基于OLS模型的预测，2029年首次突破70%；基于ARMA模型的预测，2027年就首次突破70%。综合上述各种预测方法，2030年前后中国城镇化率可达70%（见图2-4）。

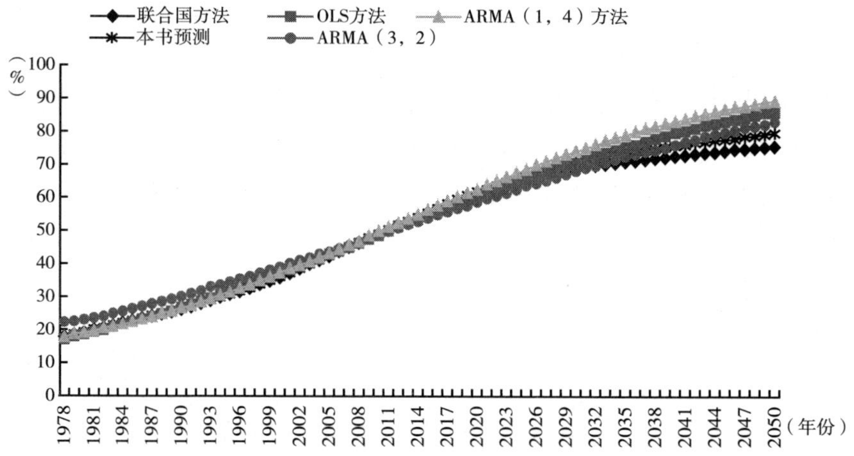

图2-4　1978~2050年中国城镇化率预测结果

资料来源：郭叶波，《中国人口城市吸纳能力研究》，中国市场出版社，2016年。

郭叶波（2016）对中国总人口峰值及其时间进行了预测，认为中国在2030年前后将出现总人口峰值，峰值为14.5亿人。这一预测结果与2017年1月颁布的《国务院关于印发国家人口发展规划（2016—2030年）的通知》所制定的人口总量规划目标完全一致：2030年前后达到人口峰值14.5亿人。据此测算，到2030年，中国城镇人口将达到一个新的水平：14.5亿

人 ×70% =10.15 亿人。2015 年中国已有城镇人口 7.71 亿人。2016 ~2030 年尚需新增 2.44 亿左右的城镇人口。

3. 快速推进的城镇化仍将为房地产发展提供强大动力

综上所述，未来 15 年左右，中国城镇化仍将快速推进，尚有 2.4 亿左右的人口需要进城。这些庞大的城市人口增量，为消化房地产库存，促进房地产市场持续健康发展提供了强劲的需求动力。一方面，由于中国人口基数大，随着中国城镇人口规模不断扩大、流动人口的不断增大，人均居住面积需求的不断提升，中国房地产市场需求将进一步增加，住房市场的潜在容量仍然巨大。另一方面，人口正在向大中型城市加速集聚，人口将持续向沿江、沿海、铁路沿线地区聚集，城市群人口集聚度加大，也为支撑城市房地产市场的中长期发展奠定了人口基础。

房地产企业应主动顺应城镇化发展中期阶段的大趋势，适当做大房地产规模，同时在一些人口高度集中、交通区位条件优越的超大城市或特大城市 CBD、新区政务区、产业新城核心区以及超大城市会展中心等地方，加快布局一批商业地产等项目。

二 人口老龄化社会快速到来：房地产面临新的需求

1. 中国正在快速进入人口老龄化社会

当前，世界多数国家已经或正在步入老龄化社会，中国老龄化水平及增长速度将明显高于世界平均水平。据全国人口普查资料显示，改革开放以前，中国人口老龄化进程十分缓慢，1953 年中国 65 岁以上人口占全国总人口比重仅为 4.41%、1964 年为 3.56%、1982 年为 4.91%，在 1953 ~1982 年近 30 的时间内仅提高了 0.5 个百分点。1982 ~1994 年，人口老龄化趋势开始缓慢上升。1995 年以来，人口老龄化趋势明显加快，1995 年 65 岁以上人口比重为 6.2%，2000 年提升至 6.96%，标志着中国正式进入人口老龄化社会，2010 年提升为 8.87%，2016 年进一步提升为 10.8%。在 1995 ~2016 年的 21 年里，中国 65 岁以上人口比重提高了 4.6 个百分点，尤其是 2010 年以来提高了 1.9 个百分点（见图 2 –5）。相对发达国家而言，中国人口老龄化有三个特点：一是来得早，“未富先老”；二是来得快，西方国家老龄化从5%上升到10%普遍用了40年，而中国只用了18年；三是持续长，预计2030年代进入老龄化高峰，此后将持续30~40年（卢海元，2011）。

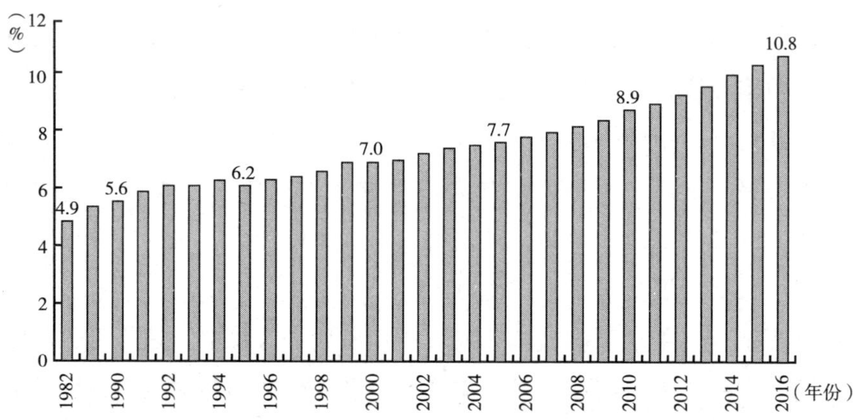

图2-5 1982~2016年中国65岁及以上人口占全国总人口的比重

资料来源：作者根据《中国统计年鉴》(2016年) 计算整理。

2. 中国人口老龄化趋势仍将不断加深

未来，中国劳动年龄人口将波动下降，人口老龄化程度持续加重。2016年，中国60岁及以上老年人口占比达到16.7%，15~59岁劳动年龄人口于2011年达到峰值后持续下降。根据《国家人口发展规划（2016—2030年）》，中国劳动年龄人口在“十三五”后期出现短暂小幅回升后，2021~2030年将以较快速度减少。劳动年龄人口趋于老化，到2030年，45~59岁大龄劳动力占比将达到36%左右，60岁及以上老年人口占比将达到25%左右，其中80岁及以上高龄老年人口总量不断增加。联合国的一份报告则显示，到2049年，中国60岁以上的老人将占总人口的31%，老龄化程度仅次于欧洲。这预示着，从现在开始到未来的20~30年，中国将是世界上人口老龄化速度最快的国家之一。

3. 中国人口加速老龄化创造了新的房地产需求

中国人口基数大，随着人口老龄化进程的加速发展，中国老龄人口数量将快速增加，将引来“银发经济”快速发展的新时代。在银发经济中，人们更加追求健康的生活方式，对养老、运动、娱乐等相关行业的需求不断提升，对房地产的品质提升也提出了更高的要求。为此，房地产企业应积极适应中国人口老龄化大趋势，开拓养老地产、健康地产、体育地产等新产品、新业态，努力抢占未来银发经济的先机。

三　社会文化持续变迁：房地产消费心理的变与不变

1. 社会阶层分化仍在加快，形塑了多样化的房地产需求

改革开放以来，我国社会阶层结构发生了广泛而深刻的变化，逐渐分化为主体阶层、新生阶层、过渡阶层。社会阶层分化趋势仍在继续，但其趋势不是以“两极分化”为特征的分裂式分化，也不是单向度地自“一”到“多”的简单过程，而是一个多线性、复合型的历史进程，在动态发展中寻求更为多样化、更为合理有序的社会结构，具体表现为：一是主流不变，从洋葱头形到橄榄形的结构性变迁；二是结构多元，社会阶层分层化和群体化趋势日益加剧；三是流动加速，将实现从“身份”依赖到“契约”资格的体制性突破（王刘玉、高军，2009）。

在社会结构从洋葱头形向橄榄形转变过程中，社会对房地产的消费心理和消费能力均发生了重大变化。根据国内外发展经验，金领阶层有着很强的住房消费能力，对环境要求高，要求精装、大建面、高品位，更偏好于位于市郊的别墅；白领阶层具有较强的消费能力，兼顾生活的环境和工作的需求，对舒适度要求较高，更偏好于位于市区内适于生活的中高档公寓。一般工薪阶层，住房消费能力较弱，舒适度要求较低，更偏好于市内价格适中、便利交通、离工作地较近的普通小区里的中小户型。为此，要主动适应不同阶层的差异化需求，开发不同类型、品质、区位的住房。

2. 城市居住分异现象加剧，房地产项目布局须合理谋划

由于历史因素、市场因素、规划政策等原因，在一些大城市富人和穷人

居住分异的趋势不断显现。一方面，少数高收入阶层集中居住在豪华高档楼盘或别墅，形成了所谓的富人居住区。富人区入住门槛高，各类设施条件优越。另一方面，大量城市贫困群体和外来务工人员集中居住老城区、城乡接合部、城市边缘区，形成了所谓的穷人居住区。穷人居住的棚户区和城中村入住门槛较低，其基础设施和环境卫生条件较差、社会治安较乱。大量农民工仍然较难融入城市社会中，在住房、就业、收入、教育、医疗、文化等方面仍然存在较多的障碍。

为此，要透过城市居住分异现象，合理布局房地产项目，一方面要适当满足一些新兴阶层对高端楼盘、豪华别墅的需求；另一方面更重要的是开发一些合适的楼盘和户型，以满足中低收入群体的基本居住需求。

3. 先安居后乐业的传统文化，强化房地产需求刚性

在中国传统社会文化中，一直存在先安居后乐业的心理。这种社会文化心理根深蒂固，对现在和未来的房地产市场需求也产生了深远影响。正是所谓“有恒产者有恒心”。一直到近现代，山西等大户人家还遵从着给后代留下“置地与买房”的祖训，认为只有土地和房屋才是根本财富。事实上，农村置地与城市买房的历史源远流长，已有2000多年历史。这足以说明土地和房子对中国人的重要性。“居者有其屋”的社会心理导致的结果是，一方面，中国人口数量非常庞大，在“买房置地”观念的驱动下，房地产市场需求非常大；另一方面，住房也是大多数普通百姓生活的基本要求，强化了房地产市场的需求刚性。

第四节　科技环境

当前，我国正在加快实施创新驱动发展战略，研发经费和人力投入均有大幅增加，自主创新能力明显增强，与国际科技水平的差距不断缩小，一些建筑领域和其他领域的先进技术不断取得突破，为降低房地产成本，提升房地产品质，增强发展动力奠定了良好的物质技术基础。

一　国家创新驱动发展战略：房地产发展的动力保障

1. 国家创新驱动发展战略的内涵与重点

2012 年底，党的十八大报告明确提出："科技创新是提高社会生产力和综合国力的战略支撑，必须摆在国家发展全局的核心位置。"强调要坚持走中国特色自主创新道路、实施创新驱动发展战略，到 2020 年我国进入创新型国家行列。学习贯彻党的十八大精神，就要以全球视野谋划和推动自主创新，着力增强创新驱动发展新动力，加快形成经济发展新方式，推动经济社会科学发展、率先发展。

实施"创新驱动发展"战略的重点任务：一是要提高自主创新能力，瞄准国际创新趋势、新特点，通过自主创新抢占国际技术发展前沿的制高点；整合优势资源，力求在重点领域、关键技术上取得重大突破；推动多种模式的创新，包括原始创新、集成创新、消化吸收再创新。二是要构建以企业为主体、市场为导向、产学研相结合的技术创新体系，明确企业的创新主体地位，形成高校、研发机构、中介机构以及政府、金融机构等应与企业一起构建分工协作、有机结合的创新链，打造协同创新体系。三是加快科技体制机制改革创新，包括科技创新资源合理流动机制、政府与市场有机结合的体制机制、科技协同创新机制、科学的创新评价机制。

2. 我国科技创新的经费和人力投入大幅增加

从研发投入强度看，中国科技研发投入水平已追赶上世界平均水平。1991 ~ 1995 年，中国 R&D 经费占 GDP 比重从 0.74% 下降到 0.57%，1996 ~ 2016 年，研发投入强度从 0.57% 提升到了 2.08%。从国际比较看，我国研发投入强度也有明显提高，1991 年中国 R&D 投入占 GDP 比重明显低于世界平均水平，2016 年基本达到了世界平均水平。但也应看到与世界主要发达国家和地区相比，中国研发投入强度仍然还有一些差距，目前丹麦、德国、美国、奥地利等国家研发投入强度已经超过了 2.8%，韩国、芬兰、瑞典、日本、瑞士等国家甚至超过了 3.0%。

从科研人员投入来看，目前中国从事 R&D 人员的绝对数量已经居于世界首位。但从每万人就业人员中从事 R&D 活动人员数量仍然太少。2014 年中国每万人就业人员中从事 R&D 活动人员数量仅为 69 人，而丹麦、韩国、瑞典等国家每万人就业人员中从事 R&D 活动人员达 120 人以上，英国、美国、法国、德国、澳大利亚等国家达 85 人以上。

二　建筑及信息等技术不断创新：房地产发展的技术支撑

1. 建筑新技术不断更新，大大降低了房地产建造时间和成本

随着我国科学技术研发投入的不断增加，我国的自主创新能力不断增强，在建筑领域的建制技术也不断推陈出新。住房和城乡建设部工程质量安全监管司连续多年组织编写了《建筑业 10 项新技术》，供建筑施工技术人员、建筑工程设计人员、科研人员及建筑工程管理人员参考使用。建筑业的 10 项新技术包括地基基础和地下空间工程技术、混凝土技术、钢筋及预应力技术、模板及脚手架技术、钢结构技术、机电安装工程技术、绿色施工技术、防水技术、抗震加固与监测技术、信息化应用技术。这些建筑技术，直接降低了建筑成本，节约了建筑时间，提升了建筑品质。此外，还有社会经济其他领域的新技术应用也为提升房地产品质奠定了良好基础。例如，现代节能建筑技术快速发展，引领房地产发展的绿色风。纳米材料、碳纤维、玄武岩纤维等新材料新技术的应用，为推动房地产供给侧结构性改革提供了物质技术支撑。

2. 现代信息技术快速成长，助推进入智慧地产发展新时代

当前，我国北斗导航技术、地理信息系统、遥感技术、互联网技等现代信息技术取得了长足发展，有力推动了智慧城市、智慧社区、智慧家居发展，“互联网 + 房地产”新业态新模式不断涌现。我国住宅市场已经经历了从毛坯 1.0 时代、简单精装 2.0 时代到实现家电产品远程控制的智能家居 3.0 时代，现在正在进入高效、便利的智慧社区 4.0 时代。这对房地产行业提出转型发展的迫切需求，也出现了新的阶段性机遇。地产企业要主动抓住用户小区视觉的需求、生活配套的需求、生活便捷的需求，充分利用现代信

息技术，创新智慧化模式，实现房地产跟互联网的有机结合，推动智慧地产发展。

第五节　自然环境

随着工业化和城镇化的快速推进，我国土地、水资源等自然资源越来越稀缺，生态环境压力加大，人们环保意识和环保要求不断提高，房地产发展面临着新的约束和新的考验，为此必须加快房地产转型发展，优化项目空间布局，不断推动产品、技术、理念创新。

一　自然资源越来越稀缺：房地产发展面临硬约束

1. 城市用地需求过快扩张与耕地资源保护矛盾日益尖锐

在快速城镇化进程中，中国城市居住和工业用地需求强劲，城市基础设施大规模建设需占用大量土地，但土地城镇化快于人口城镇化。2000～2010年，中国城市建成区和城市建设用地年平均增长5.97%、6.04%，大大高于城镇人口3.85%的年均增长速度（郭叶波、魏后凯、袁晓勐，2013）。这说明中国城市建设用地的使用效率不高，土地城镇化快于人口城镇化，同时也表明城市建设仍处于量的扩张重于质的提升阶段。随着土地资源的高度紧张，特别是耕地面积已经逼近18亿亩红线，这种重量不重质的建设模式已经难以持续。目前，中国城市建设用地缺口高达50%，特别是在长三角、珠三角等沿海地区的城市尤为严重。

2. 全国人均水资源偏少、分布不均，城市水资源供需矛盾尤为突出

中国水资源总量常年值为2.77万亿立方米，位居世界第六；但人均可再生内陆淡水资源仅为2113立方米，位居第101。整体上看，中国处于轻度缺水状态，但水资源时空分布不均加剧了水资源供需矛盾。北京、天津、宁夏、上海、河北、山西、山东和江苏8省份已处于极度缺水状态，其人口占全国25.7%的人口，而水资源仅占全国的3.2%。特别是城市用水需求迅速增加，越来越多的城市供水不足。据统计，1979年中国有154座城市缺

水，到2010年420多座城市供水不足，其中110座严重缺水，缺水总量达105亿立方米。目前，北京、天津、上海、深圳、郑州、太原、石家庄等城市人均水资源不足200立方米，沈阳、唐山、青岛、烟台、济南、连云港、西安等城市人均水资源不足500立方米，处于极度缺水状态。

二　生态环境压力加大：房地产发展面临新考验

1. 中国城市环境污染问题有所改善，但仍然较为严重

一是城市空气质量逐步改善，但大气污染仍然令人担忧。2010年全国超过50%的城市出现过酸雨，城市氮氧化物含量、PM2.5浓度普遍较高。2001～2006年全球大部分区域PM2.5浓度低于10μg/m^3，而中国东部地区居然高于80μg/m^3，甚至大多数工业区浓度高于100μg/m^3（Donkelaar，Martin等，2010）。按2012年2月新修订的《环境空气质量标准》，中国有2/3的城市空气质量不达标（吴晓青，2012）。据《2016中国环境状况公报》显示，2016年，全国338个地级及以上城市中，有84个城市环境空气质量达标，占全部城市数的24.9%；254个城市环境空气质量超标，占75.1%。

二是城市污水排放量持续增大，地表水和地下水污染严重。1978～2015年，中国城镇生活污水排放量从149.4亿吨增加到535.2亿吨，已经大大超出了河流、湖泊的自我净化能力，尤其是五大城市内湖水质明显变差，其中东湖和昆明湖为Ⅳ类，玄武湖为Ⅴ类，大明湖和西湖甚至为劣Ⅴ类。城市地下水污染也较为严重。

三是“垃圾围城”问题愈演愈烈。据统计，目前全国城市生活垃圾累积堆存量达70多亿吨，占地80多万亩，并且还以年平均4.8%的速度持续增长。全国2/3的大中城市陷入垃圾的包围之中，1/4的城市已没有合适场所堆放垃圾。未来中国垃圾产生量将从2005年的1.95亿吨增加到2030年的4.85亿吨（Hammer等，2011）。

2. 随着城市化的快速推进，中国城市生态压力日渐加大

一是城市自然植被覆盖较低，钢筋水泥丛林面积不断扩大。2000～2016

中国城市建成区绿化覆盖率从 28.2% 提高到 40.3%，人均公园绿地面积从 3.7 平方米提高到 13.7 平方米。但中国城市用地结构不合理，工业用地比例偏高，居住和生态用地比重偏低。目前，城市绿地用地占城市建设用地比重仅 10% 左右；而道路广场、公共设施用地面积不断扩大，甚至形成钢筋水泥丛林。

二是城市湿地面积锐减，生物多样性持续减少。由于城市化和工业化的快速推进，中国城市湿地面积不断缩小，城市湿地往往被分割成面积狭小、生境破碎、孤岛式的斑块，湿地生境往往遭受破坏，因而生物多样性持续减少。

三是城市地下水过度开采，地面加速沉降。华北、西北、华东地区的不少城市地下水水位不断下降，甚至出现了大面积的降水漏斗和地面沉降。自 20 世纪 70 年代以来，中国城市地面沉降范围加速扩大。目前，在长江三角洲、华北平原、汾渭盆地已有 50 多座城市发生了地面沉降，全国有地下水降落漏斗 212 个，全国范围累计地面沉降量超过 200 毫米的面积高达 7.9 万平方公里，尤其是华北平原地区 46% 的地面沉降量超过 200 毫米。

总之，在房地产发展过程中，面临的自然资源和生态环境约束越来越趋于刚性，为此必须尊重自然、顺应自然、保护自然，加快生态文明体制改革，建设美丽中国，才能促进房地产的持续健康发展。

第 3 章

中国房地产业融合与创新发展

产业融合是产业发展的最新趋势，是产业分工和产业技术升级发展到高级阶段的产物。随着市场需求调整，房地产开发主体通过积极推进房地产与其他相关产业融合发展，实现业态创新和模式创新。在此基础上，“房地产 +”模式助推了房地产开发企业走上“泛产业地产”之路。

第一节　房地产业供给侧改革与融合创新发展

市场需求调整推动房地产业与其他产业不断融合创新发展，“房地产 +”成为房地产供给侧结构性改革的重要路径。

一　房地产业融合发展的内涵与转变

近年来，产业融合逐步扩展到房地产领域。传统的“房地产 +”行业是从纵向产业链视角提出的，是指以地产开发为中心、以房子为核心、与生活配套和生活方式相关的行业，包括房地产相关及延伸行业，比如，地产开发、建筑施工、设计装修、物业资管、中介电商、地产金融、地产投资、地产互联网化等行业。

随着房地产市场需求不断多样化，产业升级正在以产业投资的跨界和产业运营的融合等方式进行，产业之间的关系已经不再是简单的投入产出关系和上中下游关系，边界越来越模糊，房地产市场不再是单纯的住房供给，“房地产 +”概念应运而生。由此，在产业融合新理念下，“房地产 +”是一种产业间横向融合的概念，指以房地产为核心，在房地产开发建设过程中，与商业商务、文化旅游、体育、健康、科技、物流等业态融合打造新的房地产产品，与金融、互联网、城市建设等融合实现模式创新，以此促进房地产业转型升级。

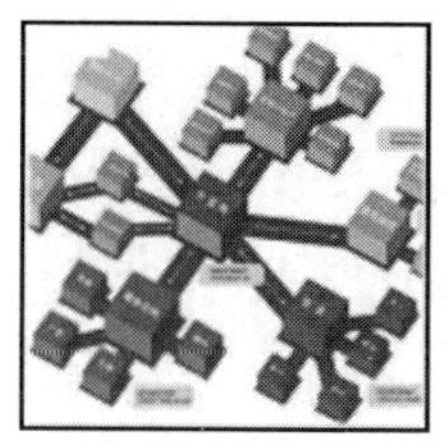

传统“房地产+”：纵向拓展

与地产开发、建筑施工、设计装修、物业资管、中介电商、地产金融、地产投资等环节加强纵向联系

融合型“房地产+”：跨界融合

与商业、商务、文化旅游、体育、健康、科技、物流等业态融合打造新的房地产产品

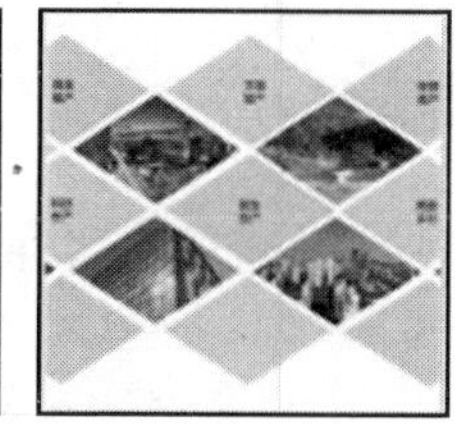

图 3－1　“房地产 +”的发展与演变

二　需求升级促进房地产业融合创新发展

随着房地产业的发展，市场需求不再局限于简单的住房，而是越来越看重居住的体验以及对商业购物的体验等，由此引起了商业地产的创新发展、住宅地产与健康、体育、养老等其他产业的融合发展；随着其他产业的发展，与房地产业的融合越来越显著，文化旅游地产、科技地产、物流地产等随之快速发展；同时，随着互联网、金融以及城市建设等基础领域的发展，“互联网 + 房地产”“金融 + 房地产”“城市开发 + 房地产”等模式也越来越普遍和成熟。由此共同导致了房地产市场供给侧向“房地产 +”转型。

三　房地产开发主体多样化支撑房地产业融合创新发展

参与房地产开发的企业涉及的行业较多，这为“房地产+”积累了很好的跨界运营经验，提高了“房地产+”的可行性，各个企业很容易实现房地产与其主营业务的融合发展。近年来，房地产业的市场主体主要分为四大类，包括房地产企业（含建筑企业）、制造业企业、金融资本企业、电商等（周雪松，2017）。具体来看，参与房地产市场的品牌房企，既有保利、中铁、首创等央企背景的房地产企业，也有碧桂园、远洋、绿城等民营房地产企业；介入房地产市场的制造业企业有三一集团、中集集团、华立集团、海尔集团等企业；金融资本类企业有弘毅投资、华平资本、华融集团、基汇资本等企业；电商等其他企业有京东、乐视、东百集团、菜鸟网络等。多个行业主体参与房地产开发，给房地产市场带来了丰富的其他产业经验，有利于实现“房地产+”。

四　产城融合的要求推动房地产业融合创新发展

随着城镇化与产城融合的要求，单纯的住宅开发或者商业地产开发已经较难满足城市发展的需求，房地产业与城市发展、功能布局等问题紧密结合起来，由此，能够满足多类需求的综合性房地产开发项目越来越普遍。房地产开发商一方面承载了城镇化建设的职能，另一方面承担了服务企业发展的资源整合重任。新型城镇化、产业结构转型升级等都要求房地产项目与城市融合发展，以实现产城融合。房地产项目与城市功能结合才能实现房地产项目的最大潜力。特别地，产业地产的要素和城市的功能结合在一起的“园区运营+配套”的产业新城模式将是未来产业地产发展的重要方向。

第二节　房地产业融合创新的主要类型与特点

当前，中国房地产业融合创新发展主要可以分为两种类型：一种是房地产业与其他相关产业的融合创新发展，如传统的“房地产+商业/商务”，比较新的“房地产 + 文化旅游”、“房地产 + 体育”、“房地产 + 健康（养老/医疗）”、“房地产 + 科技创新”、“房地产 + 物流”等新的融合性业态；另一种是房地产与基础产业的融合创新发展，如与金融、互联网以及城市建设等融合形成的新的发展模式。

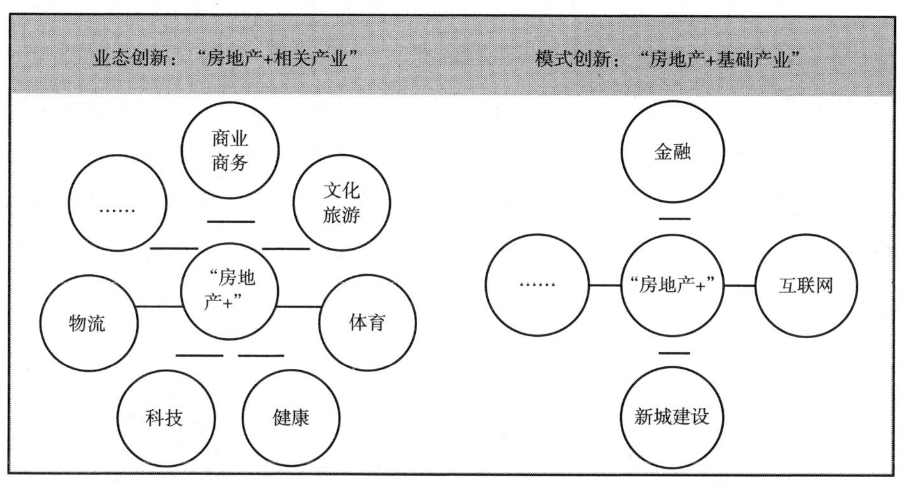

图 3－2　房地产业态创新与模式创新

一　商业地产：“房地产 + 商业/商务”

商业地产，是“房地产 +”的主要类型之一，主要是区别于以居住功能为主的住宅房地产、以工业生产功能为主的工业地产等。商业地产广义上通常指用于各种零售、批发、餐饮、娱乐、健身、休闲等经营用途的房地产形式，主要包括购物中心、百货、超市、商业街、主题商场、专业市场、写字楼、酒店等。

随着我国现代服务业的发展和住房结构调整，我国商业地产经历了多年的稳步增长，各项指标占房地产开发总体比重也均有所上升，近两年进入调整期。究其原因，主要是两方面：

一是电子商务冲击实体零售，影响了商业营业用房的市场需求。2015年实物商品网上零售额占社会消费品零售总额比例达到 10.8%，较年初提高2.5个百分点，增长显著，相应的快递业务也快速增长。根据商务部对实体百货店、实体超市、实体专业店销售额的统计数据显示，2010年三类实体店销售额增速分别为19.5%、14.1%、21.8%，2014年增速降至4%、5.4%和3.5%，增速回落幅度远超消费品零售总额。

二是批发和零售业、住宿和餐饮业增速下降降低商业营业用房需求；商务服务、金融业高速增长有利于促进写字楼市场发展。一方面，2015年批发零售、住宿和餐饮业增加值同比增长6%左右，持续低于GDP增速。批发和零售业、住宿和餐饮业增速放缓负面影响市场对商业营业用房的需求。另一方面，2015年金融业增加值同比增长15.9%，高出同期GDP增速9个百分点，金融业等现代服务业的高速增长有利于提高写字楼需求。

图3-3 成都鲁能城

近年来，顺应商业发展趋势和互联网等新经济发展，我国商业地产发展速度有所调整，具体来看，在商业项目创新、资本运作模式、体验式消费模式、线上线下融合和社群模式等方面表现出一些新的发展趋势。一是阶段性过剩、电商冲击等导致商业营业用房提升品质与去库存压力较大。二是房企更专注于设计、开发、运营等核心业务，向轻资产转变。三是来自房地产行业的创客空间产品不断涌现，典型的有优客工场、SOHO3Q等。四是更加注重消费者体验，更强调业态配比、环境设计等方面的考量，体验式商业地产日益成为大势所趋（见表3-1）。2015年，互联网电商零售冲击实体销售，消费者心态的日渐成熟，商场的布局尤其是体验消费型商家的引进及布局、人文设施和服务的改善日益重要，未来的消费者会更愿意为体验、环境、情感和服务买单。五是“互联网 +”促进线上线下融合，以互联网思维延长商业链条。商业地产对互联网的应用也不再是简单的网页设计与开发一个 App，范围正在被逐步拓宽，商业链条正在不断延长。

表 3－1　体验式商业地产成为大势所趋

	说　　明
背景	越来越多的消费者已经不能满足于仅在商场购物，而是呈现出休闲、运动、娱乐、就餐、培训等多方面的消费诉求，同时，消费者对于购物环境的要求也越来越高
定义	区别于传统商业的以零售为主的业态组合形式，更注重消费者的参与、体验和感受，对空间和环境的要求也更高
形式	以现阶段商业零售业的发展来看，经常出现在购物中心中的体验式业态主要包括：电影院、冰场、健身会馆、电玩城、KTV、美容美体、儿童体验、儿童游艺等
区别	以百货为代表的传统商业，其零售类业态的占比能达到 70% ~80%，是商业体中的绝对主导 在“体验式购物中心”中，以休闲娱乐、儿童教育等业态为代表的体验式业态，在购物中心中的占比可达到 20% ~30%，甚至更高，而零售类业态的占比降至 30% ~40%
优势	集客能力强；有效缩短新项目市场培育期；消费滞留时间长；对其他业态消费带动显著

二　文旅地产：“房地产 + 文化旅游”

文旅地产是依托周边丰富的文化旅游资源而建的、有别于传统住宅项目的融旅游、休闲、度假、居住为一体的置业项目，包括休闲度假村、旅游景区主题休闲公园、分时度假酒店、海景住宅、景区住宅等。较之一般的住宅，旅游房地产的特点和优势在于它是文化旅游业和房地产业的深度融合，具有很好的文化资源、自然景观、建筑景观，同时拥有完善的配套功能和极高的投资价值。旅游与地产的结合不但是互补关系更是一种互惠关系。旅游带动了地产项目的人气，促进了地产项目的价值上升；地产项目弥补了旅游的资金缺口、实现了短期盈利。旅游地产是房地产开发中对于资源整合和产业整合应用的最卓有成效的一种模式。

我国旅游地产经历了2007～2012年的井喷发展、2013—2015年的转型回落，2016年开始再次快速发展。在经过井喷期之后，开发企业逐渐意识到，旅游地产开发风险较高，进入和开发都变得更加谨慎，因此项目数量增长较少。到2016年底，累计旅游地产项目总数为8918个，全年旅游地产项目数量增速虽有所下降，但中国旅游地产实际完成投资额高达12997亿元，达到历史新高点。旅游地产类型从单一的酒店、主题公园转向游乐设施、度假别墅、第二居所等多元化并存的发展态势，表现形态主要有休闲度假村、主题公园、旅游培训基地、会议中心、产权酒店、分时度假酒店、高尔夫度假村和风景名胜度假村等。

我国旅游地产存在显著的分布特征，基本呈现“一级城市靠地产，二、三级城市靠资源”的发展态势。北京、上海、天津等一级城市的旅游房地产基本上走“地产”路线，以人造景区、景点来配套于住宅、酒店、社区等的开发；而二、三级城市的旅游房地产则主要走“资源”路线，依托区域的高等级文化旅游资源进行项目配置。由于我国地理、经济发展特性，形成了沿海地区经济发达、景观资源丰富等特点，旅游地产业率先在这一区域落足；而中、西部旅游地产不仅在数量上较少，且多集中在郊区。

随着文化旅游市场的快速增长，加上近年来房地产政策的调整和支持现代服务业发展的政策，旅游地产发展前景较大。旅游地产行业未来的发展趋势主要表现出以下几方面特征。第一，从概念需求到产品支持，旅游产品逐渐成了旅游地产的重要支撑。第二，资源整合模式逐渐多样性。依托多样化的文化旅游资源，使得旅游地产本身的内容以及项目设计进一步多样化。第三，主题特色与质量要求提高。旅游地产项目客户群体的需求多样化以及客源结构的复杂性，使旅游地产项目开发的功能产品多样化，以便适应不同层次的客户群体。主题旅游地产有利于实现有序的和精致的市场细分。第四，旅游地产内容的产业化，旅游地产不只是简单的地产概念，更多地需要文化支撑、产业支撑（包括养生

图 3－4　鲁能大连金石滩

产业、休闲娱乐产业等复合型的地产），以此实现行与居的结合，满足消费者对休闲与投资的双重追求。

三　体育地产："房地产＋体育"

体育地产是体育产业和房地产业融合发展的产物，是以体育作为主体概念的房产开发模式，并且将体育纳入房产开发的总规划。它以特定的地域空间为载体，以体育产品开发（体育赛事、体育场馆）为依托，以房地产开发为先导，以一定的体育文化为填充，以运动体验为核心的设计理念将体育元素引入房地产开发中，满足居民日常体育需要。其核心实质是运用体验经济模式走"体育搭台，房产唱戏"的发展之路。

体育场馆、体育公园等体育设施承担公共服务功能，能够吸引大量的人流，"体育＋地产"模式具有两大优势：一是带动周边商业的消费升级，促进商业物业升值；二是作为居住配套，提升住宅产品的附加值，并促进房产项目的增值和销售去化。随着人们居住品质的全面升级，社区的健康设施和周边环境对居住体验有着重要影响，全民体育的推进和公众对于健身认知逐步推崇，多家房企纷纷跨界体育。据不完全统计，包括鲁能、万达、恒大等房企均已入场，但存在两种模式。

体育地产的典型代表是鲁能泰山7号产品。鲁能集团的企业基因中有着强烈的体育属性，在探索具有“鲁能特色”企业发展之路的过程中，“体育”成为鲁能得天独厚的资源禀赋。鲁能在开展职业体育的同时，推进体育大众化，创新研发了“让体育走进社区，让运动融入生活”的体育产品线，积极倡导全民健康的生活方式，践行“健康生活，体育强国”的中国梦。鲁能集团充分抓住了健身时机，携手“传奇7号”贝克汉姆，提出“体育+”产品战略规划，以鲁能泰山7号开启国民健康休闲生活新方式。

- 以周边商务、商业和地产的运动需求为主，填补城市空间拓展所需的运动配套型地产类型，打造城市级运动设施，以体育运动打造地产核心吸引力
- 鲁能泰山7号：生态、健康、运动等各类元素穿插及串联社区，以全民类体育项目为主，服务社区居民，打造集中式体育中心

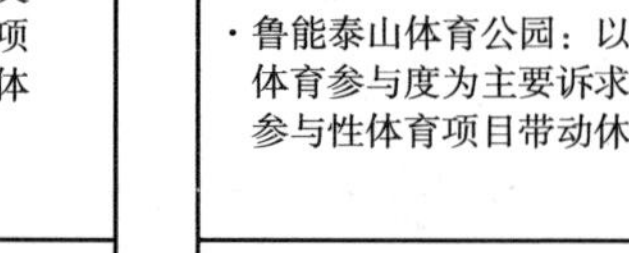

体育地产驱动型

- 以参与性体育项目的综合体育配套为主，创造市场首批体育运动社区。打造体育休闲文化中心，成为社区居民和周边居民的社交场所；开展马拉松、路跑等群众性赛事，扩大片区影响力
- 鲁能泰山体育公园：以提升城市居民的体育参与度为主要诉求，以竞技体育、参与性体育项目带动休闲娱乐活动

体育文化配套型

图3－5　鲁能“房地产+体育”

另外，非凡中国在入股中信置业之前，已经在南宁、扬州等地布局有多个李宁体育公园。2015年7月以1.68亿元获得毗连扬州李宁体育园的地块，计划开发体育主题社区。

另一种体育地产模式则是地产企业进入一般体育产业，但还有待进一步深度融合。截至目前，包括万达、佳兆业、苏宁环球、中天城投、莱茵置业等房企已经开始在包括足球俱乐部、体育活动组织管理、体育场馆建设运营、体育金融等领域布局。

近年来，我国体育产业快速发展，体育产业“十三五规划”、健康中国2030等文件均有利于促进体育产业发展。目前我国人均体育场地面积仅1.46平方米，室内场馆人均0.19平方米，到2025年我国人均体育场地将达到2平方米，预计未来需要建设将近8亿平方米体育场地。体育旅游度假占据旅游度假份额超过四分之一，预计未来将继续保持年20%以上增势。可以预测，体育产业即将迎来快速发展期，体育市场急剧扩大，体育人口倍增。

与此同时，2016年，国内进入建设阶段的体育小镇已经超过100个。2017年5月，国家体育总局办公厅下发《关于推动运动休闲特色小镇建设工作的通知》，正式启动了运动休闲特色小镇建设工作，在这些小镇的规划蓝图中，自行车、马拉松、钓鱼、登山、冰雪等户外项目成为热门主题。随着体育特色小镇大范围布局，与地产产业高度关联性的体育主题旅游度假、体育场地设施建设，场馆运营、体育IP等迅猛发展。未来体育产业投资更趋于理性，体育小镇、场馆运营和体育消费等将被重点关注。

四　健康地产：“房地产+养老、医疗”

地产公司涉足养老、医疗等健康产业已经成为一种趋势。一方面，房地产企业需要新的业务提高收益；另一方面，医疗、养老以及大健康产业是未来发展的重点。

（一）养老地产

养老地产实现了品质地产和健康服务的有机结合，从护理、医疗、康复、健康管理、文体活动、餐饮服务到日常起居呵护，增加设施设备和精心打造专业管理团队。

老龄化社会催生的“银发经济”促使众多保险企业和房企纷纷掘金养老地产项目，通过跨界合作、资源共享创新养老地产运作模式。截止到2015年底，已经有10余家保险企业、80多家地产开发企业和大量的外资企业布局中国养老地产，投资总额超过3000亿元。养老地产已经衍生出了很多不同业态，养老护理、医疗保健、服务与休闲、文旅、金融等业态实现了多元化的融合发展。养老地产主要的产品形态主要有与社区共建、与相关设施并设、与旅游或商业地产结合等模式（见表3－2）。

图3－6　鲁能格拉斯小镇

表3－2　养老地产主要融合开发模式

类别	具体模式	亮点
与社区共同建设	专门建设综合型养老社区	包含养老住宅、养老公寓、养老设施等多种居住类型的居住社区
	新建大型社区的同时开发养老组团	养老组团与社区其他组团能够共享配套服务资源，降低配套设施的建设量
	普通社区中配建各类养老产品	满足老人与子女在同一社区就近居住的需求
	成熟社区周边插建多功能老年服务设施	投资相对较少，易于复制和实现连锁经营
与相关设施并设	与医疗机构结合，就近设置养老设施	养老设施或养老社区与医院就近设置、共同建设，实现“医养结合”
	养老设施与幼儿园并设	迎合老人愿意与儿童在一起的心理
	与教育设施结合，建设养老公寓	“高知老人”在退休后能够继续学习、发挥余热
与旅游或商业地产结合	在旅游风景区中开发养老居住产品	在开发旅游地产的同时，加入养老养生、康复保健、长寿文化等理念。
	与商业地产结合，开发老年公寓	能享受城区中便利的商业、休闲配套资源

在养老产业布局上，房地产开发商为第一大参与主体，其拥有的不动产所有权、强大的资金后盾、丰富的开发运营经验、客群资源为最大的优势。从房地产企业的养老地产布局中可看出，基本以机构养老和社区养老为主，结合不同的创新模式和产品概念贴近不同老年人的需求，打造复合型、生态型的综合养老服务项目。除了房地产开发商外，不少保险企业和养老服务机构也纷纷进入养老地产项目。近年来，泰康人寿、中国人寿、中国平安、新华保险、合众人寿等多家险企纷纷拿地布局养老地产。险资通过与房企开发商合作或自主开发养老地产项目，可以随之开发养老保险项目、拓宽投资渠道；而养老服务机构的加入，则是赋予了养老地产更为专业的元素，其通过优质的服务、专业的技术以及团队的组建，逐渐成为养老产业中不可或缺的一部分，并担当起了养老地产服务配套商的角色。

（二）医疗地产

2015 年，我国医疗卫生费用为 4 万亿元左右，根据我国政府规划，未来医疗产业行业增速将达到 15%。由此可见，医疗产业市场空间巨大，且具有较快的增长潜力。在此背景下，不少房地产商纷纷开始业务转型，投入重金布局医疗领域，寻求新的利润增长点。从近 5 年公布的资料来看，累计投资金额超过 5 亿元的地产公司主要有万达集团、绿景控股、深天地、华业资本、宜华健康、恒大地产、运盛地产和万科集团。其中，有的地产公司将医疗和地产项目结合起来，打造医疗地产，如万科、万达的相关项目；而有的地产公司只是进入医疗领域，并没有实现医疗和地产项目的融合，如恒大、绿城、绿景等，但是，这些地产公司在医疗领域积累相关经验之后，将有利于未来更好地实现医疗与地产的融合发展。

五　科技地产：“房地产 + 科技创新”

科技地产主要有两种，第一类科技地产是指在房地产开发中通过楼盘规划、建筑工艺、建筑材料、通信信息化、生活智能化等环节，运用科技元素提升产品的科技含量和质量，以增加人在其中工作和生活的舒适性，从而打

表 3－3　主要“医疗＋地产”模式

案例	基本情况	意义
万科:医疗地产	2013 年,万科宣称将投资 3 亿元资金建立万科儿童医院	通过儿童医院构造商业地产、社区住宅等多维度的商业体系
万达集团:医院投资合作运营,高端医疗	2016 年,万达计划总投资 150 亿元,在上海、成都、青岛建设三座综合性国际医院	用来满足高端人群对健康医疗的需求,为他们提供国际一流水平的医疗服务
宜华健康	收购相关企业进军医疗领域	医疗后勤综合服务,互联网医疗
恒大集团:成立恒大健康,进军整形美容	2014 年 9 月,恒大建立了恒大原辰医学美容医院;2015 年 2 月,收购成立恒大健康,2015 年 6 月,恒大健康与美国内布拉斯加大学医学中心共同建立的互联网社区健康管理中心开业	运营项目涵盖“互联网＋”社区健康管理服务、新型高端国际医院、养老产业和医学美容及抗衰老等四大业务板块
绿城集团	2007 年,建立浙江绿城心血管病医院	建立医院
绿景控股	2015 年,与北京儿童医院达成战略合作	全面转型医疗、建立多家医院

造出性价比较高的新型房产，如“高舒适度”“低能耗”“恒温恒湿”等具有高科技含量的住宅用语，都属于科技地产范畴。第二类科技地产是以创新型和成长型企业为客户群，按照市场经济规律，以房地产开发为手段，通过专业化运营为其提供研发载体和产业服务，实现高新技术产业集群的一种新的产业园区开发模式。

第一种科技地产是住宅开发的高级产品，也可以称为科技住宅，秉承节能环保、高科技的开发理念，同时还要实现高舒适性，其本质是住宅，提高了住宅的科技含量。“恒温、恒湿、恒氧、低噪、适光”是科技住宅的核心特征。室内室温常年保持在 20℃～26℃，湿度保持在 30%～70%，24 小时持续输送新风等，以高科技保障科技住宅居住的高舒适性特征。科技地产很好地解决了舒适性与能耗的矛盾，成为住宅节能的重要典范。从发展趋势来看，科技住宅相关的建筑科技已经比较成熟，对于传统的住宅产业开发企业来说，并没有太多进入的障碍，关键的问题是，科技地产开发的成本难以降低，一般消费者较难以承担。随着经济的发展，科技地产以其高舒适性和高

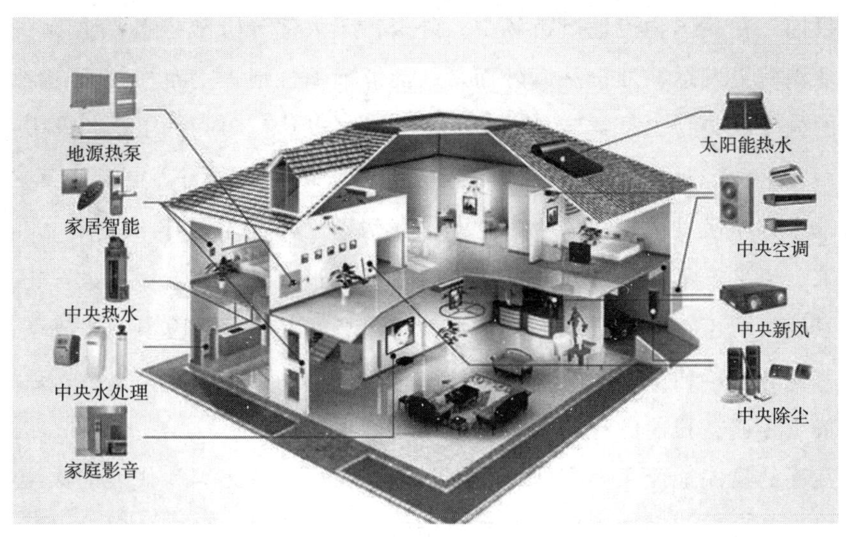

图 3－7　科技住宅示意

节能的特性将会越来越普及。

第二种科技地产的本质是工业地产，以产业集群理论为基础，以创新型和成长型企业为客户群，以战略性新兴产业为主导产业，以房地产开发为手段，遵循市场经济基本规律，通过专业化的园区开发运营和要素资源整合，打造高新技术产业集群，是实现政府、入园企业、开发商利益均衡的一种科技园区开发模式。比如，北科建开发的中关村高科技园区，园区内入住的都是国内高科技企业，还有包括后期开发的一些产业园。科技地产进入后期，园区内则集成了商业、五星级酒店、配套住宅等多重服务功能，能够为入住高科技企业提高比较完善的商业服务。在发展模式上，科技新城在吸引领头企业的同时，也关注符合园区定位的、有发展潜力的中小企业的培养，与产业相结合，共同创建新的发展平台，与企业共同成长。

六　物流地产："房地产＋物流"

现代物流地产包括物流园区、物流仓库、配送中心、分拨中心等物流业务的载体。其投资商可以是房地产开发商、物流商和专业投资商。

目前，在我国物流地产市场中，外资占了大部分份额。主要原因一是国外商业消费更发达，外资从海外而来，能够前瞻性地提前布局物流仓储，有很好的先发优势；二是物流地产风险低，收益稳定，对国内资本吸引力不高，而且这种产品更适合对接国际金融市场，外资相对而言更有用武之地。物流地产方面最具代表性的4家企业是普洛斯、嘉民、AMB安博和盖世里。近年来，以平安不动产为代表的本土物流品牌正在迅速地发展壮大。中国本土背景的公司正在大举进入高端物流地产市场，其中不乏万科、平安等房地产的“跨界”企业；宇培、宝湾这样的国内背景的物流地产公司，近两年发展势头正盛，目前已经跻入物流领域的前十名。

我国的物流地产主要有四种类型：以普洛斯、传化等为代表的大型物流地产商，通过大范围地圈地、全国范围的公路港建设，形成公路港对流，搭建庞大的物流地产网络；地区型的物流园区，此类园区多由地方政府牵头进行规划，根据本地的实际需要，进行园区建设，多服务于当地，缺乏对外扩展的信息资源；定点式物流园区，符合当地生产特色的需要而进行专项的物流服务。如服务于大型农业批发市场、小商品批发市场、服装类批发市场等；多见于第三方物流企业的自建园区，企业在拿地成功后，将一部分暂时用不到的土地进行物流园区建设，用于企业自身发展。

随着《中国制造2025》以及鼓励跨境电商、农村电商、智慧物流等政策相继出台，物流地产发展环境越来越优越；“互联网+物流”、电商、跨境电商等市场的蓬勃发展也带动了物流地产的需求。伴随着日益增长的需求，以及高标准、智能化仓储设施的需求，我国物流地产势必即将面临转型升级。由此，伴随着我国产业结构调整、商贸流通模式变革和新一轮对外开放，未来我国物流地产还有较大发展空间，构建功能集约化、作业效率高效化、管理精细化的物流基础设施体系是未来物流地产的发展方向。

专栏　主要物流地产公司介绍

◇普洛斯：普洛斯中国成立于2003年，总部设于上海，在中国的38个城市拥有并管理着229个综合性园区，总建筑面积2670万平方米，形成了一个覆盖主要物流枢纽、工业园区和城市配送中心等战略接点的高效物流网络。

◇安博：安博置业（AMB）在中国的发展有条不紊，提供通用型物流设施建造和定制建造等解决方案，截至2015年3月，总面积达到5520万平方米，成为全球最大的物流基础设施提供商和运营商。

◇嘉民：2005年进入中国的嘉民原本是澳大利亚麦格理集团旗下的仓储物流业务平台，原来更为人熟知的名字是“麦格理佳文集团”。2012年，嘉民获得加拿大养老金计划投资委员会注资，从而在中国物流地产领域更加活跃，也大有追赶普洛斯的强劲势头。

◇盖世理：欧洲领先的可持续配送空间开发商，主要为跨国公司、第三方物流服务提供商、制造商以及外包物流服务或租赁仓储服务的零售商提供低成本、环保型与零风险的仓储租赁服务。尽管物流地产商盖世理（Gazeley）很早就进入中国，但却并未取得普洛斯和嘉民这样的影响力。

◇宇培：是国内最大的物流设施开发商及运营商之一。公司注册资本为人民币4.36亿元，投资总额人民币12.5亿元。目前，宇培在中国28个城市已开发并管理运营着40个物流园区，物流资产组合超过3000000平方米，初步形成一个覆盖中国主要物流枢纽城市的高效物流网络。

七　金融地产：“房地产+金融”

金融投资是建立在产业地产发展基础上的，是为产业地产发展服务的，如果没有了产业地产基础，金融本身也就不会有任何价值。所以，资本市场与产业地产的深度融合是必然的。总体来看，主要有三种“房地产+金融”模式。

一是地产公司从重资产向轻资产转型。轻资产主要还是指以输出管理为主，帮助他人管理与运营商业项目的商业模式，一般层面以收取管理费为主要盈利，较高层次的可以通过资本运作在未来退出时获得更高的收益。近年来，万达、万科、星河、红星等知名企业纷纷开启轻资产模式。2015年，万达与光大安石、嘉实基金、四川信托和快钱公司签署投资框架协议，4家机构宣布投资240亿元人民币，建设20座万达广场。对此，有人认为商业地产领域出现分水岭，今后专业的事应由专业公司做，行业进入专业化时代；也有人认为，这是商业地产重资产风险加剧的标志。目前来看，万达、红星、华润、万科、保利、印力、阳光新业、同昌盛业（新荟城）、永旺（梦乐城）等大企业以轻资产模式运作，百联、首创、砂之船等旗下奥莱也启动了轻资产布局，甚至还有阳光城等集团采用小股操盘等灵活的合作模式介入。

二是资本大量收购地产项目。受电商冲击、消费需求缩减等影响，多个传统商业项目经营或销售情况恶化甚至持续亏损。与此同时，一些具有专业运营能力的集团、基金不断发展壮大，伺机收购。目前市场上有抛售意愿的商业物业数量明显增加，但由于开发商对商业物业价值不切实际的高估，导致大量项目有价无市。但业界普遍认为，未来商业地产资产洗牌的高峰期即将来临。2015年是北京商业地产项目并购高峰年，其中，中国信达资产管理股份有限公司北京市分公司以百亿天价收购新加坡国浩集团东直门项目最受瞩目。其他并购案还有中信收购东四环百盛、领汇基金收购欧美汇、蓝色港湾入股北京卓展等。

三是REITs兴起促进商业资产证券化。REITs，特别是股权REITs作为一种将房地产资产进行证券化的金融产品，可以提供给投资者更具流动性的地产投资工具，亦可以为开发商提高周转率。2015年是国内REITs发展元年，“招商创融—天虹商场（一期）资产支持专项计划”是国内市场上首单以国有不动产资产为基础的交易所REITs项目；北京华联购物中心于12月11日在新加坡主板挂牌交易，这也是新交所主板今年第一只新股上市，也是新加坡主板在2015年度唯一一家IPO企业。另外，继华南城、张江高科、毅德控股等产业地产商登陆资本市场后，光谷联合、主打软件园与科技园的“商务园区运营商”亿达中国、中国宏泰相继在香港IPO。

八　互联网地产：“房地产+互联网”

目前来看，产业地产与互联网行业的结合主要经历了两个阶段。一是房地产企业将互联网作为工具使用。很多房地产企业使用互联网的思维和技术，逐步推广电子商务、网上卖房等，主要目的是缩短渠道、提升效率、促进销售。二是深度融合发展阶段。一方面，互联网企业开始跳出科技、信息的业务范畴，向实体服务衍生；另一方面，有实力和远见的房地产企业也开始尝试基于互联网来重构自身体系和业务。目前，这种互联网企业与房地产的深度融合，主要表现在以下几个方面。

一是办公模块化。在地产商介入之前，国内的众创空间已有不少，诸如产业咖啡馆、孵化器、创新工场等。近年来，开发商主导的众创空间在显著增加，以 wework 模式为例，用折扣价租下某写字楼的一两层，然后将办公场地划分成许多小块，租给那些希望共享资源的初创企业。盈利方式主要有 4 种，一是分时分块收较高租金，比如 SOHO3Q；二是部分持有，收取低租金，比如万科云城；三是用产权置换股权，比如深圳星河；四是提供全方位服务，收取服务费，比如优客工场。

二是住家智慧化。互联网智能系统会让居家生活更简单舒适，于是诸如腾讯、小米、360 等互联网巨头与方兴、正荣、华远等房企都展开了合作。智能系统将从单独产品的智能化向系统化、平台化、去中心化发展，最终实现物联网化和人工智能，通过物联网技术将家居中的各种设备连接在一起，并能够统一协调管理，提供更为舒适、安全、便捷、环保的生活环境。

三是投融资网络化。“房地产 + 互联网 + 金融”可以为购房者提供优惠和贷款，还可以与金融机构合作开发金融产品，房企借此得到融资和意向客户，消费者可以较少的钱投资房地产，获取投资收益。通过把项目包装成保险、债券或者余额宝等金融产品，将众筹建房的行为变成购买金融产品，投资者并不会直接接触开发商，“绕开”预售制度。不论是众筹、P2P、P2W 还是资产证券化，未来房地产与互联网金融的融合大有可为。

九　产业（园区）地产：“房地产 + 新区园区开发”

产业地产是指在新经济和城市经营背景下，以地产为载体，以产业集聚的各类产业园区为主要形态，为整合自然资源和社会资源、综合开发，集约化经营的新兴产业形式。目前来看，主要有四种模式。

一是产业新城模式。典型企业是华夏幸福基业、荣盛发展等，它们主要是将房地产开发与产业新城或园区建设结合起来，协助政府进行整体的规划、基础设施建设、包括招商、后期的运营等。这种项目一般在几十平方公里到几百平方公里，运行起来相对困难，在一级开发上投入较大，回款会比较慢。

二是政府主导的产业园。它拥有强大的政府背景，有一些是由政府来主导，所以它的特点就是土地政策宽松，可以用周边的住宅用地平衡一级开发成本，典型的代表企业是北科建、北京经开等。

三是先进制造型产业园。以联东 U 谷为代表，最早通过低价的工业用地打造工业产业园，把城市边缘一些非城市功能的一些企业引入进来，然后在地产和工业地产做一个巧妙的转换。

四是科技园或创意园等。这种园区典型的特点是后期的运营依赖孵化。类似于科技地产、创意园区或孵化器特征。

第4章 中国房地产开发企业的战略转型和发展方向

第一节　中国房地产开发企业现状与问题

一　房地产开发企业的发展现状

1. 房地产开发经营企业的数量和从业人员在不断增加，但行业占比在下降

房地产开发经营企业的数量在不断增加，但占房地产行业的比重在下降。全国经济普查数据显示：2004 年第一次全国经济普查时，房地产开发经营企业法人单位数是 5.9 万个；2008 年第二次全国经济普查时，房地产开发经营企业法人单位数是 8.8 万个，比 2004 年增加了 49.2%；2013 年第三次全国经济普查时，房地产开发经营企业法人单位数是 13.2 万个，比 2008 年增加了 50.0%。与此同时，房地产开发经营企业法人单位数占房地产业的比重则由 2004 年的 45.7%，下降到 2008 年的 41.0%，再下降到 2013 年的 39.1%。

房地产开发经营企业的从业人员约占整个房地产业的 40%，与企业数量比重基本持平。全国经济普查数据显示：2004 年第一次全国经济普查时，房地产开发经营企业从业人员数是 158.5 万人；2008 年第二次全国经济普查时，房地产开发经营企业从业人员数是 207.7 万人，比 2004 年增加了

31.0%；2013年第三次全国经济普查时，房地产开发经营企业从业人员数是335.0万人，比2008年增加了61.3%。与此同时，房地产开发经营企业从业人员数占房地产业的比重在2004年、2008年和2013年分别为40.0%、37.6%和38.2%（见表4－1）。

表4－1　房地产开发经营企业状况

项目	2004年		2008年		2013年	
	数量	行业占比（%）	数量	行业占比（%）	数量	行业占比（%）
企业法人单位（万个）	5.9	45.7	8.8	41.0	13.2	39.1
从业人员（万人）	158.5	40.0	207.7	37.6	335.0	38.2
资产总计（亿元）	61790.0	88.6	144861.8	88.3	474567.4	90.2
营业收入（亿元）	13315.0	90.3	26694.2	87.3	75528.3	90.2

资料来源：全国经济普查数据。

2. 房地产开发经营企业的资产总额和营业收入在房地产业居于主体地位

从资产总额和营业收入来看，房地产开发经营企业在房地产业居于主体地位。三次全国经济普查数据显示，房地产开发经营企业的资产总额和营业收入都占整个房地产业的90%左右。2004年第一次全国经济普查时，房地产开发经营企业资产总计61790.0亿元，占房地产业的88.6%；2008年第二次全国经济普查时，房地产开发经营企业资产总计144861.8亿元，占房地产业的88.3%；2013年第三次全国经济普查时，房地产开发经营企业资产总计474567.4亿元，占房地产业的90.2%。与此同时，2004年房地产开发经营企业的营业收入是13315.0亿元，占房地产业的90.3%；2008年房地产开发经营企业的营业收入是26694.2亿元，占房地产业的87.3%；2013年房地产开发经营企业的营业收入是75528.3亿元，占房地产业的90.2%（见表4－1）。

房地产开发经营企业的企业数量与从业人员占整个房地产业的40%左右，而资产总额和营业收入都占整个房地产业的90%左右。就从业人员的人均资产额和营业收入来看，房地产开发经营企业也远高于物业管理企业和房地产中介服务企业（见表4－2和表4－3）。这说明房地产开发经营企业的生产效率在行业中是较为领先的，远高于物业管理企业和房地产中介服务企业。

表4－2　房地产业企业从业人员人均资产额

单位：万元/人

项目	2004年	2008年	2013年
房地产开发经营企业	389.8	697.4	1416.6
物业管理企业	19.4	25.0	33.2
房地产中介服务企业	30.6	56.4	70.7
房地产行业平均值	176.1	297.2	599.6

资料来源：全国经济普查数据。

表4－3　房地产业企业从业人员人均营业收入

单位：万元/人

项目	2004年	2008年	2013年
房地产开发经营企业	84.0	128.5	225.5
物业管理企业	4.8	8.3	9.9
房地产中介服务企业	9.0	15.3	16.4
房地产行业平均值	37.2	55.4	95.5

资料来源：全国经济普查数据。

3. 房地产开发经营企业的平均人员规模较小而资产规模较大

从单个企业的规模来看，房地产开发经营企业的平均人员规模较小而资产规模较大。第一、第二、第三次全国经济普查时，平均每个房地产开发经营企业的人员规模分别为27人、24人和25人，明显低于物业管理企业的人员规模、高于房地产中介服务企业的人员规模（见表4－4）。而第一、第二、第三次全国经济普查时，平均每个房地产开发经营企业的资产规模分别为10473万元、16484万元和35952万元，明显高于物业管理企业和房地产中介服务企业的平均资产规模（见表4－5）。

表 4-4 房地产业企业人员规模

单位：人/个

项目	2004 年	2008 年	2013 年
房地产开发经营企业	27	24	25
物业管理企业	45	43	39
房地产中介服务企业	12	11	12
房地产行业平均值	31	26	26

资料来源：全国经济普查数据。

表 4-5 房地产业企业资产规模

单位：万元/个

项目	2004 年	2008 年	2013 年
房地产开发经营企业	10473	16484	35952
物业管理企业	869	1069	1302
房地产中介服务企业	359	623	832
房地产行业平均值	5409	7670	15559

资料来源：全国经济普查数据。

4. 大型房地产开发企业的盈利能力、资产质量明显好于中小型开发企业

从盈利能力状况指标来看，大型开发企业的净资产收益率、总资产收益率、成本费用利润率和资本收益率均高于中、小型开发企业。从资产质量状况指标来看，大、中、小型开发企业的总资产周转率持平，但大型企业的应收账款周转率明显高于中、小型开发企业，说明大型开发企业的应收账款收回较快，资金使用效率较高。从债务风险状况指标来看，大、中、小型开发企业的总资产负债率持平，但大型企业的现金流动负债比率明显高于中、小型开发企业，说明大型开发企业当期偿付短期负债的能力较强。从经营增长状况指标来看，中、小型开发企业的销售（营业）增长率明显高于大型开发企业，说明中、小型开发企业的成长潜力更大、发展速度更快。

二 房地产开发企业面临的形势与问题

从 1998 年起，中国的房地产业获得了长足的发展，在行业中居于主体

表 4－6　房地产开发企业经营指标（2015 年）

经营指标	全行业平均值	大型企业平均值	中型企业平均值	小型企业平均值
一、盈利能力状况				
净资产收益率(%)	5.0	6.5	3.7	2.5
总资产报酬率(%)	2.2	3.0	2.4	1.9
销售(营业)利润率(%)	10.0	9.5	12.5	12.7
盈余现金保障倍数	0.6	0.6	1.7	1.3
成本费用利润率(%)	10.0	13.5	9.1	7.2
资本收益率(%)	8.0	9.0	4.7	2.8
二、资产质量状况				
总资产周转率(次)	0.3	0.3	0.3	0.3
应收账款周转率(次)	5.0	6.7	4.2	4.8
不良资产比率(新制度)(%)	4.0	4.3	3.5	4.5
流动资产周转率(次)	0.4	0.3	0.6	0.6
资产现金回收率(%)	0.5	1.2	0.5	0.1
三、债务风险状况				
资产负债率(%)	70.0	70.0	70.0	70.0
已获利息倍数	2.7	3.6	2.5	2.1
速动比率(%)	68.0	65.2	68.0	65.1
现金流动负债比率(%)	1.1	1.8	0.8	0.7
带息负债比率(%)	44.0	47.1	42.5	44.2
或有负债比率(%)	4.8	4.8	4.8	4.8
四、经营增长状况				
销售(营业)增长率(%)	10.0	8.2	13.4	15.2
资本保值增值率(%)	103.0	104.3	101.5	100.5
销售(营业)利润增长率(%)	－3.0	－3.6	－0.5	－0.7
总资产增长率(%)	13.5	16.4	11.4	10.9
技术投入比率(%)	0.4	0.4	0.4	0.4
五、其他				
存货周转率(次)	0.5	0.8	0.7	0.3
资本积累率(%)	12.0	16.7	13.5	8.6
成本费用占主营业务收入比重(%)	95.0	93.7	95.8	95.3
经济增加值率(%)	0.4	0.4	0.7	0.6
EBITDA 率(%)	17.1	20.2	15.8	15.9

资料来源：Wind 数据库。

地位的房地产开发企业也获得了良好的发展契机。但是，随着经济社会环境、市场、成本、发展空间等的变化，房地产开发企业也面临着新的问题与挑战。

（一）城镇化与经济增长两大推动房地产业快速发展的动力有所减弱

城镇化与经济增长是推动房地产业快速发展的两大动力，但是这两大动力都有所减弱。一方面，城镇化速度降低的趋势已经十分明显。中国的城镇化率已经由1998年底的33.35%上升至2016年底的57.35%。“十二五”期间全国城镇化率年均提高1.23个百分点，速度创“九五”以来最低，预计“十三五”城镇化速度将继续走低。“十三五”规划纲要提出，到2020年，内地常住人口城镇化率要达到60%，户籍人口城镇化率要达到45%左右。“十三五”期间全国城镇化率年均提高0.78个百分点，即可达到“十三五”的常住人口城镇化率60%的规划目标。另一方面，经济增长的高速发展期已经结束，经济发展进入更为平稳的新常态。2015～2016年的国内生产总值的同比增速都在6%～7%。而2003～2007年的国内生产的同比增速都在10%以上。

（二）居民住房条件明显改善，房地产市场饱和度不断提升

从增量的角度来看，1998～2016年，房地产开发企业累计房屋新开工面积为196.40亿平方米，其中住宅149.27亿平方米；累计商品房销售面积为138.44亿平方米，其中住宅122.75亿平方米。按同期新增城镇人口3.98亿计算，人均住宅新开工面积达37平方米，人均商品住宅销售面积达31平方米。从总量的角度来看，2016年全国居民人均住房建筑面积为40.8平方米，城镇居民人均住房建筑面积为36.6平方米，农村居民人均住房建筑面积为45.8平方米。如果按城镇居民户均人口3人计算，中国城镇居民户均住房建筑面积约为110平方米。2015年，俄罗斯、法国、日本、波兰、德国、南非和新西兰的竣工房屋套均建筑面积分别为71平方米、82平方米、87平方米、97平方米、105平方米、129平方米和179平方米①。假定一户

① 资料来源：根据《国际统计年鉴2016》的数据计算而得。

居民使用一套房屋，从而可以在户均建筑面积和套均建筑面积之间建立一种比较关系。由此可见，中国城镇居民的住房面积已经与德国接近。居民住房条件明显改善，住房面积已与发达国家接近，房地产市场饱和度不断提升，加之宏观调控对房地产投资投机行为的抑制，使得房地产开发企业面临着市场需求减少的压力。

（三）可供开发的土地供给减少，新建房屋的市场份额不断下降

在坚持 18 亿亩耕地保护红线的情况下，可用于新建房屋开发的土地将呈减少的趋势。如果居住用地与其他用途土地的比例关系不发生大的变化，那么用于新建住房的土地也将呈减少趋势。2014～2016 年，房地产开发企业土地购置面积已经连续三年出现负增长，2015 年土地购置面积同比降幅达到 31.7%（见图 4－1）。随着新建住房竣工转为存量住房，存量住房总量将逐年增加。与此同时，住房市场结构也将发生变化，二手住房在住房市场中的比重也将逐渐大于新建住房。近几年，我国部分城市的二手住房的成交量已经大于新建住房的成交量。可供开发土地供给减少，存量房屋数量不断增加，新建房屋市场份额不断下降，这些使以新房开发为主营业务的房地产开发企业总体发展空间受到了限制。

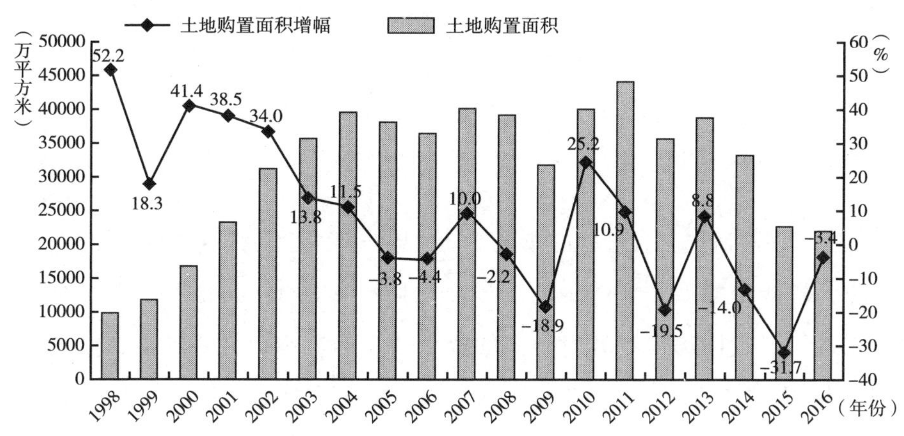

图 4－1　房地产开发企业购置面积（1998～2016 年）

资料来源：历年《中国统计年鉴》。

（四）房屋造价持续上涨，对房地产开发企业成本控制的要求日益凸显

在房地产业发展推动力减弱、市场饱和度提升、新建房屋份额下降等缩减房地产市场需求的形势下，房地产开发企业的成本也在持续上涨。1998年房地产开发企业房屋竣工造价为1218元/平方米，到2015年房屋竣工造价上涨为3054元/平方米（见图4-2）。建筑安装工程价格中，人工费的价格涨幅最大，2011～2015年的年均涨幅为8.4%。房屋造价持续上涨，对房地产开发企业成本控制的要求日益凸显，只有实现管理模式由“粗放型”向“集约型”的转变，采取有效的成本控制措施，才能提高经济效益，增强企业在行业中的竞争力。

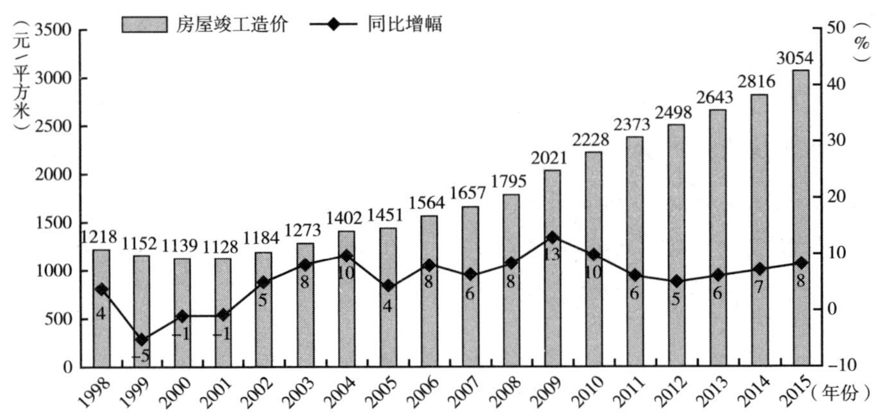

图4-2 房屋竣工造价（1998～2015年）

资料来源：历年《中国统计年鉴》。

（五）在严调控和去杠杆的背景下，房地产开发企业的融资难度加大

作为资金密集型企业的房地产开发企业，融资对于房地产开发企业的发展影响甚大。我国房地产开发企业的资金来源渠道包括自筹资金、预收账款（包括定金及预收款、个人按揭贷款）、国内银行贷款、利用外资、发放债券、房地产信托等。从2016年10月开始，为遏制房价过快上涨，北京等30余个一、二线城市房地产市场调控不断加码，限购、限贷、限价、限售等一系列调控措施陆续出台。在房地产宏观调控和去杠杆的背景下，房地产

开发企业的融资渠道不断收窄，同时资金成本也开始提高。由于房地产市场的销售压力和企业规模扩张的需要，房企的融资需求依旧旺盛。但是，很多资金已经被严令禁止进入房地产领域，融资渠道越来越少。以银行为例，从2016年开始，银行理财资金已经被叫停进入房地产领域，同时银行在开发贷和并购贷的审批上更加严格。融资难度加大是近期房地产开发企业面临的重要问题。

第二节　经济新常态下房地产开发企业的战略转型

我国经济增长进入新常态，作为经济支柱性产业之一的房地产行业必然会受到大环境的影响。房地产行业亦进入发展的新常态，主要表现就是房价由单边上涨/下跌转变为涨跌因区域、房企不同而不同。房地产开发企业的战略选择也发生了根本性的转变。

一　转变开发理念

1. 树立城市运营商的理念

所谓城市运营商，是指围绕城市的总体发展目标和发展规划，充分运用市场化的机制和手段，通过发挥企业产业优势和资源优势，结合城市发展的特殊机遇，在满足城市居民需求的同时，使自己的开发项目能够成为城市发展建设的有机组成部分的经营开发商。房地产在国家宏观调控政策的影响下需要向城市运营商的身份转变，最终能够把经济效益和社会效益有机统一起来，从而保证房地产开发企业获取更多的发展空间。

2. 向土地综合经营者转变

在房地产业发展初期，房地产企业比较重视土地获取与开发、房地产产品的生产和销售，而忽视了产品规划和物业管理。经过二十多年的发展，房地产产品的商品化程度已大大提高，企业间竞争越来越激烈，消费者对房地产商品的结构、建筑风格与环境以及物业管理等方面提出了更高的要求。因此，房地产开发企业应该从单纯的土地开发者向土地经营者转变，只有这样才能彻底改变开发的短期行为模式，最大限度地体现土地的价值，并给公司带来平稳的现金流，保证公司的持续性发展。

3. 向城市空间再利用与改造转变

房地产开发企业从单纯的索取土地向城市空间的再利用转变，只有这样才能在竞争激烈的土地争夺之外打开一个新的发展空间。城市空间再利用是指对城市中心区的旧楼进行改造再包装的工程。这种房地产商业模式在欧美等发达国家早已成熟，但在国内基本是一个空白。随着国家的土地政策从紧，这方面必将成为房地产开发企业新的利润增长点。

二　转变盈利模式

随着房地产市场整体环境的变化，传统的以获取土地为中心的盈利模式越来越难以支撑房地产企业的持续发展。这就要求房地产开发企业根据企业所控制或拥有的资源与核心竞争能力等对传统的盈利模式进行创新与转型，促进企业的持续发展。

1. 向低成本、规模化发展战略转变

房地产企业在发展过程中单独依靠圈地就能获取暴利的时代已经过去，因此低成本的策略将是保持企业核心竞争力的一种重要策略。针对开发周期长、资金流量大、流程多的房地产企业来说，需要拥有严格的成本管理制度，制定科学合理的管理方法和管理程序，特别注重规模经济发展对降低企业成本的重要影响。因此，房地产企业在发展过程中需要准确掌握国家宏观调控政策，在市场推广的过程中需要发挥规模发展的优势，进而促使房地产低成本销售，企业能够获取客观的目标利润，同时促进房地产行业健康稳定发展。

2. 向持有型物业运营转变

未来市场将由新房转为存量房，房企也由买地卖房以赚取资产升值收益的重资产模式走向赚取增值服务收益为主的轻资产模式。2014 年成功上市的花样年集团旗下社区服务平台“彩生活”利用互联网思维重塑物业管理和社区服务平台的模式被投资者接受。通过收购、托管等方式，彩生活仅用10个月就将物业管理面积翻了一番，集合社区衣、食、住、行、娱、购、游在内的各领域服务资源，并延伸至社区金融、社区养老、社区教育等增值服务领域。

3. 向多渠道融资体系转变

目前银行贷款仍是房地产企业资金主要来源之一，随着政府对房地产企业信贷政策方面的调控，房地产企业面临着资金链断裂的风险，因此增强企业的融资能力是目前房地产开发企业主要战略之一。外资银行机构、信托机构、基金公司的迅速发展，金融产品创新速度的加快，为房地产企业创造了良好的融资途径。通过与信托、国内外资银行以及基金公司等金融机构合作，房地产企业可以在合理预测企业短期、中期和长期资金需求的基础上，合理安排企业的资金来源结构，拓展企业的融资途径，以降低企业的融资成本与风险。

4. 向“轻资产”运营转型

房地产市场宏观调控政策的影响下，房地产价格上升速度明显放缓，行业利润率、杠杆率逐步下滑。在此市场背景下，一些大型房地产企业也在纷纷提前布局“轻资产”。万科、万达、保利地产等几大主要传统房地产企业相继提出“轻资产”发展的战略转型方向。“轻资产”核心是充分利用外界资源，减少自身投入，集中自身资源于产业链利润最高的阶段，以提高企业的盈利能力。实现轻资产运营，需要企业对整条供应链有较强的把控能力。2014年9月，万科与凯雷达成合作协议，出售9个商业地产项目90%的股权给凯雷，实现了万科商业地产的轻资产、重运营。万达商业地产2015年一开年就公布了与光大控股旗下的光大安石、嘉实基金、四川信托和快钱公司签署投资框架协议。万达方面对外表示，这标志着万达商业地产“轻资产”模式正式启动。当前房地产市场的“轻资产化”尚没有一个固定的模式，各大企业也在根据自身优势积极探索“轻资产”业务。从未来发展趋势来看，这一轮房地产周期的高利润、高杠杆的黄金时期已经过去。从欧美发达国家房地产市场经验来看，“轻资产”运营是房地产企业发展的重要趋势之一，资产运营能力、服务能力将是下一轮房地产周期中企业重要的核心竞争力。

三　转变产业方向

1. 向泛产业运营转变

在房地产市场供给侧改革的大背景下，传统房地产企业将进一步加快转型，以房地产开发为基础，向物业、商旅、体育、金融等相关联行业延伸价值链，成为主要房地产开发企业转型发展的重要趋势。在过去几年，传统房地产企业的转型探索主要分为以下四类：第一，提供社区深服务，从前期开发向售后的服务延伸，例如，万科物业服务全面市场化，新城地产利用互联网平台提供社区服务等。第二，全面布局金融业务，如万科涉足资产证券化，公募 REITs 基金；恒大收购中新大人寿，盛京银行股份涉足金融业等。第三，布局教育、医疗、养老、体育等其他综合行业，如远洋地产涉足高端私人诊所等。第四，“房地产 +”的泛产业地产开发，如鲁能集团 2015 年提出的泛产业地产七大产品线。从发展趋势来看，未来房地产行业不再是单一的行业，而是一种泛产业发展模式，房地产企业将会深化零售、办公、物流、仓储、养老、公共服务等不同细分领域，同时向金融、医疗、体育等房地产之外的行业拓展。

2. 关注特色小镇发展

在国家推行的要在 2020 年前培育 1000 个左右各具特色小镇的宏观政策引导下，各类房地产企业在宏观政策环境趋紧、传统房地产市场竞争日趋激烈的背景下，开始关注特色小镇建设。“未来大城市 + 特色小镇”的发展模式有望成为经济发展的新引擎。2016 年中国城镇化率达到 57.4%，已经进入了城镇化减速期。根据发达国家经验，这一发展阶段将逐步形成都市圈和城市群，环核心城市的卫星城及卫星镇将得到核心城市溢出的产业和人口资源，从而实现快速发展。“大城市 + 特色小镇”的发展模式可以推进小镇配套基础设施建设，有效承接核心城市的非功能定位产业，从而提升本地的经济活力。近年来，不少房地产企业已经在推动特色小镇的建设。例如，华侨城发挥文化旅游产业的传统优势，针对有优质的自然资源或文化旅游资源的城市旅游目的型的小镇进行有选择的城镇化开发，以主题乐园为开发引擎，通过 PPP 模式进行地产开发。目前华侨城集团分别与成都金牛区政府、大邑县政府、双流区政府以及成都文旅集团签署合作协议，拟投资超千亿元打造天回（占地 10 平方公里）、安仁（占地 15 平方公里）、黄龙溪（占地 16.7 平方公里）三大名镇。华夏幸福打造以产业新城为主体，抓住一线城市工业外溢趋势，通过 PPP 模式在一线城市周边建立工业园区，同时进行土地一、二级联动开发。通常选择有产业外溢趋势的一线城市周边打造产业新城。

3. 注重绿色地产发展

从 2013 年国办发一号文《绿色建筑行动方案》，到 2014 年 3 月《国家新型城镇化规划（2014—2020 年）》提出到 2020 年城镇绿色建筑占新建建筑比重要达到 50%，再到新版《绿色建筑评价标准》正式实施，从政府层面推行绿色地产已经成为房地产行业发展的大方向。从产品角度看，在绿色发展理念指导下，市场更需要绿色地产。一些典型房地产企业已开始将绿色理念植入到发展战略中。远洋集团于 2016 年提出了“建筑·健康”的理念。“建筑·健康”已经成为远洋集团第四步发展战略期内，打造产品核心竞争力、满足市场和客户需求、实现未来战略发展的核心理念。中国金茂提出“绿色品质”的概念，在产品设计研发全产业链上以绿色规划设计、绿色施工、绿色物业运营为依托，实现绿色低碳转型，最终达到兼顾企业效益、环境保护与社会价值的可持续发展目标。中国金茂在住宅项目中坚持“精工优质、绿色健康、智慧科技”的产品定位，打造绿色科技住宅，保护环境的同时为公司创造经济效益。

四　转变产品结构

现在的房地产产品，无论是结构设计，还是功能分布，与几年前都不可同日而语。过去十几年来，房地产产品形态发生了巨大的变化，而且这种加速升级换代的趋势还会持续下去。这种升级是房地产行业本身发展的必然趋势，也是中国进入新时代以后，我国社会主要矛盾的改变对房地产企业的要求。

2016 年，房地产市场在去库存的背景下经历了新一轮快速上涨。面对热点城市房地产市场明显过热现象，中央经济工作会议坚持“房子是用来住的、不是用来炒的”的定位。2017 年，中国房地产市场迎来严厉调控。据不完全统计，已有超百城发布 150 余次楼市调控政策，热点城市不断限购、限贷、限价、限售、限商。从发展趋势看，房地产市场分化加深加强，一线、二线市场受政策影响，投资需求将长时间被“抑制”，三、四线去库存依然艰巨。根据权威机构预测，未来五年我国商品长租市场、商业地产市场，总体上将持续供过于求的态势。市场竞争会越来越激烈，产品升级换代的速度会进一步加快。

一是功能多样化。所谓产品功能多样化是指一个房地产项目要兼具多种使用功能。例如，传统住宅项目的主要（甚至是唯一）的功能就是居住。事实上，除了居住需求和最基本的购物需求外，居者还有教育、健身、社交等其他需求。社交功能：越来越多的房地产企业开始在做好产品硬件的同时，注重社区软环境的打造，在社区、写字楼宇中设计了空间共享、交流互动等和谐元素，改善社区日渐疏远的邻里关系，激发社区活力，提高产品品位和吸引力。如社区中晨练场所、健身会馆、高端读书会所等公共共享空间。此外，近期比较热的社区 O2O 也是为了满足住户多样化需求。健身功能：住宅不仅是栖息之所，更是生活平台。鲁能开发的鲁能 7 号产品，为社区打造了体育元素，吸引了更多客户群体的关注。

二是需求智能化。在社会信息化进程日益发展的今天，人们对自己住宅的关注已不局限于居室面积、周边自然环境、交通等方面，而是把更多的兴趣和注意力放在与外界沟通、信息服务、安全防范、生态智能等方面。随着“地产 + 科技”的融合，房地产产品科技化趋势日渐明显。人们对智能、生态、节能、恒温、恒湿、恒氧等科技元素的青睐，将会加速房地产产品的转型升级。目前，房地产行业内明确提出“绿色地产战略”的房企有二十多家。生态、节能等科技概念还是当下少数楼盘的亮点。但是在不久的将来，随着生态理念深入人心，这些都可能成为房地产产品的标准配置。科技发展日新月异，或许在未来几年内，融合智能手机、智能家居的物联网概念将会成为房地产产品新趋势。

专栏1　朗诗科技住宅

朗诗绿色地产秉承为人造房的理念，已开发90余个绿色科技地产项目，先后进入上海、深圳、天津、南京、杭州、苏州、武汉、成都、无锡、常州、绍兴、宁波、张家港、合肥、芜湖、长沙、西安、保定等近20座城市，已为业主提供了健康、舒适、节能、环保的绿色住宅产品及完善的绿色物业服务。目前，朗诗地产已完成目标客户全生命周期的产品线覆盖，其绿色科技住宅的产品形态涵盖首次置业、首次改善、多次改善、高端置业、养老公寓等，巩固了绿色地产市场上的先发优势。

朗诗科技在住宅项目上的应用主要体现在十个方面。

①采用地源热泵系统制冷供热；②末端采用顶板/顶棚辐射制冷制热；③置换新风系统；④女儿墙、屋顶及地面保温；⑤外墙保温系统；⑥断桥隔热外窗系统；⑦外遮阳系统；⑧同层排水系统；⑨隔音降噪系统；⑩生活热水系统。此十项技术是朗诗地产项目对外销售宣传的核心，号称“绿色人居领跑者”，生活品质可以达到“恒温”：室内温度20℃～26℃；“恒湿”：室内相对湿度30%～70%；“恒氧”：百分百新鲜空气；“低噪”：室内舒适声环境35分贝；“适光”：遮阳帘收放自如，可随意调节光线。并且，在保证以上品质的前提下运行费用十分低廉。从第一个项目“南京朗诗国际街区”开始，朗诗至今已在长三角诸多城市，包括成都开发了一系列绿色科技型高端住宅项目，并取得了良好的销售业绩和业内评价。

三是建设标准化。房地产产品标准化是指针对同一条房地产产品线，研究并固化形成相对统一的产品设计、配置标准，并应用于同一产品系列的不同项目中，以实现产品标准的复制应用，提高产品质量和开发效率。标准化开发模式就是同一产品线和产品系列下的不同项目，部分产品模块，如大门、围墙、会所、户型、外立面等，在多个项目上进行复制。产品标准化能够实现资金快速周转，提升企业绩效。企业不仅应具有一定的产品创新能力，更要有高效的产品转化能力，即把创新产品转化为成熟产品，再把成熟产品转化为标准化产品。据兰德咨询统计，全国目前已有50多个恒大绿洲，30多个万科城，20多个华润橡树湾，还有70多个碧桂园，100多个万达广场。

除了功能多样化、需求智能化、建设标准化等趋势外，物联网、个性化、定制化也将是房地产产品的未来趋势。

专栏2　鲁能泰山7号

鲁能泰山7号属于鲁能集团七大产品线之下的“体育+”产品线之一，是以体育为主题的住宅社区。品牌核心规划理念：将活力概念注入社区生活，整合所有设施与资源的管理系统，打造活力居民与健康生态的互动网络。从第一个泰山7号项目落地以来，逐渐形成了可玩耍的草坪和绿化带、可休憩的景观客厅、健康智能慢跑系统、五大公园体系等基础的标准化体育元素，为“鲁能7号”项目在全国快速推广奠定坚实的基础。

第三节　房地产开发企业创新发展与战略选择

一　房地产开发企业积极创新发展理念

（一）践行中央精神，转型绿色发展

2015年10月，党的十八届五中全会提出创新、协调、绿色、开放、共享的发展理念。2015年，住建部颁布《绿色建筑评价标准》，同时要求积极推广绿色建筑和建材，大力发展钢结构和装配式建筑，提高建筑工程标准和质量，加大建筑节能改造力度，加快传统制造业绿色改造。2017年5月，住建部印发的《建筑业发展“十三五”规划》要求，到2020年，中国城镇新建民用建筑全部达到节能标准要求，城镇绿色建筑占新建建筑比重达到50%，新开工全装修成品住宅面积达到30%，绿色建材应用比例达到40%，装配式建筑面积占新建建筑面积比例达到15%。在五大发展理念指导下和国家政策引导下，近年来，跟随形势，转型绿色发展会成为更多房地产企业的选择。目前，万科集团、绿地集团、华润置地、碧桂园、恒大集团、金地集团和融创中国等企业跻身2017中国绿色地产（住宅）前十名，此外中国金茂和首开地产2家大型央（国）企也进入前十名。

专栏3　开发商普遍转型绿色发展绿色建筑渐成趋势

近年来，随着国家密集出台各种绿色建筑政策，获得绿色建筑评价标识的地产项目呈爆发式增长。与此同时，越来越多的房地产企业开始推出绿色发展理念。

近日，在北京举办的2017中国绿色发展高端论坛上，与会专家们表示，中国目前面临着一系列的环境挑战，亟须把经济增长和工业消耗进行分离。这也意味着需要逐渐完成现有工业的绿色化和未来大量投资绿色产业等，刺激企业充分融入绿色发展中，最终实现传统产业的绿色转型。

业内专家认为，在中国推进城镇化和向可持续发展的经济转型过程中，建筑行业将成为中国城市能否实现经济转型的决定性因素之一。随着中国城市向低碳经济转型，曾经主导城市经济的重工业逐渐被关闭或迁移，建筑占城市碳排放清单的份额将稳步增长。因此，建筑行业的绿色发展对中国城市向可持续发展的经济转型至关重要。

一、房企普遍转型绿色发展

近年来，跟随形势，转型绿色发展已经成为不少房企的选择。

远洋集团于2016年提出了“建筑·健康”的理念，远洋集团认为，在可预见的未来，健康建筑将在国内外有极大发展前景。通过塑造“建筑·健康”的发展理念，对远洋集团整合上下游产业链条，在健康行业实现持续发力有着深远的意义。

记者了解到，“建筑·健康”已经成为远洋集团第四步发展战略期内，打造产品核心竞争力、满足市场和客户需求、实现未来战略发展的核心理念。远洋集团于2015年12月引入美国WELL健康建筑标准，并于2016年3月与WELL标准的创立主体美国Delos公司在北京签署战略合作协议。协议约定，远洋集团将投入250万平方米的项目进行WELL认证，同时双方将共同推动WELL标准在远洋自身项目及在中国整个地产行业的应用与落地。

中国金茂也针对内部产品提出“绿色品质”的概念，在产品设计研发全产业链上以绿色规划设计、绿色施工、绿色物业运营为依托，实现绿色低碳转型，最终达到兼顾企业效益、环境保护与社会价值的可持续发展目标。中国金茂在住宅项目中坚持“精工优质、绿色健康、智慧科技”的产品定位，打造绿色科技住宅，保护环境的同时为公司创造经济效益。公开资料显示，公司开发的业态类型包括：生态城、绿色办公建筑、绿色超高层综合体、绿色校园、绿色酒店、绿色住区等。

当代置业也在其发展战略中提出，以绿色产品研发为基础，以绿色地产运营为手段，以创变生态体为载体，打造一条绿色科技健康的房地产生态产业链。

随着房地产行业进入新的成长周期，更多的房地产企业向绿色发展转型。万科集团、绿地集团、华润置地、碧桂园、恒大集团、金地集团和融创中国等企业跻身2017中国绿色地产（住宅）前十名，此外中国金茂和首开地产2家大型央（国）企也进入前十名。“这也说明，规模宏大、资金雄厚、人才优秀的龙头房企，在绿色地产领域的优势也开始集中显现，在装配式建筑等工业化生产方式的助推下，龙头房企在绿色地产领域的发展前景将更为广阔。”标准排名的研究报告如是认为。

二、绿色建筑成为大势所趋

“目前，全球商业建筑已经使用和消耗了全部用电的35%，而且这个趋势未来还会继续上升。”达沃斯世界经济论坛人工智能委员会主席Justine Cassell在2017年3月杭州举行的智慧建筑大会上公开表示。

这也得到了世界银行的调查研究证实，世界银行预计，到2030年前全球要实现节能减排的目标，70%的减排潜力在建筑节能方面。

标准排名方面认为，中国房地产建筑行业在绿色发展道路上任重道远。该机构指出，全球碳排放量的19.9%来自中国，而中国的碳排放量40%来自房地产建筑业，相当于全世界8%的碳排放量来自中国的房地产建筑业。“这也是中国坚持绿色发展的原因，为了每一个人的健康，不管是从健康还是节能减排等方面来说，形势严峻，发展绿色地产刻不容缓。”

从国家政策方面来看，发展绿色建筑也将逐步成为未来经济发展的标配。2015年，住建部颁布的《绿色建筑评价标准》，从节地与室外环境、节能与能源利用、节水与水资源利用、节材与材料资源利用、室内环境质量和运营管理六大指标对建筑项目进行评价，从高到低将绿色建筑分为三星、二星和一星认证。同时要求积极推广绿色建筑和建材，大力发展钢结构和装配式建筑，提高建筑工程标准和质量，加大建筑节能改造力度，加快传统制造业绿色改造。

2017年5月，住建部印发的《建筑业发展“十三五”规划》要求，到2020年，中国城镇新建民用建筑全部达到节能标准要求，城镇绿色建筑占新建建筑比重达到50%，新开工全装修成品住宅面积达到30%，绿色建材应用比例达到40%，装配式建筑面积占新建建筑面积比例达到15%。

全文节选自：《开发商普遍转型绿色发展　绿色建筑渐成趋势》，《经济参考报》2017年7月21日。

（二）遵循市场精神，寻求协调发展

中国房地产市场已经高速增长了十几年。随着中央对房地产市场严格的调控政策，一、二线城市房地产价格逐步降温。当前大部分房地产企业仍然以增加市场占有率为目标，令竞争进一步加剧。与此同时，在住宅价格增长放缓的情况下，土地价格仍然稳步增长，房地产企业利润率进一步压缩。中房协研究报告显示，2016年，500强房地产开发企业盈利指标有所企稳，但增收不增利的毛利下行趋势仍在延续。在此背景下，为获得更为持续稳定的

营利性，传统“卖房子”模式，已经很难再获得市场青睐，获利模式多元化、发展多元化正在成为行业新常态。房地产企业转型也势在必行，不能固守传统的开发模式，要有新的核心竞争力。比如，从单一住宅产品线，到涉足商业地产、园区开发运营、特色小镇开发，打通各业态，实现跨界发展将成为新调控时代房地产企业的新选择。近年来，大型房地产企业依托自身资源优势，在家政、养老、医疗、教育、休闲、社交等方面寻求新盈利点，构建“地产+”的发展模式越来越赢得更多市场。部分房地产企业较早意识到了市场新变化带来的挑战，如鲁能集团推出的文旅、商业、体育等七大产业产品线，率先迈出企业转型发展的坚实步伐；恒大地产集团进军健康、旅游、乳业、畜牧业等行业，向“多元+规模+品牌”战略阶段转型。未来房地产开发企业将从产品、项目、土地开发主体向综合开发运营商、城市服务商转变。

（三）紧跟时代精神，追求共享发展

共享发展是“五大发展”理念之一。共享发展也是“互联网+”时代下，房地产行业转型，房地产开发企业主动谋求的变革途径之一。一是以“互联网+”为特征的共享方式，促进了行业适应互联网、新生代消费群体、消费结构升级等大背景，优化住房供给结构，注重房地产与商、旅、文、体、创等产业的整合，突破传统的社区空间成为更加广泛的服务空间。二是以盘活闲置资源和存量资产为特征的共享方式。利用共享发展的理念，面向“新市民”加快发展住房租赁市场，盘活存量房屋，增加有效的租赁供给。如近年来兴起的创客空间：共享办公场地、长租公寓，鲁能集团推出的自有度假管理平台“鲁能泰山度假俱乐部”等。三是以产业融合、跨界合作为特征的共享方式。通过信息共享、资源整合，不断推出舒适宜居、健康安全的高品质、多样化房地产产品线，通过体育地产、特色小镇、健康地产、教育地产、旅游休闲地产的跨界协同合作，推动房地产与其他行业的有机嫁接，优化房地产供给结构。

（四）树立创新精神，引领科技发展

“房地产+科技”的融合将会成为未来房地产企业贯彻创新理念，引领科技发展的重要趋势。中国目前正处于转型升级的历史起点，最核心的影响因素就是科技创新能力。“科技”是时代发展的主旋律。科技在房地产行业的重要体现，一是在房地产开发中通过楼盘规划、建筑工艺、建筑材料、通信信息化、生活智能化等环节，运用科技元素提高产品的科技含量和质量，以增强人在工作和生活中的舒适性，从而打造出性价比较高的新型房产，推广智慧化、智能化和服务便捷化的居民社区。

智慧社区：北京亦庄金茂悦。作为中国首个智慧社区，以“智慧家居+智慧社区+智慧服务”为主的“智慧家”，满足居者对于节能、安全、舒适、健康的需求。通过对居住环境数据的实时收集和分析优化，以云端互联为物联平台，以智慧环境检测和控制为策略，结合智慧单元式温湿度系统的硬件部署，为住户打造可定制、联通、学习提升的绿色、健康、智慧、便捷、节能的居住体验。

二是以地产开发为依托，以科技创新驱动区域发展，全面引入“科技”基因，布局科技产业、构筑未来生活方式、打造区域互联。顺应国家产业升级及产业转移趋势，紧扣国家主导产业发展方向，重点关注经济升级转型期战略性新兴行业和在科技前沿领域处于前沿定位，并追求高附加值产业链环节的精致产业布局。积极探索产城融合新形态，打造以产为先、以人为本、升级城市功能的新生态科技地产体系。例如，永丰高技术产业基地。

永丰高技术产业基地位于海淀区北清路，属于中关村创新中心区（CID）的重要组成部分，是高新技术产业发展空间北移的重要载体。园区包含四个工业科研区、一个公共中心服务区和一个生活居住区。产业定位明确，并以此为基础开展产业导向性的招商，入驻企业中60%以上都集中在新材料与电子信息领域；采用园中园模式，以龙头企业为中心，构建产业生态体系，推动大中小企业的协同创新。目前，永丰高技术产业基地已经吸引了包括安泰科技、用友软件、大唐电信、北京航天材料研究院在内的380余家企业入驻。

二　房地产开发企业的战略选择

一方面，房地产业发展推动力减弱，住房市场饱和度提升，土地供给减少，新建房屋份额下降，都使房地产开发企业面临的市场需求有所缩减；另一方面，房地产开发企业的成本上涨，融资难度加大，也使房地产开发企业面临的市场供给问题不容忽视。面对市场供需双方的问题，房地产开发企业已经和正在做出调整和选择，未来的房地产开发企业发展方向将呈现出以下几方面的特征。

（一）房地产开发企业的市场布局由大中城市向中小城市延伸

从房地产市场的空间格局来看，房地产开发企业的空间布局由大中城市向中小城市延伸。从2004年开始，35个大中城市商品住宅销售面积占全国商品住宅销售面积的比例一路下滑，由2004年的51%一路下滑到2015年的29%（见图4－3）。这种市场份额的变化趋势说明，中国房地产开发企业的经营范围在由大中城市不断向中小城市延伸。在特色小镇建设、文旅地产发展的背景下，中国房地产企业由大中城市向中小城市甚至小城镇延伸的空间布局趋势将得以持续。

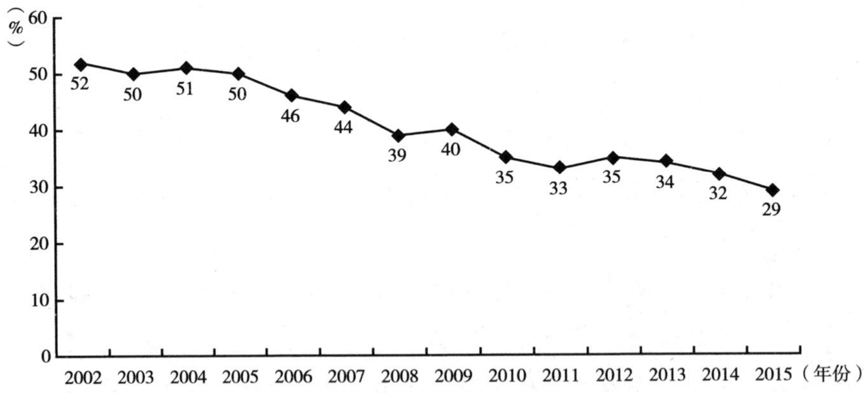

图4－3　35个大中城市商品住宅销售面积占全国的比例变化（2002～2015年）

资料来源：历年《中国统计年鉴》。

（二）房地产开发企业的业务范围向非居住物业发展

住房市场饱和度提升，宏观调控措施更多地针对住房市场，都是房地产开发企业开始转向商业、办公楼等非居住物业的开发和经营。从 2010 年起，全国商办物业投资增幅基本上都高于住宅投资增幅（见图 4－4）。这也在一定程度上反映了房地产开发企业的业务范围在更多地向非居住物业发展。从住房货币化分配改革至今，中国的住宅销售面积一直占商品房销售面积的 90%。虽然，发达国家的住房也在房地产市场中占有主体地位，但占整个房地产市场的比例为 70%～80% 的居多。在城镇化速度有所降低、人口老龄化程度提升的背景下，中国住房需求量总体将有所下降，房地产市场结构中住房所占比例也将有所下降，非居住物业所占比例将有所上升。

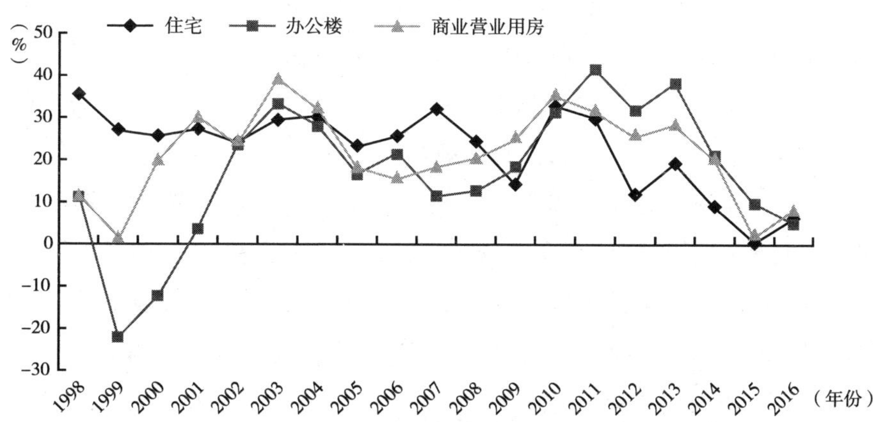

图 4－4　房地产开发企业完成投资同比增幅（1998～2016 年）

资料来源：历年《中国统计年鉴》。

（三）房地产开发企业业务向上下游拓展

从 2015 年以来，房地产企业积极向产业上下游拓展。上游进军金融行业越来越受到房地产企业的青睐，依托房地产布局的家装、租赁、社区增值服务也成为不少企业转型发展的重要方向。

涉足金融业：绿地集团 2015 年开始联手阿里巴巴蚂蚁金服、平安陆金所正式发布互联网房地产金融产品——“绿地地产宝”。万达集团开始从重资产向轻资产战略转型，从地产企业变成金融集团。复兴地产集团发布“1 +1 +1”模式——“保险 + 产业优势 + 蜂巢城市”。

布局租赁市场：不少大型房地产企业依托自有房源优势布局租赁。2015年8月，西安万科第一个持有型纯租赁式公寓“万科 VV 公寓”在西安落成。为让租客的生活便捷，VV 公寓可以实现拎包入住，租客可以在 App 上直接缴纳房租、水费等费用，以及进行报修等。2015 年 6 月，世联行宣布与寓见青年公寓达成战略合作，两者将在房源共享、用户服务等多个层面展开合作。2015 年 8 月，世联行投资 4000 万控股上海晟曜资产管理有限公司，晟曜资产的核心业务就是晟曜行服务公寓。

转型创客空间：为了盘活闲置资源，房地产开发企业纷纷转型创客空间。自 2015 年 2 月，SOHO 中国正式推出“SOHO3Q”这个共享办公空间品牌后，SOHO 中国已迅速完成了北京、上海地区共计 5 个“SOHO3Q”的建设。2015 年 9 月，万科集团与联合创业办公社 P2 合作，将联合办公空间引入虹桥万科中心，双方联手共同打造独特创业办公空间——ViP，等等。

进军家装市场：2015 年 8 月，万科、链家共同宣布合作进入家装产业，成立“万科链家装饰”公司。万科和链家合作的“精致 + 生活馆”已于2015 年 10 月开放，生活馆中推出了实景样板间，还对其施工流程和细节进行逐一展示。2015 年下半年，碧桂园宣告进军互联网家装，创立了橙家品牌，橙家致力于为用户提供透明的、极致的、人性化、去中间化的一站成家整装套餐服务。2016 年 1 月，橙家首家旗舰店正式在广州开业。

（四）与其他行业融合发展的趋势将进一步增强

粗放型、单一化的房地产开发模式已经不适应当前经济社会发展的现实需求，更不能够突破房地产开发企业面临的诸多问题。为了应对新的经济社会形势和供需双方面的问题，相当一部分房地产开发企业审时度势，通过经营模式转变、开发内容拓展等方式来寻求新的业务增长点。特色小镇、养老地产、文旅地产、健康地产等都是房地产开发企业顺应政策导向、人口发展趋势、生活追求方向等做出的战略选择。房地产开发企业与其他产业的交叉点越来越多，未来房地产开发企业与其他产业的融合发展趋势也将进一步增强。

表 4－7　近年来典型房地产企业的转型战略

方向	房地产企业	企业行为
金融行业	绿地集团	2015 年 4 月，绿地联手阿里巴巴旗下蚂蚁金服、平安陆金所，正式发布互联网房地产金融产品——“绿地地产宝”，其产品定位于服务个人投资者理财投资与中小房企资金解决方案 除此之外，绿地集团分别在贵阳和黑龙江开设了金融交易中心，并且绿地香港的子公司绿地金服与陆金所、众安保险、东方资产管理公司三家机构签署战略合作协议，在未来将会围绕房地产全产业链投融资市场，建立包括地产宝、业主宝、置业宝和社区宝等在内的产品库，形成可复制的多层次业务模式
	万达集团	2015 年，万达的转型战略是从重资产向轻资产转型，从地产企业变成金融集团。万达欲打造的金融集团，有别于传统的金融集团，万达金融有银行、保险、证券、支付公司、资产管理
	复兴地产集团	复星国际在其 2015 业绩发布会上提出了“1＋1＋1”模式——保险＋产业优势＋蜂巢城市。保险作为集团最重要的资金来源渠道，结合复星在产业投资领域的专业经验，在地产方面更多的是以蜂巢城市为产品形态，构成了从金融到产业再到地产的三角架构
	泛海控股	2015 年，泛海控股在进军金融领域方面动作颇多。2015 年 1 月，泛海控股收购民安保险 51% 控股股权，成功取得财险业务牌照。4 月，泛海控股提出拟以自有资金 41 亿元，投资设立“民金所”、泛海担保、泛海基金公司、泛海资本管理公司，布局互联网金融，同时将民生期货增资至 10 亿元，布局期货牌照
	中天城投	2015 年 5 月，中天城投通过增资扩股获得贵州合石电子商务有限公司 55% 的股权，实现对招商贷互联网金融平台的绝对控股；出资成立融资担保公司和小额贷款公司；与贵州中黔金融资产交易中心有限公司签订战略合作框架协议；等等
	保利地产	2015 年 4 月，保利地产与民生银行正式签署《战略友好合作协议》，并宣布共同推出的互联网金融产品“利民保”。“利民保”的推出是为了解决在不动产投资中，客户、开发商与银行三者的资金压力难题，实现共同盈利
租赁	万科 VV 公寓	2015 年 8 月，西安万科第一个持有型纯租赁式公寓“万科 VV 公寓”在西安落成。为让租客的生活便捷，VV 公寓可以实现拎包入住，租客可以在 App 上直接缴纳房租、水费等费用，在 App 上报修等
	世联行	2015 年 6 月，世联行宣布与寓见青年公寓达成战略合作，两者将在房源共享、用户服务等多个层面展开合作。2015 年 8 月，世联行投资 4000 万控股上海晟曜资产管理有限公司，晟曜资产的核心业务就是晟曜行服务公寓

续表

方向	房地产企业	企业行为
创客空间	SOHO 中国	2015 年 2 月，SOHO 中国正式推出"SOHO3Q"这个共享办公空间品牌后，SOHO 中国已迅速完成了北京、上海地区共计 5 个"SOHO3Q"的建设
	万科集团	2015 年 9 月，万科宣布与联合创业办公社 P2 合作，将联合办公空间引入虹桥万科中心，双方联手共同打造独特创业办公空间——ViP，为大众创业者提供良好的工作、技能、社交和资源的共享空间
	绿地	2015 年 12 月，绿地集团分别与 SOHO3Q、优办在"共享办公空间"和"互联网 + 商业楼宇租赁"领域达成战略合作
	远洋	2015 年 8 月，远洋 OKSPACE 商务中心正式运行。OKSPACE 商务中心的创设，源于个性化灵活办公空间的思维，主要对象是外资品牌入华的代表处以及优质项目的临时团队
	花样年	2015 年 9 月，花样年推出 WEWORTH 模式，重点打造三大模块：一是由花创咖啡、花样创客、花创基金组成的花创空间（WEMAKER），旨在打造初级孵化器，满足创业刚需客户；二是由联合办公、小企业总部组成的花创联合（WEWORK），主要为改善型客户提供柔性办公；三是由青年公寓、芝麻唐商业等组成的花创社区（WELINK），三者将形成集工作、生活、休闲于一体的园区生态圈
家装市场	万科链家装饰公司	2015 年 8 月，万科、链家成立"万科链家装饰"公司。目前，万科链家装饰公司已与 20 余家知名家居品牌进行深度合作，未来还将不断有具备品质保证和成长性的龙头品牌加入这一联盟
	建业 5D 生活馆	2015 年，建业集团与一德集团作为天使投资方共同投资了互联网家居软装平台艾佳生活。2015 年 10 月 9 日，建业 5D 生活馆在郑州开业。建业集团和金螳螂、罗莱家纺、生活类 O2O 平台艾佳生活，于建业 5D 生活馆开业仪式上，现场签署了战略合作协议，共同布局家装行业
	碧桂园"橙家"	2015 年下半年，碧桂园宣告进军互联网家装，创立了橙家品牌，橙家致力于为用户提供透明的、极致的、人性化、去中间化的一站成家整装套餐服务
	恒大集团	2015 年 9 月 29 日，恒大集团与 15 家知名品牌家居企业在广州举行了签约仪式，宣布建立合作联盟。据悉，包括水星家纺、全友家私、联邦家私、喜临门家具、索菲亚家居、顶固集创等在内的 15 家品牌家居企业参加此次合作联盟

资料来源：根据中商情报网整理，http://www.askci.com/news/chanye/2016/03/09/14162wccg_3.shtml。

近些年，许多开发商尝试将房地产业与其他产业进行整合，把与人们生活息息相关的产业与房地产嫁接，打造出新型复合地产项目。复合地产以先进的生活理念、全新的个性化服务、用户参与式体验，成为房地产发展的重要方向。例如，“文化 + 地产”“养老 + 地产”“旅游 + 地产”“体育 + 地产”“教育 + 地产”等特色鲜明的房地产产品逐渐成为房地产企业关注的焦点。

“地产 + 旅游”。鲁能集团自 2015 年以来，提出了文旅地产产品线的概念，并推出美丽乡村和鲁能胜地两大产品。美丽乡村产品：集国家农业公园、会员制农场庄园、城乡统筹区、CSA 社区支持农业、农业种植区于一体，促进农业产业升级，为都市人群提供回归自然的微度假生活，让人们看得见山，望得见水，留得住乡愁。目前集团公司在建项目有重庆江津鲁能美丽乡村，已拓展项目有孝感美丽乡村、嘉兴美丽乡村等。鲁能胜地：以人为本、生态为根、文化为魂、参与互动，打造深度体验的国际旅游度假区。目前集团公司在建项目有长白山·鲁能胜地、九寨·鲁能胜地等 4 个项目，已拓展项目有千岛湖·鲁能胜地等 4 个项目。

“地产 + 教育”。2015 年 5 月，世茂 360°全系统教育社区在武汉世茂锦绣长江落地实现。“360°全系统教育社区”是世茂以整个社区的理念，用“艺术 + 生活 + 梦想 + ”作为精神符号。未来会在社区内兴建了舞蹈学院、钢琴艺术中心、绘画室、体育馆等，为客户社区生活、学习休闲提供方便，在不断增长学识的同时更有归属感。

“地产 + 医疗”。2015 年 2 月，恒大地产收购新传媒 74.99% 的股份，并将公司名改为恒大健康，运营项目涵盖“互联网 + ”社区健康管理服务、新型高端国际医院、养老产业和医学美容及抗衰老等四大业务板块。2015 年 6 月，恒大健康与美国内布拉斯加大学医学中心共同建立的互联网社区健康管理中心开业。

“地产 + 体育”。2015 年，鲁能集团推出“体育 + 产品线”的两大系列产品：鲁能泰山 7 号和鲁能体育公园。鲁能泰山 7 号产品，将体育与社区融合，倡导健康生活理念，引领全民健身。鲁能体育公园，通过竞技、培训、体验、度假等全面的产品组合，丰富城市旅游元素，带来高延续性经济效益，全力辐射体育文化。

表 4-8 近年来典型房地产企业的“地产+开发”

模式	房地产企业	企业行为
“地产+”	万达集团	2015 年 7 月，万达文化集团出资 35.8 亿元人民币领投同程旅游;2015 年 9 月 26 日，万达第三个大型文化旅游项目万达西双版纳国际旅游度假区正式开幕。万达提出“高端文化旅游 3.0”模式，即旅游项目自由组合、“吃、住、行、游、购、娱”一站式解决、高度融合传统地域文化的深度体验式旅游度假模式
	恒大集团	2015 年 12 月 28 日，恒大旗下文化旅游项目海花岛正式开盘。在海花岛上建设集风情酒店区、美食文化街、七星级酒店、湿地公园、影视传媒基地、生态康乐园、海上乐园、沙滩泳场、游艇会等为主题，集大众娱乐、商务交流、俱乐部会员运动、休闲度假为一体的旅游休闲度假岛
	鲁能集团	美丽乡村产品农业公园、会员制农场庄园、城乡统筹区、CSA 社区支持农业、农业种植区于一体，促进农业产业升级，为都市人群提供回归自然的微度假生活，让人们看得见山，望得见水，留得住乡愁。目前集团在建项目有重庆江津鲁能美丽乡村，已规划项目有孝感美丽乡村、嘉兴美丽乡村等 鲁能胜地是以人为本、生态为根、文化为魂、参与互动，打造深度体验的国际旅游度假区。目前鲁能集团在建项目有长白山·鲁能胜地、九寨·鲁能胜地等 4 个项目，已拓展项目有千岛湖·鲁能胜地等 4 个项目
	华侨城	“旅游+地产”一直是华侨城独特经营模式。自 1998 年品牌创立以来，“欢乐谷”主题公园已在北京、上海、天津、武汉、深圳、石家庄等城市落户
“地产+教育”	万科集团	2015 年 6 月 13 日，万科宣布联手深圳中学共建万科梅沙书院，梅沙书院由万科教育基金会主导，仍偏公益性质。未来，万科将成立多间社区营地，致力于做素质教育启蒙基地，这其中包括九年制素质教育学校、周末营、教师创业服务等内容，万科业主的孩子优先入学
	阳光城	2015 年 12 月 22 日，阳光城公司公告，拟出资亿元设立全资子公司阳光幼教投资管理有限公司，负责幼儿教育相关领域的投资和运营管理，发展领先幼教品牌，同时发展幼教相关产业
	世茂	2015 年 5 月，世茂 360°全系统教育社区在武汉世茂锦绣长江落地实现。“360°全系统教育社区”是世茂以整个社区的理念，用“艺术+生活+梦想+”作为精神符号。未来会在社区内兴建了舞蹈学院、钢琴艺术中心、绘画室、体育馆等，为客户社区生活、学习休闲提供方便，在不断增长学识的同时更有归属感

续表

模式	房地产企业	企业行为
"地产 + 医疗"	恒大集团	2015 年 2 月,恒大地产收购新传媒 74.99% 的股份,并将公司名改为恒大健康,运营项目涵盖"互联网 + "社区健康管理服务、新型高端国际医院、养老产业和医学美容及抗衰老等四大业务板块 2015 年 6 月,恒大健康与美国内布拉斯加大学医学中心共同建立的互联网社区健康管理中心开业
	宜华地产	2015 年 2 月,宜华地产更名为宜华健康,正式布局医疗健康产业。从公司战略层面来看,已经开始实行"地产 + 医疗"双轮驱动
	绿景控股	2015 年 3 月,绿景控股与北京儿童医院达成战略合作;9 月公司发布 100.5 亿元定增预案,公司将所募资金用于建设 4 个实体医院包括北京儿童医院集团肿瘤医院、北京儿童医院集团儿童遗传病医院、通州国际肿瘤医院和南宁市明安医院,1 个医学中心即肿瘤精准医学中心,2 个平台包括儿童健康管理云平台和医疗健康数据管理平台。公司全面转型进入医疗行业
	万科集团	2015 年 4 月万科宣布,万科将筹备建立三家儿童医院,分别位于广州、上海和深圳。上海万科儿童医院于 2016 年进入施工阶段,预计 2020 年可以开放服务
	泰禾集团	2015 年 4 月 18 日,由泰禾集团与佳平医疗合作的高端社区医疗机构在泰禾 · 中国院子落成,这标志着在泰禾 · 中国院子与泰禾 · 北京院子成为配有高端家庭医生的健康型高端人居的社区,其业主将享受到"病有所医、病有名医、看病免费"的一站式专业医疗服务
	华业集团	2015 年 1 月,华业地产公告称,以现金购买捷尔医疗 100% 股权。交易完成后公司将在开展原主营业务的同时,新增医药商业和医疗服务业务,切实推行多元化经营战略
	碧桂园	2015 年 7 月 21 日,芜湖碧桂园正式签订社区医疗中心合作协议。碧桂园社区医疗中心将联动芜湖市第二人民医院、第一人民医院、第五人民医院、市中医院等医疗资源,开展知名专家定期坐诊的活动。同时,社区医疗中心还提供向各大医院预约及转诊服务
	南京高科	2015 年 6 月,南京高科宣布以自有资金 5 亿元出资,与达孜县中钰健康创业投资合伙企业共同发起设立"中钰高科健康产业并购投资基金一期"(暂定名),合伙期限五年

续表

模式	房地产企业	企业行为
“地产+体育”	鲁能集团	2015年,鲁能集团推出“体育+产品线”的两大系列产品:鲁能泰山7号和鲁能体育公园。鲁能泰山7号产品,将体育与社区融合,倡导健康生活理念,引领全民健身。鲁能体育公园,通过竞技、培训、体验、度假等全面的产品组合,丰富城市旅游元素,带来高延续性经济效益,全力辐射体育文化
	中体地产	中体城是以体育资源为核心的集运动、商业、娱乐、住宅为一体的城市综合体。以国内外一线体育用品及体育器材的销售为主,形成以体育产业为中心的城市综合体,满足人们对运动、健康、时尚、购物、休闲、娱乐等“一站式”需求

资料来源:根据中商情报网、鲁能集团内部资料整理,http://www.askci.com/news/chanye/2016/03/09/14162wccg_3.shtml。

中　篇
鲁能集团发展战略转型

第5章

鲁能集团发展战略演变

本章主要对鲁能集团在不同时期的发展战略和发展历程进行全面梳理，尤其是在经济新常态背景下，鲁能集团践行“绿色发展”“一带一路”“健康中国”等国家战略，积极进行战略调整，实施以创新驱动产业结构升级的泛产业地产发展战略形成和嬗变历程。

第一节　多元化发展战略（2002 ~2009年）

鲁能集团有限公司成立于2002年12月，是国家电网有限公司全资子公司。公司成立以来，按照建设“两型两化两优”一流企业集团的战略目标，坚持在优势领域发展优势产业，各项事业保持了持续、健康、快速发展。作为国家电网有限公司直属单位，鲁能是一家集团化发展、多元化经营、全国性布局的大型企业集团。在产业结构上，突出煤电、房地产、电工电气制造和铝业核心产业，不断优化资产结构。同时，结合低碳经济和清洁能源发展，推动产品、技术、工艺、装备革新升级，积极发展新型能源，进一步增创效益优势。在这一时期，鲁能集团通过加强资产整合，调整产业结构，转让部分投资回报期较长的项目，退出港口、海运业务，缩小管理跨度和幅度，整体接收部分电工电气制造、商业酒店企业，使得集团核心业务进一步突出，资产质量持续优化，整体盈利水平有了新提高。

一　煤电产业

这一时期，鲁能集团的煤电产业主要是根据国家能源政策和发展规划，坚持煤电一体、同步配套、协调发展，加快战略性煤电资源开发，优先建设大容量、高参数发电机组群，配套建设大型、特大型安全高效矿井。以规划为先导，按照“起点高、规模大、效益好”的原则，合理布局、突出重点，实现稳妥有序推进。把发展新能源作为调整优化电源结构、实现可持续发展的战略举措，推进风能、太阳能资源开发，积极参与国家大型风电基地建设，与大型煤电基地同步开发、打捆外送。结合低碳经济和清洁能源政策，传统产业坚持“绿色、节能、智能”概念，开展“智能小区”“绿色工厂”项目试点，争创新的竞争优势，培育新的利润增长点。

二　房地产业

这一时期，鲁能集团房地产业的发展战略是，坚持住宅地产与商业地产并举，加快商业地产开发，建设商业综合体，引进国际知名酒店管理品牌，开展优质高端商业并购，提升商业地产品质；突出“三抓三保”（抓研发、开发、经营，保利润丰厚、物业优良、品牌高尚），推动良性滚动开发提高健康性；强化运营全过程管理，深化专业化管理，在确保经营稳健的同时，提高成长性；更新观念，在人力资源、固定资产、装修维护、品牌营销等管理方面，与先进理念接轨，提升管理层次，提高盈利水平。

具体发展方向集中在地产产业、酒店产业和商贸产业三个方面：地产产业主要代表性项目有重庆星城，济南领秀城，宜宾山水原著，海南三亚湾新城，北京的有西单赛特、时代之光、梧树园。鲁能集团房地产业务布局集中，主要是在一些重点城市开发综合性的住宅大盘。这些楼盘作为城市发展新城区，体现了鲁能作为城市开发商的独特品质，为鲁能住宅地产开发积累了丰富经验；酒店产业主要代表性产品有泰安东尊华美达，三亚山海天，济南贵和皇冠假日洲际酒店；商贸产业主要代表性产品有济南贵和购物中心。这一时期，房地产业专业化管理进一步加强，经营稳健。

三　电工电气制造产业

充分利用清洁能源快速发展、智能电网加快建设等机遇，通过技术合作、并购重组等方式，加快形成有优势、有效益的产业发展平台和有影响力的品牌；开工建设智能电表、GIS、变压器等项目园区和研发中心，推进核心技术装备产业化，加强技术合作与资产并购，形成规模生产能力。

四　铝产业

坚持煤电铝一体化，上下游延伸，完善产业链条，发展循环经济。

第二节　地产引领发展战略（2010～2014年）

2010 年前后，鲁能集团开始梳理产业布局，积极调整产业结构，形成了以住宅地产、商业地产、清洁能源为主营业务的发展格局。随着国家战略调整和社会发展变革，鲁能集团将业务核心向新生态、新能源及新的生活方式转变，并提出新的任务：推广生态共生理念，发展大众体育设施，改善人居生活质量，提高城市整体价值。鲁能集团的指导思想从实施资源型产业发展战略，向更加注重公众型和友好型企业建设转变，提升产品的市场竞争力和客户的认可度。在这一时期，鲁能集团以住宅地产和商业地产为主要发展方向，按照公司集团化运作、集约化发展、专业化管理要求，进一步优化业务布局。其战略路径主要通过以下几个方面推进。

一　主营业务有序发展

在“十二五”期间，鲁能集团围绕公司功能定位及核心业务，进一步提升住宅地产发展水平和质量，认真贯彻住宅大盘项目开发理念，系统推进整体设计、分期建设，着力抓好景观配套、营销推广等工作。同时，加大持有型物业投资开发力度，加快发展商业旅游地产。根据国家电网有限公司党组决策意见，鲁能集团将房地产、新能源作为核心业务，发展方向更加明晰。房地产业在加快推进住宅地产项目开发的同时，将持有型物业也作为重要发展方向。

1. 住宅地产

加快开发节奏。重点是加快开发、控制成本、强化销售，增强住宅地产的成长性、健康性和营利性，切实发挥主营业务的支撑作用，提高对全局工作的贡献率。扎实做好开工准备工作，保障工程顺利施工。狠抓项目开工、竣工管理，强化节点控制，严格进度考核，确保完成每年开发计划。

加强成本控制。对标行业先进水平，加快建立成本数据库，明确各区域房地产项目标准成本。在此基础上，建立覆盖设计、工程、营销、财务各专业领域的目标成本管理体系。严格加强目标成本测算、编制、论证、审批各环节工作，提高目标成本管理的准确度。加强月度资金计划支付和结算时限管理，强化成本动态控制，以合同管控为手段，提高成本管理刚性。

加强销售管理。建立以销售利润率为导向的营销管理体系，优化产品定价方案和销售策略。加强营销资源整合，建立集中统一、规范完善的销售代理制度，强化销售业绩考核。采取积极有效的促销措施，确保存量房源去化，加快资金回笼，降低成本费用。加强应收款管理，防范经营风险，提高经济效益。加强客户服务平台建设，提高品牌维护、产品推广水平。

2. 商业及旅游地产

借鉴国际先进经验做法，全面提升鲁能商业、旅游地产开发能力和管理水平。梳理分析商业及旅游地产项目区位、市场、增值空间等条件，大力发展持有型物业，为鲁能集团转型发展筑牢基础。

突出抓好商业示范项目设计、建设和运营管理。加快推进当时贵和二期扩建工程，做好运营管理准备工作，为鲁能商业综合体项目发展奠定良好基础。把济南领秀城建设为大型购物中心示范项目，打造样板工程。

加快国际合作步伐。坚持国际化运作思路，把加强国际合作作为提升商业和旅游地产发展水平的重要途径，重点加快品牌引进、管理引进和人才引进。加强与国际知名酒店、商业管理集团等交流合作，加快理念对接融合，尽快落实商业、酒店、主题公园等合作品牌和运营模式。引进国际先进管理评估体系，建立专业管理规范，提高酒店、商场经营管理水平。

这一时期，鲁能在各地合作开发了一系列大型商旅项目，商旅业务得到较快发展，如鲁能文安生态旅游度假区项目、鲁能领秀城商业综合体、孔府西苑二期酒店项目、天津市绿荫里综合体项目、九寨中查国际会议度假区项目、吉林鲁能漫江生态旅游综合开发项目、武汉鲁能光谷广场项目、济南贵和皇冠假日酒店，等等。这些项目充分发挥集团化优势，整合专业力量和资源，对各商业地产和旅游地产项目前期策划、招商合作、品牌管理、设计建设等实施统一运作，积极选择高水平商业策划和建筑设计专业机构，形成长期战略合作伙伴关系，提升商业策划、设计等水平。

二　大力推进外延增长

积极提高公司主营业务发展质量，大力推动外延增长，积极获取、加快开发优质资源，以增量促规模、向增量要效益。同时，坚持科学布局，以一二线城市为重点，推动项目公司加快向城市公司、区域公司转型升级，增强自我造血、自我发展能力。在有发展潜力的地区，加大优质土地资源获取力度，为后续发展提供充足储备。

1. 积极推进住宅地产做强做大

加大存量资源开发力度。坚持住宅地产始终贯彻大盘运作理念，准确把握项目定位，充分挖掘资源价值，提高内涵发展水平，突出主题、完善配套、加快开发，全面提升开工、竣工规模，推动存量资源快速周转变现。进一步加强协调督导，为大规模开发创造条件。加强研究策划，细化完善各项目年度开发方案，系统做好设计、招标、合同签订、队伍进场等前期准备，强化施工组织协调和现场管理调度，严格抓好工程计划节点控制，全面缩短从土地确权到竣工交付的周期，确保开、竣工规模在较高水平上实现动态平衡。

积极储备综合开发项目。重点面向北上广深等一线城市，以及天津、重庆、济南、南京等二线城市，通过市场化手段获取社会土地资源，形成一地多盘、同步运作的城市公司和区域公司发展模式。在华东、华北、海南等区域，以农林场、旅游区为重点，在确保成本最优前提下，积极储备有良好发展潜力的综合开发项目。在获取开发权基础上，加快报批报建、开工建设，并具备销售条件，确保资金快速回笼。同时，进一步完善项目可研论证、投资决策工作机制，加强土地市场动态监测，落实人力财力、奖惩考核等各项保障措施，实现项目拓展新突破。

2. 确保持有型物业做精做优

加强持有型物业策划定位研究。认真梳理分析商业及旅游地产项目区位、市场、增值空间等条件，大力发展持有型物业，为鲁能集团转型发展筑牢基础。坚持持有型物业要立足高起点、坚持高标准、科学把控开发节奏和投资强度的原则，强化成本控制，保证物业品质，确保资产持续升值，提高投资回报水平。

加强管理运营与品牌合作。坚持国际化运作思路，把加强国际合作作为提升商业和旅游地产发展水平的重要途径，重点加快品牌引进、管理引进和人才引进。发挥酒店、商业管理公司专业管理平台作用，引进国际先进管理工具和评价体系，强化酒店、商场业绩指标管理，全力提高投资运营水平。深入研究鲁能旅游地产开发模式，积极推进主题公园、温泉滑雪、文化展示等业态的国际合作。

大力发展养老地产。充分发掘项目资源优势，按照城区养老、郊区养老、度假养老等不同类型，统一规划布局，深入考察调研，积极争取政策，加强战略合作，有序推进养老地产发展，探索建立鲁能养老地产开发运营模式。

3. 通过品牌合作提高运营管理水平

通过品牌合作，引进国际先进管理工具和评价体系，强化酒店、商场业绩指标管理，充分发挥酒店、商业管理公司的专业管理平台作用，全力提高投资运营管理水平。在商业地产方面，与卓美亚公司、美高梅公司合作；在酒店方面，与万豪国际集团、希尔顿全球控股公司、六善酒店管理集团、美国 Commune 酒店管理公司合作；在旅游地产方面，与美国山地度假冒险公司 Intrawest Resorts、美国 Discovery 探索频道合作。在这一时期，鲁能集团通过与国际知名的企业集团开展品牌合作，实现了商业地产业务、酒店业务、旅游地产、养老地产和新能源等领域业务的快速发展。

三　全面推进专业化管理

完善专业化管理体系。根据新的组织架构设计，进一步理顺各层级管理职能定位，狠抓各项专业管理办法的贯彻落实，完善相关配套制度，建立适应专业化管理要求的管控模式，构建专业管理制度体系。进一步完善产业组织体系，充实专业人员，明确岗位职责和工作程序，确保专业管理职能健全到位。深入开展同业对标和交流学习，促进专业管理水平的提升。

加快建立标准业务流程。围绕房地产项目开发运营全过程管理，对项目定位、工程招标、施工建设、市场营销、决算结算等关键业务流程实施重组和优化，实现管理流程的全面贯通和紧密衔接。制定完善相关技术标准和管理规范，推广实施房地产业新版权责流程、作业指引文件，深入开展成本、营销、合同等管理诊断分析，认真组织优化提升，抓好深化应用，形成流转顺畅、标准统一、精益高效的业务流程体系。固化机构设置、岗位分类、物资招标、经营成果确认等工作标准，促进规范化、程序化运作。

着力提升策划定位和设计研发水平。突出抓好管理力量、设计队伍和产品类型整合，努力提高设计研发效率。加强项目设计任务书编制管理，明确设计思路、目标和要求，从源头上保证项目定位和设计质量。大力推行标准化设计，以典型、成熟设计成果为模板，建立标准化图库，并不断优化完善，积极推广利用。推行限额设计，严格控制设计成本。逐步形成具有鲁能集团特色的产品线。同时，积极开展智能小区、休闲地产、样板展示区等设计创新和试点建设，促进产品品质提升。

四　深化项目集约化管理

进一步强化公司管控。继续推进管控模式调整，变革组织架构，优化管理流程，实现两级管理。总部定位为战略管理中心、资本运营中心、资源配置中心、协调服务中心和信息中心；运营企业定位为利润中心和生产中心。

突出抓好总部建设。按照“三集五大”工作部署，全面加强总部在战略决策、统筹规划、资源配置、综合调控等方面的能力，明确部门职能，规范管理程序，细化工作标准，提升操作管控能力。加强部门横向联动，加快建立跨部门、跨专业的重点任务协作机制，全面提升总部的领导力和管理水平。增强服务意识，下移工作重心，对基层存在的重大困难和问题，采取有效措施，加强指导帮扶。

强化成本管控。深入开展成本对标，确保目标成本的科学性和竞争力，杜绝无效成本，加强制度、执行、监督和考核体系建设，夯实成本管理基础。加强成本管理与设计、工程、营销、财务等业务管理的衔接融合，将成本管理贯穿于开发建设、生产运营全过程，强化动态管控，确保目标成本有效控制。建立完善酒店、商业、写字楼等持有型物业标准成本数据库，为科学确定目标成本提供依据。加强结算管理和成本后评价工作，提高“三算三价”执行准确率。

提高设计效率和质量。适应住宅地产大规模、高速度开发的要求，科学划分产品序列，深入推进设计标准化，大范围推广典型设计，提高设计成果利用效率。参照国际高端物业设计规范，建立鲁能综合体、酒店设计标准化体系，避免设计反复，缩短设计周期。加强设计研发中心建设，坚持设计资源统一管理，发挥专业把关和技术支持作用，提升设计集约化水平。提高设计任务书编写质量，保证设计深度。充分发挥主创设计师作用，确保设计效果落地。积极推行限额设计，加强对项目投资的前端控制。

加强信息化建设。编制信息化发展五年规划和实施计划，建立纵向贯通、横向集成的一体化信息平台，为实现管理集约化提供技术支撑。完成信息门户系统建设，加快部署 SG186 八大业务应用系统，实现与国家电网有限公司对接。建设总部数据中心，实现信息资源的有效整合和充分利用。开发完善人力资源、财务、物资、工程等管理应用系统。持续加强信息化建设，基本实现 ERP 系统全面覆盖，建成国家电网有限公司直属单位首家运营监测中心，逐步提升运营效率和质量管理。

第三节　泛产业地产发展战略（2015年至今）

在全球经济不确定性因素增多、中国宏观经济发展进入新常态之时，地产行业也进入了大变革时期。尤其是当城镇化率迈过50%的拐点，由加速阶段进入减速阶段，城镇化水平和质量进一步提升的时期，房地产行业的业态、区域竞争、业务模式以及相应竞争格局也都发生变化，并将很快进入行业拐点。2015年12月，中央经济工作会议首度提出支持开发商兼并重组，地产业务的整合重组进入了“快车道”。在这样的背景下，鲁能集团积极践行“绿色发展”“一带一路”“健康中国”等国家战略，进行战略调整，以产品线创新驱动产业结构升级的泛产业地产发展战略。

一　鲁能泛产业地产的业务愿景及内涵

鲁能集团提出业务愿景是，成为全国领先的地产开发运营商，有三重内涵。

第一重内涵，鲁能将在三大地产板块住、商、旅实现协同发展。住宅方面，除了在布局上进一步深挖优势区域外，鲁能以高效项目与资金管理为核心，与商旅业务协同发展；商业地产方面，鲁能秉承多业态综合发展理念，以规划、招商和运营为核心开展业务；旅游地产方面，鲁能在全国性旅游胜地展开布局，会以“资源平台＋运营服务”为核心理念，依托城市群开展更多业务。

第二重内涵，即布局京津冀、长三角及珠三角三大集群和区域中心城市，同时也会关注区域城市、卫星城市带来的一些机会。未来鲁能将利用科学、系统、量化的方法，发掘区域潜力及鲁能资源竞争优势，进行前瞻性规划。同时，鲁能推出新的三大产品组合，一是鲁能城，包括商业、办公类地产；二是美丽汇，包括旅游度假、商业娱乐、文化体验三大主题；三是“体育＋”，包括满足社区居民体育需求的体育社区，以及满足城市居民体育参与的体育公园，充分利用鲁能集团强有力的体育资源，给居民提供优质体验。

第三重内涵，缔造国际休闲生活方式，将鲁能集团住、商、旅三大板块充分融合，研发形成"生态、健康、运动、娱乐、科技"五个维度的国际休闲生活方式。十八届五中全会提出创新、协调、绿色、开放和共享五大理念，着力推进供给侧结构性改革，推动经济更有效率、更有质量、更加公平、更可持续地发展，加快形成崇尚创新、注重协调、倡导绿色、厚植开放、推进共享的机制和环境，不断为综合国力和经济实力注入新鲜血液。作为责任央企，鲁能集团在深刻思考和敏锐把握国家发展战略的基础上，积极投身供给侧改革，勇担行业驱动者的角色，将"生态优先，绿色发展"作为企业发展战略，积极布局商业地产、文旅地产、体育地产、健康地产、科技地产、美丽乡村、大型复合地产七大产品体系，形成以地产开发为平台的产业集群，致力成为全国领先的泛产业地产发展商。鲁能的建设开发，不仅为住房本身，更是将健康生活、绿色生态的环保理念深入融进产品的打造中，为广大购房者提供全新的生活方式，提倡绿色环保的生活态度。

鲁能集团不断探路供给侧改革，构建泛产业地产，从传统房企的"房地产+"向"泛产业地产"思维转变，实现从住宅到商业，再到旅游、健康、农业、体育、科技等新型地产业态多条产品线覆盖。

二　鲁能推进泛产业地产的战略措施

（一）积极构建大营销体系

鲁能集团提出的"大营销"概念是以市场为中心、以顾客为导向，全面整合企业资源和营销手段的科学管理理念，是以实现住宅地产快速去化为导向，发挥互联网新技术对营销模式和服务模式创新的引领和支撑作用，以打造鲁能品牌为中心，整合项目开发链条，加快推进集团、城市公司统一营销推广平台建设，建立策划、研发、工程、销售、客服五位一体的大营销体系。在集团房地产营销平台基础上，构建以云销售、云会员、云服务和云社区系统为核心的"营销客服云平台"，将住宅地产与商业地产的营销管理纳入统一平台进行管控，打破各产业间的壁垒，实现住宅、旅游、商业、酒店、娱乐一体化营销体系，促进客户资源深度挖掘整合，推动营销模式创新，全面支撑大营销体系。

鲁能集团提出的“大营销”体系，是包含创造一流的品牌、产品和服务，全面构建特色鲜明、行业领先的“大营销”体系。所谓一流品牌，就是把企业与社会、人与自然的和谐共生作为践行“共赢发展”理念的至高境界，在项目开发运营、员工观念行为、品牌推广传播等方面深入践行“生态优先、绿色发展”战略，塑造绿色责任央企品牌形象。一流产品，就是坚持“好”字当头、“快”字为要，狠抓工程质量和形象管理，坚决执行快速开工、开盘、交付的新常态要求，确保展示体验效果、开发建设效率达到全国领先水平。一流服务，就是深入践行“全心全意为客户服务”的理念，加强服务价值与产品价值的融合，带着感情工作，精益求精服务，以优质服务塑造鲁能核心价值属性。

鲁能“大营销”体系充分发挥鲁能泰山度假俱乐部的平台作用，引入“互联网＋”模式，整合利用企业和社会资源，高标准抓好建设运营，发挥公司项目布局广、产品多元化、资源稀缺性等特色，以增值服务获取竞争优势，打造市场领先、公众信赖的运营服务品牌。以“大营销”为统领，着力打造跨界融合的新型营销推广模式，加强公司主营业务与体育、文化、娱乐、商业、旅游等产业的有机衔接，全面构建复合型竞争优势。

（二）努力营造泛产业发展新优势

实施“大旅游”发展战略，积极推动文旅产业与教育、体育、健康、医疗等行业融合发展，丰富产品功能业态，延伸产业链和价值链。首先是加强市场调研和政策研究，积极参与医疗、养老、体育、文化、教育等产业项目开发建设。进一步完善健康产品线功能业态组合，打造医养结合的新型示范产品。加大科技产品线研发力度，积极拓展科技创新、文化创意、智慧能源等产业园区项目。加大民生保障项目投资开发建设力度，在确保产品质量和严格管控成本上双向发力，全面打造鲁能绿色家园为主要的民生地产产品线，争做行业领先的民生安居服务商。其次是推广应用绿色节能技术，提升产品品质，打造行业领先的绿色民生品牌。完善生态环保管理体系，开展绿色建筑行动，全面推广绿色建筑认证，积极推进绿色低碳园区、零碳建筑示范建设。实施重要生态系统保护和修复工程，增加优质生态产品供给。全面推进鲁能美丽乡村产品线规划建设，践行中央乡村振兴战略，推动农业产业化、农村现代化，更好地满足人民美好生活需求，创造公司发展新的价值增长点。准确把握区域农业特色，围绕第一产业主线，推动集约化生产营销，丰富休闲、康养、旅居等产业功能，打造鲁能美丽乡村示范产品。最后是优化完善组织体系，加强专业人才队伍建设，提高战略执行、组织建设、资源调配、运营管理、绩效考核等一体化管控运作水平。

（三）逐步打造标准化产品体系

鲁能集团按照与国际接轨要求，准确研判和把握房地产主流发展趋势，系统研究生态、健康、运动、娱乐、科技等功能组合，挖掘资源特色，注重体验效果，科学规划商业地产、文旅地产、体育地产、健康地产、科技地产、民生地产、美丽乡村等产品线，形成业态组合先进合理、功能相对固化、模式可复制推广的鲁能产品线发展格局。随着公司转型升级的步伐加快，鲁能胜地、美丽乡村等创新型产品的盈利模式对于全面提质增效、推动鲁能事业健康长远发展具有重大意义。第一，准确把握产品属性，根据产品线定位，加快研发基本功能模块，在充分融入鲁能“DNA”前提下，深度挖掘各项目区域市场、生态环境、人文资源等独特元素，打造既有统一精神内核，又有项目特质的竞争力产品；第二，有机组合产品维度，紧紧围绕五大维度，从项目基础属性出发，科学确定产品组合机制，厘清开发逻辑，扩展主力业态和现金流渠道，实现重资产投资与轻资产运营有机结合，产生复合功能，构建多线衔接、协同增值的盈利链条；第三，按照商业地产、文旅地产、体育地产、健康地产、科技地产、民生地产和美丽乡村建设标准化发展体系，加快建设分区域、分类别的标准化产品体系，形成标准设计图集、物资战略采购、工程建设标准化成果，通过业务标准化和模块标准化，构建设计、成本、物资采购、成本专业数据库，构建公司项目与外部市场项目开发、运营数据库，实现项目标准化快速复制，推动主营业务规模快速扩张。

（四）着力完善区域发展布局

鲁能集团主动融入国家发展全局，将企业发展放在国家战略全局去审视和考量，将项目开发纳入区域发展空间去谋划和把握，充分利用责任央企品牌影响、产品线特色等核心竞争力，在七大战略区域全面落位鲁能胜地、美丽乡村、鲁能泰山9号、鲁能泰山7号等产业项目，实现企业与社会和谐互动、共生共赢。同时，加快进驻战略重点城市，深入做好沟通协调，深耕开拓已进驻城市，完善同城多点格局，基本构建完成全国性战略布局。

专栏　鲁能集团战略性区域布局活动

2015年8月7日，海南省政府在北京举行2015海南·北京综合招商活动，签约仪式上，海南亿隆公司与文昌市政府签署“鲁能文昌圣保罗体育城”和“地中海俱乐部”两个项目合作协议。9月8日~11日，2015年厦门国际投资贸易洽谈会期间，鲁能集团分别与三亚市、文昌市、澄迈县政府签署“鲁能红塘湾蓝色美丽汇”“鲁能三亚湾金色美丽汇”“宝陵河GEF湿地公园”“213婚庆主题酒店”“禅修佛教文化中心”5个项目合作协议。2016年9月20日，鲁能集团与张家口市政府签署战略合作框架协议。双方将在城市综合开发建设、旅游休闲产业、冬奥项目合作、新能源产业、创新产业园等领域开展多层次多形式合作，并建立长效合作机制，实现互利共赢。9月20日，九寨鲁能生态旅游开发公司与成都崇州市人民政府签署《成都·崇州青城山美丽乡村项目合作框架协议》。根据协议，双方将合作开发集古镇旅游、温泉度假、生态农业观光、健康休闲养生、美丽乡村建设、体育运动、“互联网+”等为一体的国际休闲旅游度假目的地。

（五）积极推动产业科技创新

鲁能集团积极跟进互联网与信息技术发展趋势，依托公司运营监测中心和各业务系统深化建设，构建“鲁能云”系统，加强移动互联网、大数据、云计算等技术研究和应用，以便捷管理、提升效率为目标，加大信息系统优化升级力度，推进功能拓展和深化应用，提高信息系统与业务流程的融合度，增强实用价值，实现信息数据统计整理、集成共享、发布查询、分析展示、决策支撑全过程一体化，发挥互联网新技术对营销模式、服务模式和商业运营模式创新的引领和支撑作用。同时，以住宅地产和商业地产为依托，积极研究建设绿色生态旅游地产、智能精品住宅地产、节能低耗型商业地产和健康宜居养老地产等示范区项目。2016 年 7 月 24 日，鲁能集团与华为公司签署《战略合作协议》，根据协议，双方将在科技创新、信息化建设、新技术应用、清洁能源建设与运营等领域共推合作共赢。

（六）不断完善泛产业地产发展战略

鲁能集团作为高度市场化的企业，始终坚持构建全方位、开放式、多元化的合作共赢渠道，通过与国际知名企业的品牌合作，不断完善并提出泛产业地产发展战略，倡导绿色发展理念和国际休闲生活方式。2015 年 9 月 20 日，鲁能集团全球战略合作暨文昌山海天新产品发布会在北京国家会议中心举行。此次发布会，以"引领、创新、共赢"为主题，发布了鲁能集团新的发展战略，从"生态、健康、运动、娱乐"四个维度阐述了"国际休闲生活方式"产品方向，并推出首个战略实践产品——文昌山海天。在发布会上，鲁能集团与大卫·贝克汉姆先生达成战略合作伙伴关系，贝克汉姆在未来两年作为战略合作伙伴及形象大使与鲁能集团展开全面合作。2016 年 9 月 20 日，鲁能集团在北京国家会议中心成功举办了以"生态优先、绿色发展"为主题的战略发展创新成果展暨全球品牌战略合作签约峰会，系统阐述了公司绿色发展理念及成果，发布了以"五大维度"（生态、健康、运动、娱乐、科技）、"七大产品线"（商业地产、文旅地产、体育地产、健康地产、科技地产、民生地产、美丽乡村）构筑"国际休闲生活生态链"的公司战略，并与硬石国际、德威教育集团、万豪国际度假会、美高梅国际度假集团、中国科学院国家天文台等 12 家国内外知名品牌达成战略合作。鲁能集团形象大使贝克汉姆出席峰会，携手鲁能发布了《鲁能泰山 7 号绿色健康公约》，倡议运动健康生活，提倡全民运动。

第 6 章
鲁能集团的战略定位
——泛产业地产发展商

2016 年底，中央首次明确提出“房子是用来住的、不是用来炒的”，强调要建立房地产发展的长效机制，为楼市的供给侧改革定调。在这样的背景之下，以单一产品模式和以销售业绩为主要考核指标的传统房企将难以为继，而对产品创新和生活模式的探索，则决定了房企的未来。鲁能集团紧紧抓住供给侧改革的东风，重新梳理地产业务板块，明确了由“地产开发商”向“产业发展商”转型，确立了“泛产业地产发展商”的企业战略定位，宣布布局商业产业、文旅产业、体育产业、健康产业、科技产业、美丽乡村及民生产业等产品体系，引领产业发展新模式，促进生活方式新转变，服务经济新常态。鲁能的定位已经脱离传统意义上地产开发乃至产业地产的范畴，而是以地产开发为牵引，延伸至商业、文化旅游、体育健康、运动娱乐、科技创新等多个领域，并通过资源的整合将不同元素及产业链上下游串联起来，从而形成一个自成一体的泛产业地产“生态圈”。这种关于新概念的思考和行动，将给整个行业的商业逻辑和思维方面带来改变。

第一节　泛产业地产发展商的宏观背景

经济形势的深刻变化、中央对房地产业的重新定位及房地产业的全面转型，对未来房地产企业发展路径与战略提出了全新的要求。泛产业地产战略，正是鲁能集团践行中央精神，立足过去持续开发经验，勇于自我革新，摸索形成的面向未来的发展战略与理念。它契合了新时代中央对房地产企业的要求，对于企业赢取未来的竞争优势具有积极意义。

一 中产阶层迅速发展壮大

从全球经济发展规律来看，中国经济正从工业化后期向后工业化迈进，未来社会结构和人们的生产生活方式都将发生深刻变化，一系列新兴产业发展需求将不断涌现。新的经济形势对地产发展企业既是巨大的机遇，也是严峻的挑战。在这一重大历史背景下，作为地产发展商只有积极主动引领产业发展新模式、促进生活方式新转变、服务经济新常态，才有可能在未来立于不败之地。

中国经济的崛起是21世纪最为重要的全球发展趋势。可以预见在今后数十年，没有哪个国家对全球经济的影响可以像中国一样巨大。中国经济近三十年的高增长举世瞩目，奠定了目前中国的全球第二大经济体的地位。未来二十年，依赖于城市化、科技创新和产业结构优化，中国经济仍将保持较快增长。中国在世界贸易中的份额可能增加一倍。尽管贸易顺差缩小，中国仍将可能是世界上最大的债权国。也有人认为，到2030年，中国对全球经济的影响有可能接近英美各自在1870年和1945年时的程度。

尽管包括中国在内的新兴市场具有经济快速增长的潜力，但也有分析认为，中国的经济增长速度将呈放缓趋势。首先，随着人口老龄化，劳动力增长速度将会放缓，甚至将会出现负增长，导致抚养比率上升以及储蓄率和投资率下降；其次，尽管新兴市场经济体将继续在制造业保持相对优势，但单位劳动力成本的上升将进一步提高服务业的相对比重，由于服务业生产率增长往往低于制造业，很可能会导致经济增长进一步放缓。根据世界银行报告预计，中国的GDP增长率将从2010～2015年年均将近9%的水平，逐步下降到2025～2030年5%～6%的水平（见表6－1）。不过即使中国经济增长像预期的那样发生减速，到2030年，中国仍将超过美国成为世界最大的经济体。

表 6-1　中国经济增长远景

项目	2005~2010年	2010~2015年	2016~2020年	2021~2025年	2026~2030年
GDP潜在增长率(%)	11.2	8.6	7.0	5.9	5.0
就业增长率(%)	0.4	0.3	-0.2	-0.2	-0.4
劳动生产率的增长率(%)	10.8	8.3	7.1	6.2	5.5
经济结构(期末)					
投资/GDP(%)	49.0	42.0	38.0	36.0	34.0
消费/GDP(%)	47.0	56.0	60.0	63.0	66.0
工业增加值/GDP(%)	46.8	43.8	41.0	38.0	34.6
第三产业增加值/GDP(%)	43.1	47.6	51.6	56.1	61.1
农业就业占比(%)	36.7	30.0	23.7	18.2	12.5
服务业就业占比(%)	34.6	42.0	47.6	52.9	59.0

资料来源：世界银行报告《2030年的中国：建设现代、和谐、有创造力的高收入社会》。

另外，在过去的半个世纪，许多国家进入中等收入阶段，但能成功跨入高收入经济体之列的国家却为数不多。相反，许多中等收入国家往往突然面对增长急剧减速的情况，未能解决导致增长减速的根本结构性问题。政府不以持续的改革来解决结构性问题，而过度使用宏观调控措施来刺激经济，造成通胀和不稳定，进而削弱投资者的信心，并最终导致增长放缓甚至停滞。但要看到，有两个因素决定中国能够成功跨越“中等收入陷阱”，一是中国制度的特殊性决定政府有足够的动力与能力实施改革政策，增加人力资本投资，强化创新，使经济增长获得新动力；二是中国目前正处于历史上升期的初始阶段，居民总体上发展经济改善生活欲望非常强烈，将倒逼政府实施持续有效的经济改革。这些因素将有望使中国成功避开“中等收入陷阱”，在今后20年保持所期望的年均6%~7%的增长率水平。

劳动生产率提高所导致的工资水平上升将继续推动中国中产阶层的迅速扩大。根据一项估算结果，未来新兴市场的持续快速增长将导致全球中产阶级前所未有地扩大，到2030年中产阶级将从2009年的不到18亿人增至近50亿人，其中2/3的人将在亚洲。

随着中国收入的增长与中产阶层的扩大，人们的消费结构和消费模式会向文化、娱乐、体育、健康等新兴消费领域转变。而中产阶层的发展扩大将增加耐用品消费，并提高消费占 GDP 的比重，引发对汽车和住房等耐用消费品需求的爆发式增长，自然资源、粮食和水资源的供给压力及环境压力将会上升，绿色发展也会成为主流的发展理念。此外，正如国际经验表明，中产阶层的成长也会促进改善治理和公共服务，并增进公众的社会权利。泛产业地产发展战略的确立，意在提前运用与未来生活方式相适应的新理念，发展与新兴产业相适应的地产新业态，由生活空间供应者转型为新兴生活方式的提供商。

二　城市群主导中国未来经济发展

与过去十年相比较，未来城市化速度有可能放缓。但城市化仍是经济增长的主要推动力，房地产行业仍有较大的发展潜力，同时城市群经济地位提升为地产布局指明新的方向。以地产开发为依托、多业态并举的发展模式，能够最大限度地发掘和培育区域价值。

一方面，作为中国全球竞争力提升的一个主要推动力，中国的城市化有望继续推进。在今后 20 年，中国的城市每年将增加相当于目前东京市的人口，而城市人口占总人口的比重将从今天的一半多逐步攀升至 80% 以上，这将成为经济增长的另一个重要推动力。尽管城镇化率预计将继续上升，但随着农业向制造业的结构转型放缓，城乡工资差距将缩小，这一时期城乡人口流动将逐步放缓（城乡收入比预计从 2010 年的 3.2 下降到 2030 年的 2.4）。

另一方面，目前中国长三角城市群、珠三角城市群、京津冀城市群三大城市群已经形成规模，山东半岛城市群、辽中南城市群、中原城市群等正在快速发展，它们共同成为中国经济的主要支撑。中国未来将形成长三角城市群、珠三角城市群、京津冀城市群、山东半岛城市群、辽中南城市群、中原城市群、长江中游城市群、海峡西岸城市群、川渝城市群、关中城市群等重要城市群带，共同构建中国经济版图，主导中国未来经济发展。它们将以不到 10% 的国土面积，承载一半以上的人口，创造 2/3 以上的 GDP，分布全国80%以上的金融、教育、出版、信息和研究开发机构。未来的世界前十大城市群中，有五个以上可能在中国。

此外，未来城市体系将更加合理化，大、中、小、中、东、西城市间比例优化，部分中西部城市、中小城市、卫星城镇迎来快速发展机遇。一是随着劳动力成本的提升与产业向中西部转移，中西部城市发展速度加快，与东部城市的差距将缩小；二是大城市的过度拥挤使富裕阶层率先寻求逃离大城市的可能性，一些居住环境条件优越的中小城市、卫星城镇将兴起；三是随着市场对资源区域配置能力的增强，传统的依靠行政力量维持人口聚集的城市中有一部分将走向衰落。

这需要迎合未来城市化格局的新变化，优化区域发展战略布局，以分散风险获取更大利润。除了传统大城市的开发投资外，要更加注重中西部城市、中小城市、卫星城镇发展的新机遇，以及高铁、大城市延伸带来新兴区域快速发展的机遇。创新产品线，延长产业链，实现多样化发展。

三　人口老龄化加速、劳动力成本上升

未来数十年，生命科学与医疗技术纵深发展将减缓身体和精神的衰退，它将与居民整体福利及保障水平提高一起，共同延长世界人口平均寿命。据推测，人均寿命的延长的最大成就可能发生在如中国等中产阶级不断壮大的新兴国家。这些新兴国家今天的卫生保健系统可能比较薄弱，但是今后数十年将获得实际性的长足进步。未来很多世界领先的疾控研发中心将在这些国家出现。

另外，未来数十年，随着人均预期寿命的延长和人口出生率的下降，中国人口老龄化加速，人口红利消失，劳动力成本上升。中国老年人抚养比（65岁及以上人口与15~64岁人口比例）将在未来20年增加一倍。到2030年，中国老年人抚养比将达到目前挪威与荷兰水平。不过，随着人力和物质资本人均水平的持续上升，劳动生产率的水平将会提高。

与人口老龄化及收入水平提高相适应，人们对健康产业的需求将远超以往，一个新兴的庞大产业正在形成。通过泛产业地产发展战略，融合已有的

优势，除了整合上下游产业链和多种业态形成主打健康的健康地产产品线外，还要在其他各大产品线中植入健康元素。结合鲁能 DNA 和产业分析，发展三大核心健康服务体系，一大绿色认证体系和全球健康度假网络，与旅游、体育、农业、金融等多产业跨界融合，构建大健康新产业、新业态、新模式，从而推动鲁能国际休闲生活生态链的形成。

四 房地产业由黄金时代进入白银时代

随着中国房地产市场"总量供不应求"时代的淡出和"结构性过剩"时代的到来，中国房地产市场面临新一轮的转型和大洗牌。为主动适应大环境的变化，赢取和保持未来的竞争优势，需要自我革新过去的发展方式，制定面向未来的发展战略，主动引领房地产业转型发展。

过去十年，在快速城镇化与工业化浪潮的强力推动下，城镇住房整体呈现供不应求的态势。一方面，大量农村人口涌入城市，形成巨大的住房刚性需求。另一方面，工业大发展、经济起飞所带来的国民家庭收入快速增长，必然催生大量家庭改善原有居住条件的诉求。与此相对应的是，我国原有的城市规模狭小、住房老旧，无法满足爆发性增长的住房需求。

与供不应求的中国住房发展背景相适应，过去十年中国住房市场的发展主线就是多方扩大住房供给，缓解住房总量供求矛盾。解决"有房住"的问题是它的主要历史使命。在这一阶段，借助金融杠杆，我国房地产市场进入黄金十年，住房发展的成效卓著。大多数城镇居民家庭都拥有了一套以上商品住房，还有不少家庭拥有多套商品住房。很多进城务工的农民家庭，也在其流出地县城或地级市购置了一套以上商品住房。但该阶段在住房大发展的同时，也产生了一些突出负面效应，如房价飞涨、住房投机盛行及泡沫堆积等，受到各方的批评。

未来数十年，中国楼市发展背景正在悄然发生深刻的转变，"结构性过剩与结构性短缺并存"将取代"总量供不应求"成为未来中国楼市发展的大背景。城镇化与工业化作为过去十年住房市场发展的超级引擎，目前都处于减速状态。经济增长进入所谓的"新常态"，城市经济结构正面临着巨大的转型升级压力。由于收入增长决定人口流向，经济减速也意味着城市对人口的吸引力正在减弱。在需求总量退热的同时，中国城镇住房却已经累积了巨额的存量，并且仍在按以往的惯性高速增长。特别是一些三、四线城市，商品住房积压现象已经很严重，住房市场形势正由总量供不应求进入结构性过剩阶段。

优质住房仍将存在“结构性短缺”。虽然从量的方面看，中国城镇商品住房已经出现结构性过剩。但从质的方面看，很大一部分家庭居住条件仍然较差，狭小公寓、老旧公寓或不成套住宅占存量住房的比重很大。随着人们收入的增长和对生活品质要求的进一步提升，对优质住房的需求还将稳步增长，优质住房仍然具有一定的稀缺性。

在此大背景下，“住好房”将取代“有房住”，成为未来十年中国住房发展主线。根据一般的消费规律，当总量短缺问题解决后，对高品质的诉求将提升。城镇居民的住房消费重点，将由拥有商品住房，转变为不断改善现有居住条件。2017 年中国城镇人均住房面积虽然达到 36 平方米以上，但多数人对自身的住房条件难言满足。紧凑型公寓楼仍是当前城镇住宅存量的主体，多代人共居一户现象较为普遍，居民改善住房条件的期望仍很迫切。挤住在小房子里的渴求搬入大房子，多代共居的希望能够独立居住以减少家庭摩擦，住公寓的期望拥有别墅，住普通社区的向往住进高档社区，住在偏远郊区的希望能够就近居住减少通勤时间，在城内有房还想有个更接近自然的度假房产，这些都构成了潜在的住房改善需求。

此外，随着房价的高位运行，未来的房地产业可能面临各种政策调控的冲击束缚，并存在房价短期波动的风险。但是总体来说，未来 10 ~ 20 年房地产业虽然已经告别黄金时代，仍处于“白银时代”，机遇大于挑战。

传统的城市商品住房大开发模式更适合于房地产业黄金时代，而难以满足居民日益增长的房地产品质需求。在房地产行业的“黄金十年”行将结束后，重新进行战略定位进而获取新的利润增长点已经成为诸多地产发展企业要面临的共同新课题。房地产企业能否打破传统产业的壁垒，对产品线进行优化改造，对自身运营服务能力加以提升、对多业态进行整合、对生活理念以及价值观进行传播，或许将决定企业的成败。鲁能集团主动引领形势，立足五大维度，加快推动公司从传统的房地产开发企业升级为以商业、文旅、体育、健康、科技、美丽乡村等复合型、多元化业务并举的泛产业地产发展商，在高度同质化的竞争中另辟蹊径，有望在未来"白银时代"的竞争中抢占制高点。

五　住房定位重新回归居住属性

随着经济社会和住房市场形势的发展，中央对房地产业做了更为科学的再定位，这为未来房地产企业的发展方向指明了新的道路。同时作为国有大型房地产企业，鲁能集团的发展战略必须始终与中央精神高度契合。

从新中国成立后到改革开放以前，人们主要关注的是住房的基本居住属性，住房政策的主要目标是保障城镇居民基本住房需求。与此相适应，城镇住房分配实行的是福利分房与配给制。该阶段虽然有效地保障了城镇居民的基本住房需求，但由于缺乏资金且资源配置效率较低，城镇居民住房水平提高缓慢。到 1978 年，城镇人均住房建筑面积仅为 6.7 平方米。

改革开放以后，随着人民收入水平的不断提高，城镇居民家庭对住房居住水平也提出了更高的要求。原有的住房制度难以适应形势变化的需要，以市场化为导向的住房制度改革摸着石头探索前行。自 1978 年改革开放以来，中国住房市场化改革先后经历了探索试验售房（1978～1985 年）、提租补贴（1986～1990 年）、以售带租阶段（1991～1993 年）、全面推进阶段（1994～1998 年）、取消福利分房、实行货币分房阶段（1998 至今）等改革步骤。1998 年 6 月，国务院发布《关于进一步深化城镇住房改革加快住房建设的通知》（国发〔1998〕23 号），提出"1998 年下半年开始停止住房实物分配，逐步实行住房分配货币化""停止住房实物分配后，新建经济适用住房原则上只售不租""发展住房金融，培育和规范住房交易市场""扩大个人住房贷款的发放范围，所有商业银行在所有城镇均可发放个人住房贷款。取消对个人住房贷款的规模限制，适当放宽个人住房贷款的贷款期限"。这标志着沿袭数十年的福利住房政策为住房商品化所取代，确立了以经济适用房为主的多层次城镇住房供应体系。

随着住房市场化改革的推进，被压抑的住房需求不断得以释放，住房市场规模持续扩大，到2001年，全国商品住宅投资达到4216.68亿元，占全国城镇住宅投资的67.34%，城镇人均住房建筑面积达到20.8平方米。但是直至21世纪初，由于城乡居民家庭收入水平仍然较低，尚未达到大规模改善住房条件的门槛值，住房潜在需求释放缓慢，住房改革艰难推进，社会各界对住房改革的反响相对较为冷淡。

2002年以来，在快速城镇化与工业化浪潮的强力推动下，城镇住房整体呈现供不应求的态势。住房市场形势发展提出了住房进一步商品化的要求。住房的投资属性也开始为多数人所认识。2003年8月原建设部《关于促进房地产市场持续健康发展的通知》（18号文）将经济适用房由“住房供应主体”修改成了“具有保障性质的政策性商品住房”，确立了房地产为国民经济发展的支柱产业，进一步弱化了经适房的供应主体地位，使普通商品房成为市场的供应主体。但随着住房全面商品化和城镇房价的持续飞涨，不仅低收入阶层无力购房，还产生了大量介于高收入与低收入阶层之间住房困难“夹心层”，人们开始重新意识到保障房制度建设的重要意义。不少人认为，商品房市场的诸多矛盾如房价飞涨、城镇中低收入阶层住房困难等，正是由于保障房缺位所导致。中低收入住房困难阶层应由政府提供住房保障，其他收入阶层则可通过市场购买商品房。政府只要提供了完善的住房保障，无论商品房价格如何涨跌都不会影响经济社会稳定，政府无须再干涉商品房市场运行。这样就可达到既保障市场效率，又兼顾民生的政策目的。在此思路的指导下，中国住房政策进入保障房补课的新阶段。2011年“十二五”规划纲要中，正式提出“十二五”期间建设3600万套保障房的目标任务，标志着“保障房补课”思想正式付诸政策实践。

然而，近年实践进一步证明，“商品住房”也并非一种单纯的“商品”，商品住房的商品（投资）属性和民生（居住）属性不能简单割裂开来。完全依赖市场机制，不仅不能解决中国住房市场根本矛盾，还将进一步扭曲经济社会结构。具体表现为一是商品房价长期畸高，收入分配扭曲。二是区域结构性矛盾突出，结构性过剩与结构性短缺并存。由于现阶段人口向大城市流动，大城市收入和就业机会均要优于中小城市，从而造成特大和大城市住房短缺局面将在很长一段时期内存在。另外，对于广大中小城市而言，由于人口流出、产业转型困难、收入偏低、就业机会相对缺乏，住房总体供大于求的局面也将在较长时期内存在。在这种条件下，纵容投资投机者利用金融杠杆炒高大城市房价必将恶化供求矛盾，妨碍居民住房水平的提高。而纵容金融资本对中小城市房价的炒作，则会加剧住房相对过剩。

2016 年 12 月，中央经济工作会议提出要坚持“房子是用来住的、不是用来炒的”的定位，要求回归住房居住属性。2016 年 12 月 21 日下午，习近平总书记在中央财经领导小组第十四次会议上，进一步指出“要准确把握住房的居住属性”。这是立足中国国情和住房政策实践教训，对中国住房市场的科学再定位。

鲁能集团作为国有企业，以认真贯彻落实中央大政方针为基本使命。为积极践行中央关于“房子是用来住的、不是用来炒的”的科学定位，在未来的发展战略中，主动打破以单一开发模式为核心的传统房地产企业发展模式，以中央五大发展理念为指南，通过开发持有并举、多业态融合的发展模式，促进城市产城融合与职住平衡。在泛产业地产战略的实施过程中，不断提升区域综合价值，实现区域经济与房地产市场协调发展。

六　租房市场将迎来大发展

租售并举是住房市场长效机制的一个重要组成部分，租房市场即将迎来大发展。2017 年 7 月中旬，住房和城乡建设部会同国家发改委、公安部、财政部、国土资源部、人民银行、税务总局、工商总局、证监会八部门联合印发了《关于在人口净流入的大中城市加快发展住房租赁市场的通知》，要求在人口净流入的大中城市，加快发展住房租赁市场。并选取了广州、深圳、南京、杭州、厦门、武汉、成都、沈阳、合肥、郑州、佛山、肇庆 12 个城市作为首批开展住房租赁试点的单位。2017 年 7 月 17 日，广州发布《广州市加快发展住房租赁市场工作方案》，明确提出“租购同权”，具体举措包括保障租赁双方权益，支持租赁居住方式，赋予符合条件的承租人子女享有就近入学等公共服务权益。2017 年 7 月下旬，中共中央政治局召开会议强调，要稳定房地产市场，坚持政策连续性稳定性，加快建立长效机制。十九大报告中指出要“坚持房子是用来住的、不是用来炒的定位，加快建立多主体供给、多渠道保障、租购并举的住房制度，让全体人民住有所居”。

大力发展住房租赁市场，这需要全面推进租购房同权，立法保护租房家庭的权益，支持住房长期租赁企业开展资产证券化业务，同时辅以相应的税收优惠和土地政策便利。长租公寓、房地产信托投资基金（REITs）等大体量的新兴市场将出现。

租房市场的发展和商品房市场的相对缩小，要求房地产发展企业快速转型经营模式，改变资产结构，否则很可能在新的市场形势中消失。

第二节　泛产业地产发展商的核心理念

泛产业地产战略的核心内涵是“创新、协调、绿色、开放、共享”五大发展理念，“生态、健康、运动、娱乐、科技”五大维度，它是人类文明高度发展的成果，也是未来科学生活方式的指南。作为责任央企，鲁能积极践行中央五大发展理念。作为泛地产发展商，鲁能聚焦未来科学生活的发展理念。

一　中央五大发展理念

2015 年 10 月中央十八届五中全会提出，实现“十三五”时期发展目标，破解发展难题，厚植发展优势，必须牢固树立并切实贯彻创新、协调、绿色、开放、共享的发展理念。2016 年 3 月习近平总书记在参加上海代表团审议时强调，在五大发展理念中，创新发展理念是方向、是钥匙，要瞄准世界科技前沿，全面提升自主创新能力，力争在基础科技领域做出大的创新、在关键核心技术领域取得大的突破。同时，创新发展居于首要位置，是引领发展的第一动力。发展理念是发展行动的先导。牢固树立并切实贯彻“五大发展理念”，从宏观上是关系我国发展全局的一场深刻变革，攸关“十三五”乃至更长时期我国发展思路、发展方式和发展着力点。从微观看，也是企业面向未来的基本发展理念。

坚持创新发展，必须把创新摆在国家发展全局的核心位置，不断推进理论创新、制度创新、科技创新、文化创新等各方面创新，让创新贯穿党和国家一切工作，让创新在全社会蔚然成风。必须把发展基点放在创新上，形成促进创新的体制架构，塑造更多依靠创新驱动、更多发挥先发优势的引领型发展。

坚持协调发展，必须牢牢把握中国特色社会主义事业总体布局，正确处理发展中的重大关系，重点促进城乡区域协调发展，促进经济社会协调发展，促进新型工业化、信息化、城镇化、农业现代化同步发展，在增强国家硬实力的同时注重提升国家软实力，不断增强发展整体性。

坚持绿色发展，必须坚持节约资源和保护环境的基本国策，坚持可持续发展，坚定走生产发展、生活富裕、生态良好的文明发展道路，加快建设资源节约型、环境友好型社会，形成人与自然和谐发展的现代化建设新格局，推进美丽中国建设，为全球生态安全做出新贡献。

坚持开放发展，必须顺应我国经济深度融入世界经济的趋势，奉行互利共赢的开放战略，发展更高层次的开放型经济，积极参与全球经济治理和公共产品供给，提高我国在全球经济治理中的制度性话语权，构建广泛的利益共同体。

坚持共享发展，必须坚持发展为了人民、发展依靠人民、发展成果由人民共享，做出更有效的制度安排，使全体人民在共建共享发展中有更多获得感，增强发展动力，增进人民团结，朝着共同富裕方向稳步前进。

鲁能集团作为央企，是落实中央发展理念的砥柱，必须不折不扣地将五大发展理念贯彻到公司发展战略和日常经营中，并将其作为获取持续竞争力的基础。

二　鲁能集团的五大发展维度

走过20多年历程的鲁能集团，到今天已发展成为布局全国、面向国际的企业。公司以京津冀、长三角、珠三角、成渝、济青等城市集群及海南、九寨、长白山等著名旅游区为重点，储备了一批优质住宅、商业、旅游资源，具备了较好发展基础和条件。积极参与足球、乒乓球等体育文化事业，塑造了全国知名的鲁能体育品牌。

鲁能集团以自身资源为基础，以中央确立的“创新、协调、绿色、开放、共享”五大发展理念为指引，整合鲁能全球战略合作资源，经过对未来生活方式的深入研讨与论证，确立了“生态、健康、运动、娱乐、科技”五大发展维度。努力将这五大发展维度作为鲁能集团产品的灵魂与“DNA”，深植于各大产品线中，打造“国际休闲生活生态链”。紧紧围绕五大维度，全面推动产品创新和战略创新，引领行业变革，构造以商业产业、文旅产业、体育产业、健康产业、科技产业、美丽乡村及民生产业等为核心的新生态链，确立鲁能集团“泛产业地产发展商”的战略定位。

三　泛产业地产的基本理念

泛产业地产基本理念是：以人为本、服务至上；创新主导、绿色发展；顺应未来新技术变革，持续推进产业升级；实现跨界发展布局，多业态融合共生；顺应需求变化，不断丰富产品内涵；促进区域产业升级、经济转型与创新绿色发展。

1. 以人为本，服务为王

传统的房地产业发展模式可以概括为“以地为本、资金为王”。地根和银根，是传统房地产企业发展的生命线。土地储备量自然成为评价地产企业持续竞争力的主要指标。在未来的房地产业发展中，虽然土地和资金要素依然重要，但能否最大限度满足人的需求，将上升为最重要的竞争力。否则，就算土地储备规模再大，也只能建造一个个空城、鬼城。以人为本、服务为王将是泛产业地产战略的核心内容之一。人口吸附能力特别是高水平人才吸附力成为衡量地产企业竞争力的重要指标。

以人为本需要在产品中充分考虑营造和谐的人文环境。将人文精神和文化因素渗透到泛产业地产发展当中，充分考虑到人的高层次的需求，使人文景观和自然景观相互交融，让产品成为宜居、乐居、宜业、乐业的美好家园。

以人为本需要完善公共配套设施。以齐全完善的公共配套设施，多层次的住宅地产，便捷的民众生活设施，来满足人们的生活需求，为居民提供良好的生活环境。加强基础设施、公共服务体系和生活服务体系建设，大力发展教育、文化、体育、医疗等社会公共事业，建设功能完备、环境优美、交通便捷的生活居住工作区，既是减少居民生活出行总量、缩短生活出行距离的实现途径，又是实现职住均衡的微观影响因素。

以人为本需要注重产品功能的复合化和集成融合。地产发展与城市整体发展有机结合，积极发展生产性和生活性的服务功能，精心规划学校、医院、图书馆、文体中心、人才公寓多业态在内的公共服务配套设施，提供舒适便捷的和谐社区，为人打造优质的就业、创业环境和宜居、安居环境。

以人为本需要提高产品的可负担性，需要实现房价体系与城市体系的相适应。产业、城市、人口应具有很强的相关性和匹配性。如果仅发展满足投资者需求的高端住宅和别墅等产品，就不能促进城市的繁荣和产业的发展。反之产品层次过低，也不能有效促进城市的产业转型升级。

2. 绿色发展，创新主导

中国目前的增长模式已经对土地、资源和水等环境因素产生了很大的压力，对自然资源供给的压力也日益增加。今后的出路在于通过采用绿色增长模式，把这些压力转化为经济增长的新源泉，在解决中国自身诸多紧迫环境问题的同时，开拓绿色科技的新全球市场。如果发展战略转型成功，那么未来中国能源密集型、原材料密集型、污染密集型企业比重将下降，能源、原材料和环境服务要素的定价将更加合理。具体而言，中国走以创新为主导的绿色发展模式的必要性在于：

绿色发展将显著改善中国经济增长质量。过去三十年，中国经济发展虽然取得了巨大的成就，但环境损害成本也十分高昂，得到金山银山的同时却痛失绿水青山。过去 10 年间，中国的环境退化和资源枯竭所造成的成本已经接近 GDP 的 10%。其中，空气污染占 6.5%，水污染占 2.1%，土壤退化占 1.1%。通过实施绿色发展战略，比如减少化石燃料的生产和使用等，会大大降低空气和水污染、水资源短缺和土地沉降对环境造成的损害。

绿色发展将成为中国未来经济增长的潜在动力。新的技术机会不仅使绿色发展具有现实可行性，而且还使其成为未来经济增长的潜在动力。如果获得成功，绿色发展将创造出新商业机会，并且可能刺激技术创新，使中国在朝阳产业具有国际竞争力。未来中国在新能源、绿色科技、节能环保等领域都将大有可为，市场前景广阔。仅在中国这个统一大市场中推广应用，就将产生巨大的经济效益。

绿色发展将有助于解决大量特定发展瓶颈问题。这些瓶颈问题包括能源安全、城市宜居性、农业产出和基础设施制约等。能源消费的迅猛增长使国内供电紧张，煤炭价格上涨，并使中国越来越依赖于对能源的进口。根据目前的发展方式，预计到 2030 年，中国 75% 的石油以及 50% 的天然气可能需要进口。提高土地使用效率和更好地管理土地将有助于减少城市拥挤和城镇蔓延。而遏制土地肥力下降和水资源污染则可以提高农业产出。绿色发展也将会减少基础设施方面的瓶颈，增强经济发展的稳定性。目前高投入的增长方式受原材料成本的影响很大，外部大宗商品价格上涨和波动将传导成国内的经济波动。降低生产活动的资源密集程度，将会提高中国的国际竞争力，并降低国内价格受国际市场波动影响的程度。

过去十多年，房地产业采取的是高投入与高增长的粗放式发展模式。通过土地储备、预售和按揭，实现滚动式开发和产品快速复制。在传统的中国房地产开发模式中，资金和土地是最重要的主导因素。未来随着生活水平的提高及资源环境承载压力的加大，绿色环保观念将深入人心。绿色革命的兴起与政府对房地产环保强制要求的提高，将从供给与需求两个方面对房地产产品的绿色化提出更高的要求。

在未来的地产业发展中，绿色生态将成为房地产产品的基本属性与元素。在鲁能的泛产业地产战略中，生态成为鲁能集团的五大发展维度之一。美丽乡村等产品线的开发，也是基于绿色发展的理念。各大产品线中，绿色生态的技术与元素也得到了重要体现。

与绿色发展相适应，未来房地产业游戏规则将发生变化，创新能力成为行业重要主导因素。随着城市化的放缓与房地产产品总体稀缺性的下降，房地产业总体将逐步进入平稳发展期，同时局部地区将出现快速发展的机会。可以预见，仅依赖资金与土地的获得能力，无法保证在未来市场中获得竞争优势，赚取超额利润。房地产企业竞争力与盈利能力单纯依赖于资金与土地获得能力的时代将逐步过去。未来房地产业仍然充满发展机会，但是这些机会仅属于有独特投资能力的机构，企业知识智力的依赖性增强。房地产业也将成为智力密集型产业，知识智力将成为房地产行业的重要主导因素，团队创新能力直接决定房地产企业投资的成败。作为房地产企业要获得竞争优势，需要加大创新能力培养与研发投入，通过培养高水平的研发团队赢得竞争优势。2016 年在冷热不均的市场环境中，鲁能集团逆势上扬，以 646 亿元的销售业绩、超过 300% 的增幅，实现突破式发展，荣登"2017 中国房地产百强企业"第 15 位。这背后，是鲁能集团深入分析国家政策和经济形势，以创新理念打造泛产业地产"生态圈"的结果。

3. 主动拥抱技术变革，深化房地产供给侧改革

未来新技术将极大地改变人们的生产生活方式，进而也将带来房地产业结构的重大变革。

未来数十年对房地产业有巨大影响的代表性新技术主要包括：大数据技术；3D 打印机、机器人及无人驾驶汽车等新型工业和自动化技术；高速铁路网；页岩气等新能源技术。房地产企业应深入研究这些新技术革命对房地产业的影响，并主动变革适应新时代。

未来信息技术将进入大数据时代，数据的大容量存储与运算处理接近于免费供应，网络和云计算中心提供全球化的数据接入与无所不在的数据服务，社交媒介与虚拟安全将发展成为新兴的大市场。信息技术的发展，使在

家工作成为可能。信息技术在最大化公众的经济效率与生活质量的同时，也将降低对资源的消耗与环境的破坏，而这些对于大城市的存在与可持续发展至关重要。

未来3D打印机、机器人、无人驾驶汽车等新型工业和自动化技术的发展具有极大地改变未来工作模式的潜力。对于发达国家，3D打印将缓解劳动力约束、提高劳动生产率、降低对劳务外包的需求，缩短供应链的长度。3D打印也可能造成更多的非熟练或半熟练工人失业与富余，恶化社会不平等。对于发展中国家特别是亚洲国家，3D打印机将有利于激发新的制造能力，增加亚洲制造业的竞争力。目前无人驾驶汽车已经成功实验，该技术的扩散应用将使未来的夜间出行、夜间通勤及房车前景广阔。

高速铁路网重画中国经济版图，中国中短途交通进入高铁时代。高铁将提高国内市场的统一性，各地区域规划难协调的问题或许将迎刃而解，原先认为偏远的地方拉近了距离，中国城市之间的同城效应得到体现，铁路沿线将形成走廊产业经济带，有助于深化地区间的分工，进而推进中国的城市化和工业化进程，并帮助中国解决资源环境问题。高铁的发展不能简单理解为交通工具的改进，而是观念、生活、投资机会以及GDP增速。

页岩气开采技术已经取得突破性进展，未来页岩气可能成为改变世界能源格局的新兴能源。根据埃克森美孚最新的长期展望报告显示，由于储量丰富以及清洁能源运动的展开，页岩气将在2025年前取代煤成为美国的主要发电燃料，同时也将成为世界第二大燃料源。

上述这些新技术的运用，将极大改变当前的生产生活方式，进而转变人们的生活观念。未来的地产业不仅被新技术所改变，也需要主动地运用、发展新技术。泛产业地产战略作为面向未来的战略，有必要主动拥抱技术变革，深化房地产供给侧改革。科技产品线的确立，以及注重在各大产品线中融入科技元素等，都是主动适应科技变革的突出体现。未来需要更多地将大数据技术、物联网技术、新能源科技等融入产品线中，不断更新产品内涵。

4. 跨界发展布局，多业态融合共生

当前产业界有一个重要的名词叫“跨界”。它指的是现代企业不再局限于专业从事某一产业或业态，而可以迅速进入一个以前完全不相干的领域，比如“互联网养猪”等。“跨界”现象的出现，一方面，由于新技术的应用使得原有产业的技术、资金藩篱被打破，进入门槛大幅降低；另一方面，现代产业呈多业态融合共生发展的趋势，使“羊毛出在猪身上”成为可能，通过不同业态间的反哺补贴，可以实现市场规模的迅速扩张和产品成本的迅速下降。

从房地产行业看，一方面，在新技术与生活方式的作用下，部分单一、传统的地产业态相对衰落。如信息技术与物流配送业的长足发展，使得网络商业蓬勃兴起，传统的大型商圈与购物中心地位受到挑战；与现代信息技术、智能化城市相结合的 SOHO 工作模式，将改变商业写字楼目前价值分布格局；网络 3D 展示技术的发展普及，会对传统的会展模式形成挤压。

另一方面，经济格局的变化将使一些新兴的地产模式兴起，如随着人均寿命的提高和老龄化的加速，养老地产价值提升；随着居民收入的持续增长和中产阶层扩大对文化娱乐提出的更高要求，旅游地产、娱乐地产、文化地产有望迎来新的机遇。这些产业格局的新变化使地产企业能够在新兴多业态中发掘更多更大的机会。未来数十年，随着人口结构、收入水平的变化，养老地产、体育地产、旅游地产、文化地产、娱乐地产将蓬勃兴起。加大向这类可能获得快速发展的新兴房地产类型的投入与尝试力度，才能在时代的变迁中捕捉新的机会，并规避部分单一、传统业态在新的技术和生活方式下可能衰败的风险。

但这些新兴的地产模式形态呈复合化态势，采取传统的地产发展思维又难以获利和控制风险。这需要采取泛产业思维，不拘泥于某一产业或业态，主动打破传统地产业态的分界，实现多业态融合与共生发展。通过构建产业生态圈，形成商业新模式。

养老地产、体育地产、旅游地产、文化地产、娱乐地产等地产新业态作为新兴行业的先驱和载体，市场极其巨大，同时对进入企业的要求很高，它要求企业不仅资金、资源、运营能力强，还要具备跨行业整合、产品打造、生态链构建等能力。如果以常规的地产开发思维来运作，这些地产新业态在发展初期将很难找到商业模式，陷入进退维谷的境地。只有用泛产业思维来对待这些新兴业态，构建产业生态圈，才能在这片“蓝海”中生存与发展。

传统意义上的产业地产，以地产为载体，以办公楼宅、配套住宅、商业休闲、研发生产用房为开发对象。而泛产业地产则是对产业地产内涵的拓展与升华。它以产业地产为基础，高度融合多种形态，是一种以地产开发为依托、多业态融合和产业链集成的综合发展模式。

泛产业地产，以地产开发为牵引，横向串联多个领域，纵向整合上下游产业。通过资源整合将不同元素及产业链上下游串联起来，构建完整的国际休闲生活生态链，为消费者提供了更加多样化、个性化的选择，更好地回归“以人为本，服务为王”的发展逻辑。通过对泛产业地产进行战略布局，培育新产品，创造新供给，带动旅游、文化、体育、健康、养老等领域的消费升级。

鲁能集团打造的泛产业地产，是以相关产业为驱动的价值链一体化综合体模式，给整个行业带来商业逻辑和思维方式的变革。鲁能集团的泛产业地产生态圈涵盖了商业产业、文旅产业、体育产业、健康产业、科技产业、美丽乡村及民生产业等产业模式，推出和研发了鲁能胜地（文旅）、美丽乡村、鲁能泰山7号（体育）、鲁能城（商业）、美丽汇（商业）、鲁能泰山9号（健康）、鲁能硅谷（科技）等代表性项目品牌。根据各产品线定位，研发基本功能模块，在充分融入前提下，深度挖掘各项目区域市场、生态环境、人文资源等独特元素，打造既有统一精神内核，又有项目特质的竞争力产品。

5. 顺应需求变化，不断丰富产品内涵

房地产产品未来将向绿色化、生态化、健康化、智能化、网络化、社交化等方向发展。绿色、生态、健康等是未来城市生活的基本理念。信息技术和物联网的普及以及智慧城市的建设，促使房地产产品向智能化、网络化发展。未来社会对社会交往的重视程度目前已现端倪，社交将成为未来新的生活与居住理念之一，要求房地产产品提供良好的社会交往途径与平台，使产品使用者之间能够互动、融洽、和谐。

未来房地产产品的发展趋势对房地产产品提出了新的要求。鲁能集团通过泛产业地产战略深入研究未来市场对房地产产品属性的要求，通过多业态融合不断加强产品创新，才能保持房地产产品的领先性，从而获得更大的市场竞争力与更高的附加值。

以鲁能集团美丽乡村产品线为例，该产品线围绕农业产业规划了农业公园、农场、种植区、城乡统筹区、高科技农业展示区等模块，将环保、旅游、文化、教育、科技等功能加以集成，使该项目不仅成为一种新型的农业休闲旅居目的地，也在各个层面对城乡统筹发展和区域经济建设形成动力。

再如，鲁能商业产业产品线，以新动能、新视野、新生活的核心理念，通过整合资源、引领创新、倡导共赢，高效捕捉与回应市场趋势，打造独一无二、以人为本且融合多样产品和需求的城市综合体（即“鲁能城”项目）和包含度假旅居、商业娱乐、文化体验三种属性的独具特色的休闲娱乐目的地（即“美丽汇”项目），推动商业产业实现标准化、品牌化、创新化发展，协同支撑企业整体发展战略的实现。

鲁能“体育+”产品线也是如此，依托国家发展体育产业的政策支持，迎合当今社会对运动、健康、娱乐的多元化诉求，以体育产业链衍生为核心，以体育产业发展新动向、新机遇为切入点，探讨与商业、旅游、地产（新城）开发的结合。坚持“面向大众、全民健康”的发展方向，充分利用鲁能集团在体育领域的丰厚积淀、品牌效应及资源整合能力，导入国际先进理念，结合跨界、互联和运营等合作资源，构建具有鲁能特色、展现运动文化及元素特质、联动多元功能的地产产品“体育社区”和“体育公园”，服务“健康中国”战略实施。

第三节　泛产业地产发展商的战略定位

从房地产业自身发展来看，房地产开发企业在房地产开发的过程中，已经逐步探索并实现了房地产与文化旅游、体育、养老、医疗、科技、物流、城市开发等领域的融合发展，这为房地产开发企业转型发展积累了经验、奠定了良好的基础；从房地产政策走向来看，中央强调住房居住功能，客观上倒逼房地产开发企业转型。坚持“房子是用来住的、不是用来炒的”的定位，意味着房地产开发企业的转型已经迫在眉睫；从房地产市场发展来看，消费者的需求正在从谋求生活空间向经营生活、享受生活的过程消费转变，传统的生存型、物质型消费也开始让位于发展型、服务型、体验式消费。在此背景下，房地产开发企业需要在房地产业融合发展的基础上，进一步向以地产开发为牵引的泛产业地产发展转型。2015 年底，中央提出“供给侧改革”，要求“在适度扩大总需求的同时，着力加强供给侧结构性改革，着力提高供给体系质量和效率，增强经济持续增长动力”，进一步推动了房地产企业适应消费升级的供给侧结构性改革。在此背景下，鲁能主动对接国家战略，服务供给侧改革对企业发展路径进行适时调整，由“地产开发商”转型为“产业开发商”，逐步确立了“泛产业地产发展商”的战略定位，从“生态、健康、运动、娱乐、科技”五大维度拓展业务，布局商业产业、文旅产业、体育产业、健康产业、科技产业、民生产业、美丽乡村七大产品体系，构建完整的国际休闲生活生态链，以全产业链的姿态谋划转型。总之，鲁能集团提出的“泛产业地产发展商”，定位就是以地产开发为牵引，延伸至商业、文化旅游、体育健康、运动娱乐、科技创新等多个领域，并通过资源的整合将不同元素及产业链上下游串联起来，从单纯的地产开发商转型为泛产业发展商，形成一个自成一体的泛产业地产“生态圈”，从而引领产业发展新模式，促进生活方式新转变，服务经济新常态。

一　发展目标：秉承工匠精神，培育百年品牌

当前房地产行业提升品质已成为房地产企业竞争力的核心和关键。从以往的解决住有所居，到更加重视居住品质，注重在房产开发建设中秉承工匠精神，注重品牌建设。而且，除了关注开发和建设之外，后续长期的物业管理和服务也应给予高度重视。要注重房地产专业化品牌建设。品牌代表一种

品味和理念的契合度。它代表着消费者对房地产企业内在理念的认可和欣赏，在住宅面积紧张的年代过去后，品牌将成为企业参与市场竞争的利器。未来的时代，将是优质品牌拥有企业的时代，持有高价值品牌将成为企业必然的选择。经过多年的发展，房地产市场上已经形成了一批高价值品牌，在未来"白银时代"中将占据有利地形，它们通常会充分利用这种优势，通过媒体、网络等各类渠道传达给消费者，最终实现企业的品牌营销，将品牌溢价变现。多年来，作为责任央企，鲁能在市场中具有良好的社会声誉。在新一轮的发展中，鲁能集团已经逐渐形成了品牌外溢效应。未来鲁能集团在发展过程中要注重打造具有鲁能特色的品牌标识，七大产品线从设计到施工过程都更加有机地融入鲁能元素。这些核心元素将会成为鲁能产品线的标准元素。

二 发展策略：积极构筑泛产业地产"生态圈"

2016 年，鲁能集团贯彻落实中央关于供给侧改革的精神，在对国家政策和经济形势深入分析的基础上，正式明确以"泛产业地产发展商"为企业定位，提出打造泛产业地产"生态圈"的概念。泛产业地产开发理念，拓展了传统产业地产的内涵和外延，是一种以地产开发为依托，通过多业态融合和产业链集成来推动区域经济发展的一种综合性房地产开发形态。泛产业地产囊括了多种房地产形态，延伸商业、文旅、体育、健康等多个领域，多业态融合和产业链集成的综合体模式，从而形成一个自成一体的泛产业地产"生态圈"。通过多重业态的融合、多种元素的合作，形成集群与扩散的效应，对项目范围内的环境生态、人文等持续产生良性影响，同时也促进区域社会经济的发展。

2017 年以来鲁能集团重点打造了鲁能城、美丽汇、鲁能泰山 7 号、鲁能胜地、鲁能泰山 9 号、美丽乡村等代表性产品，走出了泛产业开发战略的重要一步，初步形成了泛产业地产"生态圈"基本轮廓。例如，主打乡村振兴的"美丽乡村"、主打体育运动的"鲁能泰山 7 号"、主打文化旅游的"鲁能胜地"、主打健康医养的"鲁能泰山 9 号"相继落地，除此之外，还有以体验式消费为核心的鲁能城、美丽汇，以科技带动产业升级的鲁能硅谷等。未来，鲁能集团将加快泛产业地产开发，构筑“生态圈”。一是整合产业资源、打造公平开放的泛产业地产平台。围绕产品核心功能打造，加快引进教育、医养、主题娱乐等战略品牌，积极导入科技创新、文化创意、智能制造、金融服务等产业项目资源。二是全面培育集团运营能力。深入开展多维度产品创新和盈利模式研究，丰富功能业态，打造高附加值，挖掘效益潜力。三是加快产品研发，推进产品线落地，尽快形成完整的泛产业地产体系。四是积极引入战略合作者共同参与产品线开发，欢迎不同类型的项目运营商参与产业链的价值创造，提升产业链附加值，构建开放互赢共享的运营模式。

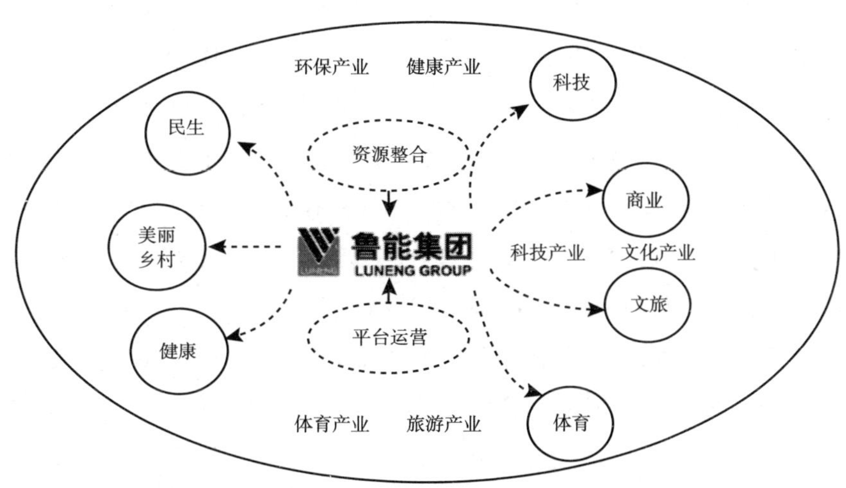

图 6－1　鲁能泛产业地产生态圈

三　发展路径：全力打造七大产品线

在泛产业地产发展的战略指导下，鲁能集团提出了立足“生态、健康、运动、娱乐、科技”五大维度，发展七大产业产品线，共涵盖了商业产业、文旅产业、体育产业、健康产业、科技产业、美丽乡村、民生产业 7 个产品体系，鲁能未来一个时期的发展格局初步形成。七大产品体系标志着鲁能集团将从传统房企的“房地产+”向“泛产业地产”思维的转变。目前，鲁能七大产品体系已部分亮相。例如，美丽乡村产品线以农业休闲为主题，打造短时间、微度假的农业旅居目的地，同时包含了科技、教育、环保、文化等方面的内容，形成了一种新型的农业生活方式。鲁能泰山7号，以体育休闲产业链衍生为核心，打造健康、生态、休闲的体育社区。

未来鲁能集团将全力打造七大产业产品线，引领行业发展的创新方向。一是确定产品线长度宽度和深度，尽快形成具有标准化的产品线设计和生产导则，成为鲁能产品开发的品牌和形象。二是创新盈利模式。鲁能胜地、美丽乡村等创新型产品的盈利模式已经成为亟待深化研究的战略性课题，对于全面提质增效、推动鲁能事业健康长远发展具有重大意义。要紧紧围绕五大维度，从项目基础属性出发，科学确定产品组合机制，厘清开发逻辑，扩展主力业态和现金流渠道，实现重资产投资与轻资产运营有机结合，产生复合功能，构建多线衔接、协同增值的盈利链条。三是准确把握产品属性，根据产品线定位，加快研发基本功能模块。在充分融入鲁能“DNA”前提下，深度挖掘各项目区域市场、生态环境、人文资源等独特元素，打造既有统一精神内核，又有项目特质的竞争力产品。

★商业产业领域，“鲁能城”“美丽汇”等项目释放城市文化魅力，满足体验经济时代消费者多元化的商业需求，打造缤纷多彩的时尚活力生活体验。

★文旅产业领域，“鲁能胜地”，坚持以人为本、生态为根、文化为魂、参与互动，打造深度体验的国际旅游度假区。

★体育产业以“鲁能泰山7号”为代表，倡导全民健身，让体育融入社区，走进民众，打造多元体育产品，全方位绽放人本活力。

★健康产业以“鲁能泰山9号”为代表，围绕健康中国的国家战略，构建休闲运动、医养融合、文化学习、交往创造、适老安居的健康休闲生活模式。

★科技产业领域，开发有“鲁能硅谷”“鲁能2025”，以科技创新推动城市产业升级，以生态宜居促进城镇化建设，打造产城融合的综合示范区。

★民生产业领域，打造“鲁能绿色家园”，积极服务民生改善，以绿色、健康、宜居理念筑造保障性住房工程，让更多的人都市安居。

★美丽乡村，集农业主题公园、有机农场、农业主题休闲市集于一体，促进农业产业升级，为都市人群提供回归自然的微度假生活，让人们望得见山，看得见水，记得住乡愁。

图6－2　鲁能集团七大产品线

四　发展格局：积极构建城市运营大格局

近年来，房地产企业开始寻求角色转变，从“开发商”转化为“运营商”成为行业转型的核心。当前房地产行业已经进入了以资产管理为主的阶段，探索城市空间更新和资产运营管理变得十分重要。简而言之，城市运营就是从原来单纯卖房子，变成了提供“产品＋服务”，本质则是资产管理和服务。鲁能集团七大成品线初步实现了相关产业与房地产业的有机嫁接，未来将为城市规划、资产运营提供新的动力引擎，成为城市发展的新名片。

一是树立城市运营商的理念。在国家宏观调控政策的影响下需要把发展模式向城市运营商转变，最终能够把经济效益和社会效益有机统一起来，从而保证房地产开发企业获取更多的发展空间。

二是以泛地产产业平台为载体，促进各产业的有机融合，并配置相关业态，打造以地产为基础的产业集群，实现集团通过产品线运营城市，参与城市的规划和建设，从而成为城市运营重要参与者，推动城市经济社会的综合发展。

三是挖掘存量市场、做持有租赁，盘活城市闲置资产。从某种意义上来看，租赁市场将会成为房地产行业未来红利，而租赁本质上也是运营，核心在于服务。一线城市重点关注长租市场，在广大的二、三、四线城市，挖掘短租潜力。

四是重点关注金融创新工具使用，培育集团轻资产运营能力。房地产金融创新工具在资产运营管理中具有重要的作用。资本运作、资金的模式和轻资产的运营是盘活存量资产的关键。

五是在泛产业地产“生态圈”的框架下，打造企业服务平台，整合集团资源打造新兴产业，从产业层面与各级政府对接合作。通过企业服务平台，吸引更多的企业，为城市带来新的活力，增强集团区域市场竞争力和话语权。

第 7 章
鲁能集团的五大维度发展理念

鲁能集团五大维度实际上就是在房地产领域对国家层面的“创新、协调、绿色、开放、共享”五大发展新理念的具体运用，是指引未来房地产行业发展的先进理念。在泛产业地产项目开发建设中，鲁能集团基于生态、健康、运动、娱乐、科技五大维度发展理念的指引，积极倡导国际休闲生活方式，保护自然生态资源，崇尚全龄健康发展，关注体育社区人文，构筑娱乐度假功能，探寻智慧生活未来，为引领全国房地产行业转型发展树立了典范。

第一节　鲁能集团五大维度与五大新发展理念

2015 年 10 月，党的十八届五中全会提出，实现“十三五”时期发展目标，破解发展难题，厚植发展优势，必须牢固树立并切实贯彻创新、协调、绿色、开放、共享的发展理念。党的十九大报告把“坚持新发展理念”作为新时代中国特色社会主义的一项基本方略，并专辟一章强调要“贯彻新发展理念，建设现代化经济体系”。可见新发展理念具有丰富的内涵，是指导我国发展的指挥棒。

作为责任央企，鲁能集团在国家五大发展理念的基础上，结合对房地产行业发展新趋势的分析判断，提出了泛产业地产的概念，提出了自己的五大维度发展理念，即生态维度、健康维度、运动维度、娱乐维度和科技维度。可以说，鲁能集团五大维度是国家五大新发展理念在房地产市场的具体落实，是指引未来房地产行业发展的先进理念。

第一，鲁能集团五大维度体现了创新发展理念。鲁能集团基于房地产行业发展新趋势，在全国率先提出了“泛产业地产”的概念及其生态、健康、运动、娱乐、科技五大维度，这本身就属于一种理论性探索，体现了理论创新、科技创新和文化创新。通过创新五大维度发展理念，为加快房地产领域供给侧结构性改革指明了前进方向。

第二，鲁能集团五大维度体现了协调发展理念。鲁能集团五大维度理念中的生态维度、科技维度理念，可直接用于指导城市建设运营、特色小镇发展以及美丽乡村发展，有利于推动城乡协调和区域协调发展。健康、科技、运动等维度的提出，体现对我国工业化后期、城镇化发展中期阶段人民对消费观念、消费水平、消费结构的新变化，从而有利于推动新型工业化、信息化、城镇化、农业现代化同步发展。

第三，鲁能集团五大维度体现了绿色发展理念。鲁能集团提出的生态维度理念与国家层面的绿色发展理念是一致的，两者的核心意涵基本相同。鲁能集团在主动服务和融入国家发展战略的基础上，将“生态优先，绿色发展”作为企业战略，布局商业产业、文旅产业、体育产业、健康产业、科技产业、美丽乡村、民生产业七大产品线。这就是对绿色发展理念的具体运用，是在房地产领域贯彻可持续发展战略和绿色发展新理念的生动体现，有利于探索生产发展、生活富裕、生态良好的发展新路子。

第四，鲁能集团五大维度体现开放发展理念。鲁能提出的健康、娱乐、科技等维度，立足中国特色社会主义基本国情，充分借鉴了美国、日本、新加坡、英国、澳大利亚、瑞典等国家关于养老地产、旅游地产、科技地产发展的经验，有利于追赶发达国家房地产发展水平，增强国际资源合作，在全球治理体系中强化我们在房地产市场的话语权。

第五，鲁能集团五大维度体现了共享发展理念。鲁能以“创新、协调、绿色、开放、共享”五大发展理念为指导，提出的五大维度，体现了以人民为中心的发展思想。特别是生态、健康、运动、娱乐维度，反映了人民在工业化后期对生态产品的迫切需求，反映了人民在人口老龄化阶段对生命健康和体育运动的高度关注，反映了人民在物质生活水平提高的同时进一步丰富精神文化的共同心愿。这有利于增强人民群众的获得感和幸福感，增强新动能，促进人民团结。

鲁能集团提出的五大维度是在国家五大新发展理念指导下，结合国内外房地产行业发展趋势特点和鲁能长期经营房地产的实践经验提出来的，具有战略性、前瞻性和针对性。在生态、健康、运动、娱乐、科技五大维度理念的指引下，鲁能集团进一步提出了商业产业、文旅产业、体育产业、健康产业、科技产业、美丽乡村、民生产业泛产业地产七大产品线。五大维度与七大产品线在理论和逻辑上是一脉相承的，五大维度是在战略层面指引泛产业地产长足发展的基本理念，而七大产品线则是在战术层面对五大维度理念的具体运用。其中，生态和科技维度理念要贯穿于七大产品线，健康维度主要针对健康产业、运动维度主要针对体育产业、娱乐维度主要针对文旅产业、科技维度主要针对科技产业，美丽乡村和民生产业则是对五大维度理念的综合应用。归根结底，鲁能集团的五大维度理念就是要给大家带来一种崭新的生活方式：积极倡导国际休闲生活方式，保护自然生态资源，崇尚全龄健康发展，关注体育社区人文，构筑娱乐度假功能，探寻智慧生活未来，为引领全国房地产行业转型发展开辟新思路、树立新典范。

第二节　生态维度的发展理念

一　生态地产的发展背景

过去，在城市开发和乡村建设中，往往对人与自然的关系不够重视，片面追求发展速度而忽视了发展质量，片面追求经济效益而忽视了生态效益，造成了土地资源浪费、资源过度消耗、生态环境污染等问题。

实际上，对人与自然的关系，中国先贤们早就提出了“天人合一”“人法地、地法天、天法道、道法自然”等朴素的哲学思想。在国外，人们对近现代“先污染后治理”的工业发展模式进行了反思，可持续发展理念逐渐深入人心。其中，美国新环境保护运动先知奥尔多·利奥波德提出了著名的“大地伦理”，对形成绿色地产理论起到了重要作用。进入21世纪以来，我国对生态发展日益重视，先后提出了生态文明、科学发展、绿色发展等概念，强调统筹人与自然的和谐发展，将生态文明建设纳入五位一体总体布局，将绿色发展列为五大新发展理念的重要组成部分。在科学发展观、可持续发展战略和绿色发展新理念的指引下，我国提出了绿色地产、生态地产等概念，在房地产开发中日益重视生态发展。2003年6月，广东利海地产提出“营造中国绿色地产”，制定了绿色地产实施指标。2006年我国正式颁布实施《绿色建筑评价标准》。2006年广东萝岗成为大东部生态地产的核心领地。2007年，云南昆明开始了生态地产的前沿之作——世博生态城。2011年，中国房地产报绿色地产研究中心启动了“中国绿色建筑发展现状与前景”大型调研，此后连续多年发布了《中国绿色地产发展报告》。

当前，“既要金山银山，也要绿水青山，绿水青山就是金山银山”已成为新的发展观念，“绿色地产”“生态地产”已经成为房企争相布局的重点领域。

二 鲁能集团生态理念的内涵

鲁能集团作为长期经营房地产的责任央企，在主动服务和融入国家发展战略的基础上，将“生态优先，绿色发展”作为企业战略，争当绿色地产的先行者，在城市开发和美丽乡村建设中贯彻绿色发展理念，推动地产开发与生态建设同步发展。所谓鲁能集团的生态理念，是指倡导地产开发与生态保护相结合，秉承轻开发、重体验的“一轻一重”开发理念，保护稀缺生态资源，推广生态共生理想，创建人与自然和谐共处开发模式，引领中国休闲生活方式与可持续旅游开发。

专栏1　重庆鲁能：聚焦国家战略　争当绿色地产先行者

重庆鲁能作为鲁能集团重点城市公司，在积极践行“绿色发展”“健康中国”等国家战略之下，将绿色发展理念深入贯彻到集团住宅产品的开发建设之中，为广大市民提供绿色健康的生活方式。

鲁能肩负央企责任，心怀社会担当，提升产品端供给水平，推进供给侧结构性改革大战略，全面打造绿色建筑产品线，建设健康、环保、舒适、节能的绿色住宅并积极加入非常严苛的绿色建筑认证。目前，重庆鲁能南渝星城二期、领秀城4号地南区、泰山7号一期东侧、泰山7号一期西侧已通过绿色建筑认证。北渝星城、江津领秀城、泰山7号二期等众多项目也将陆续通过审核。居住建筑绿色认证面积累计完成65.4万平方米。与此同时，鲁能在产品设计方面积极践行绿色理念，研发垂直森林大平层，在建筑中增加空中绿化空间。推动精装修产品研发及建设，打造环保绿色住宅。重庆鲁能将分步通过绿色建筑标准，借助绿色建筑先进健康生活建筑理念，融合公司开发模式，引领重庆房地产发展新方向。当然，始终秉持绿色环保理念的鲁能，对绿色生态的关注不仅限于对产品的打造，还在生态环境的保护上贯穿始终。在过去的一年中，重庆鲁能不断围绕“绿色”一词，开展了各种绿色环保活动，将绿色生态融入生活的点滴中。

摘自张婷婷《鲁能：聚焦国家战略　争当绿色地产先行者》，《重庆日报》2017年5月2日第5版。

三　鲁能集团贯彻生态理念的总体要求与策略

一是坚持开发与保护并重的理念，将生态理念贯彻到每一条产品线。鲁能集团作为长期经营房地产的中央企业，适应国内外关于可持续发展、绿色消费的新趋势新要求，坚持“生态优先，绿色发展”战略，倡导地产开发与生态保护相结合，不断创新绿色地产、生态地产发展模式，将绿色生态发展理念深入贯彻到商业产业、文旅产业、体育产业、健康产业、科技产业、美丽乡村、民生产业七大产品系。

二是“坚持轻开发、重体验”的理念，将生态理念贯彻到每一条产业链。鲁能集团秉承“轻开发、重体验”的开发理念，积极整合优化房地产产业链，全面推进规划、法规、技术、标准和设计等方面的绿色化，将绿色生态发展理念贯穿到房地产开发的设计、建设施工、建材、装修、营销、居住和物业管理等全过程。

三是坚持生态共生的理想，加强绿色房地产项目的推广示范。鲁能集团结合国家供给侧结构性改革，贯彻绿色生态发展理念，推广生态共生理想，加强推动绿色建筑认证，目前仅有部分相关的设计导则国家绿色标记已经有了，无法参编。同时，全面打造绿色建筑产品线，加快推动健康、环保、舒适、节能的绿色住宅、百年住宅等示范性项目建设，创建人与自然和谐共处开发模式。

四是坚持生态学基本原理，优化绿色房地产基地布局。按照生态学的原理和规律，在不同的城市和乡村选择合适的区位，合理安排房地产产品体系布局，大力推广节能房地产和“减资源”房地产，保护稀缺生态资源，因地制宜建立绿色地产产业链基地，从生产源头上减轻房地产业绿色发展的压力，引领中国休闲生活方式与可持续旅游开发。

第三节　健康维度的发展理念

一　健康地产的发展背景

随着城镇化进程的不断推进，城市社区人口密度越来越大，公共空间越来越狭促，交通出行越来越拥堵，环境污染越来越严重，生活节奏越来越快，邻里关系越来越冷漠，由此造成了庞大的亚健康群体。据卫计委对十个城市上班族调查结果显示，我国亚健康状态的员工占比高达48%，其中北京达75.3%，上海达73.5%，广东达73.4%。另据《中国城市“白领精英”人群健康白皮书》显示，主流城市的白领亚健康比例达76%，处于过劳状态的接近60%，真正意义上的健康人比例不到3%。

近年来，国家对人民群众的健康问题越来越重视，人民群众对健康的要求也越来越高，这为发展健康地产提供了良好机遇。2013年9月，国务院出台了《关于促进健康服务业发展的若干意见》，提出到2020年基本建立覆盖全生命周期、内涵丰富、结构合理的健康服务业体系。2015年10月通过的《中共中央关于制定国民经济和社会发展第十三个五年规划的建议》，明确提出要实施“健康中国2020战略”。2016年6月，国务院印发了《全民健身计划（2016—2020年）》，对“健康中国”建设做出了全面部署。2016年8月，习近平总书记在全国卫生与健康大会上发表重要讲话，提出“要把人民健康放在优先发展的战略地位”。2016年10月，中共中央、国务院印发了《“健康中国2030”规划纲要》。随着中国人口结构老龄化加快，城乡居民对健康方面的投入不断上升。1990～2015年，在城镇居民人均现金消费支出中，医疗保健支出所占比例从2.0%增加到6.5%；在农村居民人均消费支出中，医疗保健支出所占比例从3.30%增加到9.2%。

当前，在房地产市场不断走向细分化的环境下，健康地产已成为房地产商竞相选择的重要方向，在国外，荷兰的生命地产、澳大利亚的水博克、韩国、三星 Noble County 等“健康+地产”模式开始盛行；在国内，保利集团、复星集团、远洋集团、绿城集团、万科集团等纷纷推出了和熹健康生活会馆、星堡养老社区、椿萱茂、颐养小镇、幸福家等健康地产产品。

二　鲁能集团健康理念的内涵

鲁能集团所坚持的健康理念，就是要围绕健康中国战略，结合中国传统的家庭文化理念，树立“乐”和“家”并重的思想，推行“健康+”驱动地产复合开发，将智能、生态、绿色、节能融合，健全休闲运动、医养融合、文化学习、交往创造、适老安居五大功能，首创东方式全龄健康栖居地模式，促进养成健康休闲的生活方式。

专栏2　鲁能集团的健康产业

在健康理念指引下，围绕健康中国战略，鲁能集团开发了不少健康地产产品线，着力构建休闲运动、医养融合、文化学习、交往创造、适老安居的健康生活方式，取得了良好的经济社会效益。为满足老有所乐、老有所养、老有所学、老有所居和老有所为的基本需求，实现“快乐养老，以家为核心”初衷，鲁能健康地产产品线覆盖鲁能泰山9号高端公寓、鲁能泰山9号社区、鲁能泰山9号旅游度假综合体三大产品。

三　鲁能集团贯彻健康理念的总体要求与策略

一是树立“乐”和“家”并重的思想，完善“健康+地产”产业链。要整合中国传统的家庭文化和全球快乐养老的先进理念，积极宣导新的健康文化和健康消费观念，营造“快乐养老”和“以家为核心”相统一的社会文化氛围，引导社会加深对养老地产、医疗地产的认识和体验。围绕社会对老有所乐、老有所养、老有所居、老有所学、老有所为的需求，推动养老地产和医疗地产在设计、创意、制造、销售、服务等产业链深度融合，打造适合老年人特点的休闲娱乐项目、体能恢复项目、医疗养护项目、智慧生活平台、文明交往圈，强化休闲运动、医养融合、文化学习、适老安居、交往创造五大功能，打造东方式全龄健康栖居地的典范。

二是树立大健康理念，推动专业化、个性化的健康服务。大健康是根据时代发展、社会需求与疾病谱的改变，提出的一种全局的理念，不仅包括个体身体健康，还包含精神、心理、生理、社会、环境、道德等方面的完全健康。要基于大健康理念，推行“健康+”驱动地产复合开发模式，综合采用智能、生态、绿色、节能等现代技术，突破社会福利院、养老院的传统养老模式，不断强化健康地产在医疗、康复、心理、娱乐、膳食、生活等方面的专业化服务功能。同时，更加重视个体的差别，提供多样化、便捷化、贴近生活的健康服务。

三是树立因地制宜的思想，设计合适的养老社区开发模式。积极吸取国内外成熟的养老地产项目经验，根据不同的需要和现实条件，选择不同的养老社区开发模式。在城市近郊或郊区探索开发综合型养老社区，加强老年活动中心、医疗服务中心、老年大学等各种养老配套设施建设，突出地方环境、生活文化等特色，统一服务、配套和专业标准，满足老年人的全方位需求。在城区探索开发小型连锁型养老社区，发挥销售周期短、人员规模少，灵活性高的优势，配备医院、银行、公园、超市、介护设施。探索创新老年公寓复合居住模式，合理安排普通租赁住宅、酒店式公寓和老年公寓布局，加强管理模式创新。

四是树立健康地产的品牌形象，打造可持续发展的运营模式。要着眼价值提升，努力塑造鲁能泰山9号的品牌形象，在健康地产产品中有机融入健康、快乐、积极向上的元素，积极宣导“九如”之寓意，深度挖掘鲁能健康主题地产的文化内涵。积极参与城市运营，以健康地产为载体，凭借把握市场需求的能力、整合各类资源能力，参与城市的规划和建设。整合旅游、文创、休闲、设计、娱乐等产业，选择专业的运营机构，提供优质的医疗护理、餐饮等增值服务，开发更为持续的盈利模式。创新“互联网＋社区医院”运营模式，在医疗地产的运营上，推动医疗地产与互联网云计算、大数据等技术深度融合，充分利用房企开发地产项目的“最后一公里”服务圈，为社区居民就近提供健康服务。

第四节　运动维度的发展理念

一　运动地产的发展背景

当前，在健康中国战略的指引下，人们对居住品质和身心健康更加关注，体育生活化将成为一种新的生活方式。与世界主要国家相比，中国参与体育运动的人口比例和体育产业增加值占 GDP 比重都较低，2013 年中国体育产业增加值占 GDP 比重约为 0.63%，2016 年这一比重提高到 0.87%，但仍远低于世界平均水平的 2.1%。但随着健康中国战略的深入实施，未来中国经常参加体育锻炼人口占比将会有较大提高空间，由于中国人口基数大，未来参与体育运动的总人口数量也是非常可观的。根据《体育产业发展“十三五”规划》预测，2020 年中国体育产业总规模将超过 3 万亿元，从业人员数超过 600 万人，产业增加值在国内生产总值中的比重达 1%。随着中国体育产业的迅猛发展，“体育 + 地产”的复合开发模式越来越受到市场的欢迎。

党中央、国务院高度重视体育工作，为发展运动地产提供了坚强的政治保障和政策机遇。党的十八大以来，习近平总书记对体育工作多次发表重要讲话。2014 年 10 月，国务院印发了《关于加快发展体育产业促进体育消费的若干意见》。2016 年 6 月，国务院印发了《全民健身计划（2016—2020 年)》。2016 年 7 月，国家体育总局发布《体育产业十三五规划》。许多城市政府部门也纷纷颁布发展体育产业的政策。

目前，房地产开发商瞄准体育与地产的复合开发，掀起建设体育楼盘、体育城和体育公园等地产项目高潮，奥林匹克花园系列、四川龙泉阳光体育城、上海新体育广场和昆明新亚洲 · 体育城等高品位大型体育主题地产不断涌现。推行“体育 + 地产”的开发模式，把体育作为项目核心价值来进行打造，既能满足居民健身休闲和居住的多元化需求，同时能带动房地产持续健康发展。

二　鲁能集团运动理念的内涵

所谓鲁能集团的运动理念，是指倡导全民健身理念，依托鲁能传统体育优势，以体育休闲产业链衍生为核心，提供多元化体育产品，促进“泛体育”和“泛地产”资源整合，探索体育与商业、旅游、住宅模块组合和可持续盈利模式，让体育深入融进社区，打造充满活力的生活方式，全方位绽放人本活力。

专栏3 鲁能集团的体育产业

鲁能集团一贯具有体育传统，在开展职业体育的同时推进体育大众化，创新研发了“让体育走进社区，让运动融入生活”的体育产品线。产品线开发的核心理念是借由大型体育赛事带动的体育发展契机，适度导入和结合国际先进理念，打造“体育+”板块以及布局全中国计划版图。总体布局是从打造体育社区和体育公园发展主轴切入，结合跨界、互联和运营等合作资源，计划在全国布局一批体育公园和体育社区。

三 鲁能集团贯彻运动理念的总体要求与策略

一是坚持全民健身的理念，推动体育文化与体育产业的融合。紧紧围绕实施健康中国战略的要求，依托鲁能集团的体育场馆优势，积极倡导全民健身理念，深度挖掘体育主题的文化元素，除了开展体育赛事活动外，还要提供体育培训、健康养生等多元化体育产品，面向本地区甚至全国范围提供文化演艺、会展会务、旅游文化节等相关活动，将体育产业打造成一个文化能量的聚散中心。

二是坚持“泛体育”与“泛地产”融合的理念，完善体育地产产业链。鲁能体育地产开发，坚持“泛体育”与“泛地产”融合发展的理念，对体育产业产品线进行综合运作。以体育为核心，延伸利用与体育有关的各种产业的多种功能，整合配置包括体育在内的各种社会资源，从产业间合作、产业链融合、资本运作等方面实现体育地产的联动开发，追逐地产和体育等相关产业的利润区，使相关产业与体育之间互哺。

三是坚持城市经营商角色转换的理念，探索可持续发展的盈利模式。实现多元利益体育设施的建设运营维护需要大量的资金，如果单纯地依靠承办体育赛事和文化活动，则很难实现持续发展。为此要积极推动体育地产开发商逐渐向城市运营商转变，积极与发改、规划、城建、财政、体育等政府职能部门沟通协商，通过体育地产参与城市运营，探索体育与商业、旅游、住宅模块组合模式。同时，引入更加专业的运营机构参与运营，充分利用市场化手段，整合配置各种社会资源，提升体育地产产品附加值，探索可持续发展、多方共赢的盈利模式。

第五节　娱乐维度的发展理念

一　娱乐地产的发展背景

随着生活水平的不断提高，人民对物质的需求基本满足后会转向更高层次的精神文化需求，为文化旅游产业的发展提供了基本动力。1990～2015年，中国城乡居民对文教娱乐的消费水平不断提高，在城镇居民人均现金消费中，文教娱乐的消费支出比例从8.8%提高到13.3%，在农村居民人均消费支出中，文教娱乐的消费支出比例从5.4%提高到10.5%。改革开放以来，我国更是实现了从旅游短缺型国家到旅游大国的历史性跨越。2015年，旅游业对国民经济的综合贡献度达到10.8%，已经成为国民经济战略性支柱产业。

党中央、国务院高度重视文化产业、旅游产业发展，为推动娱乐与地产融合、发展文旅地产提供了难得的政策机遇。2005年，国务院下发《关于深化文化体制改革的若干意见》。2009年，通过了第一部文化产业专项规划《文化产业振兴规划》。2011年，十七届六中全会正式提出"文化强国"战略。2016年，国家出台了《"十三五"旅游规划》。围绕文化强化战略和文化旅游产业发展，不少房地产开发商纷纷将地产项目融入某种娱乐因子，开发了以文旅地产为代表的娱乐地产项目，取得了较好的经济社会效益。

二　鲁能集团娱乐理念的内涵

鲁能集团坚持的娱乐理念，是指倡导前沿时尚、实时行乐、乐趣无限的理念，契合文化娱乐产业的需求，自觉寻求产业项目的娱乐化主题，在历史和文化的传统上不断塑造和美化自己的地产产品定位，在现代城市和美丽乡村的地产项目建设中注重历史的积淀和文化的凝结，打造独具特色的娱乐度假功能，为人们提供休闲度假环境，从而达到放松、休闲、游乐的目的。

专栏4　鲁能集团的文旅产业

鲁能集团基于对我国旅游消费需求从游览观光向休闲度假的转型趋势以及文旅地产市场巨大的潜在需求的分析，清晰地定位出鲁能集团的文旅地产产品线，着力打造“鲁能胜地”的文化旅游名片。截至2017年7月，正式开发或已规划的鲁能胜地项目有四川九寨沟、文昌山海天、大连金石滩、吉林长白山、重庆合川、杭州千岛湖等，涵盖滨海、山岳、冰雪、湖泊、人文等丰富的旅游元素。

三　鲁能集团贯彻娱乐理念的总体要求与策略

一是倡导前沿时尚、实时行乐、乐趣无限的理念，引导文旅地产相关消费。鲁能集团积极倡导前沿时尚、实时行乐、乐趣无限的消费理念，在文化内涵丰富、自然人文景观优美的城市和乡村积极布局文旅地产项目，将地产项目融入某种独特的娱乐因子，配套建设娱乐设施，强化文旅产业项目的娱乐度假功能，为人们提供休闲度假环境，从而达到放松、休闲、游乐的目的。

二是坚持文化引领的理念，明确娱乐地产的主题和特色。明确娱乐地产项目的定位，深度挖掘文化要素内涵，自觉寻求文化主题，注重历史的积淀和文化的凝结，在区域历史和文化的传统上不断塑造和美化自己，在城市开发和美丽乡村建设中保持它所固有的旅游文化特色，营造人与自然和谐共生的氛围。

三是强化城市区域运营商的理念，打响鲁能胜地品牌。适应从过去由政府规划安排，协议给开发商实施的单一项目开发模式向更长期、更系统的区域综合性、整体性开发模式转变的趋势，依托鲁能集团的地产开发经验，逐步实现向城市区域运营商的转变，平衡好鲁能胜地的开发与投入节奏，保障每一个胜地都能顺利开园，努力塑造高瞻远瞩、品质一流、气势恢宏的鲁能胜地品牌，提供更多元的旅游目的地和更丰富的旅游体验。

第六节　科技维度的发展理念

一　科技地产的发展背景

当前，中国正在加快缩小与世界先进科技发展水平的差距。1996 ~ 2015 年，研发投入强度从 0.57% 提升到了 2.1%，目前基本达到了世界平均水平。有关建筑的地基基础和地下空间工程技术、混凝土技术、钢筋及预应力技术、模板及脚手架技术、钢结构技术、机电安装工程技术、绿色施工技术、防水技术、抗震加固与监测技术、信息化应用技术等新技术不断创新，北斗导航技术、地理信息系统、遥感技术、互联网技等现代信息技术取得了长足发展，有力推动了智慧城市、智慧社区、智慧家居发展，“互联网 + 房地产”新业态新模式不断涌现，为推动住宅科技化、发展科技地产奠定了技术条件。

我国正在实施创新驱动发展国家战略，为发展科技地产提供了良好的政策环境。2012 年底，党的十八大报告明确提出，科技创新是提高社会生产力和综合国力的战略支撑，必须摆在国家发展全局的核心位置。2015 年 6 月，国务院印发了《关于大力推进大众创业、万众创新若干政策措施的意见》。2016 年 5 月，国务院颁布实施了《国家创新驱动发展战略纲要》，对实施好创新驱动战略进行系统谋划和全面部署。2016 年 5 月，习近平总书记在全国科技创新大会上强调，要把科技创新摆在更加重要的位置，为建设世界科技强国为奋斗。2016 年 7 月，国务院发布《“十三五”国家科技创新规划》。在科教兴国和创新驱动发展战略指引下，我国科技产业园区蓬勃发展，科技地产也正在异军突起。目前，科技地产已经成为推动科技创新和城镇化的重要渠道。

二　鲁能集团科技理念的内涵

鲁能集团所坚持的科技理念，是指遵循“引领”“创新”“共赢”三大发展理念，聚焦“科技”“互联”“生态”三大关键词，从构筑未来生活方式出发，在地产项目中全面引入“科技”理念，统筹推进科技产业布局、智慧城市建设和智能家居发展，为客户提供高效整合的智慧生活整体解决方案，以科技创新推动城市产业升级，以生态宜居促进城镇化建设，打造科技生态互联、产业城市融合的综合示范区，从而实现智慧的生活、创新的体验、美好的愿景。

专栏5　鲁能集团的科技产业

鲁能科技地产规划“智造城”和“科技创新园”两个产品系列。智造城以产城融合体模式发展，科技创新园以科技研发和创意空间为主体，区位布局上将形成“城区科技创新园、城郊智造城”的区域关系，二者相辅相成，构成鲁能集团科技地产产品线。

智造城产品系列将以“区块名+鲁能2025”命名，旨在强化鲁能品牌效应，突出“中国制造2025”的科技元素，形成多点联动布局的园区模式。“鲁能2025”是在产城综合体模式下，以先进的科技制造业（2.0产业）为主导产业，撬动鲁能集团及国家电网产业资源，紧抓产业升级、智能制造、高效能源的机遇，打造核心城区的卫星城。

科技创新园产品系列将以“区块名+鲁能硅谷”命名，以硅谷为科技创新标杆，学习先进经验，创造中国硅谷，引领中国2.5产业发展。鲁能硅谷以产业链高附加值的服务性环节（2.5产业）为主导产业，包括研发、销售、智能、数字服务等，营造鼓励创新、激发活力的空间环境。

三　鲁能集团贯彻科技理念的总体要求与策略

一是坚持创新引领的灵魂，着力增强创新创业功能。鲁能集团坚持先进的规划理念和持续的创新精神，在科技创新园产品开发中要坚持“环境清新优美、配套功能完善、产业高度聚集、自主创新活跃”的标准；在智造城产品开发中要坚持“以城带业、以业兴城、宜居宜业、和谐发展”的开发理念，营造鼓励创新、激发活力的空间环境，为“大众创业、万众创新”提供平台支撑。

二是坚持合作共赢的理念，着力提高资源整合能力。科技地产是综合性地产开发，涵盖了工业地产、住宅地产、商业地产，整个过程包括产业定位、项目规划、建筑设计、工程管理、招商销售、产业服务、物业运营、资产变现等，业态复杂、产业链条长。为此，鲁能集团牢固树立合作共赢的理念，按照市场规律和市场手段，整合分散在政府部门、实体企业、金融机构、社区居民、社会组织的各种资源，妥善处理好产业与城市的功能和业态策划、开发秩序与现金流安排、综合体营销推广策略、招商运营和产业服务、融资与资产运营等各种关系。

三是加强品牌建设，着力打造科技产业三大服务体系。鲁能集团聚焦关键环节上发力，实施“打基础”“扩规模”“广输出”三步走策略，凭借全球能源互联网这一宝贵的产业资源与企业纽带，向相关企业宣传营商环境，努力打造专业的园区运营服务品牌。积极搭建产业发展平台，形成多产业合作联盟，着力打造科技地产的招商核心体系。以完善便捷的运营服务吸引产业入驻、支撑房产租售，引入专业化团队强化产业运营能力，着力打造科技产业的运营保障体系。探索土地收购、PPP 协作新模式，着力打造科技产业的土地拓展体系。

第8章
泛产业地产发展的国际经验借鉴

泛产业地产作为一个全新的概念，是国际房地产行业发展的新趋势，也是国内房地产行业加快转型升级的新方向，对于提升经济发展质量具有重要意义。目前，发达国家已经开始从传统房地产行业向泛产业地产快速转型，但少有文献对其发展理念、发展模式及经验教训进行系统总结。本章主要从美国、日本、新加坡、英国、澳大利亚、德国等国家精选有关泛产业地产发展的经典案例，系统总结国际上有关泛产业地产发展的先进理念、主要做法、模式特征、经验教训，深入剖析国外在发展房地产时是如何衍生出更多的服务产业并将房地产推向一个新的高度，从而为泛产业地产发展提供可借鉴的经验。

第一节　国外绿色地产发展的案例及经验

一　国外发展绿色地产的背景

在思想渊源上，绿色地产理论主要源于美国新环境保护运动先知奥尔多·利奥波德的“大地伦理”。绿色地产理论是在传统财产理论基础上为维护土地生态功能对土地开发利用施加新的规制而产生的。绿色地产理论认为，应在平衡利益、尊重自然界的多元价值之中求得生存和发展（钱水苗等，2003）。在实践中，绿色地产的流行有其深刻的现实背景。当前，人类对化石能源的利用数量和强度越来越高，全球气候出现变暖趋势，亟须改变经济社会发展方式，才能促进可持续发展。在房地产领域，也必须按照可持续发展战略的要求，综合考虑建筑美学、能源利用效率等问题，探索绿色、低碳、节能的建设运营模式。

二　国外发展绿色地产的经典案例

案例 1　新加坡的绿色地产

作为花园型城市，新加坡是一个非常重视绿色环保的国家，低碳节能与智慧生态类建筑颇具规模。近年来，新加坡提倡新建楼房绿色证书计划，鼓励开发商建设绿色建筑。2007 年，新加坡政府决定修改建筑管理法案，倡导建筑商采用钢、玻璃、复合材料等替代传统的水泥和花岗岩。新建的公共建筑要求体现绿色环保理念，建筑物要安装太阳能电池、可节约 40% 能源的照明系统、雨水搜集系统和避免室内温度较高的日照阴影系统等，并需取得绿色标章认证（周杰，2009）。2008 年以来，新加坡政府要求公共建筑和政府组屋（建屋发展局承担建筑的公共房屋）都执行以上措施，并大力支持私人发展商开发绿色建筑相关技术。在政府引导下，一批绿色地产商应运而生。其中，由新加坡能源部注册认证的绿能环球公司，推出了新加坡圣淘沙、乌节门、都会大厦、实里达航空园等绿色地产项目，成功实施超过 500 项工程，斩获了新加坡绿色建筑标志超金奖和白金奖以及英国弗若斯特沙利文奖等众多奖项，被公认为是“亚太地区拥有较多节能建筑专家及合格绿标顾问的节能服务公司”。

案例 2　英国的 BedZED 社区节能模板

ZED 意为零能耗开发，Bed 为社区地名。该社区建设始于 2000 年 10 月，2002 年 3 月竣工入住。其技术依托组合了各种已被广泛认同的基本方法：减少能源、水及汽车的使用，但并不追求高科技，创造一种人们期望而又支付得起的生活方式。整体的设计理念在于最大限度地利用自然能源、减少环境污染、实现零化石能源使用的目的；实现能源需求与废物处理基本循环利用的居住模式，为城市住宅建筑的可持续发展提供一个综合性解决方案，同时解决环境、社会、经济等不同方面的需求（余彬，2009）。该社区设计综合考虑了可再生能源、完美的建筑设计、可持续材料和低环境影响等因素，实现了以下目标：减少电力负担、减少水污染排放、减少交通污染排放、减少化石能源消耗、减少碳排放量；同时，由于污染减少和环保住宅带来健康问题的减少，保证在住宅人口高密度的情况下还能满足社区和家居的舒适性。

案例 3　日本的智能化居住小区

高度智能化是日本住宅的一个显著特征。1988 年初，日本住宅信息化推进协会成立，有力促进了智能住宅的发展。据统计，日本新建建筑物中 60% 以上是智能型的，其目标是将家庭中各种与信息相关的通信设备、电器和保安装置通过家庭总线技术，连接于家庭智能化系统上，进行集中的或异地的监视、控制和管理，以达到安全、便利、舒适及多元化信息服务的目的（余彬，2009）。日本住宅太阳能应用较普遍，可通过太阳能电池自动控制系统，自动实现向室内输入热（冷）风并供应热水。住宅的建造还往往采用新型绿色节能材料，以减少采暖和空调的费用。

三　国外发展绿色地产的经验启示

一是要大力发展和推广绿色建筑技术。鲁能集团作为长期从事房地产开发的责任央企，积累了大量关于节能环保、新材料应用、智能化建筑等先进技术，并且将“生态优先，绿色发展”作为企业战略，无论是在城市开发还是美丽乡村建设中都积极贯彻绿色发展理念，推动地产开发与生态建设同步发展，体现了争当绿色地产先行者的广阔视野、超凡能力和重要使命。

二是要树立绿色地产发展的系统化思维。在推动绿色地产发展过程中，鲁能集团已经积累一些关于系统化设计和个性化服务的先进经验。为更好地满足人民对美好生活的需要，必须进一步统筹环境、社会、经济等因素，尤其要考虑我国区域自然环境、经济发展水平、城市规模等级、民族风俗特色等方面的差异，兼顾不同人群的收入水平，在建筑美观性、技术先进性、成本可承受性、家居舒适性等方面进行权衡，提供综合性解决方案。

三是要加强绿色地产管理。在创新、协调、绿色、开放、共享发展新理念的指导下，国家将逐步完善关于加强绿色地产管理的系列政策措施。鲁能集团积极响应国家号召，率先执行绿色认证制度，制订严格的节能计划，依照国家绿色建筑行业标准，实施开发为同行树立绿色地产创新管理的榜样。

四是政府、社会和个人协同推进绿色地产发展。在推动绿色地产发展中，要充分发挥政府和各类市场主体的作用，政府要加强对绿色地产的规划引导和政策支持，社会要对绿色地产的积极作用进行宣导，同时吸纳私人资本进入绿色地产发展。鲁能集团作为责任央企，将坚持开发与保护并重，坚持轻开发、重体验，把生态理念贯彻到每一条产品线、每一条产业链、每一个产业基地布局建设之中。

第二节　国外商业地产发展的案例及经验

一　国外发展商业地产的背景

商业与地产有机结合，能够更好地延伸地产产业链，增加附加值。国外商业地产的发展，反映了从城市化再到逆城市化不同发展阶段的购物需求变化，反映了购物环境越来越人性化的趋势，体现了“以顾客为上帝”的发展理念。国外商业地产曾经辉煌一时，如今也遇到了一些发展瓶颈，特别是在互联网经济时代，各类实体店受到电商带来的冲击比较大，为此商业地产亟须转型升级，不断改善购物环境，让顾客享受到在网络上难以实现的购物体验。

二　国外发展商业地产的经典案例

案例1　美国商业地产项目发展四部曲

第一部曲：早期的大百货商场，大多是由知名百货公司在市中心最繁华的商业街上修建，货品种类繁多，售货员统一着装，提供标准化的服务。第二部曲：连锁商店，大规模工业化生产之后连锁商店应运而生，品种繁多、价廉质优，在同一品牌连锁商店可获得同样的购物安全感和便利感。第三部曲：郊区购物中心，当市中心购物停车困难时，郊区的购物中心尤其是开敞步行街很快获得认可，商业地产的持有和管理由统一机构担任，以保证顾客享受到标准的服务。第四部曲：Shopping Mall，停车方便，购物环境人性化，异域风情的建筑、雕像和装饰品让购物过程更加有趣。目前Shopping Mall已占美国整个零售份额的一半以上，真正成为商业地产的主导者（华高莱斯公司，2004）。美国商业地产运营和管理模式具有鲜明的特点（姜北京，2007）：一是一切围着商业转，商业运营是地产项目中所有环节的核心；二是商业地产开发商十分重视项目前期的规划；三是经长期发展，每一种业态都会有专业的公司进行管理；四是融资渠道多元化，美国商业地产资金的10%来自银行，小部分是自有资金，大部分为市场基金的投资。

案例2　注重特色体验与服务的日本商业地产

日本的商业地产在20世纪90年代获得高速发展，但商场日趋饱和。然而，购物与观景、旅游一体化、组合化，为商业地产转型开辟了一条新路，增强了日本实体店应对电商冲击的能力。在日本商业地产开发中，把准确判断和满足顾客和商家的需求作为核心，将追求人性化作为商业创新的动力和源泉，既要体现物美价廉，又要体现独特的购物体验。例如，川崎格林木购物中心开业13天客流破百万，其亮点在于首先项目建设有全新的屋顶花园，营造了休闲、娱乐的氛围。大阪的难波公园则是购物中心自然景观化的杰作和代表，在商场内部营造自然生态式体验，在选址上将周边自然景观与商场购物串联，“旅游+购物”的模式获得了极大成功。业内人士表示，日本商业地产项目的成功，在于从规划、设计到运营管理，在开发运营管理上，都投入了大量的专业技术人员，并聘请专业公司，经过反复的试验、调整、再试验、再调整，才最终形成了比较成熟的商业业态创新（陈晴，2016）。

案例3　新加坡滨海商业综合体（港湾区）

港湾区位于新加坡南部海岸，占地24公顷，由丰树产业进行总体规划和开发，片区主要由怡丰城、港湾中心、新加坡邮轮中心码头、港湾办公园区和“圣占姆士发电厂”娱乐中心组成，形成了集商业、旅游、娱乐、办公、居住于一体的世界级滨海中心。从整体的规划设计上来看，港湾区商业综合体具有以下几个经验（朱崇文，2012）：首先，注重室外空间的营造，比如提供可观海的室外用餐空间、提供屋顶“空中花园”等；其次，用连廊将区域内的设施结合起来，包括怡丰城和港湾中心间的封闭连廊、怡丰城和娱乐中心间的露天天桥，不仅拓展了功能，同时也能与室外空间有机结合；再次，拥有十分便捷的交通系统，形成分层次、多渠道的立体交通；最后，还将列为国家古迹的工业建筑物“圣占姆士发电厂”成功改造成拥有13个不同娱乐和音乐风格的场所，利用其历史、文化和外观上的特点，将其打造成时尚的娱乐中心。

三　国外发展商业地产的经验启示

一是商业地产的形式必须适应在工业化、城镇化发展不同阶段人们的购物消费需求变化。不同时代商业地产所呈现的形式与当时城市和经济的发展密切相关，同时必须体现出消费者的购物需求变化。鲁能集团，积极实施商业产业产品线战略，力推“鲁能城”和“美丽汇”两类产品，在实现商业产业的标准化、品牌化和创新化等方面积累了大量经验。但在互联网经济时代，商业实体店更容易受到来自网络电商的冲击，更需要加快推动商业产业转型升级，紧紧围绕消费者购物需求的新趋势、新特点，不断推动商业产业模式创新和业态创新。

二是商业地产发展必须要树立以人民为中心的思想。开发商的眼光唯有向消费者和商家的需求看齐，商业地产项目的开发创新才会有正确方向。鲁能集团积极贯彻以人民为中心的思想，对顾客和商家的现实需求做了大量详细的调研和精准的判断，努力把顾客和商家的需求预留或落实到商业产业项目的规划、设计和建设中去。

三是要更加重视商业地产的科学规划和合理设计。必须综合考虑当地的资源禀赋条件、历史文化特色、人口分布和社会结构、经济发展水平等因素，对商业地产选址布局、建筑风格、景观设计、历史文物开发保护等内容进行科学论证，设计出既符合现代发展理念又体现当地历史文化特色的方案。鲁能集团在商业产业布局中形成了一套科学合理的原则和标准。

第三节　国外健康地产发展的案例及经验

一　国外发展健康地产的背景

随着经济社会的发展，人类预期寿命不断提高，全球的出生率和死亡率都在持续下降，在主要发达国家甚至一些发展中国家也出现了人口老龄化加速发展趋势。随着人们健康意识的提高，社会化养老需求不断扩大，为健康地产市场迎来新机遇。顺应人口老龄化的要求，国外医疗办公地产、养老地产等健康地产新产品新业态不断涌现，体现了互惠互利、合作共赢、快乐养老、专业化服务等健康地产发展理念。

二　国外发展健康地产的经典案例

案例1　美国的医疗办公地产

随着人们对医疗设施和环境的需求不断增加，医疗保健提供商对医疗办公地产的需求也不断增加。目前，医疗办公地产已形成美国一个独立的地产部门，成为开发商和投资商追逐的投资目标。美国医疗办公地产发展具有以下特征（尚东，2006）：一是随着婴儿潮一代的老龄化，门诊病房需求越来越大，医疗保健租户的长期稳定能够为医疗地产业主提供稳定的收入。二是可预测的租用模式，增强了医疗地产的吸引力。根据美国CainBrothers投资银行的统计数据，医生首次签订租赁协议通常为8年、续租率高达90%，而传统写字楼市场的租户一般签3～5年、续租率为60%左右。三是专业医疗人员一般愿意扎堆，可为病人提供一站式便捷服务，楼内的医生也愿意相互介绍客户，另外医疗办公楼的租户通常也更舍得花钱进行高档装修，购置昂贵设备，搬迁成本高，有利于医疗办公地产集聚发展。

案例2　日本的养老地产

为适应人口老龄化，日本国土交通省住宅局和财团法人高龄者住宅财团编写了《老年住宅设计手册》，2011年日本在《老年人居住法》中增加了“高龄者住宅”的相关规定。在养老社区里，老年配套设施较完备，包括浴场、酒廊、健身房、便利店、园艺区等公共服务功能；老年人可以参加各种学习、娱乐、旅游、探险、采摘等活动。高档养老社区的定位常常是“乐龄族的专属领地、忘我快乐的享乐之地”。在服务型高龄者住宅里，增加个性化订制服务。近年来，日本积极发展大型社区，不是让老人集中居住，而是让各种年龄层的人混居，便于两代人之间的互相照料和扶持。通过政府的扶植、保险机构的投资、慈善捐款以及入住养老社区的老人通过养老金、“倒按揭”等方式缴纳的费用，日本市场化后的养老地产项目不但能够持续提供社会服务，而且自身还可以实现盈利（袁静，2015）。

案例3　德国巴伐利亚州的老年公寓

Kursana Domizil Hosbach是一家终端出租型老年公寓，位于德国巴伐利亚州赫斯巴赫市新开发区，交通较为便利，环境较好，适宜居住。新建的老年公寓共有3层，可供100个老人居住，其中80套单人间、10套双人间。首层27个床位，专门为患有阿尔茨海默病的老年人设计。配有较好的护理服务，分长期护理、短期护理、度假护理、专业护理等，并根据不同护理级别收取不同的费用。在建筑设计上，大量采用了暖色调，并且有良好的采光功能。在首层配有大露台和餐馆，二层、三层都有阳台和无障碍通道，另外还配有美发沙龙、诊疗室、公共活动区域。为丰富老年人的生活，公寓平时举办音乐、绘画、手工制作、郊游、演讲、美食烹饪等活动，给老人一种“不是居家胜居家”的感觉（左凌英，2015）。

三　国外发展健康地产的经验启示

一是随着人口老龄化的加剧，医疗办公地产、养老地产等健康地产的市场需要将越来越大。当前，中国的人口老龄化正在加快来临，统筹实现“住有所居”“病有所医”“老有所养”，推动健康地产发展，势必成为我国房地产市场转型升级的一个重要方向。鲁能集团在多年前就提出了“健康＋公寓”、“健康＋社区”及“健康”度假综合体等概念，推出了鲁能泰山9号公寓、鲁能泰山9号社区和鲁能泰山9号度假综合体等产品系列，受到了广大人民群众的热烈欢迎，体现了对健康地产的超前布局，发挥了业内的旗舰引领作用。

二是美国的医疗地产开发模式值得我国同行借鉴。美国医疗保健地产租户的长期稳定为地产商提供了长期稳定的现金流和可靠的租金收入，也降低了租户固定资产的更新改造费用。但我国独立于医院的体检中心等医疗保健机构通常租用传统写字楼，而许多小诊所甚至租用的是普通居民楼，未能发挥地产商与医疗机构互利共赢的作用。未来，必须更加重视医疗保健地产的合理化布局，增强医疗保健地产的稳定性和持续性，形成地产商与医疗机构紧密合作、共赢发展的新格局。在健康地产方面，鲁能集团也还存在较大的发展空间和潜力。

三是根据日本、德国等国家的养老地产经验，“地产”是基础，而“养老服务”才是根本。当前，健康地产2.0时代已经来临，必须要更深刻地理解养老地产的丰富内涵，养老地产的特色应该是为老年人提供家政、餐饮、娱乐、休闲、社交、康复、医疗、介护、照料等一条龙服务，而不是仅提供老年人居住的“地产”。鲁能集团积极发展鲁能泰山9号公寓等养老地产项目，考虑了不同老年人群体的养老服务需求：处于56～65岁的黄金十年、身体健康的老人住在子女附近，并帮助照顾孙辈，享受优质的养老服务；空巢老人期盼建立与同龄人的社交生活圈并享受优质的养老服务。鲁能集团在探索提供优质养老服务新模式方面，与日本、德国的先进经验是一致的，可供业内参考。

第四节　国外科技工业地产发展的案例及经验

一　国外发展科技工业地产的背景

科技、工业、地产相结合，是工业化和城镇化发展到一定阶段的必然要求。在工业化和城镇化的中后期阶段，科技成果产业化转化速度快速提升，一些高科技产业要求集聚化、规模化发展，工业发展与科研机构空间临近的要求日益迫切，于是科技工业地产就应运而生。从国际趋势看，发达国家科技工业地产与城镇化结合得较好，产业园区设计已经步入了成熟阶段，形成了较为固定的开发模式，对于发展中国家具有一定的参考价值。

二　国外发展科技工业地产的经典案例

案例1　日本筑波的科学城模式

该模式是指提高日本的科技水平而营建的科研机构和大学集结地，最大限度地实现图书、文献、情报、计算机等设备和服务设施的共享，并依托科学城建立工业园区、转化大学和科研机构成果的模式（大桥衫木等，2014）。筑波科学城位于东京东北50公里处，占地27平方公里，含4个镇和2个村，规划人口22万人，是世界上最著名的科学城园区之一。在20世纪60年代，日本政府为实现“技术立国”目标，通过了“高技术工业及地域开发促进法”，由首相办公室的“科学城推进本部”统一领导科学城的建设，其土地开发和公用设施项目由三井住友等房地产开发集团负责；科研和教育机构由建设部地产处负责；建造和管理道路、公园和商业服务设施则由筑波新城地产开发公司负责。日本开创的科学工业园区建设模式，在20世纪80年代名噪全球，至今依然不乏参考价值。

案例2　日本硅岛的科学园模式

该模式是指九州第一大城市福冈，在科研机构聚集的地方设立“硅岛科学园地产基金”，利用人工填海的土地建立硅岛高新科学园区（大桥衫木等，2014）。这种园区一般位于大学、科研院所比较密集的地方或中心城市，通过大学和科研机构的支持，减少入驻园区企业的科技开发风险，园区内进行良好规划，医院、博物馆、住宅区一应俱全，且特意不留空地做广告牌，只做赏心悦目的绿化设计，并对具备一定技术含量和市场前景的中小企业进行扶持和培育。因此，硅岛科学园模式在日本已经成为工业地产经典的开发模式，被普遍采用。

案例3　新加坡裕廊集团的工业园区开发模式

裕廊集团创建于1968年，前身是裕廊管理局，主要职能是土地、园区、不动产、城镇以及国外工商业地产的开发和管理。20世纪60年代以前，新加坡工业经济基础薄弱且发展空间受限，鉴于裕廊良好的基础条件，新加坡政府成立裕廊管理局专门负责管理经营裕廊工业园区以及新加坡其他工业区。目前，裕廊集团管理的子园区有43个，包括裕廊岛、大士生物医药园、医药科技枢纽、纬壹科技城、实里达航空园、裕廊岩洞、洁净科技园等，用地面积7100公顷，为5100名客户提供320万平方米的发展空间。此外，更是在全球范围内拓展了750多个项目。裕廊集团开发、规划、建设与管理的模式有以下特点（陈冰，2015）：一是政府主导开发运营，通过法律制度获取用地，并提供园区开发的初期建设资金，推动企业快速聚集和规模化发展。二是高度自主管理，裕廊管理局不仅是园区的开发者，也是各项公共服务的提供者。三是自上而下规划，充分考虑生活需求，有计划地保留绿色发展空间，以前瞻性的眼光保证园区的可持续发展。四是实行全球范围内招商策略，在全球范围内统一招商，吸引战略性公司、科技创新公司、跨国公司的重要部门入驻。

三　国外发展科技工业地产的经验启示

一是政府在科技工业地产开发中具有重要地位。特别是在开发初期，政府加强对各类企业的支持非常重要，通过政府统一规划、筹措资金、招商引资，有利于快速实现企业聚集并达到一定规模。但当科技工业园区发展比较成熟时，科技工业地产要逐步走向市场化道路，以价格、竞争、供求等市场机制引导科技工业地产健康发展。目前，鲁能集团已发展形成了“智造城·鲁能2025”和“科技创新园·鲁能硅谷”两大较为完善的科技产业产品系列，并将形成“城区硅谷科学城、城郊智造城”的区域布局。在我国科技工业园区快速发展的背景下，鲁能集团要科学分析政府战略意图和重大政策，主动对接区域经济社会发展规划、城市发展总体规划、工业园区发展规划，更好地服务国家战略和地方经济社会发展。

二是在科技工业地产开发中，开发商要积极转变角色，从传统房地产开发商向城市运营商的转变，整合各方资源，加强与政府、相关企业和战略伙伴的合作，探索综合开发模式。鲁能集团紧紧围绕“科技”“互联”“生态”三大关键词，积极推出科技产业产品线，聚焦轨道交通、节能环保、智慧城市等产业主题，通过高新技术产业与传统地产行业的有机融合，导入丰富的科技元素，吸引不同类型的企业及城市高端消费群体入驻，以科技创新驱动城市产业升级，以生态宜居促进城镇化建设，真正做到了与城市相融相交，营造鼓励创新、激发活力的空间环境。未来，鲁能集团遵循“引领、创新、共赢”的发展理念，将“科技”“生态”“健康”“娱乐”“运动”五大维度作为重要指导原则，更好发挥城市运营商的功能和作用，加强与政府、相关企业和战略伙伴的合作，打造充满活力的新一代科技地产。

第五节　国外旅游地产发展的案例及经验

一　国外发展旅游地产的背景

世界经济规律表明，当人均 GDP 超过 1000 美元时，国内就会出现旅游观光需求；当人均 GDP 达到 2000 美元，旅游观光需求向度假需求转变，人们在目的地停留的时间拉长，对旅游和休闲的生态与环保品质要求更高；当人均 GDP 超过 3000 美元时，度假需求进入高速增长阶段，温泉、高尔夫、生态养生、游艇等生态旅游与休闲方式流行起来；当人均 GDP 达到 5000 美元时，生态旅游形态进入成熟的度假经济阶段。当前，主要发达国家人均 GDP 已达到较高水平，逐步进入成熟的度假经济阶段，旅游地产项目也蓬勃发展起来。

二　国外发展旅游地产的经典案例

案例 1　澳大利亚旅游地产模式与策略

度假旅游地产是澳大利亚人实现回归自然梦想的载体。澳大利亚的旅游地产开发商会最大限度地尊重自然，形成了拜伦的海滩模式、德尔拉的城堡模式、高勒山的峡谷模式、雅拉河谷的葡萄园模式、悉尼的市郊度假模式，创造出“以海景为友、与湖泊相宜、与山相邻、融于自然”的景观模式效应。澳大利亚旅游地产实行六大策略（拉切尔等，2015）：一是科学开发、重视保护，秉承“旅游环境影响最小化”原则，注重超前性的生态规划、独特环保的城郊建设、实行保护性地产开发、多样化产业优质服务、开展地产市场调查与促销。二是政府主导、合作管理，联邦政府负责国际环保公约签订、国内环保法规制定、跨州环保事务协调、重要环保地产科学技术的研究及推广等，各州政府承担地产环境建设和保护职责，以及地产环保法规的制定和实施。三是重视社区土地利益，《全国生态旅游战略》规定：土著人和托雷斯岛民不仅可以作为“土地所有者、资源管理者以及旅游经营者”，还可以作为“景点和知识财产的看护者”参与生态旅游业的开发。四是立法保护、严格执法，健全的环保旅游法规与严格的生态地产执法为澳大利亚生态旅游地产发展奠定了法律基础。五是民间组织推动，目前区域性的生态旅游地产协会遍布全国各地。六是推行旅游地产认证，AEEAETTP推出了认定旅游地产合格的一系列原则，对在其各种旅游物业建设中合格的地产开发者与运营者给予奖励。

案例2　美国科罗拉多大峡谷旅游地产模式

当前，美国的旅游地产正向主题景区、独特游览区、分时度假村、时新项目优势与复合产业业态等综合型生态环保方向发展，形成了著名的科罗拉多大峡谷旅游地产模式（约翰·凯·史密斯等，2015）。科罗拉多大峡谷是世界上著名的峡谷生态观光与文化旅游区，历经旅游地产商Pulte Group、Hines、Centex先后苦心经营开发，目前已成为世界七大自然奇观之一。科罗拉多大峡谷的开发模式属于美国国家公园的生态建设模式，沿峡谷建设了多处国家公园、国立度假区和国家森林，如岩拱国家公园、印第安遗址公园和布莱斯公园等。其特点是旅游方式与地产开发多样化，该地区开辟了多条生态旅游线路，游客可以通过河道线路、空中之旅，以及形式多样的陆上线路等多种方式自由观光。其景区形式多样，以生态型产品为主，体验为其核心。其主打地产产品为生态观光区、探险科考站、绿色旅行别墅、环保野营帐篷、生态度假村、汽车旅馆、游客酒店，等等。

三　国外发展旅游地产的经验启示

一是要坚持绿色发展理念。国外在发展旅游地产时，坚持遵循“在保护中开发、在开发中保护”的原则，将旅游地产开发对生态环境的影响控制在最小化。鲁能集团推出了鲁能胜地等文旅产业产品，打造以“生态共生、和谐共处、可持续发展”为内涵，坚持“以人为本、生态为根、文化为魂、参与互动”的开发理念，形成了“一低一高一轻一重”的开发模式，很好地体现了绿色发展新理念的要求，可供国内同行借鉴。

二是要树立共享发展理念。开发建设旅游地产，必须要坚持以人民为中心的思想，积极吸纳当地群众参与充分尊重当地群众的切身利益和合理诉求。鲁能集团在开发旅游地产过程中，在项目选址、建筑施工、运营服务等环节当中都坚持贯彻以人民为中心的思想，充分尊重当地群众的意愿，增加当地群众的就业，提高当地的经济社会发展水平，实现互利共赢、共享发展。

三是坚持旅游方式与地产开发多样化。当前旅游消费的需求日趋多样化，因此旅游地产开发的业态也应多样化，重点是以生态型产品为主，以旅游体验为核心，推出形式多样的旅游路线和精品。未来，鲁能集团也会更精准地分析不同旅游消费群体的差异化需求，在城市开发、美丽乡村建设中不断发展旅游地产，创新发展新业态新模式。

四是要坚持开放发展理念。旅游地产开发涉及多个部门、多个主体的切身利益，社会对旅游地产开发也寄予了殷切希望。为此必须坚持开放发展理念，一方面，要充分吸纳社会资本，借助社会资源加快推动旅游地产发展。另一方面，要充分发挥民间力量的监督评估作用，提升规范化建设和服务水平，更好地满足人民对美好生活的需要。鲁能集团在坚持旅游地产开放发展方面，已经做出了很多努力，不断深化与原住居民和社会各界的合作共赢，已经取得了当地群众大力支持和社会各界的一致认可。

下　篇
鲁能集团产品线创新发展

第9章 鲁能商业地产产品线

鲁能商业地产经过多年的积累和近几年的快速发展，形成了以“鲁能城”和“美丽汇”为主的两条商业地产产品线。本章主要分析我国商业地产的发展趋势，介绍鲁能商业地产产品线的内涵以及鲁能商业地产产品线的基本特征和主要产品，以及发展经验与趋势。

第一节 商业地产模式创新

一 商业地产进入调整期

近年来，随着我国服务业的发展和住房结构调整，我国商业地产经历了多年的稳步增长，各项指标占房地产开发总体比重也均有所上升，近两年进入调整期。

从图9-1来看，我国办公楼、商业营业用房需求不断提高，相应的商业地产投资稳步增长，而且占房地产开发总投资的比重也逐步上升。在经历了2008~2010年的波动期之后，办公楼投资从2010年的1807亿元增长到2017年的6761亿元，占总投资的比重从3.75%提高到6.16%；商业营业用房投资从5648亿元增长到15640亿元，占总投资的比重从11.70%提高到14.24%。

同时在房地产开发投资总体趋稳的情况下，在经历了2014年之前多年的高于20%的高速增长之后，商业地产投资在2015～2017年有所放缓、增速下调，办公楼投资增长率分别为10.08%、5.21%、3.49%，商业营业用房投资增长率分别只有1.82%、8.42%、-1.25%，远低于2014年之前的水平。

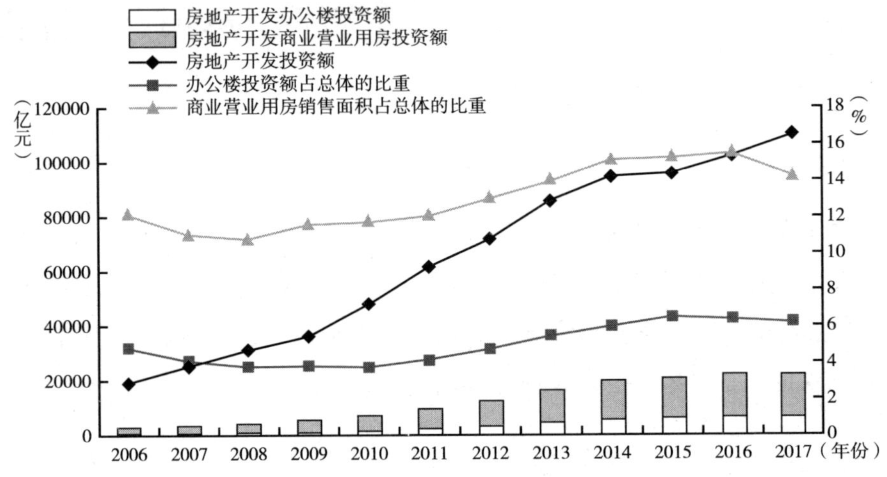

图9-1　商业地产投资额发展趋势（2006～2017年）

这种调整主要源自三个方面。

一是电子商务冲击实体零售，影响了商业营业用房的市场需求。近年来，百货业态出现集中关店潮。继2015年百盛、天虹、王府井等业内领先百货公司关闭部分门店之后，万达百货也集中关闭了多家亏损门店，转型为电器专卖店与购物街。同时，作为零售行业领头羊的大润发超市开始停止增长，后来居上的永辉超市业绩也出现了小幅下滑，其他一些卖场因为业绩不佳纷纷放慢甚至暂停了开店计划。百货与商超同时陷入负增长或零增长，商业地产的传统主力店本身如何创新升级，以及商业地产寻找新的替代性主力店已成为行业紧迫课题。

二是批发和零售业、住宿和餐饮业增速下降降低商业营业用房需求，商务服务、金融业高速增长有利于促进写字楼市场发展。近年来，批发零售、住宿和餐饮业增加值持续低于GDP增速，传统服务业增速放缓负面影响市场对商业营业用房的需求。另外，金融业、商务服务业等现代服务业增加值持续高于GDP增速，现代服务业的高速增长有利于提高写字楼需求。

三是新的商业商务模式对传统商业地产带来了挑战。在商业方面，O2O线上线下融合发展，新型商业快速增长。首先是京东斥资43亿元入股永辉超市，紧接着阿里巴巴宣布与苏宁云商达成全面战略合作。线上巨头阿里、京东从过去的正面冲突，一夜间将战场转向了线下商业资源争夺。目前线上与线下的整合虽然还仅停留在物流与资本层面，但可以预见正在并将持续改变商业格局。在商务办公方面，创客空间成为商用物业招商新形态。2015年初以来，在“大众创业、万众创新”政策号召下，国内企业借鉴We Work等国外联合办公模式，纷纷打造创客空间，优客工场、飞马旅、赛伯乐等创客与孵化器快速在全国布局（初霁，2016）。虽然创客空间在中国的盈利模式及市场空间仍有待检验和探索，但创客空间已经成为商用物业招商的新型主力业态。

二　商业地产模式创新的趋势

近年来，顺应商业地产需求调整和互联网等新经济发展趋势，我国商业地产在体验式消费模式、商业项目创新、线上线下融合和社群模式等方面表现出一些新的发展态势。

1. 商业业态跨界融合，体验式业态成为大趋势

一是商业项目纷纷加大餐饮和娱乐比例，跨界融合增强消费者体验。体验商业的品质、场景与服务是体验的重要组成部分。一些领先企业开始尝试商业与文化、旅游、科技的跨界融合。例如：苏州诚品打造成一个集结文化、表演、艺术、商业、观光于一体的跨界创意平台，给了消费者全新的体验。上海大悦城二期运用摩天轮、艺术街区、创意装置等场景激发想象空间，营造立体和精神层面体验。

二是与线上产品差异化发展，突出消费者体验。零售业正在被科技改变

是大势所趋，但在电商如此发达的今天，消费者之所以还会选择去实体店购物，主要还有一个重要的原因——体验。众多消费者追求的不再只是单纯的线上价格比较、图片感知和不停地下拉页面，而是另一种可以接触的实实在在的体验产品。漂亮大气的商场环境由此而生，甚至连水果店、杂物店、饰品店这些“沿街贩售”的品类都出现了高端零售品牌。一些基于极致线下用户体验而生的概念吸引消费者，智能导购、电子会员卡、电子试衣间等都是创新用户体验的方式。

三是消费者体验理念推动个性化消费和新型商业项目快速发展。消费升级的主题始终贯穿于商业地产市场。随着中产阶级群体的扩大以及消费者收入水平的提高，国内消费需求已经从衣食住行等生存型消费向精神层面的享受型消费推进。在此背景下，体验、餐饮、教育以及服务类消费将对商业地产格局产生巨大影响。随着个性化消费时代来临，“反同质化”潮流开启，设计师概念店、买手集合店当红，诸如 D2C、素型、诚品、方所等正兴起。购物中心正积极创新打造包含马术、海族馆、击剑、医疗、跨境电商、虚拟现实、创客工场等全新业态的卖点。

2. 新商业项目不断涌现，社区商业开始多样化

从商业地产开发商或运营商企业背景上看，整体仍以万达、华润置地、新城控股等专业商业地产开发企业为主，王府井、永旺等传统商超企业继续推进购物中心转型，以住宅开发为主的大中型房企也参与其中。其中，万达 2017 年有 50 个项目开业（万达广场 49 个、万达茂 1 个），整体开业数量仍呈每年递增趋势。在产品线类型上，万达广场仍是主流。除万达外，其他专业商业地产开发的企业中，华润置地、新城控股、红星商业、宝龙等巨头均是市场的重要抢夺者。

与此同时，随着人们生活水平的提高和商业市场的激烈竞争，社区商业正在从单一的住宅底商向专业市场、主题商场、商业步行街演变。社区商业的功能从加强社区服务、投资性产品演变为复合型社区商业产品，其规划的专业性和业态的多元性是其主要特点，能够满足人们在社区内体验到娱乐、消费、养老、商务等便利，是其在商业领域最具竞争力的核心

优势。

3. 电商平台串联线上线下，基于社群的商业模式开始涌现

一方面，“商业地产 + 电商平台”串联线上线下，商业模式不断创新。互联网对传统的实体商业带来很大的冲击，在这样的背景下，房企纷纷与互联网企业合作，各类电商 O2O 平台层出不穷。近年来，我国实体商业一直在探索“互联网 +”，如今终于意识到“互联网 +”是互联网主导下的商业，重模式而轻服务，重价格而轻品质，在此背景下，新一代商业先锋开始尝试商业主导下的“商业 +”，即“商业 + 文化 + 旅游 + 科技 + 健康”等，“商业 +”既不固守传统，也不单纯比拼价格，而是强调营造有品质的生活方式，将体验做到极致。比如，有的商场可以实现免费上网、店铺实时导航、停车自动缴费、餐厅远程排队、移动支付、智能购物场景等功能。

另一方面，社群经济形成了新的商业模式。微信对商业地产的贡献，除了移动支付，就是建立起了各式各样的社群，不管是拓展、招商、运营，还是餐饮、服装、娱乐，各有各的圈子，促进了信息分享，高效黏合了拓展和招商，认可场子和认可人变成同样的重要因素。近年来，社群经济将会是一种新的商业模式。由此，商业场景不再局限于某个街区，而会扩大，整个卖场形成一个泛场景化的状态。在场景体验的基础上，精神层面的链接也会出现，从功能商业到精神商业，小家庭的会客厅会消失，购物中心作为城市会客厅的功能将得到加强，这是当下的趋势。后期，购物中心的运营推广将会围绕创意来做，围绕情怀来做，围绕精神支点来做。购物中心除了商铺、商品，不久会更多地加入人文元素。

第二节　鲁能商业地产产品线内涵与价值定位

顺应商业地产需求变化，鲁能坚持以商业提升城市价值，在一线城市及部分中心城市重点发展高端酒店、商场、写字楼等商业地产项目，为消费者提供一流的出行、购物以及办公体验。

一　鲁能商业地产产品线的内涵

商业地产产品线，是指商业地产开发商在各地复制推广标准化的商业地产产品，鲁能的商业地产产品线主要包括"鲁能城"和"美丽汇"两类产品。通过实施商业地产产品线战略，有利于实现鲁能商业地产的标准化、品牌化和创新化。

一是可以通过标准化的产品实现快速复制。商业地产产品线战略能够充分应用鲁能现有的商业地产产品和相关资源，进行有机整合，构建标准化的产品线系统，从而快速实现系统化产品定位，有效降低时间和经济成本，并能够保证项目品质实现快速复制。

二是通过品牌化的产品吸引客群。商业地产产品线战略帮助鲁能摆脱模糊的品牌认知，用特色化产品吸引客群，树立鲜明"鲁能系"地产品牌，可以通过产品模块的组合、快速复制和反复使用，形成鲜明的品牌形象，有效提高市场识别度。

三是通过创新化的产品实现增值。商业地产产品线规划能够减少鲁能的时间和经济成本，使鲁能有更为充足的资源推动创新的商业模式，不断推动自身快速成长，有助于推动商业模式和产品的创新，突破市场红海。

二　鲁能商业地产产品线结构与价值定位

鲁能商业地产产品线以文化为驱动凝聚力，探索商业独有气质，以"新动能、新视野、新生活"为核心理念，通过整合资源、倡导共赢、高效捕捉与回应市场趋势，鲁能商业地产产品线形成以下两类产品，它们分别是融合了城市多样产品和需求的城市综合体"鲁能城"，以及以休闲娱乐为目的的"美丽汇"。

按照鲁能集团的定位，"鲁能城"和"美丽汇"定位于城市一站式购物中心，紧贴"生态、健康、运动、娱乐、科技"五大维度，致力于为消费者提供全新的时尚体验。

1. 鲁能城的价值定位

鲁能城是专门针对城市整体发展而设计的城市综合体，是涵盖不同档次酒店、商务办公、充满人文气质、针对城市商务人群的概念性城市综合体。其中包括办公为主的商务导向和商业为主的家庭导向两种形式，分别以核心商业区的精英商务人群和核心居住区的中产阶级家庭为目标客群。通过系统规划，形成多业态、高体验的城市综合体，为精英群体打造专属需求的“办公、娱乐”之所，将“商务”与“休闲”，“物”与“乐”的同步对话变为可能，助力城市发展。其代表性产品分别布局济南、成都、武汉、天津和重庆。

鲁能城，是一个聚集特色体验的游乐场所，创造家庭互动、文化创意的成长场所，提供生态养生、活力健康的乐活场所；是一个注重文娱游乐体验、家庭成长体验以及健康生验的“体验式”生活空间。

2. 美丽汇的价值定位

美丽汇是一个聚焦当下旅游度假需求的、以休闲娱乐为目的的高端产品，旗下产品根据不同特色可分为三类，分别是以精品、奢华、独特、私享为特性的酒店度假综合体，以多彩、创新、生活、活力为特性的商业娱乐目的地，以复兴、经典、愉悦为特性的文化创意特区。其代表性产品分别是大连金石滩美丽汇、文昌南洋美丽汇。

酒店度假综合体以精品、奢华、独特、私享为开发理念，以酒店度假群开发为核心，联动商业零售、特色娱乐、主题游乐、主题餐饮、会议会展等多元模块，形成综合度假目的地。它的客群是高端游度假客、业主及区域居住人口。选址主要位于城市外围区域，具备较好的景观资源与条件，如滨海、滨湖、山地森林等；同时也要具备较好的交通条件，路网交通完善，这些旅游要素是该类美丽汇运营成功的基本条件。

商业娱乐综合体以多彩、创新、生活、活力为指导理念，主要位于城市中心区及有巨大发展潜力的城市副中心或区域新城，主打商业娱乐开发，注重体验消费，由鲁能运作资源形成配套酒店、休闲餐饮、主题游乐、文化艺术等模块，打造面向城市居民休闲客群、国内度假客群、国际游客的一站式商业娱乐体验目的地。

文化创意综合体作为文化体验驱动的文化创意特区，以复兴、经典、愉悦为指导理念，位于大城市中心区域或具有独特文化属性、经济发达的二、三线城市，主要服务城市周末休闲客群、国内旅游度假客、年轻游客及文化创意人士，通过文化主题要素植入，将文化设施及文化产业开发打造成闪光点，形成创意文化聚集地及文化体验特区。

第三节　鲁能商业地产产品线的具体特点和主要产品

2015 年 10 月，鲁能集团正式发布了“鲁能城”“美丽汇”两大商业综合体产品线，揭开了全面布局商业地产的序幕，并在 2017 年、2018 年集中上线。两大产品线双轮驱动，成为鲁能集团开拓商业地产市场的“主力军”。

一　鲁能城的具体特点和产品

“鲁能城”选址城市中心或副中心位置，重点打造商务导向和娱乐导向的城市综合体，立志打造未来城市新地标。鲁能城大体分为办公为主和商业为主两类。其中，商业驱动型鲁能城选址主要考虑半径 3 千米范围内常住人口超过 20 万人，道路条件优越，临近公交站点，展示面优越的地点；办公驱动型鲁能城的选址位于超大城市或特大城市 CBD，新区政务区，产业新城核心区，以及超大城市会展中心区，交通发达。目前，鲁能城项目主要在济南、天津、重庆、成都等地。

1. 鲁能城（商业型）

目标客群：核心客群为中产阶级家庭客群；辅助客群为项目自有办公人群以及周末休闲群体。

选址条件：一线城市中心非热点区；二、三线城市副中心/区域中心；交通通达性好，交通干线辐射范围较广，辐射全市乃至周边省市；城市副中心，区域商圈核心，区域 CBD 核心，新城核心区。

业态配比：商业驱动型鲁能城业态以商业为主，各个业态配比见图 9 -2。

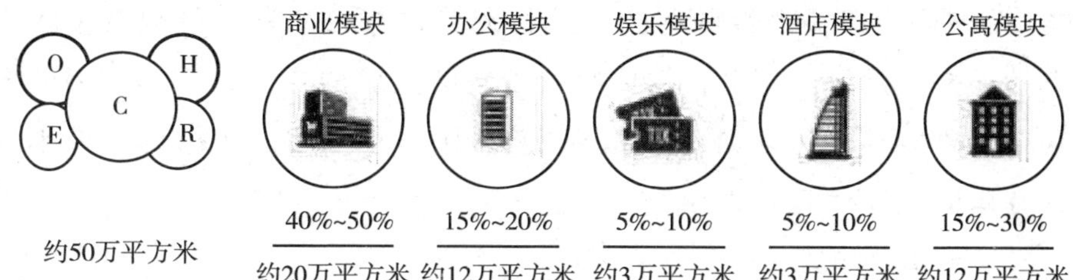

图 9－2

主要案例：

（1）天津鲁能城

天津鲁能城购物中心是鲁能商业地产布局全国、升级换代产品线的标杆示范购物中心项目。

天津鲁能城购物中心建筑面积 12 万平方米，包含地上六层共 6 万平方米，地下一层 6 万平方米，位于景观秀美，底蕴丰厚的南开水上片区，为双地铁交通枢纽。周边拥有 40 万家庭客群，1000 万旅游客群，15 万高校客群以及 10 万白领高知客群。项目以娱乐休闲乐园为主题，以注重生活品位的都市家庭及时尚人群为核心，打造多功能、复合型的休闲消费目的地。聚合众多实力品牌和创新业态，规划有运动活力中心、全业态儿童体验中心、精选特色美食中心、电力小镇不夜城街区、街心花园广场等主题商业空间，致力于带来更精彩别致的休闲生活方式。

天津鲁能城购物中心在商业规划中融入“新动能、新视野、新生活”的产品线理念，在空间、业态、体验方面打造独特亮点。在内装设计上，鲁能城购物中心从注重家庭生活的天津人文出发，结合水上公园的秀美与灵动，对生态公园元素进行了充分运用，阳光、水景、绿植、四季等表现手法颇具特色，呈现出一个清新、亲和、有趣的情景化空间。

在创新业态上，天津鲁能城购物中心以全新的视野，将文化、商业与企业独特基因深度融合，打造电能小镇不夜城街区、光电科技体验馆、鲁能小将运动馆等主题商业空间，带来更具创新感的美好体验。鲁能独创的电能主题不夜城街区，源自后现代工业设计风格的灵感，以

"电"为主题，极具个性的店招，风格迥异的特色店铺，将顾客带入一个奇妙的探索世界。光电科技体验馆以趣味实验的方式，为大家揭开电的秘密。鲁能小将运动馆将模拟现实、4D体验与运动相结合，带来潮流、健康的运动休闲方式。

（2）济南鲁能城

济南鲁能城位于济南市中区二环南路与英雄山路路口，占地约10.5万平方米，总建筑面积41万平方米，包括贵和购物中心、五星级希尔顿酒店、酒店式公寓和5A甲级写字楼。济南鲁能城是一家以欢乐秀场为主题的全景式家庭体验商业项目，摒弃了传统的单纯购物模式，项目增加更多家庭休闲、旅游、娱乐元素，为消费者提供舒适、健康、欢乐的购物体验。

其中，贵和购物中心于2014年12月28日开业，分为地上5层，地下4层，经营业态有世纪星真冰冰场、耀莱成龙国际影城、北京华联BHG生活超市、迪卡侬山东旗舰店4大主力店及H&M、C&A、UR等一线快时尚品牌、儿童体验馆、户外运动、家电家居等多家次主力店。随着贵和购物中心的开业，泉城南部高品质大体量商业设施缺乏的现状得到质的改变，南部地区焕发全新的活力。凭借大体量优势，贵和购物中心项目的开业填补了济南南部地区高品质商业设施的空白，改变了南城区域商业设施零散、初级、自发的状况，为周边4公里范围内、超过60万居住人群带来全新的购物、休闲娱乐和餐饮体验。

2. 鲁能城（办公型）

目标客群：核心客群为精英商务人群，辅助客群为周边的白领客群、高净值投资客以及区域居住人口。

选址条件：一线城市CBD或城市核心区，二、三线城市CBD区域；城市核心商圈/核心地带，传统商业汇聚之处，城市的经济、科技和文化核心；配备完善的市政交通，地铁、公交系统等无缝对接；具备成熟的通信条件。

业态配比：办公驱动型鲁能城业态以办公为主，各个业态配比见图9-3。

主要案例：

(1) 上海鲁能国际中心

上海鲁能国际中心项目位于世博园区，紧邻黄浦江，地理位置优越。项目共建设4栋写字楼，规划建筑面积15.8万平方米，其中地上建筑面积96250平方米，现已进入竣工验收阶段，成为最早竣工的鲁能集团在建写字楼项目。

上海鲁能国际中心在竣工前就备受瞩目，在由国家住建部和《时代周报》主办的“2016中国地产时代奥斯卡”评选活动中，上海鲁能国际中心荣获“2016中国最佳写字楼奖”。其亮点在于“绿色+简洁”的设计理念、以人为本的空间营造，以及顶层花园、下沉广场、商务办公的第三空间模式。

简洁：上海鲁能国际中心设计风格现代简洁，整体设计语言是以建筑网格为依据设置的总部基地网格，形成穿越硬质和软质的结构，以体现办公景观的现代和效率感，力图成为世博地区的新地标性建筑。

绿色：鲁能国际中心采用了屋顶绿化、室外透水地面、集中能源中心等专项技术，在满足造价及环保要求的同时，又达到设计的品质感。项目现已通过美国绿色建筑LEED认证金奖和中国绿色建筑三星级认证。

第三空间模式：与绿色设计理念一脉相承的是顶层花园办公、下沉广场商务的第三空间模式，意在打造纯天然的生态规划，营造清新自然的氛围。鲁能国际中心经过精心构思、反复推敲，设计有顶层花园办公、下沉广场商务的第三空间模式，突出实现自然和谐、健康舒适的人本空间。

(2) 杭州国际中心

杭州国际中心项目毗邻杭州市政府，可俯瞰钱塘江、西湖一线美景，定位为引领城市国际化的传世之作，规划高度299米，为杭州新地标。作为鲁能集团在杭州的第一个项目，项目邀请国际顶级的SOM、KPF、GENSLER、GMP、PLP、萨夫迪和华东院开展概念方案国际设计竞赛，经国内院士专家反复优化提升，最终确定为2幢超高层塔楼加商业裙楼作为概念方案，采用钱江风帆和竹节的理念，既体现“扬帆致远”的胆略勇气，又象征杭州事业发展“节节攀升”。

项目总占地面积3.01万平方米，容积率10，规划总建筑面积44.24万平方米，规划有国际甲级写字楼、服务式公寓、街区式商业、观光层、地下车位等多种业态。项目已于2017年12月8日举行开工仪式，整体开发周期约5年，计划2021年底竣工。

图9-3 杭州国际中心效果图

二 美丽汇的具体特点和产品

"美丽汇"将文化、娱乐、休闲作为项目的支撑点，以旅游资源丰富的城市作为第一选择，打造领先的休闲生活品牌。美丽汇整体定位休闲娱乐目的地，总建筑面积10万~20万平方米，分为蓝色、金色和红色，各自定位不同。美丽汇的业态比较多元，涵盖商业零售、酒店、客栈、餐饮、娱乐、文化艺术、公寓、办公等类型；辐射范围通常在3~5千米；辐射周边常住人口30万~50万人。美丽汇的核心诉求是作为鲁能集团的休闲娱乐型产品线，将打造满足城市不同阶层需求、类型多样的中型综合体。

1. 酒店度假综合体

酒店度假综合体主要是依托既有度假区旅游资源，以品牌酒店为驱动，为片区度假客群提供配套服务设施，同时，兼顾星级酒店配套功能的综合

酒店度假综合体 美丽汇 - 度假旅居驱动	商业娱乐目的地 美丽汇 - 商业娱乐驱动	文化创意特区 美丽汇-文化体验驱动
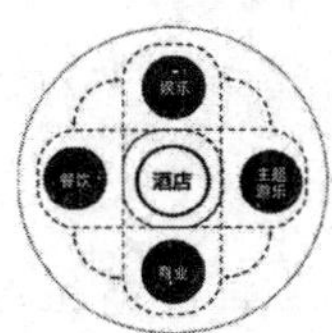	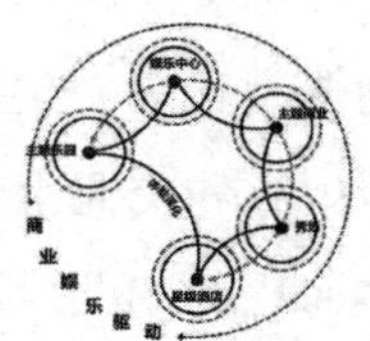	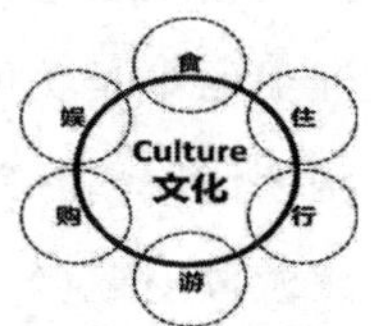
以酒店度假群开发为核心，联动商业零售、特色娱乐、主题游乐、主题餐饮、会议会奖等多元模块，形成综合度假目的地	以商业娱乐开发为核心，体验经济为亮点，配套酒店、休闲餐饮、主题游乐、文化艺术等模块，形成面向全客层的一站式商业娱乐体验目的地	以文化为主题要素，文化设施及文化产业开发为重点，驱动商业、酒店、主题娱乐的文化主题化打造，形成创意文化聚集地及文化体验特区

图 9-4 鲁能美丽汇三大系列

体。其大致包括商业、酒店和分时度假类物业，总建筑面积 15 万~20 万平方米。

驱动模式：以酒店度假群开发为驱动，带动商业、客栈、游乐等业态开发的综合旅游目的地。

主题定位：城市酒店度假综合体。

目标客群：核心客群为国内中高端旅游度假客、候鸟度假客，辅助客群为项目周边区域中产家庭。

选址条件：具备良好景观资源条件的城市外围区、旅游资源丰富的城市，交通通达性佳，距离机场、高铁站等大型公共交通枢纽近，周边路网发达。

业态配比：各模块的建筑体量及占比见表 9-1。

表 9-1

<table>
<tr><td rowspan="8">酒店度假综合体</td><td rowspan="5">酒店度假综合体核心商业区，5 万~8 万平方米，占总建筑面积的 30%~50%</td><td rowspan="3">街区商业</td><td rowspan="3">3 万~4 万平方米</td><td rowspan="3">可租可售</td><td>零售</td><td>0.5 万~1 万平方米</td></tr>
<tr><td>餐饮</td><td>1.5 万~2 万平方米</td></tr>
<tr><td>文娱</td><td>0.5 万~1 万平方米</td></tr>
<tr><td>主力商业</td><td>1 万~1.5 万平方米</td><td colspan="3">持有或阶段性持有</td></tr>
<tr><td>客栈</td><td>1 万~3 万平方米</td><td colspan="3">可租可售</td></tr>
<tr><td>酒店</td><td>3 万~4 万平方米</td><td>占总建筑面积的 15%~25%</td><td colspan="3">持有</td></tr>
<tr><td>分时度假类物业或公寓</td><td>不低于 5 万平方米</td><td>占总建筑面积的 25%~35%</td><td colspan="3">销售</td></tr>
<tr><td>备注</td><td colspan="5">各业态面积比重，可根据项目具体条件和市场需求，进行适当的调整</td></tr>
</table>

主要案例：

（1）鲁能大连金石滩项目

大连美丽汇是美丽汇产品的典型代表，位于大连市近郊的5A级景区金石滩休闲度假区内，距离大连市中心和交通枢纽车程约1小时，属于城市近郊休闲旅游辐射范围。基地整体面积约30公顷，规划建筑面积不超过20.8万平方米。大连美丽汇项目主要包括硬石酒店、商业及产权公寓等。

该项目主要分为商业街区及中心商业两部分，休闲娱乐、餐饮、零售及生活配套的业态配比分别为30%、50%、20%，其中中心商业面积1.2万平方米，平均租金1元/天/平方米，业态规划为一层为休闲餐饮、生活零售，二层为儿童娱乐、特色餐饮，三层为主题体验店、特色影院。商业街面积1.7万平方米，业态规划为酒吧、咖啡、特色餐饮、特色客栈等。

大连美丽汇规划四个功能分区：蓝调度假村包括硬石主题酒店、希尔顿会议酒店、希尔顿度假公寓、新理念产权度假酒店、温泉主题酒店等主题酒店群；天籁梦乐园，由众多科技探索反季节乐园组成，包括天空之城温室花园、IP探索科技主题展馆、儿童动漫博物馆、室内运动科技馆、金石声音博物馆等；嘻哈潮乐荟为风情走逛潮人聚集地，包括哈雷骑士俱乐部、海上声光秀场、众创潮人市集、模特定制工坊等风情商业，以及Post Rock酒吧街区、摇滚音乐快餐车队等主题餐饮；朋克极限湾则囊括朋克极限湾、拓展训练中心、亲子海洋启蒙俱乐部、儿童潜水营、尖叫沙滩运动俱乐部、沙地高空挑战塔等沙滩活力运动体验营。

（2）鲁能文昌南洋美丽汇

位于鲁能·山海天淇水湾板块，毗邻钻石大道、淇水湾大道、彩虹大道三大交通动脉，项目总建筑面积8.3万平方米，分成八大组团，建设8栋单体和一个龙塔，南洋美丽汇于2017年3月中旬开工，目前正处于施工阶段。

该项目定位为铜鼓岭娱乐核心，度假夜间乐园，结合当地风情文化和现代高科技的娱乐体验中心，集文化、娱乐、餐饮、零售功能为一体，是铜鼓岭的活力聚集地，也是夜间娱乐的聚集区。南洋美丽汇将通过骑楼、浮雕、图腾、庭院、绿廊等元素，打造浓郁的南洋风情，将复原宋氏祖居、溪北书院等文昌人文景点，打造主题商业休闲中心，引进文昌四大老宅符家宅、林家宅、韩家宅、陈家宅建筑精髓，营造古香古色的民宿主题空间。

（3）三亚湾美丽汇（美丽城商业1区）

鲁能三亚湾美丽城项目依托河滨资源、结合海洋风情，创造多层次的、具有识别性的建筑、景观空间；打造集SOHO办公、娱乐休闲于一体的多元混合，配套丰富，健康生态，聚集人气，创新活力的复合型生态乐活城。

项目用地面积约34744.80平方米，拟建三栋7~8层的商业办公建筑，三个建筑组团，结合场地特征，与周边呼应，创造灵活多变，空间丰富的建筑形态，建筑局部高度设置为6层，形成高低起伏、富有变化的天际轮廓线。各自建筑均以独立围合形式，形成各自独特的庭院，增添城市的亮点。

完善多样的设施及配套：引入创新型文化商业业态，为本区SOHO办公人士和周边的住宅居民提供完善多样服务配套及文化休闲设施，满足不同功能及使用者的需求，为使用者提供丰富的休闲娱乐条件；同时，将具有文化气息的商业商圈向外辐射，打造成为区域热点。

聚集人气的城市互动空间：打造尺度宜人，气氛优雅，充满活力的建筑空间，将项目营造成类似新天地、三里屯的极具特色的街区型商业综合体。

塑造具有识别性的建筑形象：充分考虑当地气候条件，提取热带建筑特色，打造具有识别性的建筑形象。以期吸引本区域及外来人员的驻足、停留，进一步增强本项目的人气和城市配套功能。

生态健康的生活理念：多层次绿化建筑，从庭院绿化到屋顶绿化到垂直绿化，形成层层渐进，错落有致的立体景观系统。将周边的城市绿化带向地块内及空中延伸，打造多层次的景观系统。空中花园为不同人群提供最便捷的互动休闲空间，促进交流；同时融入建筑立面的植被，既能减少建筑热辐射，又有助于形成丰富的建筑立面图案，最终将三亚湾美丽城打造成一个健康、自然、休闲的生态社区。

2. 商业娱乐综合体

商业娱乐综合体通常位于城市中心区或次中心区，为区域内社区提供配

图 9－5　三亚湾美丽汇效果图

套服务；业态上大致包括商业零售、文娱、餐饮、酒店、公寓、办公等模块，项目总建筑面积 15 万～20 万平方米。

驱动模式：以商业、娱乐开发为核心驱动力，带动酒店、文化艺术、公寓等业态开发的商娱综合体。

主题定位：城市中的一站式商业娱乐体验目的地。

目标客群：核心客群为城市休闲客群、项目周边区域中产家庭，辅助客群为国内外旅游度假客。

选址条件：一、二线经济发达的城市，核心旅游城市；城市中心区，发展潜力大的城市副中心或新区；市政配套完善、路网发达，离大型公共交通枢纽近，区域辐射人口多。

主要案例：

（1）鲁能北京顺义 7 号地块

鲁能北京顺义 7 号地块位于北京市顺义新区的中心点，未来将成为区域的商业中轴。项目占地 4.7 万平方米，建筑面积约 10 万平方米，集购物、餐饮、运动、酒店、办公、公园于一体的城市综合体，定位为运动型商业街区。

表 9－2

<table>
<tr><td rowspan="7">商业娱乐综合体</td><td rowspan="4">商业娱乐综合体核心商业区，5万～7万平方米，占总建筑面积的30%～50%</td><td rowspan="3">街区商业</td><td rowspan="3">4万～5万平方米</td><td rowspan="3">可租可售</td><td>零售</td><td>0.5万～1万平方米</td></tr>
<tr><td>餐饮</td><td>1.5万～3万平方米</td></tr>
<tr><td>文娱</td><td>1万～1.5万平方米</td></tr>
<tr><td>主力商业</td><td>1万～2万平方米</td><td colspan="3">建议持有</td></tr>
<tr><td>品牌酒店</td><td>2万～3万平方米</td><td>占总建筑面积的10%～20%</td><td colspan="3">持有</td></tr>
<tr><td>公寓或办公</td><td>不低于5万平方米</td><td>占总建筑面积的30%～50%</td><td colspan="3">销售</td></tr>
<tr><td>备注</td><td colspan="5">各业态面积比重，可根据项目具体条件和市场需求，进行适当的调整</td></tr>
</table>

（2）济南领秀公馆商业

济南领秀公馆商业位于济南市市中区南部，项目占地5.5万平方米，建筑面积20万平方米，形成集旅游、购物、休闲、娱乐、运动为一体的区域性主题商业。

（3）南渝星城

鲁能·南渝星城BLOCK街区，充分运用BLOCK国际理念①所倡导的亲和度，规划科学购物流线，创造最理想的购物氛围，打造一站式BLOCK公园式商业街区，集大型购物中心、高端餐饮、休闲娱乐和生活便利等多种业态于一体，为重庆市民打造一个时尚而高端的全能都会生活中心。街区内设置酒吧、咖啡厅、餐饮、健身会所、西点坊、美容美发，等等，而大型购物休闲中心集结五大商业天地，购物天地、潮流天地、儿童天地、美食天地、休闲天地，出门即是购物休闲中心，逛街不仅不会产生疲倦感，还能获得购物的愉悦，极大丰富了人们对购物休闲的需要，为大家提供了一个更加舒适的环境，时尚、休闲、活力十足。

另外，鲁能·南渝星城规划约7万平方米中庭绿化景观，内设环形慢跑

---

① 街区式商业的形态起源于意大利，流行于英国、法国、美国等广大地区，目前正成为国内商业形态的流行趋势。街区式商业，又被称为BLOCK街区，是将商业、人群、休闲、开放、亲和巧妙的融合在一起。

道、儿童游乐、老人休憩、游泳池、乒乓球场、篮球场、羽毛球场等休闲娱乐设施；北侧配有开放式景观公园，乐普森儿童乐园点缀其中；西侧临河景观带，东侧景观文化广场；项目景观设计面积约 11.2 万平方米，更有云篆山森林公园环伺。鲁能·南渝星城开放式的空间和美丽的景观公园，为业主打造全新的生活居住模式。

3. 文化创意综合体

文化创意综合体是具有特定目的的文化旅游产品，通常具有鲜明的文化属性与体验型商业业态，通过门票收益和物业增值来获取项目利益的目的型文化旅游产品；业态上大致包括商业零售、娱乐、餐饮、酒店、客栈、文化等模块，项目总建筑面积 10 万 ~15 万平方米。

驱动模式：以文化旅游体验和创意设计为驱动元素，带动商业零售、餐饮、酒店、娱乐、公寓等业态开发的文创体验区。

主题定位：创意设计 + 文化旅游体验目的地。

目标客群：核心客群为城市休闲客群、文艺客群，辅助客群为国内外旅游度假客群、城市青年群体。

选址条件：一、二、三线中经济发达、历史文化资源丰富的城市；一线城市副中心或新区，二、三线发达城市的历史文化区；距离大型公共交通枢纽近、路网发达，交通可达性好。

业态配比：各模块的建筑面积及占比见表 9 - 3。

表 9 - 3 各模块建筑面积及占比

<table>
<tr><td rowspan="6">文化创意综合体</td><td rowspan="3">文化创意综合体核心商业街</td><td rowspan="3">3 万 ~5 万平方米</td><td rowspan="3">占总建筑面积的 30% ~50%</td><td>零售</td><td>0.5 万 ~1 万平方米</td><td rowspan="3">可租可售</td></tr>
<tr><td>餐饮</td><td>1.5 万 ~3 万平方米</td></tr>
<tr><td>文娱</td><td>1 万 ~1.5 万平方米</td></tr>
<tr><td>文化</td><td>1 万 ~2 万平方米</td><td>占总建筑面积的 10% ~20%</td><td colspan="3">自持</td></tr>
<tr><td>酒店和客栈</td><td>3 万 ~5 万平方米</td><td>占总建筑面积的 30% ~50%</td><td colspan="3">可租可售</td></tr>
<tr><td>备注</td><td colspan="5">各业态面积比重，可根据项目具体条件和市场需求，进行适当的调查</td></tr>
</table>

第四节　鲁能商业地产产品线成功经验与趋势

经过多年积累和近几年的快速发展，鲁能商业地产取得了显著成就，积累了一些成功经验，这些成功经验将会是引领鲁能商业地产未来发展的重要导向。

一　生态圈引领商业地产成为新增长极

近年来，鲁能集团快速发展，2016 年以 646 亿元的销售业绩、超过 300% 的增幅，实现突破式发展，进入房企 20 强，并先后获得“2016 中国国有房地产公司品牌价值 TOP10”“2016 中国绿房企 TOP10”等多项殊荣。同时荣获“2017 中国房地产百强企业成长性 TOP10”第一名、“2017 中国特色地产运营优秀企业—绿色地产”两项荣誉。这背后，是鲁能集团深入分析国家政策和经济形势，以创新理念打造泛产业地产“生态圈”的结果。

传统意义上的产业地产，以地产为载体，以办公楼宅、配套住宅、商业休闲、研发生产用房为开发对象。而泛产业地产囊括多种房地产形态，是一种以地产开发为依托、多业态融合和产业链集成的综合体模式。以“泛产业地产发展商”这一战略定位为引领，鲁能集团在 2015 年开始明确布局商业地产、文旅地产、体育地产、健康地产、科技地产、美丽乡村、民生地产七大产品体系，形成以地产开发为平台的产业集群。鲁能的做法已经脱离了传统意义上地产开发乃至产业地产的范畴，而是以地产开发为牵引，延伸至商业、文旅、体育、健康等多个领域，并通过资源的整合将不同元素及产业链上下游串联起来，从而形成一个自成一体的泛产业地产“生态圈”。

基于此理念，鲁能集团重点打造鲁能城、美丽汇、鲁能泰山 7 号、鲁能胜地、美丽乡村等代表性产品。其中，鲁能城是以商业、办公为主要功能的城市商业综合体；美丽汇包含度假旅居、商业娱乐、文化体验三种属性，是独具特色的休闲娱乐目的地；鲁能泰山 7 号以体育休闲产业链衍生为核心，打造健康、生态、休闲的复合综合体；鲁能胜地与美丽乡村是鲁能助推青山绿水、美丽中国的战略实践产品。除此之外，鲁能还在布局健康地产和科技地产，研发鲁能泰山9号、鲁能硅谷两大品牌。围绕七大产品体系，鲁能逐步完成从传统房企的“房地产+”，到住宅、商业、旅游、健康、农业、体育、科技等新型地产业态的多条线覆盖，构建了一个清晰的泛产业地产布局。

在此背景下，鲁能商业地产开始快速发展。2015年“鲁能城”“美丽汇”的发布，标志着鲁能商业地产产品初具雏形。按照鲁能集团的定位，商业地产鲁能城和美丽汇定位于城市一站式购物中心，紧贴“生态、健康、运动、娱乐、科技”五大维度，致力于为消费者提供全新的时尚体验。2016年和2017年，各地项目陆续亮相，则表示鲁能旗下商业地产已开始规模化发展阶段。以鲁能城、美丽汇为代表的商业产品线正在进入发展的快车道。商业地产已经成为鲁能集团持续发展的重要推动力。

二　规模化推进打造全新版图

鲁能集团从2015年开始整合资源，逐步成立主题游乐、商业、餐饮等综合业态，并进一步强化酒店及商业旅游规模发展及建设步伐，实现资源整合。除了目前市场主流商业业态外，鲁能还与多家国际著名IP品牌合作，共同建立一系列的商业娱乐主题，丰富商业业态。

目前鲁能在一线城市及部分中心城市重点发展高端酒店、商场、写字楼等商业地产项目，运营酒店10家、商场4家，在建综合体5个；而在海南、长白山、九寨等旅游度假目的地则大力开发度假村、酒店、休闲运动等产业。

2016年，鲁能集团旗下十余家商业地产项目联合发布，向行业内外展示了鲁能商业地产战略布局和产品形象。鲁能集团商业地产项目在2017年、2018年迎来集中爆发期，天津鲁能城成都鲁能城、大连美丽汇、重庆美丽汇和文昌美丽汇等项目陆续上线，共同构筑鲁能集团商业地产版图。其中，天津鲁能城作为鲁能集团商业综合体产品线的首个亮相产品，定位为高端城市综合体，涵盖购物中心、高端五星级酒店、国际5A级写字楼及精装住宅，其购物中心于2017年12月正式开业，凭借绝版地段、庞大客流量、创新体验式业态规划等罕有气质而深受品牌商青睐；重庆美丽汇，拟规划成为重庆首个花园式全民游乐中心，以“让花园融入建筑环境，给城市提供呼吸空间”为理念，致力打造一个满足家庭休闲游乐需求的商业场所；大连金石滩美丽汇位于大连金石滩休闲度假核心区，紧靠金石滩发现王国主题公园和黄金海岸滨海度假区，规划有嘻哈潮乐荟、天籁梦乐园、朋克极限湾三大板块，为消费者提供不一样的商业体验。

三　注重开发体验式商业地产

城市商业地产的发展出现新趋势，新一代消费者更愿意为体验、环境、情感和服务埋单。这意味着传统的以零售为主导的商业地产将转变为以体验式消费为驱动。鲁能集团将旗下商业地产项目定义为“城市文化的集中代表和精彩的都市生活空间”，把文化、创意、娱乐与消费相结合的体验打造成这些项目的核心卖点，积累了丰富的经验。

鲁能集团引入了硬石国际这类国际一流的休闲娱乐品牌，在产品研发阶段也规划了带有创意、时尚和文化色彩的主题空间。硬石国际旗下的音乐主题类餐饮品牌Hard Rock cafe也已经在鲁能项目落地。鲁能集团目前的十余个大型在建商业地产项目，于2017年、2018年集中开业面市。其中，天津鲁能城汇集了包括Mini智汇视界、华润V+超市、沃美国际影城、星巴克、西贝、百胜、东田等国内外品牌，还规划了电能小镇不夜城街区、电力科技体验馆、鲁能小将馆等特色主题商业空间。鲁能小将馆将采用4D、VR等技术，让消费者模拟体验攀岩、游泳、打球等体育项目。Hard Rock cafe以音乐主题和时尚潮流为特色，融合了餐厅、酒吧、零售等元素，将为消费者带来独具特色的休闲娱乐体验。

四　积极创新经营模式构建核心竞争力

随着人们的需求不断改变，原有的商业形式已经不能够满足现在的消费者。鲁能商业租售中心在打造个性化商业，吸引商户的同时，还在积极地走出去，了解客户需求，为客户提供定制化的商业，以此构建和提升自身的竞争力。

一是积极推进定制物业模式。鲁能集团和红星美凯龙达成商业战略合作，将为其量身定制物业。商业租售中心在产品规划前就介入招商，使得后期能够在招商上掌握主动权，围绕红星美凯龙进行家居商业配套，形成家居产业链。这有利于让鲁能物业升值增值，形成自己的商业价值。在此基础上，鲁能将以自身品牌为信用背书搭建一个平台。这个平台可以线上线下互动，类似一个俱乐部，搭建起自己的客户产业链，让鲁能所有的客户能够共享资源，以达到利益大化。届时，鲁能将不再只是一个房地产开发商，将成为商业的运营商。

二是推进“互联网金融+商业地产”模式。目前，鲁能集团与京东集团达成战略合作，双方将以自身品牌实力为依托，整合优势资源，在金融服务、资源共享、渠道建设等领域开展合作，推出一系列创新型增值服务。这是鲁能集团在“互联网+”思维下创新发展的一次尝试。鲁能集团本着创新、引领、共赢的原则与京东金融集团开展合作，合作内容主要集中在互联网金融、客户体验升级、客户增值服务几个方面。双方于2016年6月合作推出首款地产项目金融理财产品——“购房盈”以增加客户购房收益，“账户安全险”保障客户资金安全。该产品覆盖鲁能旗下位于济南、重庆、宜宾、文昌、海口等城市的十余个项目。互联网思维能给企业带来全新的运营思路，对企业的品牌推广和后续服务产生巨大影响。鲁能集团与京东金融集团的战略合作，是鲁能集团以“互联网+”思维创新产品及服务的一次尝试，将提升鲁能产品及品牌的影响力。

第10章
鲁能文旅地产产品线

鲁能文旅地产产品线，是充分体现鲁能集团生态战略的旅游地产产品。在推进供给侧结构性改革的经济形势下，在倡导发展全域旅游的产业背景下，鲁能文旅地产线产品鲁能胜地坚持以“以人为本、生态为根、文化为魂、参与互动”的开发理念，充分遵循“一低一高，一轻一重”的开发模式，深度融合鲁能集团的“生态、健康、娱乐、运动、科技”五大维度，将生态修复与保护融入旅游地产开发中，致力于打造集“精致度假、主题旅游、户外运动、生态娱乐、文化休闲”于一体的国际一流生态旅游度假目的地，为国内外游客提供高品质的旅游度假服务。

第一节　文旅地产产品线的行业背景

一　旅游市场变化带来需求升级

旅游产业是最能深刻反映社会收入水平与人民精神文化需求的行业之一。改革开放以来，我国实现了从旅游短缺型国家到旅游大国的历史性跨越，国内旅游、入境旅游、出境旅游全面繁荣发展，我国已成为世界第一大出境旅游客源国和全球第四大入境旅游接待国。2017年，国内旅游人数达

50.01亿人次，收入4.57万亿元人民币，分别比上年增长12.8%和15.9%；入境旅游人数2.7亿人次，实现国际旅游收入1234亿美元，分别比上年增长0.8%和2.9%；中国公民出境旅游人数达1.317亿人次，比上年增长7.0%；全年实现旅游业总收入5.4万亿人民币，同比增长15.1%。全年全国旅游业对GDP的直接贡献为9.13万亿元，占GDP总量比重为11.04%。旅游产业已经成为国民经济战略性支柱产业，被称为五大幸福产业之一，是社会投资热点和综合性大产业，也是国家和各地政府大力扶持的产业。

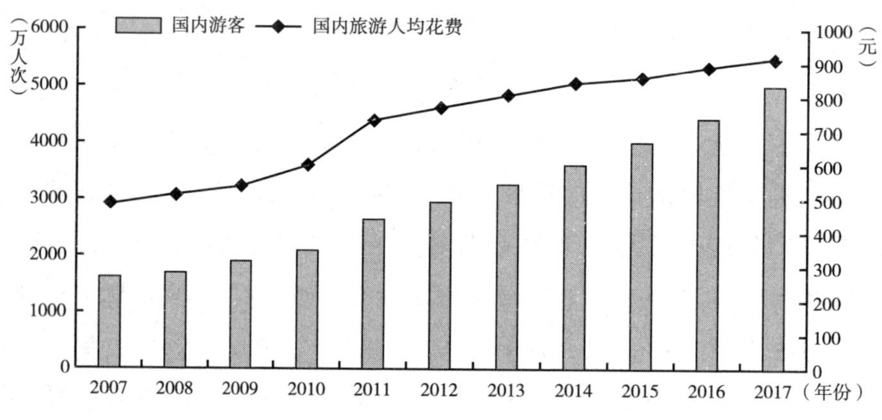

图10－1　2007～2017年国内游客和人均花费增长

资料来源：历年中国旅游业统计公报。

经济水平的提升和国民收入的增加不仅带来了旅游消费市场的扩大，还带来了消费模式转型升级和旅游市场需求的结构性变化。根据人均GDP与旅游消费模式的关系，旅游消费模式可以分为观光旅游阶段、休闲旅游阶段和度假旅游阶段（见表10－1）。首先，过去我国旅游业是一种主要依靠景点、景区、宾馆、饭店等基础旅游要素的传统发展模式，旅游者们主要进行以观光为主的旅游活动，而随着生活水平的不断提升，观光已经不能满足当下旅游者们的需求，越来越重视旅游过程中的感受和体验使得休闲旅游消费和度假旅游消费的需求群体在不断扩大，也对我国的旅游服务市场提出了更高的要求。

表 10－1 人均 GDP 与旅游消费模式的关系

旅游消费模式	观光旅游阶段	休闲旅游阶段	度假旅游阶段
停留时间	停留时间短	2～7 天	8～30 天
人均消费	人均消费低，消费需求爆发，消费手段单一	人均消费快速提升，消费需求旺盛	人均消费高，消费多元化
主要游览方式	景区观光游览	自驾游，自由行	豪华游轮，分时度假
人均 GDP	<5000 美元	5000～8000 美元	>8000 美元

资料来源：作者根据相关材料整理。

其次，随着旅游消费主体的结构性变化和需求升级，传统发展模式也逐渐不能适应大众旅游新时代的要求。当前，中产阶级逐步崛起成为旅游市场的消费主体，家庭式出游已经成为旅游方式中的新型主流，而年轻的“千禧一代”则成为旅游消费中的主力军，使得当下的旅游者们更加看重旅游产品的丰富性和多样性，包括旅游目的地满足家庭中不同成员的休闲度假需求，以及在同一旅游过程中最大限度地提高各成员的旅游满意度，已经对旅游目的地的建设和经营提出了更高的要求。

因此，2016 年，国家“十三五”规划明确指出要“提高生活性服务业品质”，特别要求大力发展旅游业，深入实施旅游业提质增效工程，并明确支持发展生态旅游、文化旅游、休闲旅游、山地旅游等新型旅游形式。这即意味着旅游产业的发展需要供给侧结构性改革，即从供给侧出发，改变过去落后、淘汰的旅游开发思路，实现旅游开发与生态保护的平衡发展，促进旅游对地区经济增长的拉动作用，提供满足人民旅游、休闲、度假、体验需求的旅游产品。供给侧结构性改革将通过市场配置资源和更为有利的产业政策，促进增加有效供给，促进中高端产品开发，优化旅游供给结构，推动旅游业由低水平供需平衡向高水平供需平衡提升。这也意味着旅游产业必须创新发展理念，转变发展思路，促进旅游发展阶段演进，实现旅游业发展战略提升。

二 文化产业繁荣为旅游产业发展注入新活力

近十几年来，文化产业在重要的政策鼓励和行业支撑下持续繁荣，也迎来了高速发展的时期。2005 年，国务院下发《关于深化文化体制改革的若干意见》，要求“遵循社会主义精神文明建设的特点和规律，适应社会主义市场经济发展的要求，全面推进体制机制创新，解放和发展文化生产力，调动广大文化工作者的积极性和创造性，繁荣社会主义文化”，促使我国文化产业迎来了历史性的发展机遇。2009 年，第一部文化产业专项规划《文化产业振兴规划》审议通过，标志着文化产业上升为国家战略性产业。2011 年，十七届六中全会正式提出“文化强国”战略，将大力发展文化产业、增强国家软实力作为国家未来发展的重要方向之一。2017 年，全国规模以上文化及相关产业实现营业收入 91950 亿元，比上年增长 10.8%，10 个行业的营业收入均实现增长，其中，文化信息传输服务业、文化艺术服务业、文化休闲娱乐服务业文化用品生产均实现了两位数增长，以“互联网 +”为主要形式的文化信息传输服务业收入增长率更是达到了惊人的 34.7%。文化产业整体都呈现出了强劲的发展势头。文化产业的繁荣也带来了消费者文化娱乐消费的增加。2017 年，全国居民人均教育文化娱乐消费支出为 2086 元，占全部支出的 11.4%。尽管增长迅速，但根据文化消费应占居民消费总支出 30% 的比例估计，我国文化消费的潜在规模为 4.7 万亿元，目前的文化产业依然存在巨大的消费缺口，使得文化产业依然是最具成长潜力和发展前景的行业。

表 10－2　近年来文旅产业相关政策的亮点内容

时间	文件名称	亮点内容
2014 年	关于推进文化创意和设计服务与相关产业融合发展的若干意见	提升旅游发展文化内涵。坚持健康、文明、安全、环保的旅游休闲理念，以文化提升旅游的内涵质量，以旅游扩大文化的传播消费。支持开发康体、养生、运动、娱乐、体验等多样化、综合性旅游休闲产品，建设一批休闲街区、特色村镇、旅游度假区，打造便捷、舒适、健康的休闲空间，提升旅游产品开发和旅游服务设计的人性化、科学化水平，满足广大群众个性化旅游需求。加强自然、文化遗产地和非物质文化遗产的保护利用，大力发展红色旅游和特色文化旅游，推进文化资源向旅游产品转化，建设文化旅游精品。加快智慧旅游发展，促进旅游与互联网融合创新，支持开发具有地域特色和民族风情的旅游演艺精品和旅游商品，鼓励发展积极健康的特色旅游餐饮和主题酒店

续表

时间	文件名称	亮点内容
2016 年	国家“十三五”旅游规划	大力开发温泉、冰雪、滨海、海岛、山地、森林、养生等休闲度假旅游产品，建设一批旅游度假区和国民度假地。支持东部地区加快发展休闲度假旅游，鼓励中西部地区发挥资源优势开发特色休闲度假产品。加快推进环城市休闲度假带建设
2016 年	关于进一步扩大旅游文化体育健康养老教育培训等领域消费的意见	加速升级旅游消费，创新发展文化消费。推动一、二、三产业融合发展，改善产品和服务供给，积极扩大新兴消费、稳定传统消费、挖掘潜在消费
2016 年	关于开展特色小镇培育工作的通知	到 2020 年，培育 1000 个左右各具特色、富有活力的休闲旅游、商贸物流、现代制造、教育科技、传统文化、美丽宜居等特色小镇，要求传统文化得到充分挖掘、整理、记录，历史文化遗存得到良好保护和利用，非物质文化遗产活态传承。形成独特的文化标识，与产业融合发展
2017 年	文化部“十三五”时期文化产业发展规划	到 2020 年，文化与旅游双向深度融合，促进休闲娱乐消费的作用更加明显，培育 5 ~ 10 个品牌效应突出的特色文化旅游功能区，支持建设一批有历史、地域、民族特色和文化内涵的旅游休闲街区、特色小（城）镇、旅游度假区，培育一批文化旅游精品和品牌。鼓励文化创意、演艺、工艺美术、非物质文化遗产等与旅游资源整合，开发具有地域特色和民族风情的旅游演艺精品和旅游商品。提升文化旅游产品开发和服务设计水平，促进发展参与式、体验式等新型业态。支持开发集文化创意、旅游休闲、康体养生等主题于一体的文化旅游综合体。扶持旅游与文化创意产品开发、数字文化产业相融合。推进区域文化旅游一体化发展，支持培育一批跨区域特色文化旅游功能区。支持民族特色文化旅游繁荣发展，支持设计开发民族文化体验项目，促进文化生态旅游融合

资料来源：作者根据相关材料整理。

经济水平的提升和文化产业的繁荣也促进了消费者对文化消费模式的升级需求。过去消费者对文化的消费以“看文化”为主，主要是购买并体验文化产品，文化产品由生产者一手打造，产品和服务都较为单一。而当前，文化消费者已不再被动接受文化产品，转而开始主动寻求契合自身认同的产品，进入“玩文化”阶段。文化消费生产者也会由此针对特定人群，建构特色文化产品或服务，使文化产品和服务走向多元化。从发展趋势来看，未来的文化消费会进一步到达“造文化”阶段，即文化消费者追求更深入的体验，参与自身的文化实践。文化受众既是文化消费者，也是文化生产者，而原来文化生产者仅是指导者，呈现高度自主性与个性化服务的文化消费会日益普遍。因此，未来的文化消费必定需要更多地提供参与和体验服务，才能更好地满足消费者的需求。

而文化和旅游本身也是可以相互融合的两大产业。我国以往发展旅游产业以自然风光为主，忽视了对我国丰富文化资源的利用和深厚文化内涵的发掘。而将旅游产品开发与旅游目的地的地方文化相结合，挖掘出独特的地方文化内涵，打造特色旅游目的地，成为吸引游客观光、休闲、度假、体验的独特卖点，已经成为在新时代文化产业大发展背景下，促进文化产业与旅游产业共同繁荣的重要成果。文化是核心，旅游是平台。富有文化特色的旅游产品，在旅游和文化产业共同追求产业转型升级的背景下，使得越来越重视体验的文化产品和越来越注重度假的旅游产品能相得益彰，更容易焕发出活力。旅游中的文化体验，也能满足人们多元的度假需求，丰富人们的旅行经历，增加旅游行业的附加值和带动效应。把文化体验加入旅行当中，也扩大了文化传播的距离，提高了文化影响的辐射力，有利于文化产业获得持续、健康的长远发展。

因此，为了适应文化与旅游产业共同发展繁荣的趋势，统筹文化、旅游资源的开发和利用，在2018年的国务院机构改革中，文化部与国家旅游局也正式合并组建国家文化和旅游部，为进一步推动文化和旅游产业的融合发展、共同繁荣奠定了坚实的基础，指明了文化旅游产业的发展方向。

三 推动全域旅游实现多方共赢

我国过去的旅游开发，通常采用单一景点的旅游开发模式。景区的开发往往只注重旅游资源本身，缺乏对于整个旅游地区的整体规划，使得旅游资源对周边的辐射带动作用有限，导致旅游收入主要依赖于门票，不仅收入来源单一，也不利于景区的长期维护和开发支出。同时，游客的增多还容易导致景区周边环境出现恶化，使得景区的可持续发展也存在障碍。随着国民经济的发展和全面建成小康社会的步伐推进，2016 年《国家“十三五”旅游业规划》明确指出，未来我国的旅游发展趋势为消费大众化、需求品质化、竞争国际化、发展全域化和产业现代化，鼓励旅游业实现“旅游 +”的业态创新，拓展旅游发展领域。其中，推动全域旅游的发展，同时由旅游业辐射带动其他产业发展，已经成为旅游业的重点发展方向和实现区域经济发展的重要推手。

全域旅游是指将一定区域作为完整旅游目的地，以旅游业为优势产业，进行统一规划布局、公共服务优化、综合统筹管理、整体营销推广，促进旅游业从单一景点景区建设管理向综合目的地服务转变，从门票经济向产业经济转变，从粗放低效方式向精细高效方式转变，从封闭的旅游自循环向开放的“旅游 +”转变，从企业单打独享向社会共建共享转变，从围墙内民团式治安管理向全面依法治理转变，从部门行为向党政统筹推进转变，努力实现旅游业现代化、集约化、品质化、国际化，最大限度满足大众旅游时代人民群众消费需求的发展新模式。

2018 年，国务院办公厅正式发布《关于促进全域旅游发展的指导意见》（以下简称《意见》），指出发展全域旅游的目标是旅游发展全域化、旅游供给品质化、旅游治理规范化和旅游效益最大化。要求推动旅游产业与其他各类产业融合发展，创新旅游产品供给，提高旅游服务水平，提升旅游品质。《意见》特别指出，发展全域旅游需要加强资源环境保护，推进全域环境整治，促进旅游产业开发与当地资源环境的共建共享，树立“处处都是旅游环境，人人都是旅游形象”理念，使旅游产业发展成为改善当地经济水平、实现“扶贫”和“富民”目标的重要推手，实现营造良好社会环境的成果。《意见》也要求，为了达到发展目标，不仅要推进旅游品牌的系统营销，实施品牌战略，更要根据科学做好规划和建设，加强旅游区域的统筹协调和可持续发展。

因此，加快由景点旅游发展模式向全域旅游发展模式转变，一方面可以通过系统的旅游规划，提升整个旅游地区的区域品质，丰富旅游内容，提高品牌价值，加强目的地的旅游吸引力，延长旅客的旅游时间，不仅有利于景区本身的实现旅游收益，更能带动当地的居民和政府享受到旅游发展的成果；另一方面可以通过系统的生态规划，达到实现区域环境优美、生态可持续发展的目标，使旅游资源取之不尽、用之不竭，不仅让旅游行业带动地区经济发展，还形成推动地区可持续发展的长效机制，更契合了实现绿色发展和生态文明的目标和要求。

在“十二五”期间，旅游产业已经成为传播中华传统文化、弘扬社会主义核心价值观的重要渠道，成为生态文明建设的重要力量，带动了大量贫困人口脱贫，使绿水青山正在成为金山银山。而在“十三五”期间，旅游业所具有内生的创新引领性、协调带动性、开放互动性、环境友好性、共建共享性将与当前提倡的五大发展理念高度契合，使其产业优势得到更大的释放。因此，推动全域旅游发展，就是以抓点为特征的景点旅游发展模式向区域资源整合、产业融合、共建共享的全域旅游发展模式加速转变，促进旅游业与农业、林业、水利、工业、科技、文化、体育、健康医疗等产业深度融合，带动区域整体发展、实现多方共赢。同时，积极贯彻落实五大发展理念也将进一步激发旅游业发展动力和活力，促进旅游业成为新常态下的优势产业，更有力地推动区域经济进一步发展。

四　地产供应商的供给侧转型升级

中国的房地产行业经历了十几年的高速增长，已经逐步放缓增速，走到了转型升级的关键时期。单纯以“重资产”投入、土地开发、房屋建设为核心业务的地产行业发展模式已经越来越难以获得更好的效益，整个地产行业都在寻找着转型机遇与新增长点。随着文化产业的兴起，在地产开发中加入文化的元素，使地产开发更强调鲜明的主题性，促进文化与地产融合，实现文化元素的地产化和商品化，已经成为地产行业价值提升和持续造血的新出路。而旅游行业的消费模式升级，也促使敏锐的地产供应商积极响应国家推动产业升级的政策号召，越来越多地参与到旅游地区的开发和运营当中，构建富有文化特色的新型旅游目的地。一方面，各大地产供应商利用自身土地开发和建筑建造优势，为满足消费者不断升级的旅游需求打造充满吸引力的旅游目的地；另一方面，着力实现“轻资产”投入，从开发业务为主转为运营业务为主，寻找新的增长点，促进企业自身的可持续发展与转型升级。

表 10－3　国内部分典型文旅地产目的地

文化特色	文旅地产目的地	运营商或开发商
融合地方文化	西双版纳度假区、楚河汉界、长白山度假区	万达集团
	灵山小镇拈花湾	灵山集团
	杭州宋城、三亚宋城、丽江宋城	宋城集团
植入创新文化	东部华侨城、深圳欢乐海岸、云南华侨城	华侨城集团
	泰晤士小镇	松江新城建设集团

资料来源：作者搜集整理。

鲁能集团作为国内优质地产开发商代表，2016 年总销售额达到 646 亿元，居中国房地产百强企业第 15 位，成长性第一位。开发和建设文旅地产产品线，一是积极响应国家以服务型为主体的产业转型，二是面对国内房地产行业变化的审时度势。鲁能集团提出“泛产业地产运营商”的口号，精心实施文旅地产产品的打造，推动自身转型升级，既发挥自身重资产地产开发的优势，又实现由地产开发商向区域运营商转变，促进服务型企业的实现，为企业的可持续发展奠定了优良的基础。

第二节　鲁能文旅地产产品线

一　鲁能文旅地产产品线的内涵

在中央“创新、协调、绿色、开放、共享”的五大发展理念指引下，作为具有强大综合实力和高度社会责任感的央企，鲁能集团心怀社会责任，肩负社会担当，提出“生态、健康、娱乐、运动、科技”五大维度，并以此为指导，着力建造契合时代需求的地产产品。鲁能集团以开发相应旅游资源的地产项目为核心，配套层次丰富的商业和服务，打造满足游客多样化需求的旅游度假中心，打造文旅地产产品线，推动自身向泛产业地产运营商转型。

文旅地产产品——鲁能胜地系列，是鲁能集团的生态战略最充分的体现，以生态为根的旅游开发理念和以“鲁能胜地”为品牌的系统营销推广完美契合了国家促进全域旅游发展的目标和要求。鲁能胜地的打造以“生态共生、和谐共处、可持续发展”为内涵，坚持“以人为本、生态为根、文化为魂、参与互动”的开发理念，充分遵循“一低一高，一轻一重”的开发模式：“低”即低干扰，悉心珍藏稀缺生态资源；“高”即高品质，精工锻铸生态地产品牌；“轻”即轻开发，促进人与自然和谐相处；“重”即重体验，探索生态共生全新享受。鲁能胜地不仅是文旅地产产品的开发，更是通过严格的选址标准、系统的生态评价、整体的规划设计、精心的项目选择，系统整合区域资源、实现区域生态保护、提升区域品牌价值水准、促进区域经济稳步发展，将对生态的保护和修复融入地产的发展过程当中，全方位实施绿色发展战略，建设生态文明。

二　鲁能文旅地产产品线的内容与特点

（一）鲁能文旅地产产品线内容

鲁能胜地是以国家级著名旅游度假区为依托，以构建具有市场独特吸引力的旅游产品为核心驱动，最大化引导客流，配置高品质的商业、酒店、娱乐等相关服务设施，并与著名景区进行互动的新型旅游度假综合体。鲁能胜地的打造包括核心资源与配套资源的“七大模块”。核心资源即鲁能胜地选择的旅游目的地资源，在开发过程中重视核心资源的充分利用和生态可持续发展，配套资源则着重为游客提供更丰富的度假体验。核心资源与配套资源共计七大模块彼此联动，共同打造功能完备、体验丰富的鲁能胜地。

鲁能胜地对核心资源的选择有着严格的标准和要求，要求核心旅游资源或是全国范围内具有影响力的5A级旅游目的地资源，或是临近超大、特大型城市，具有旅游消费潜力城市区域周围的优质4A级景区。根据核心资源的种类，可以分为滨海、山岳、湖泊、人文四类，通过策划、开发和经营相关产品，打造休闲度假等综合功能的空间载体，实现对原有资源吸引能力的利用和提升，形成胜地项目的整体开发逻辑。例如，滨海鲁能胜地将着力打造滨海沙滩浴场，山岳鲁能胜地则根据季节打造滑雪场和极限运动公园。

配套资源主要包括文化娱乐模块、酒店模块、商业模块、居住模块、商务模块以及服务配套。其中，文化娱乐模块主要提供非主题性活动，多围绕次级资源展开，是核心驱动项目的有效补充，能扩大项目区的客群范围，常与商业、酒店结合布局；酒店模块主要满足目标客群的住宿、度假、体验等功能，是胜地项目的重要支撑功能；商业模块主要满足目标客群购物、餐饮、消费等基本需求，是胜地开发主体的有效延伸；居住模块是满足客户差异化购房需求，围绕核心驱动进行主题延展式开发，提供特色鲜明的住宅产品，对项目整体盈利具有重要意义；商务模块是满足小型会议及小微办公研发产品，常与酒店结合布局，有效平衡淡旺季；配套服务是生活类设施，包括医院、急救中心、消防站、学校等，是项目品质升级、发展成熟的标志之一。

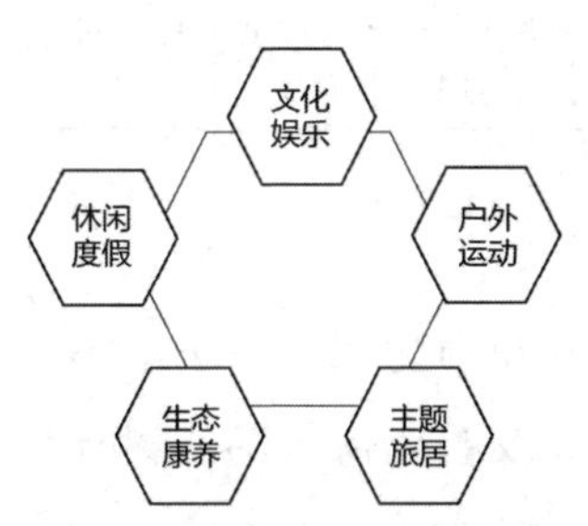

国际一流旅游度假目的地

文昌山海天：领秀亚洲　丝路海岸
长白山：跃动林海　寻秘长白
九寨沟：原乡藏寨　发现山谷
千岛湖：千岛之心　绿动世界
金石滩：美好生活　全时旅居
……

图 10－2　鲁能胜地的产品结构与核心驱动

（二）鲁能文旅地产产品线的特点

与过去其他的文旅地产产品相比，鲁能胜地的特点之一是其更侧重于对整体区域的开发和打造。首先，过去很多文旅地产产品业态相对单一，早期的文旅地产产品仅集中于纯景区业态、消费业态、产权与置业业态等文旅地产业态中的一种，综合性的项目是近年来逐渐发展的，数量相对较少，成功案例也屈指可数。而鲁能胜地产品的开发，都直接落位于区域性整体开发，通过对区域整体的规划、设计、开发、建设，使得各类文旅地产业态在区域上实现多样化组合。其次，区域性整体开发可以通过持有物业组合实现多元收益，通过自主持有、合作持有、产权出租、产权出售、外包服务等多种运营方式，实现售后回现与长期运营收益并存，保障了收益的多元化和可持续，推动开发商向运营商的角色转型。最后，统一的整体开发也有利于实现整体的风貌控制，打造主题文化浓郁的氛围，设计独特新颖的场所，创造互动有趣的环境。

表 10－4　鲁能胜地风貌控制要点

	滨海型	山岳型	湖泊型	人文型
视线轮廓	增大望海面	强调山体对景	建筑天际线柔和与湖岸一致	尽量保证古镇已有的视觉通道
建筑风貌	结构亲海,色彩协调	依山就势,风格明快动感	随湖岸展开,朝向顺应湖面	与原建筑肌理保持一致,采用当地建材
地标建筑	靠近海岸区,反映海洋主题	在重要节点处,成为视觉焦点	滨水设置,成为视觉焦点	创造主题强烈的景观,有品牌效应
景观风貌	整体风格与海洋呼应	建立本土文化鲜明的山地空间	延长湖泊岸线,建立多样水景空间	与古镇协调,营造传统市井文化

资料来源：作者根据《鲁能胜地产品线规划》整理得出。

鲁能胜地的特点之二是其在产品开发中严格注重对生态的保护。不论是九寨地区的开发前生物多样性生态持续评估，还是文昌山海天的红树林生态复育，或是长白山不砍一棵树的滑雪场，又或是千岛湖湖区的天然植被恢复。鲁能胜地开发始终把生态资源保护放在重要位置，深刻懂得生态资源的稀缺性和独特价值，明确区域环境的可持续发展才是区域旅游资源不断增值的重要保障。

而对比鲁能集团的其他产品线，文旅地产产品线也有其自身的特点。一方面，文旅地产产品线是七大产品线中唯一集大成者的产品线，也是鲁能集团其他产品线的综合载体和展示平台，是鲁能集团的一块招牌。整体的区域规划能够使得鲁能胜地充分利用其他产品线在商业、居住、娱乐等模块中的开发优势，准确评估核心资源的价值，选择恰当的品牌方和资源方进行合作，实现对现有资源的整合，发挥核心资源的最大效益，建设达到高品质的度假区。而另一方面，随着全域旅游开发的推进和全民旅游时代的到来，在旅游产品上实现高品质、有特色、差异化的经营，能更好地打造鲁能的品牌，实现鲁能的品牌效应，也能提高鲁能全线产品的社会认可度。

三　鲁能文旅地产产品线的社会价值与重要意义

鲁能文旅地产产品的开发也有着重要的社会价值与意义。一方面，鲁能集团的文旅地产产品开发充分响应了国家供给侧结构性改革的号召，利用自身在地产开发行业的经验和资源，目标提供中高水平的文化旅游地产产品的供给，适应了我国当前不断升级的旅游产品需求，满足了市场需要。文旅地产产品线的鲁能胜地系列，即以“生态发展”为核心维度，以旅游地产为创新方向，是充分体现人与自然和谐共处的闪亮品牌。鲁能胜地集“精致度假、主题旅游、户外运动、生态娱乐、文化休闲”于一体，目标打造国际一流生态旅游度假目的地，充分满足国内外中高端客户的旅游度假需求。

另一方面，从文旅行业发展本身来看，国内文旅地产也已经经历了一个快速发展的阶段，目前各类文旅地产产品的种类比较齐全，但存在的问题也很多。一是各个文旅地产项目的运营情况千差万别，质量不高且开发、运营失败的案例比比皆是；二是许多文旅产品项目开发不够系统，导致部分地区无序开发、同质化严重，文旅地产产品的整体档次也不高，难以满足当前国内正在迅速升级的市场需求。

而鲁能集团对鲁能胜地的打造，是以生态保护为根本，将生态修护融入地产开发中，突出了可持续发展的理念，牢固树立了“绿水青山就是金山银山”的发展理念。将绿色发展贯穿到旅游规划、开发、管理、服务全过程，形成人与自然和谐发展的现代旅游业新格局。以人为本，通过旅游促进人的全面发展，使旅游业成为提升人民群众品质生活的幸福产业。为国内的文旅地产产品打造做出了样板式的开发成果，有利于在文旅地产行业实现“创新、协调、绿色、开放、共享”的五大发展理念。

第三节　鲁能文旅地产产品线的特色案例

一　标杆之作——九寨·鲁能胜地

九寨·鲁能胜地生态旅游度假区位于四川省阿坝州九寨沟县漳扎镇中查沟，毗邻九寨沟旅游风景区，风景秀丽，生态绝佳。项目定位为"九寨之心，发现山谷"，总体定位为"以世界遗产观光、原乡藏寨文化体验为特色的国际度假旅游目的地"，以期打造成为与九寨沟旅游风景区相辅相成、更具文化底蕴和活力的国际生态旅游度假示范区。

（一）突出生态优先

九寨·鲁能胜地实施"生态为根"的理念，突出生态优先，注重生态平衡。在开发之初，为了保障九寨·鲁能胜地项目的生态可持续，鲁能集团通过与中科院等国家权威生态研究机构合作，先期对中查沟开展生态基底研究、生物多样性研究、生态系统保护和生态旅游价值评估与开发等一系列生态评估，分析研究了整个山谷的生态敏感性，确定了仅在沟口部分平坦地区适宜大体量开发建设，而沟中和沟南地区坡度较大，植被较少，生态敏感性增加，不能满足进行大体量开发建设的基本生态保护要求。由此，九寨·鲁能胜地确定了低扰度开发模式的方案，并针对九寨地区高海拔、生态脆弱等特点，在建设过程中持续进行生态追踪和评估，保障实现项目开发与生态保护相协调。

（二）实现轻开发、重体验

九寨·鲁能胜地生态旅游度假区已规划确定区内的大部分旅游资源和配套资源，切实实践"轻开发、重体验"。在对核心资源的利用上，充分利用中查沟自然形成的地形和景观，确定以户外运动、生态探险、自然发现等度假项目为主，打造绝佳的户外徒步路线、极限运动乐园和生态探险乐园，建设露营营地，提供包括篝火、露营设施等户外装备，给游客充分提供与大自然亲密接触的机会。同时，项目还与国家天文台等机构签订战略合作协议，

图 10-3　九寨·鲁能胜地生态旅游度假区

设立观星站等设施，提供更加丰富的自然体验。除了自然体验外，九寨·鲁能胜地还精心设计了藏寨文化体验，不仅景区内原本的藏族居民不搬迁，在景区内继续保留原有的生活，还保留并利用当地弃用的藏寨，翻新打造活态展示的藏族民俗文化馆，展现最原汁原味的九寨藏族文化。

配套资源方面，整个度假区大规模的酒店配套资源和均集中于沟口适宜开发的平地上，现已建成五星级希尔顿酒店，并在 2017 年 4 月 9 日正式上线运营，超五星级丽思卡尔顿酒店也正在紧张装修施工中。两所酒店均具有藏式民族特色的风貌设计，与周边的自然景观相互融合，充分体现了自然和谐之美。同时还规划了高端生态度假酒店、中档舒适型酒店、宜居型藏式民宿等，形成多层次的酒店住宿格局，满足不同需求的游客。实现配套商业服务功能的原乡藏寨文化小镇也正在紧锣密鼓的建设中，相应的招商计划也已经展开，即将成为具有藏族特色的商业综合体，为整个度假区的游客提供商业、娱乐、文化展示、休闲体验等种类多样的综合性服务。同时，景区建设稳步有序推进，已经完成旅游度假区旅游总体规划及修建性详细规划设计工作，道路方案、漫行步道方案、滨河景观方案、旧村风貌提升方案、景观标识系统设计等一系列方案和设计都已完成并着手实施，致力于打造精致区域景观，提升度假品质。

（三）与原住民合作共赢

九寨·鲁能胜地项目开发还有一大亮点就是对景区内原住民的帮扶。以往地产项目开发的一大难点就是对项目所在地原住民的处理，过去如一次性补偿、迁移原住民等方式往往简单粗暴，影响社会和谐和企民关系。

九寨·鲁能胜地项目践行“文化为魂”的理念，对中查沟内的原始藏寨尽力保留原生态，坚持藏民不搬迁、房屋不重建、道路不硬化，帮助藏民适应生态度假区的建成，翻修部分房屋保障居住安全和风格统一，尊重藏民原有生活方式不改变。更重要的是，项目不仅实现不搬迁，还积极联合藏民，帮助藏民们适应度假区建成后的生活，促进度假区建设成果与藏民互利共赢。为此，项目组设立了5支帮扶小组，即旅游度假区规划建设小组、服务礼仪小组、旅游英语小组、旅游推广小组、法律援助小组，从五个具体的职能落实对藏民的帮助。帮扶先期从党员开始，未来进一步培养全体原住居民，鼓励藏民们加入园区的运营中，依靠自身享受鲁能胜地产品带来的收益。

表10－5　九寨帮扶小组职责

小组名称	小组职能
旅游度假区规划建设小组	宣传、引导园区旅游总体规划，协助村民进行规划，开展村寨保护、社区参与、旅游服务、基础设施、生态保护等规划建设
服务礼仪小组	培训村民接待游客的礼仪
旅游英语小组	培训村民接待游客过程中的英语口语
旅游推广小组	协助村民进行民族工艺品等旅游商品的包装、推广和营销
法律援助小组	向村民宣传法律法规，开展普法宣传和法律援助

作为鲁能集团旗下第一个鲁能胜地产品，九寨·鲁能胜地为鲁能胜地的品牌打造提供了许多堪称标杆的开发方式和实施方案。由于追求速度和效益，以往很多项目建设开发都不注重对生态环境的保护，不仅对环境造成了不可逆的破坏，还威胁到项目自身的可持续发展。而九寨·鲁能胜地充分认识到自然环境对项目的决定性作用，以严格的标准和要求实施项目开发，力求实现人与自然的协调发展。尽管当前离九寨·鲁能胜地的正式运营尚有时

日，但已经实现了生态保护、精准扶贫、资源共享等一系列惠及项目地可持续发展的成果，充分体现了鲁能集团作为央企的社会责任。因此，九寨·鲁能胜地的系列创举也被称为实现“旅游度假区环境原生态、度假品质超一流、居民利益能共享”的“中查模式”，可谓“鲁能胜地”的产品标杆。

二　实力之作——文昌鲁能·山海天

文昌鲁能·山海天项目位于海南省文昌市龙楼镇，毗邻国内唯一滨海航天发射中心，是海南自由贸易港重点规划文昌国际航天城的核心旅游消费中心。项目定位为“领秀亚洲·丝路海岸”，开发体量逾千万平方米，计划总投资超千亿元。项目坚持“生态优先、产业驱动、旗舰引领、融合发展”的思路，布局淇水湾、海石滩、宝陵河、月亮湾、七洲列岛五大片区，全面推进“主题娱乐、科技智慧、体育休闲、文化创意、健康养老、生态复育”六大产业集群建设，以整体项目开发推动整个城市的发展，打造世界一流的海岛和海洋旅游度假产业新城。

文昌鲁能·山海天的区位优势明显，距离海口市中心 76 公里，距海口机场 61 公里、博鳌机场 72 公里、文昌车站 24 公里。项目东北侧为铜鼓岭国家级自然保护区，淇水湾、月亮湾两大优质滨海岸线长 20 余公里，得天独厚地拥有沙滩、内河、高山、湿地、红树林、乡村田园等丰富多样的自然资源，是海南生态资源的集大成者。对于不可多得的优势和资源，坚持“生态优先、绿色发展”，实现优质的开发和打造，提升区域价值则是鲁能集团坚持不懈的追求，文昌鲁能·山海天也成为鲁能集团倾力打造的实力之作。

（一）精心规划的旅游目的地

尽管文昌鲁能·山海天几乎是从零开始建设，但鲁能集团目标远大，旨在以项目推动城市发展。因此，通过全方位的优势对比，确立区域内将培育全域旅游、文体运动、康养度假三大板块为引擎，为国内外度假游客提供顶级的旅游目的地。

在全域旅游板块上，创建淇水湾国际航天滨海旅游区，建设文昌国际航

图 10－4 文昌鲁能·山海天

天旅游消费中心。借势海南国际旅游岛国家战略，依托淇水湾优质的旅游资源和区位优势，以国际化的视野和标准，立足航天城巨大的发展前景，整合自然、旅游、经济、人文、科技、农业等产业资源，打造集生态建设、滨海度假、免税购物、文化体验、航天科普、共享农业等功能为一体的多元消费目的地。遵循“国际标准、海南特色”的原则，坚定“大视野、大谋划、大手笔”工作思路，坚持高起点规划的工作要求，将旅游区规划为核心区、配套区和辐射区，以核心区为驱动引擎，配套区为功能支撑，辐射区为服务保障来规划布局，全面建设成全国知名滨海旅游度假区、国际航天文化示范区、高品质消费体验区。

在文体运动板块上，借势海南加快发展体育产业促进体育消费的优厚政策，秉承鲁能集团“体育＋”产品线，以体育运动为核心，打造兼具高端化视野与专业化水准的国家运动胜地，规划专业体育训练服务、国家高端文体项目体验、运动休闲主题度假三大功能。与国际大品牌合作，落位潜水、帆船、水上飞机等高端奢侈极限运动，配套马球俱乐部，满足高端成功人士的度假运动需求，完善区域内运动配套设施，助力国际旅游岛文体产业蓬勃发展。

在康养度假板块上，鲁能·山海天充分利用海南地区气候宜人、生态环境优越的自然条件，打造”康体养生”和“分时度假”核心旅居产品。秉承鲁能集团“健康＋”产品线，引擎“国际健康中心”，搭建社区门诊、健康调理、运动回复、高端养老四级医养产品体系，打造养心植物园、淇水湾沙滩休闲带、共享农庄等外围康养配套设施，形成养身、养心的国际康养目的地；规划布局淇水湾伍号海景度假公寓区、淇水湾陆号、淇水湾捌号亲海别墅度假区，提供分时度假、长租公寓等创新旅游度假服务，为全球旅行生活家提供滨海美好生活。

（二）生态复育促进可持续发展

文昌鲁能·山海天项目拥有中国唯一独特的从山到红树林到海洋的生态系统，值得进行充分保护。因此，项目开发非常重视生态环境的复育和保护，积极对区域内的各类生态资源实施复育，保护生态多样性，为游客和居民享受难以忘怀的生态度假准备环境基底。

项目实施生态复育的范围非常广泛。复育红树林，即保护红树林不同区带和物种的生存特点，展示其特有的生物多样性，形成丰富的科普教育活动；复育水稻田，即保留部分农田，引入水鸟、水牛等特色景观，形成农产品供给基地，同时展示海南的农耕文化；复育珊瑚礁，即保护铜鼓岭造礁石珊瑚；复育海龟栖息地，即保护海龟栖息地，形成海龟观察、放生等活动。建设生态步道系统和骑行体验路线，使游客可以通过远观，看到热带山林、陆地淡盐水、浅海等不同的生态系统。

除积极实施生态复育之外，文昌鲁能·山海天也全面实践可持续发展的生态共生理念，一方面塑造有益、优美的自然环境，另一方面倡导尊重自然、融入自然的慢生活，打造和谐共生的人居环境。山海天项目在设计之初就注重节能减排设计，重视提高新能源使用的比例，申请绿色建筑认证，降低碳足迹，筹划建设零碳环保示范基地，按照共生城市的七大指标充分考虑生态可持续发展。

（三）合作共赢的开发

面临海南自由贸易试验区（港）建设重大历史机遇，依托文昌国际航天城的规划建设，跟随“海澄文”一体化建设步伐，文昌鲁能·山海天充分利用独特的资源禀赋，践行航天军民融合战略，联合政府打造文昌市国际航天消费中心。以航天旅游为主线，借势航天科技，结合航天元素，打造航天特色小镇，形成航天产品展览、航天运动训练、航天模拟飞行、航天饮食体验等独一无二的产业项目，带动旅游产业转型升级，加快建设航天全域旅游景区，打造琼北独具优势特色的文化旅游目的地。

文昌鲁能·山海天项目在合作开发中充分实现与当地原住民的共赢。为了尊重当地原住民的意见，项目结合美丽乡村产品线，为文昌好圣村的原住民修缮房屋，统一管理，打造出一个适宜休闲度假、体验农业生产的美丽乡村。这种合作共赢的方式，不仅尊重了原住民的意见，实现了和谐共处，还解决了原住民就业，增加了居民收入，使项目开发切实得到了原住民们的支持。好圣村将航天科技与"三农"进行充分融合，集航天文化、航天种养产业、航天科普为一体，打造成为海南乃至全国首个"航天科技小康村"，用科技武装农村，激活农村的内生发展动力，带领村民致富奔小康。

总而言之，不论是从自然旅游资源的品质，还是鲁能集团用心打造的程度，或是文旅产品的丰富与多样化来说，文昌鲁能·山海天都当之无愧为"鲁能胜地"系列的实力之作。

三　生态之作——千岛湖·鲁能胜地

杭州千岛湖是国家5A级景区、国家级风景名胜，位于浙江淳安，地处长三角世界级城市群区位，是长三角地区重要的生态涵养区。杭州千岛湖·鲁能胜地，位于千岛湖度假区的界首地块，融入长三角地区1.5小时经济圈，占地1.26万亩，项目发展定位为"千岛之心，绿动世界"，旨在打造世界顶级湖岛生态度假目的地，计划推进国际先进生态技术的应用与推广，举办国际生态论坛会议强化中国声音，引入国际生态组织分支机构落户，加入全球生态网络的生态科普教育，打造世界一流生态保护暨运动度假胜地，成为代言中国、面向世界的国际生态名片。

图 10－5　杭州千岛湖·鲁能胜地

（一）保留湖区生态优势

千岛湖·鲁能胜地所在的界首区块，是整个千岛湖地区仅存的三分之一可开发区域，邻近水源地，生态保护较好，环境优越，已经成为区别于千岛湖其他已开发区块的重要特质。因此，对其的进一步开发需要格外重视对环境的脆弱性进行评估，避免项目开发带来的生态破坏，保留湖区的生态环境优势。

为了做好这项工作，鲁能首先对界首区块的环境敏感因子进行分析和确定，确定了水体保护、坡度、土壤侵蚀、林地资源、山脊线、汇水线六大因子，制定了各项因子标准下不同程度的开发区域，根据不同加权综合各项环境敏感因子，得出了基地的综合环境敏感度，为实现生态可持续的项目开发打下坚实的基础。

表 10－6　千岛湖界首区块环境敏感度评价体系

环境敏感因子	权重	环境敏感要求
水体保护	0.30	108 米与常水位之间为消落区域，不允许建设
坡度	0.20	陆域范围内为陡坡建设，坡度大于 45°为禁止建设区
土壤侵蚀	0.15	土壤有机质含量偏低，地表裸露率高则易风化侵蚀
林地资源	0.15	植被覆盖率较低，需要重建一定面积的生态林地
山脊线	0.10	山脊线两边各 15 米为山脊线保护区
汇水线	0.10	汇水线两边各 30 米为汇水线保护区

确定了不同区域的环境敏感度后，鲁能进一步结合海拔、地形、朝向、景观条件、私密性等影响因素，将全区用地分为6个分区，针对不同区域的特点，确定了不同区域的产品类型和开发模式，划分出了低度敏感的适建区域、中度敏感的中度适建区域以及高度敏感的不适建区域。在适建区域实施项目的集中开发，在中度适建区域筛选并设置合适的活动项目，并注意将环境影响降到最低，在不适建区则进行生态修复和保护，保证“轻开发、重体验”，充分留住千岛湖的生态优势。

（二）创新复合度假胜地

界首地块位于千岛湖区北岸，姜家小镇和千岛湖镇的中心地带，区位条件较好。湖岛相依、与山水共长的空间肌理，具备打造高品质休闲旅游度假区的能力，且有橘园、田园等独特的非典型性景观资源，与周边区域形成差异化景观，还拥有自然生长于山水之间的珍稀村落，可谓旅游基础条件优越。鲁能集团深入分析了千岛湖景区的现有资源，认为以往的中心湖区块为旅游服务基地，进贤湾区块为大型主题游乐集中区，排岭半岛区块为风景游览度假区，但由于开发时间较早，各个区块都存在开发基本饱和、特质不突出等问题。因此，为了实现差异化特色经营，鲁能集团将界首区块定位为创新复合度假区，即从低山到湖湾，规划多样化的空间类型，打造视野开阔的景观，实现亲水性好的滨水景观。

结合湖岛肌理、生态格局和基地条件，千岛湖·鲁能胜地共分为橘园半岛、蝶恋花岛、竹海长湖、长岛翠谷、洪畈渔乡、水上盆景六大场景，根据主题特色划分为绿野、奢境、活力等板块，以求跨领域与湖岛创意娱乐、山水户外运动、生态康养度假、原乡文化体验、生态体验等多元泛旅游功能结合。

以绿野板块为例，其依托基地中部内湖及山地生态资源，创新世界生态银行理念，推广国际先进生态技术与理念，应用世界生态保护修复先进理念与技术。通过打造国际生态会议论坛交流，世界生态科普教育互动体验，构建山水生态创意休闲娱乐于一体的千岛绿野国际生态修复保护示范区与生态科普娱乐体验目的地。针对亲子度假客户群，项目规划有千岛绿野度假乐园提供全新的生态度假体验；内湖水世界以生态保护修复为前提，打造与纯净水体互动适宜全年龄阶段的水上娱乐乐园；千岛生态博物馆则将自然教育与儿童游乐融为一体，作为寓教于乐的自然教育实践基地；针对中高端客户，还规划有湖岛山水实景生态水秀——梦归千岛。通过丰富多样的生态旅游产品设计，千岛湖·鲁能胜地将生态的保护和可持续发展的理念渗入每一个具体的度假产品中，充分体现了其以生态为根的旅游开发精神。

千岛湖·鲁能胜地不仅利用了千岛湖优质生态资源，也充分利用了2022年杭州亚运会的水上运动发展机遇，致力于打造山水户外运动胜地。届时，亚运会将在千岛湖界首区域内展开六项相关赛事，使得鲁能胜地拥有了发展户外运动的绝佳机遇。相关的设施建设不仅可以在比赛中作为优质的比赛场地，更可以在赛后成为可利用开发的旅游资源，展现千岛湖地区实现山水户外运动的优越自然条件。以亚运会水准建造的户外运动设施，通过合理的项目设计与赛后资源开发，结合千岛湖·鲁能胜地在生态保护上的用心和努力，将使得千岛湖·鲁能胜地有望成为体育主题旅游度假胜地的标杆。

良好的自然生态条件，尊重自然、保护生态的胜地开发建设，长三角地区巨大的潜在客流，使得千岛湖·鲁能胜地有望凭借其优势的区域位置以及独特的生态资源，实现世界顶级湖岛生态度假目的地的目标，也成为鲁能胜地极具特色的“生态之作”。

四　转型之作——金石滩·鲁能胜地

大连金石滩·鲁能胜地项目位于国家5A级景区大连金石滩，毗邻国家级新区大连金普新区和辽宁自由贸易区，占地约300万平方米，建筑面积210万平方米。项目整体定位“全季滨海旅游度假综合体”，发展目标为“打造东北亚第一旅游度假目的地”。

大连金石滩·鲁能胜地的诞生经历了一番曲折。项目的原区域开发计划是以住宅开发为主，计划打造一个滨海地区的纯度假产品。然而，由于经济增长乏力和人口外流，东北地区的住宅市场已经处于疲软态势，住宅开发普遍陷入瓶颈时期。在此背景下，鲁能重新审视了项目拥有的机遇与资源，将其归纳为：城市机遇、区域机遇、景区机遇及地块机遇四大优势。判断认为：大连依然是中国东部沿海地区重要的经济、贸易、港口、工业、旅游城市，而项目处于国家级新区金普新区和辽宁自贸区，依然拥有产业和人口集聚能力，并且项目毗邻国家5A级景区金石滩，坐拥海岸线，并已具有一定旅游知名度，具有开发旅游目的地的天然优势，且已经拥有的项目用地所属性质允许进行商业和旅游开发。因此，项目地得天独厚的条件使其符合鲁能胜地的开发条件，如果转型为文旅地产，不仅能同集团其他文旅地产项目实现有机互动，还能健全集团文旅度假产业的产业链，更能通过胜地的打造和经营为集团带来长期的现金流。因此，该项目转型将商住旅综合产品开发作为先导，成为鲁能胜地系列中的转型之作。

图 10－6　大连金石滩·鲁能胜地

大连金石滩·鲁能胜地的华丽转型为其打开了更加广阔的空间。过去，大连金石滩地区虽然拥有良好的滨海旅游资源，但仅东部开发较早，整体区域发展呈现“东热西冷”的不均衡状况，且整体商业、旅游等配套服务落后，导致过去的金石滩旅游仅以“一日游”的观光方式呈现，游客待的时间较短，旅游花费也不高，整体旅游潜力几乎未被挖掘。大连金石滩·鲁能胜地则着力扭转这一局面，重点着手以下几个方面：一是在整体开发中，项目将利用区域东部的现有热度，逐步开发带动西部，最终挖掘出区域的整体活力；二是通过完善酒店、商业、娱乐等旅游配套服务，为游客打造出在金石滩区域“两天一夜”的休闲度假行程，促进金石滩景区从观光景区向休闲度假目的地的转变；三是与国际知名的硬石集团实现品牌合作，打造硬石酒店和硬石咖啡等摇滚特色主题酒店和餐饮，满足部分游客的爱好和需求，并为金石滩景区带来音乐文化特色；四是打造以希尔顿酒店为首的高端酒店系列，借力大连举办夏季达沃斯论坛的机遇，打造商务会议目的地；五是通过主打海洋温泉特色的易汤温泉酒店与亚洲大型水主题游乐胜地，实现亲水性全季旅游；六是落位泰山 7 号运动、泰山 9 号健康等住宅产品线，满足多层次、不同类型的置业需求，实现常住居民为商业提供基础客流，加速商业集聚。

当前大连金石滩鲁能胜地鲁能泰山 7 号运动特色住宅区、易汤温泉酒店、希尔顿酒店等已建设完成，美丽汇、硬石酒店等还在紧张施工，亚洲水主题乐园等设施已规划完成，项目毗邻发现王国主题乐园，整个胜地建设已初具雏形。

第四节　鲁能文旅地产产品线的未来发展方向与提升空间

一　实现良好的运营是成功打造文旅地产产品的关键

实现从单纯的地产开发商向区域开发运营商转变，关键在于运营。过去文旅地产产品的开发商，只需要注重开发和建设，对于建成之后的运营事务往往不再管理。但对文旅地产产品来说，其与普通销售型物业的最大区别就在于项目的成功不仅包括开工建设、建设完成，还需要项目建成后能持续有效的运行，成为开发企业长期的现金流来源，成功的运营事实上比成功的开发更加重要。而项目后期的运营也与早期的设计密切相关，对开发商的战略眼光和长期发展判断能力都提出了更高的要求。因此，鲁能集团向提供服务的运营商转型需要尽快在运营上完善自己的角色，现在需要向更注重运营转型，特别是整体的精细化运营，以期提升整体的营收能力；同时注重软性服务的搭建，即精细化产品的打造和软性服务体系的建设。

同时，当前鲁能胜地所拥有的旅游产品均存在旅游的季节性问题。例如，九寨地区交通不便，冬季是通常的旅游淡季；海南地区“候鸟客群”比较大，导致旅游的淡旺季也非常明显；而大连金石滩在冬季时由于气温偏低，不适宜滨海旅游，也会出现明显的淡季。因此，为了保障商业、娱乐等服务配套的顺利运营，鲁能胜地对旅游地区的季节性问题研究系统性的应对方案。当前，大连金石滩通过温泉产品的开发，希望吸引部分冬季游客，文昌山海天则着力通过产业集聚实现常住人口比例的提升，来平衡淡旺季的差距，千岛湖则通过全年的节庆活动设计，平衡全年的客流。无论采取何种措施，顺利实现全季旅游都有利于鲁能胜地系列产品收获更丰硕的成果。

二　打造更丰富的鲁能胜地产品

当前尽管鲁能胜地的概念提出时间不长，但已经有多个项目在同时运营建设，而文旅地产产品的回报期往往是比较长的。因此，鲁能胜地还要谨慎平衡胜地开发与投入的节奏，保持稳健的开发速度，未来能顺利运营其下所有的胜地项目，不仅能继续发挥优质地产商的优势，更能成功地实现向城市区域运营商的转变，与顶级旅游资源共享繁荣，引领休闲度假的创新与发展，为新旅游时代下的国内外游客，提供更多元的旅游目的地和更丰富的旅游体验。

同时，当前的鲁能胜地产品依然以自然资源开发作为核心旅游资源，部分对人文资源的开发也是在自然资源的基础之上。未来鲁能集团希望进一步探索和发掘，提供包括以人文资源为核心资源等更加丰富的鲁能胜地产品。鲁能集团以高瞻远瞩的眼光打造鲁能胜地，将成为中国文旅地产产品的发展示范，不仅为中国游客，更为世界游客打造出世界级水准的旅游度假目的地，成为中国文旅产业开发和运营的领先者。

第 11 章
鲁能体育地产产品线

近年来，体育地产顺应了国务院对体育产业、运动消费、全民健身的推动政策，逐渐成为地产市场的重要主题地产。鲁能集团瞄准了体育地产的发展大趋势，凭借多年积累的体育赛事、场馆、设施等硬件资源，提出鲁能“体育 +”产品战略，以鲁能泰山 7 号为核心的体育地产产品线布局全国，将硬件资源与体育运动环境、绿色人居氛围，通过社区运动俱乐部、社区体育培训营以及鲁能体育大型赛事，融会贯通，建立鲁能“体育 + 全龄生活示范体系”，成为鲁能传播体育、健康、生态、人居和谐共生长的全新生活方式的重要平台。鲁能体育地产将更多体育健康、生命运动元素融入生活，并传播和引领健康和谐人居生活方式，开创了新时代下“体育 + 地产”双模块运营的全新模式。

第一节　体育地产的行业背景

党的十八大以来，习总书记对体育工作多次发表重要讲话、做出重要批示和指示。国家各部门也相继出台了多项鼓励体育产业发展的政策。刚刚结束的党的十九大，习总书记在报告中又一次提到“广泛开展全民健身活动，加快推进体育强国建设，筹办好北京冬奥会、冬残奥会”。体育产业发展获得重大机遇，同时也是体育地产产品线的重大政策机遇。与此同时，随着经济高速发展，全面建设小康社会，人民群众消费结构升级，对体育产品和服务的需求日益增加，这也为体育地产产品线提供了广阔的市场空间。2014年全民健身上升为国家战略，鲁能作为责任央企，积极落实国家战略，结合自身优势，适时推出并着力打造以“体育+”为主题的产品线，在全民健身的浪潮中勇当先锋。

一　供给侧改革背景下体育地产开发新机遇

2016年，房地产市场在去库存的背景下经历了新一轮快速上涨。面对热点城市房地产市场明显过热现象，中央经济工作会议坚持“房子是用来住的、不是用来炒的”的定位。在国庆前后，各地政府进一步加强对房地产市场的调控力度，确保房地产市场平稳健康发展。从市场发展来看，房地产市场存在严重的结构性过剩，突出表现在：一是市场分化加深加强，三、四线城市和部分二线城市去库存依然艰巨；二是从产品结构看，商业地产和低端住宅库存量较大，消化困难；三是低成本、污染较高的地产品类过剩，绿色、科技的地产品类紧缺。

当前房地产市场，已经走出了“黄金时代”。在严厉的调控政策下，原有的市场需求空间已经大幅减少，市场供应模式却并未及时转向，大量投资沉淀在三、四线城市，造成了今日巨大的商品房库存。化解房地产库存被列为经济结构性改革的四大歼灭战之一，房地产过剩将直接带来的是金融和经济系统的危机。去库存的关键是推进供给侧改革，不是简单减少供应，而是主动适应需求，在技术进步、产品创新的基础上创造需求。供给侧改革的本意是通过一系列结构性调整，激发市场主体的活力。房地产的供给侧改革并非是忽视需求，而是根据真实需求创造有效供给。房地产的供给侧改革的要求是通过法律和制度的完善，将房地产的生产要素引向需要发展的地方去。相比传统地产产品，体育、养老、物流、绿色建设、科技等未来的新型业态将成为房地产的主要需求方向。

在此背景下，房地产行业面临深刻的供给侧结构性改革，这也意味着中国房地产行业开始进入新的发展阶段。一是房地产差异化竞争将越发激烈。

房地产企业需要根据市场供求变化，提供更加个性化、多元化的更有价值的产品。二是房地产企业正在向泛产业地产商转型。在新的形势下，企业逐渐突破传统“卖房子”思维，开始向产业链的纵向、横向突破，将房地产与旅游、体育、休闲等相关产业进行有机嫁接。三是房地产产品逐步升级，更加注重品质。供给侧改革就是增加有效供给，主动适应需求，在技术进步、产品创新的基础上创造需求，改善供给。体育地产、商旅地产等房地产行业新业态成为开发企业关注和开发的新重点。四是市场需求开始出现分化，消费者开始追求高品质的产品。随着生活水平的提高，不少居民对住房需求不再是一个居住空间，甚至不满足于良好配套的社区，而是追求高品质的生活方式、与众不同的人文情怀。

对于房地产开发企业，在这种形势下需要在开发理念、开发模式上创新，将消费者个性化需求融入地产产品中，打造具有市场差异化的产品。近些年，许多开发商尝试将房地产业与其他产业进行整合，把与人们生活息息相关的产业与房地产嫁接，打造出新型复合地产项目。复合地产以先进的生活理念、全新的个性化服务、用户参与式体验，成为房地产发展的重要方向。例如，文化地产、养老地产、旅游地产、体育地产、教育地产等特色鲜明的房地产产品逐渐成为人们关注的焦点。其中，随着人们健身意识不断增强，运动已成为高品质生活方式的体现，健身生活化趋势在我国诸多城市呈现。城乡居民不仅对社区体育设施的要求日益提高，而且对室内体育竞技、户外体育休闲等体育运动场所提出了更高的要求。体育地产正是根据消费者对健康生活的渴望，将体育与房地产无缝嫁接，是满足居民体育需求的同时带动房地产发展的一种新的开发理念。

二　体育地产正迎来新一轮的政策红利

党中央、国务院高度重视体育工作，特别是党的十八大以来，习近平总书记对体育工作多次发表重要讲话、做出重要批示和指示，对体育工作进行了一系列高瞻远瞩的论述，成为推动“十二五”时期体育发展的强大动力。各级政府对体育事业的投入不断加大，全社会参与体育的热情日益高涨，体育在实现中华民族伟大复兴中国梦和全面建成小康社会中的作用进一步显现。党中央、国务院的重大决策部署极大地激发了体育事业发展活力。

2010年3月，国务院办公厅发布了《关于加快发展体育产业的指导意见》，许多城市政府部门也纷纷颁布发展体育产业的政策，房地产开发商开始瞄准体育与地产的复合开发，体育楼盘、体育城和体育公园等地产项目掀起建设高潮。鲁能体育公园、鲁能泰山7号、四川龙泉阳光体育城、上海新体育广场和昆明新亚洲·体育城等高品位大型体育主题地产不断涌现。"体育+地产"的开发模式，充分整合了双方优势资源，使体育产业与商业地产在资源和市场等要素方面有机整合，创造价值最大化，满足消费者体育消费需要，带动地域房地产经济发展。不少体育地产运营商甚至通过运用体育地产项目成为城市运营者。

此后，国家又陆续颁布鼓励体育产业的政策性文件，为"体育+地产"创造了前所未有的发展机遇。

- 2011年2月，国务院颁布实施了《全民健身计划（2011—2015年）》。
- 2014年10月，国务院印发了《关于加快发展体育产业促进体育消费的若干意见》，将全民健身上升为国家战略。
- 2015年2月，中央全面深化改革领导小组审议通过了《中国足球改革发展总体方案》，足球改革发展的体制机制和政策措施实现了重大突破。
- 2015年，中共十八届五中全会通过的《中共中央关于制定国民经济和社会发展第十三个五年规划的建议》，提出"健康中国"战略，尤其提出了"发展体育事业，推广全民健身，增强人民体质"的18字方针。
- 2016年6月，国务院颁布实施了《国务院关于印发全民健身计划（2016—2020年）》，就"十三五"时期发展群众体育、倡导全民健身新时尚、推进健康中国建设做出了全面部署。
- 2016年7月，住房城乡建设部、国家和发展改革委员会、财政部发布《关于开展特色小镇培育工作的通知》。
- 2016年7月，国家体育总局发布《体育产业十三五规划》。

●2016 年 10 月，中共中央、国务院印发了《“健康中国 2030”规划纲要》，把全民健身纳入其中，明确实施国家体育锻炼标准，发展群众健身休闲活动，丰富和完善全民健身体系。

国家的支持政策为体育产业发展获得重大机遇，同时也是“体育＋地产”开发模式的重大政策机遇。

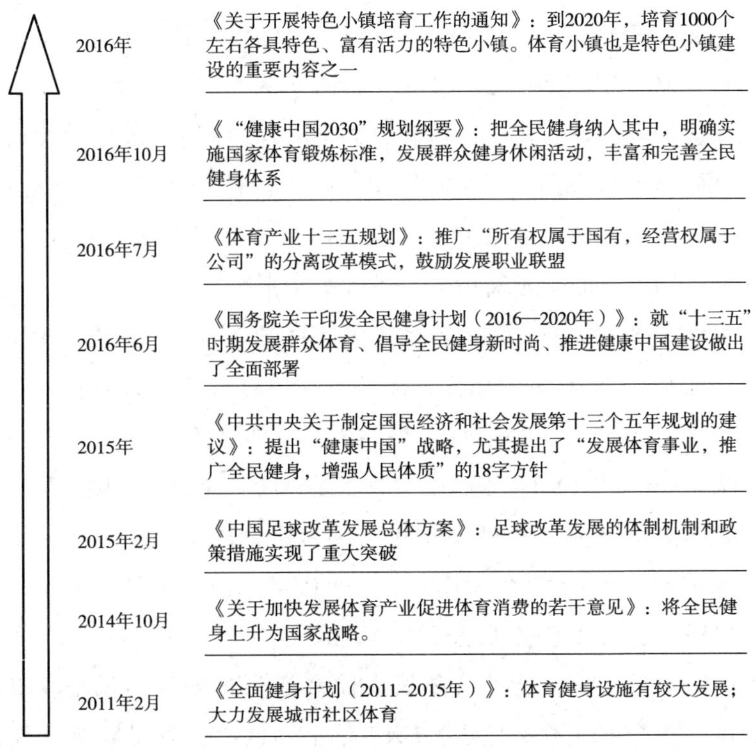

时间	政策文件及亮点
2016年	《关于开展特色小镇培育工作的通知》：到2020年，培育1000个左右各具特色、富有活力的特色小镇。体育小镇也是特色小镇建设的重要内容之一
2016年10月	《“健康中国2030”规划纲要》：把全民健身纳入其中，明确实施国家体育锻炼标准，发展群众健身休闲活动，丰富和完善全民健身体系
2016年7月	《体育产业十三五规划》：推广“所有权属于国有，经营权属于公司”的分离改革模式，鼓励发展职业联盟
2016年6月	《国务院关于印发全民健身计划（2016—2020年）》：就“十三五”时期发展群众体育、倡导全民健身新时尚、推进健康中国建设做出了全面部署
2015年	《中共中央关于制定国民经济和社会发展第十三个五年规划的建议》：提出“健康中国”战略，尤其提出了“发展体育事业，推广全民健身，增强人民体质”的18字方针
2015年2月	《中国足球改革发展总体方案》：足球改革发展的体制机制和政策措施实现了重大突破
2014年10月	《关于加快发展体育产业促进体育消费的若干意见》：将全民健身上升为国家战略。
2011年2月	《全面健身计划（2011-2015年）》：体育健身设施有较大发展；大力发展城市社区体育

图 11－1　主要政策文件及亮点

与此同时，不少省市已陆续出台相关实施办法支持体育产业发展。

●北京市制定了《体育服务业发展规划（2015—2020 年）》《关于金融支持首都体育产业发展的意见》。

●山西省将《发展体育产业促进条例》列入省人大 2015 年地方立法计划预备项目；黑龙江省制定了《体育服务质量监督办法》。

- 江苏、浙江、福建、山西等地成立了省级体育产业引导资金。
- 广东省探索建立私募体育产业投资基金。
- 湖南、江苏等地组建了省级体育产业集团，整合各类优质体育产业资源。

三　全民健身国家战略推动下体育将融入日常生活

2014年国务院印发的《关于加快发展体育产业促进体育消费的若干意见》提出，营造重视体育、支持体育、参与体育的社会氛围，将全民健身上升为国家战略，“健康中国”将展开新的蓝图。2017年8月27日，习近平总书记在会见全国体育先进单位和先进个人代表等时强调，“加快建设体育强国，就要坚持以人民为中心的思想，把人民作为发展体育事业的主体，把满足人民健身需求、促进人的全面发展作为体育工作的出发点和落脚点，落实全民健身国家战略，不断提高人民健康水平”。

随着生活水平的提高，我国城乡居民体育锻炼的意识增强，参加体育锻炼的积极性增高。与2007年相比，经常参加体育锻炼的人数百分比明显增加，2017年，全国经常参加体育锻炼的人数达到5.5亿人，占全国人口的比重41.3%左右，比2013年提高了13个百分点。最近一次国家体育总局调查显示，20岁以上人群中，93.8%的人认为体育锻炼重要，就近就便锻炼和“花钱买健康”已经得到越来越多人的认可。调查结果还显示，越来越多的城乡居民到公共体育场所进行体育锻炼。

与此同时，近几年，能够反映居民体育参与热度的马拉松赛事持续火热，中国田径协会统计数据显示，2017年全国共举办规模赛事（路跑赛事人数在800人以上，越野跑赛事人数300人以上）1102场，涉及234个城市（覆盖全国70.06%的地级市），参赛规模498万人次，赛事规模7年增长50倍。

- 据中国田协统计，2017年仅田协注册在案的跑步赛事数量就激增到256场（A、B类认证赛事合计），一年当中平均每1.4天就有一场马拉松赛事上演。

- 中国每周进行户外自行车运动人数在400万人以上，以户外自行车运动为主要健身方式的人数在900万左右。中国各地起源自、发达于民间的自行车赛事与运动，每年不少于365个。
- 2017年我国泛户外人口（每年至少参加一次以上户外运动）已达1.3亿~1.7亿人。

这些现象都说明城乡居民体育锻炼意识逐步增强，健身已经成为部分群体的一种生活方式。特别是，“千禧一代”（“80后”“90后”）近6亿人，更具社交意识和健身需求，运动已经成了他们每天工作之余放松的一种方式。随着全面健身概念的深入，未来中国经常参加体育锻炼人口占比将会有较大提高空间。

目前我国体育设施建设仍是以服务城市与大型赛事场地为主，城郊村镇区域满足大众健身、休闲旅游需求的体育设施建设相对落后。而且，体育场馆运营以事业单位自主经营为主，社会开放度不够，商业性体育场馆不足，大众的体育消费需求被客观条件所抑制。

- 我国会员渗透率（俱乐部会员数占总人口的比例）仅为0.4%，而2013年美国健身俱乐部会员达5410万人，占美国人口17.1%，占其健身人口的比重23.8%。加拿大、新西兰、英国、澳大利亚、德国的会员渗透率也分别为17.9%、14.8%、12.9%、11.4%、11.1%（江小涓，2018）。

因此推动全民健身的体育设施、产品、服务，暂时还不能满足全民日益增长的体育物质、文化需求。在这种形势下，房地产企业迎来了难得的历史机遇，在实施全民健身战略的过程中将充当先锋。例如，“80后”近6亿人，特别是4亿多的“90后”迅速成人走向社会，他们更具社交意识和健身需求，健身房是他们重要的生活场所。未来体育住宅项目将会在竞争激烈的住宅市场中占有一席之地。带有运动基因的体育地产（如鲁能泰山7号），或毗邻健身场所、体育场馆的住宅一定会吸引这部分具有住房刚性需求群体的目光。因此鲁能提出的围绕体育主题的体育地产产品线必然会在全民健身的浪潮中发挥积极的作用。

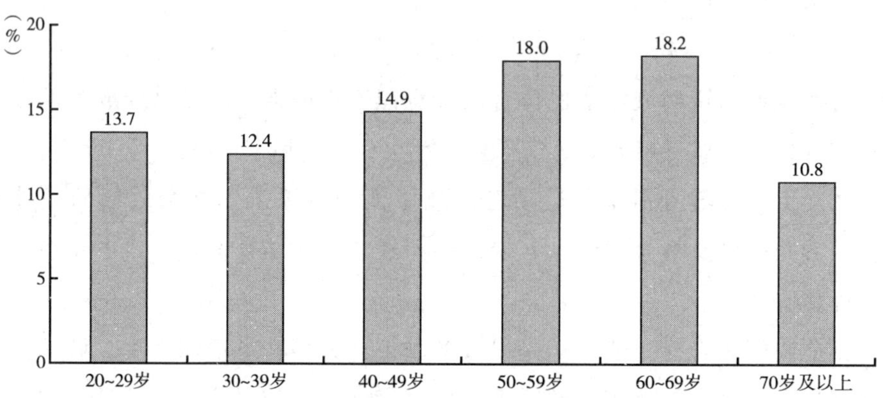

图11－2　中国经常参加体育锻炼人口比重

资料来源：根据2014年全民健身活动状况调查公报整理。

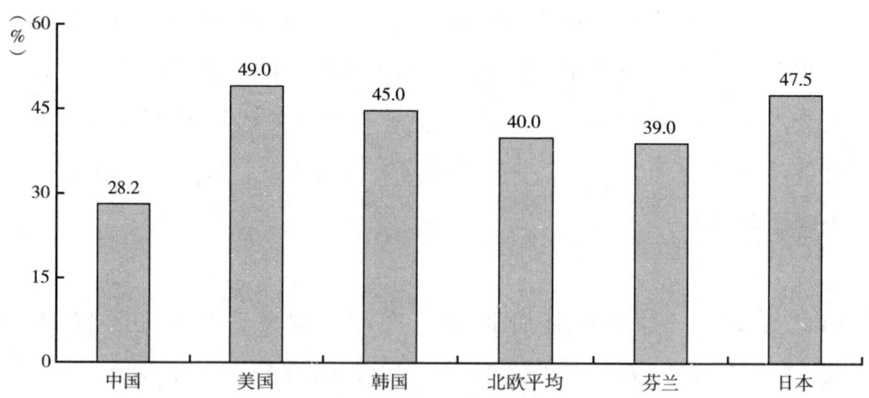

图11－3　主要国家（地区）经常参加体育锻炼人口比重

资料来源：根据2014年全民健身活动状况调查公报整理。

四　体育产业的蓬勃发展为体育地产产品线提供了市场机遇

体育产业的成熟发展，以体育为主题的市场业态不断涌现，为体育与地产的有机嫁接提供了市场机遇。同时，也为体育地产产品线产生、发展提供了市场基础。

（一）中国体育产业规模潜力巨大

近年来，中国体育产业规模逐步扩大，体育消费明显增加。“十一五”以来，体育产业步入高速发展时期，体育产业发展取得较大成绩。据统计，2016 年中国体育产业总规模超过 1.9 万亿元，体育产业增加值 6475 亿元，较 2006 年增长了 3.2 倍，占 GDP 比重从 0.4% 提高到 2016 年的 0.9%。据预测，2020 年中国体育产业总值将达到 3.08 万亿元。

但值得注意的是，我国体育产业目前的产值有 80% 是衣服、鞋帽等制造业贡献的，而与老百姓密切相关的体育健身服务、运动场地、专业教练等方面都还需要更多的有效供给。

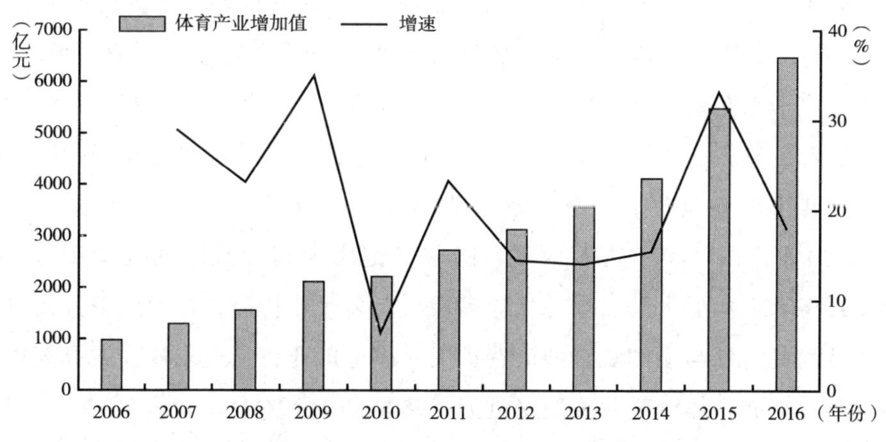

图 11－4　体育产业增加值与增速

资料来源：根据公开数据计算整理。

与世界主要国家相比，中国体育产业总体规模有进一步增长的巨大空间。据统计，2016 年，中国体育产业增加值占 GDP 比重约为 0.9%。最近

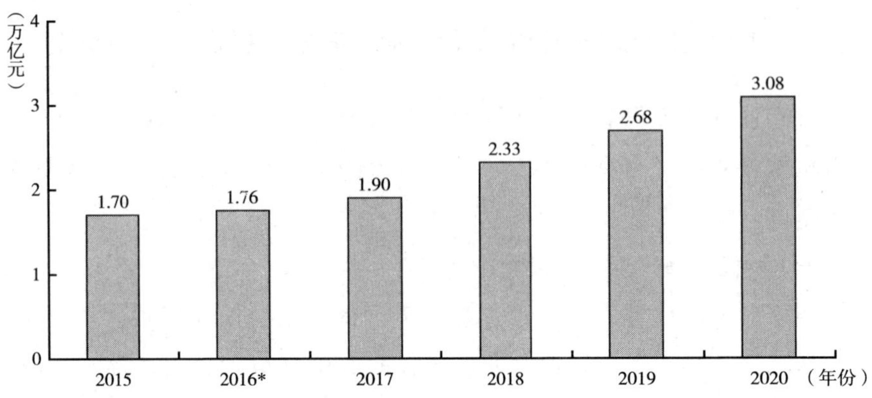

图 11－5　体育产业总产值预测

注：2016* 为预估值，2018 年、2019 年、2020 年为预测值。
资料来源：中国产业信息网，http：//www.chyxx.com/industry/201701/483330. html。

几年，全球体育产业增加值占全球 GDP 比重约为 1.8%，发达国家平均体育产业年增加值占 GDP 的比重为 3.5%。其中美国的比重约 2.85%，欧洲的比重处于 1.8%～3.7%；日本、韩国、加拿大等国的体育产值所占比重在 2%～4%。其中，美国、英国、加拿大、韩国等国家的体育产业占 GDP 比重超过汽车制造业，足见其支柱地位和增长潜力（江小涓，2018）。

随着冬奥会、中网、上海 ATP 等世界各种大型体育赛事在中国举办，在大型赛事的拉动下，中国体育产业未来将具有巨大发展潜力和市场容量①。预计，在"十三五"时期，随着"健康中国"战略的逐步实施，中国体育需求将从低水平、单一化向多层次、多元化扩展，体育消费方式将从实物型消费向参与型和观赏型消费扩展，体育产业将从追求规模向提高质量和竞争力扩展，体育产业将迎来重大战略机遇。《体育产业发展"十三五"规划》提出，2020 年中国体育产业总规模超过 3 万亿元，从业人员数超过 600 万人，产业增加值在国内生产总值中的比重达 1%。

① 例如，在 2005～2008 年的"奥运投入期"内，北京市 GDP 的年均增长速度达到 11.8%，较"十五"期间提高 0.8 个百分点。2004～2008 年，奥运因素共拉动北京 GDP 增加 1055 亿元。

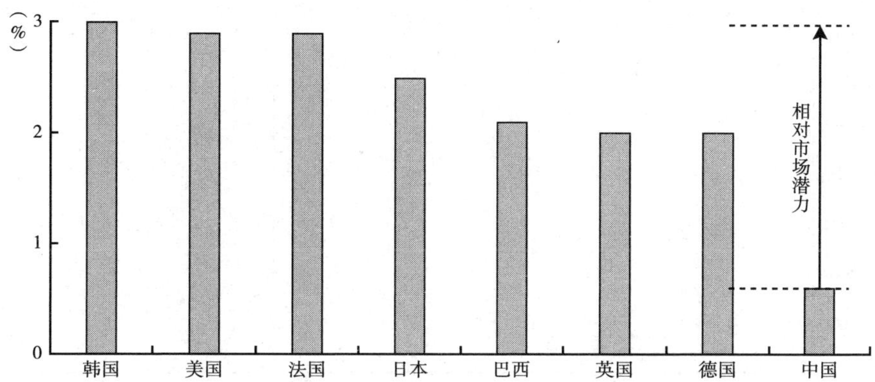

图 11－6　2016 年主要国家和地区体育产业增加值占 GDP 比重

资料来源：根据公开数据计算整理。

（二）体育消费支出有较大增长空间

与发达国家体育消费相比，中国体育消费水平也存在着较大提升空间。据美国福克斯新闻网 2018 年 1 月 24 日报道，一项研究显示，18～65 岁的美国人，平均每月花费在健身房、私人教练、膳食计划、营养品和健身器材上的费用为 155 美元，全年支出 1860 美元。而根据《2018 健身支出报告》的数据，2017 年中国人均健身年支出为 1502 元，仅是美国人均健身消费的 1/8（见图 11－7）。

（三）以体育为主题的市场业态出现带动体育地产的需求

随着体育产业的蓬勃发展，以体育为主题的生活方式、市场业态不断涌现。健身、健步走、体育拓展培训、亲子体育课程（如打造以孩子的体育培训为主的家庭一站式消费中心）、体育旅游（如体育夏令营、体育观赛游等）、体育场馆服务、以运动健康为主题的商业综合体屋顶运动中心等市场业态，开始走进普通居民的日常生活，成为人们休闲、放松、娱乐、运动重要场所。

2017 年，全国经常参加体育锻炼的人数达到 5.5 亿人，占全国人口的比重达 41.3% 左右。这个庞大的人群不仅对体育用品产生需求，而且对体育场所、体育设施的需求也非常大。目前，我国人均体育场地面积仅 1.46

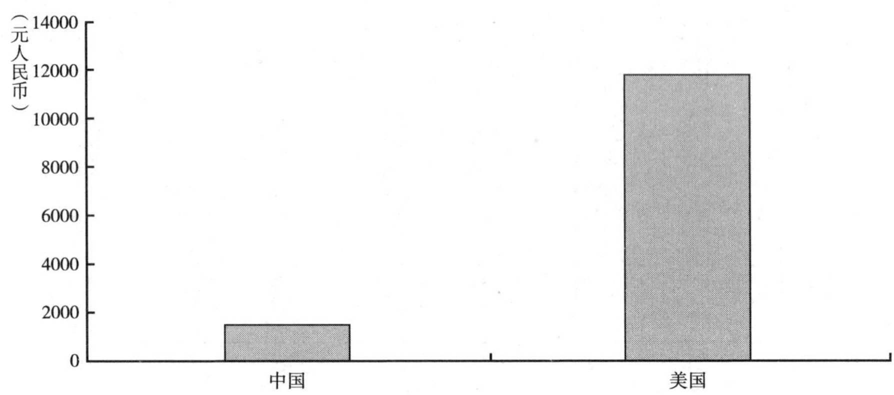

图 11－7　中国美国年人均健身消费对比（2017 年）

平方米，室内场馆人均仅 0.19 平方米。按照国务院《关于加快发展体育产业促进体育消费的若干意见》要求，到 2025 年，我国人均体育场地将达到 2 平方米。预计未来需要建设将近 8 亿平方米体育场地，其中室内场地面积约增加 1.1 亿平方米。

根据中国体育场馆协会的预测，在体育场馆建设方面，未来主要增加满足高水平比赛训练的中型体育场馆和满足大众健身的小型场馆。中型场馆将以区县级城市为主，成为主要的需求者；小型场馆包括各类综合性、羽毛球馆、篮球馆、游泳馆等设施，将会分布于城市社区。从产业规模来看，不管是体育场馆管理服务，还是场馆设施建设，未来发展速度和市场规模增长较大，每年将保持不低于 10% 的增长速度，涵盖依托场馆举办的赛事活动等各有关产业，未来年产业增加值将达到 5000 亿元以上规模，在体育产业中占比达到 10%。

第二节　鲁能体育地产产品线：概念、特征与价值

鲁能集团一贯具有体育传统，在企业发展过程中，体育业已成为鲁能集团得天独厚的资源禀赋。鲁能在开展职业体育的同时，推进体育大众化，创

新研发了“让体育走进社区，让运动融入生活”的体育产品线，积极倡导全民健康的生活方式，践行“健康生活，体育强国”的中国梦。

一　相关概念与鲁能体育地产产品线的提出

1. 相关概念

——体育地产

目前，体育地产作为以体育为主题概念的商业地产开发模式，已经成为诸多房地产商的重点开发产品之一。从较早的广州奥林匹克花园，到目前广受市场青睐的鲁能 7 号，体育地产产品业已成为房地产市场中具有吸引力和影响力的产品。

实业界、理论界也开始研究“体育 + 地产”这种崭新的地产开发模式。但目前体育地产还没有一个统一的概念。起初，世界对于体育地产的理解仅在项目层面，认为体育主题地产是将某一元素作为项目的主题文化来进行打造，其项目本身并不包括产业间复合。这一主题可以是房地产开发商自建配套，也可以毗邻周边体育资源。例如，利用项目周边公共体育资源，对项目进行策划宣传。这类项目并没有将体育元素融入进来，本质上仍然是传统项目。

随着体育地产开发的不断成熟，不少学者和业内机构试图从产业或泛产业层面，提出了新的概念。李刚（2006）提出，体育地产就是将体育产业和房地产业有机地嫁接，以特定的地域空间为载体，以体育产品开发（体育赛事、体育场馆）为依托，以房地产开发为先导，将体育的元素引入房产的开发当中，使资源、科技、市场等要素有机联系，相互吸引，带动地域房地产经济发展的一种运营模式，其核心实质是运用体验经济模式走“体育搭台，房产唱戏”的发展之路。易居研究院（2011）认为，体育地产是在特定地域空间内，以体育资源为核心，将体育元素引入商业地产总体规划与开发过程之中，使体育产业与商业地产在资源和市场等要素方面有机整合，创造价值最大化，满足消费者体育消费需要，同时带动区域房地产经济发展。卢星海（2014）则认为体育地产属于泛地产的概念，是将体育产业与房地产业有机嫁接，利用体育资源促进房地产发展的一种经营模式；是将体育资源融入房地产项目整体开发的定位、规划设计、建筑施工，营销策划、物业服务之中，将资源进行整合，实现优势互补。

总结以上观点，我们对体育地产的定义是：体育地产是以体育为主题，为人民群众提供完善的体育设施和体育服务，通过成熟的体育运营促进房地产发展，实现房地产与体育产业有机融合的新的地产开发业态。基于提出的体育地产的定义，我们认为，体育地产应具备如下三个要素：一是项目具有体育题材；二是能够提供完善的体育设施和体育服务；三是实现了房地产与体育产业的有机融合。

——体育地产产品线

体育地产产品线，是针对不同客户群体，围绕体育产业链而设计，主张运动、健身等积极生活方式理念的一系列地产商品。

体育地产产品以“运动、健康”为结合点使体育产品与地产商品有机嫁接，从技术、市场等方面资源进行整合，从而促进体育与地产行业的有机融合发展。体育地产产品通常具备多种资源优势。一是体育产业资源优势：体育场馆、体育场所；体育赛事、体育健身俱乐部、体育商品销售、体育健康服务等；多元化体育服务保障。通过体育资源导入，吸引城市区域优质消费客户群体，扩大区域知名度，能够形成城市区域较强差异化竞争优势，从而提升区域经济、文化、社会形象，提升地产项目知名度。二是房地产业资源：房地产品牌；资金实力；专业化物业管理；丰富市场营销宣传渠道；产业辐射能力。通过整合体育产业市场资源，增加产品附加值，利用体育元素扩大房地产项目核心价值，从而形成健康居住环境。

2. 鲁能体育地产产品线的提出

2015 年，鲁能集团以中央确立的“创新、协调、绿色、开放、共享”五大发展理念为指引，以自身资源为基础，以倡导“国际休闲生活方式”为引领，从“生态、健康、运动、娱乐、科技”五大维度出发，整合鲁能全球战略合作资源，对产品开发模式进行了一次创新实践和有益探索。同年10月，鲁能集团首次向全社会发布了包括“体育+”在内的多条产品线，力求以创新、卓越、时尚、丰富的产品组合，倡导和引领未来高品质、国际化的生活方式，为公众提供全新、差异、多元的消费体验，展现鲁能集团的品牌价值和社会责任。此后，2016年、2017年连续两年的集团公司的工作报告，又进一步提出了加快“体育+”产品线的推进与落地。

应该说鲁能“体育+”产品线是依托国家发展体育产业的政策支持，迎合当今社会对运动、健康、娱乐的多元化诉求，以体育产业链衍生为核心，以体育产业发展新动向、新机遇为切入，探讨与商业、旅游、（地产/新城）开发的结合，积极主动的迎合并满足人民群众的健身运动需求，倡导健康生活方式。自2015年首次提出，鲁能“体育+”产品线坚持“面向大众、全民健康”的发展方向，充分利用鲁能集团在体育领域的丰厚积淀、品牌效应及资源整合能力，导入国际先进理念，结合跨界、互联和运营等合作资源，构建具有鲁能特色、展现运动文化及元素特质、联动多元功能的地产产品“体育社区”和“体育公园”，服务“健康中国”战略。

二　鲁能体育地产产品线结构与特征

鲁能体育地产产品线开发的核心理念是借由大型体育赛事带动的体育发展契机，适度导入和结合国际先进理念，打造鲁能集团“体育+”板块，以及布局全中国计划版图。鲁能体育产品线自上线以来，以体育休闲产业链衍生为核心，探讨与地产的运营模式、模块组合，正在开启鲁能体育新时代。目前，鲁能体育产品线主力产品主要有体育社区和体育公园，这两大产品线以各自的发展理念为社会塑造了健康、绿色、活力、共享的生活氛围。

1. 鲁能体育社区

鲁能体育社区总体特征是健康、绿色、可持续、智能等各类元素穿插及串联社区，集中式体育中心以全民类体育项目为主，以满足社区居民体育需求为主，提升社区居民对自身健康和运动生活的理念。

鲁能体育社区的开发理念是倡导全面健康生活，活力体育设施提升社区健康与人文价值，多产品组合拓宽体育社区发展方向，释放人本活力。

点：打造全民运动中心，培育乐在运动，获得健康的生活态度。社区配以高规格硬件设施，可持续运营方式，倡导“全民健身”风潮。室内场馆和室外场地的整体运营，通过完善的服务体系，满足不同消费者需求，达到设施使用的最佳化。

线：完善社区体育配套，提供活力生活，自在人生的便捷服务。社区配以智慧网络系统（移动科技、个性化与大数据参与），社区慢性系统（步道、自行车道环绕），智慧能源。促进运动娱乐设施与自然环境、现代科技、智慧能源结合。

面：依托公共资源建设毗邻社区的森林体育公园山地运动公园，打造释放激情，畅享运动的环境。创造全新的体育服务满足社区不同种类的需求：多种类户外体育体验——满足不同人群需求；近郊旅游——引领新生活休闲方式；年轻人户外探险；家庭亲子丛林游乐；老年人森林徒步。

+：运动商业综合体。为社区人群提供丰富的体育产品。包括体育实体产品和体育服务产品，提升消费体验，增强互动；植入运动、音乐、文化等元素，增强消费的趣味性。

目前鲁能体育社区的主打品牌是“鲁能泰山 7 号”。倡导全民健身，让体育融入社区，走进民众，打造多元体育产品，全方位绽放人本活力。

2. 鲁能体育公园

鲁能体育公园总体特征是提升城市居民的体育参与度为主要诉求，以竞技体育、参与性体育项目带动休闲娱乐活动。

鲁能体育公园的开发理念是全面的产品组合，体育公园丰富城市旅游元素，带来高延续性经济效益，全力辐射体育文化，最大化体育力量。以满足城市居民体育参与为主，竞技体育和休闲体育满足不同运动爱好者的需求。

鲁能体育公园的五大发展模块。体育公园以五个互联互动的产品模块交织出广且深的张力，能在不同的旅游目的地快速复制。

模块 1：国际赛事发声地：赛事、培训、竞技——以高渗透力高能极赛

图11－8　济南鲁能泰山7号

事带动全民参与，创造经济效益，带动体育风气。

模块2：户外达人挑战地：娱乐、体能、突破——依托体育公园资源特色可发展出具独特性的挑战基地。

模块3：动感度假先锋地：时尚、科技、度假——依托体育公园健身体验、赛事活动、会展会奖、提供配套住宿及商业。

模块4：主题运动体验地：体验、刺激、释放——以低技术门槛、高体验性之运动主题公园，丰富体育公园层次。

模块5：全民健身启蒙地：公益、健身、政企合作——面向居民，提供市民活动之场地，促进全民体育发展。

三　鲁能体育地产产品线价值与意义

鲁能首次提出的“体育＋产品”不仅突破了房地产开发企业的固有思路，使得体育广泛深入社区，改变人的身体素质和精神面貌，更为鲁能创新“体育＋地产”双模块运营，提供了实践依据。鲁能“体育＋产品”内涵中，房地产产品不再是普通的单一居住功能的商品，更是一种以人为本，集休闲、健身、运动等功能为一体的综合平台。与传统房地产产品相比，鲁能体育地产产品在项目开发特征上更具时代性和创新性。

图 11－9　济南鲁能泰山体育公园

1. 鲁能体育地产产品线经济价值

近几年，在房地产行业供给侧改革的大背景下，房地产行业开始进入跨界融合、创新发展的新阶段。市场竞争模式不断升级，面对愈加激烈的挑战，房地产企业积极谋划，通过产品和业态创新，产业创新，以及商业模式和管理创新等方式，探索新的可持续的利润增长点。鲁能体育地产产品线则更加注重价值创造能力的提升以保障集团公司持续发展，并进一步推动产品和业态的创新，促进房地产与上下游产业的有机嫁接与融合，达到价值链的最大化。

鲁能体育社区将围绕“声、光、电为主题，倡导健康、永续，实现智慧、娱乐”的开发理念。以项目区域发展前景及项目自身资源为依托，通过多重价值的附加，以“互动体验、健康发展”为目的，打造一个生态、绿色、科技、时尚的国际生活社区。在功能上除了提供传统的居住功能外，还通过加大体育社区基础体育设施投资，为业主提供便捷、综合的健身运动空间。

鲁能体育公园：全面的产品组合，体育公园丰富城市旅游元素，带来高延续性经济效益，全力辐射体育文化，最大化体育力量。

鲁能体育综合体：在“体育＋商业”的运行模式中，在商业综合体中加入运动元素打造独具运动特色的体育综合体，不仅增强商业吸引力，更是形成鲜明的城市体育休闲板块，并以此辐射周边地区，能够极大地提高城市的区位品位与经济价值。

2. 鲁能体育地产产品线社会价值

鲁能集团长期重视中国体育，形成了丰富的体育资源。在足球领域，1998 年 1 月 5 日更名的鲁能泰山足球俱乐部是中国顶级联赛传统豪门俱乐部，在亚洲都具有举足轻重的影响。不仅在足球领域，鲁能还为中国乒乓球队输送了多名优秀选手，硕果累累。和其他企业直接赞助球队不同，鲁能集团多年致力于体育教育事业的发展。足球学校、乒乓球学校自创立以来，既为国家提供了大批体育人才，又用运动丰富了普通人的生活。鲁能集团将体育产业嫁接房地产开发，推出体育地产产品线，将体育融进社会、带入社区、切入生活，成为鲁能集团践行体育强国战略，担当政治使命和社会责任的有效载体。

鲁能体育公园：提升城市居民的体育参与度为主要诉求，以竞技体育、参与性体育项目带动休闲娱乐活动。通过足球、乒乓球、水上运动、滑雪、自行车、极限运动等竞技体育专业训练打造全国成熟的体育培训基地，为国家输送优秀的体育专业人才。

3. 鲁能体育地产产品线人文价值

鲁能体育地产产品线坚持以人为本，倡导全面健康生活，活力体育设施提升社区健康与人文价值，引领全面健身的风潮。其中，鲁能体育社区产品旨在为业主提倡活力、便捷的生活方式。其发展理念为乐在运动，活得健康，倡导“全民健身”风潮；活力生活，自在人生；释放激情，畅享运动；勇于挑战，发现自我。

鲁能泰山 7 号以“体育 +”为地产发展新模式，旨在给业主生活谋福祉，积极探索体育与住宅地产模块的优化组合，建设充满“体育”元素的社区。通过引入室内足球场、极限运动场、老年休闲广场等全年龄段的体育运动元素，形成独具“鲁能特色”的复合型运动人居生活，为业主提供健康的生活方式，倡导健康的生活文化，为社会塑造了积极向上的生活态度。

第三节　鲁能体育地产产品线案例

20世纪末，房地产行业首次出现了以体育为主题的开发模式。运动健康社区、城市体育功能区、城市综合体、多元养生活动平台等多形式的产品逐渐进入市场。但是这些体育地产项目还处在探索阶段，产品更多强调居住功能，辅以完善的体育配套。在体育地产开发模式逐渐成熟的过程中，鲁能集团适时提出了鲁能体育社区和鲁能体育公园等产品，强调体育元素融入日常生活，塑造全面健身的社会氛围，引领健康的生活方式。这一理念突破了体育地产初期发展的“社区+配套”的传统发展模式，更强调打造社区的体育烙印和日常生活有机融合，激发生活向上的力量，传递出的是健康、积极、向上的人生态度。在鲁能集团的大力推进下，北京、天津、济南、南京、重庆的鲁能泰山7号产品，三亚、文昌、济南、重庆的鲁能体育公园产品相继落地。

一　鲁能泰山7号：全民健身战略中的践行者

鲁能泰山7号属于鲁能集团七大产品线之下的“体育+”产品线之一，是以体育为主题的住宅社区。品牌核心规划理念是将活力概念注入社区生活，整合所有设施与资源的管理系统，打造活力居民与健康生态的互动网络。

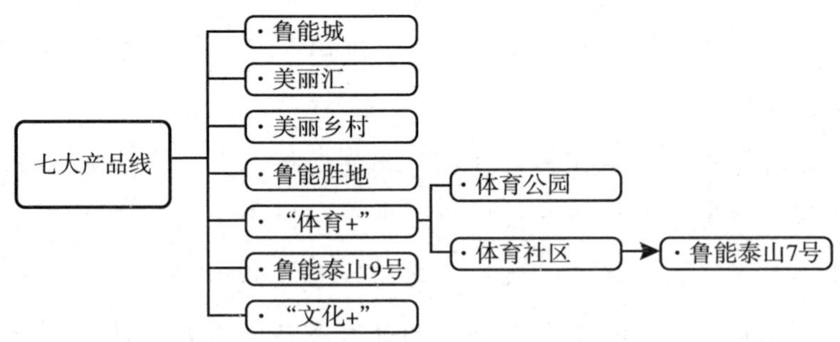

图11-10　鲁能集团泛产业地产七大产品线

1. 鲁能泰山7号：理念、含义、与价值体系

——鲁能泰山7号产品线五大开发理念

生态理念：绿色智能、生态休闲，创建人与自然和谐共处的开发模式。健康理念：健康乐活、低碳环保，打造绿色健康地产品牌，设置社区健康管理平台。运动理念：活力运动、全民体育，活力只能、全民体育、健康乐活、运动休闲的生活方式。娱乐理念：休闲娱乐、运动嘉年华，动感、创新、极限、科技、互动的商业娱乐配套主题。科技理念：智慧网络、引领生活，运用智慧网络和鲁能App，将居民健康信息与社区生活结合。

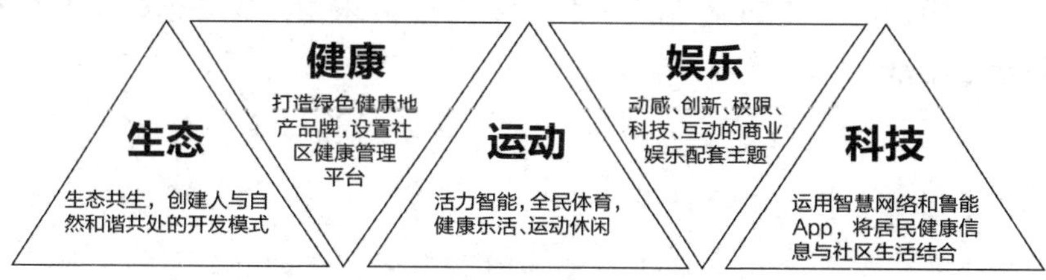

图11－11　鲁能泰山7号五大开发理念

——鲁能泰山7号品牌诠释：

鲁能泰山7号第一重含义：“体育＋地产”。

泰山——五岳之首，稳如泰山，象征鲁能集团追求卓越的匠心精神；

7号——永远的7号，永远的贝克汉姆，体现了项目所承载的真实乐观的体育精神。

鲁能泰山7号第二重含义：将快乐的、健康的、美好的事物融入生命，创造更广阔的生命体验。

泰山——生活的基石，象征生命的品质；

7号——象征着运动精神，快乐的、运动的、美好的。

——鲁能泰山7号品牌核心价值体系：

新一代全民体育聚集地：1个体育公园＋N个运动设施＝新一代全民体育聚集地。

引领全民、全龄、全季运动；将健身、休闲、教育、旅游、娱乐融为一

体，提供家庭型、专业型、队友型、企业型等多重特色组合运动场所。

家门口的四重立体活力场。

第一重，可玩耍的草坪和绿化带；第二重，可休憩的景观客厅；第三重，健康智能慢跑系统；第四重，五大公园体系

一个全家型精品生活会馆：1个生活会馆+5维社交=1个全家型精品生活会馆。

全家型会馆群：提倡人与人之间交流，人与环境的交流，营造一种和谐、自由、互动共享的现代居住生活方式。

一个充满活力的精英聚落：一群人+几个俱乐部+7天运动=1个充满活力的精英聚落。

以"融入"为核心基础，以体育社区活动为切入点，形成天天有活动的健康共享圈层，搭建业主社群。

育龄少年：鲁能泰山青训俱乐部、四点半体育课堂。

成人：鲁能泰山7号跑跑吧、鲁能泰山7号乒乓球队、鲁能泰山7号足球梦之队、鲁能泰山7号健身社。

老人：国医馆康体训练营、鲁能泰山7号夕阳红舞蹈队、鲁能泰山7号夕阳红国学社。

宠物：宠物训练营。

一个最IN的体育潮流体验店：1个体验店=1个体育潮流Party场。

涵盖所有运动项目的潮流服装、专业配件、运功设备等用品展销；打造体育主题商业，形成多元化的消费形态，创造城市时尚新领地。

一所注重身心健康的理想家：1项简单的体育运动+N维智能健康载体=1个理想的家。

按美国WELL和中国绿色建筑星级标准对建筑进行双重认证。并从五大维度叠加健康载体，为居住者提供有品质的、国际先进的健康生活。

一座智能化健康驿站：1个社区医生+1个生命信息保险箱=1座智能化健康驿站。

以"互联网+医疗"为理念，以社区医生为载体，以原始健康数据、

动态输入数据、健康评估分析、人群健康图谱为基础，打造全生命周期的健康服务管理系统。

2. 鲁能泰山7号落地项目

——重庆鲁能泰山7号

图11-12 重庆鲁能泰山7号

鲁能泰山7号项目位于重庆两江新区国际中心区核心位置，处于中央公园西侧，距重庆主城20公里，距江北机场仅6公里。兰桂大道及建设中的秋城大道和腾芳大道组成了项目对外交通的主干网络，未来沿秋城大道修建的轨道交通5号线以及沿北侧同茂大道建成的轨道交通10号线的贯通将进一步提升项目的可达性，泰山7号项目也将成为重庆主城范围及两江新区核心区的重要节点。

该项目基于鲁能集团致力于打造高品质运动社区的愿景，通过创造多元复合、大众共享的核心空间，建立城市地标，增强识别性，打造各具活力风情的特色社区，形成慢行网络和社区服务网络等策划及规划策略。

重庆鲁能泰山7号针对不同运动需求，以“运动休闲+体育专训+城市赛事”为主要活力驱动途径，利用多层级“体育活动+安全专属”的主题生活居住空间+开放互动的智慧运营模式，以三个层级与三大系统致力打造成高端城市精英生活社区。

✓三大层级：社区级、区域级、城市级。

社区级：多节点街区性运动公园、覆盖全年龄段运动设施设计。

区域级：服务区域居民需求、个性化运动展现。

城市级：承接城市赛事活动、引领全新运动潮流、创新都市运动方式。

✓三大系统：度假运动系统、智慧运动系统、家庭运动系统。

✓产品体系：

城市级产品：以城市赛事活动+城市首席运动体验+儿童智慧运动启迪打造创新型城市级运动体验目的地。

区域级产品：以休闲运动放松身心+户外运动亲近自然+运动后期调理身体，打造从运动到运动后的一站式运动休闲目的地。

社区级产品：从活力趣味商业到全龄开放空间与运动主题居住，打造活力社区。

表 11-1　重庆鲁能泰山 7 号产品体系

产品体系	城市级	区域级	社区级
度假运动系统	未来水世界、PADI 潜水营、城市活动赛事、极限运动广场	攀岩挑战墙、皮划艇俱乐部、水上活动中心、高尔夫休闲空间、户外俱乐部、泰山音乐节	运动主题餐吧、汽车主题影院、运动装备工厂、跑酷 Hub
家庭运动系统	鲁能体育学院、鲁能足球小将、NBA 乐园	IFLY 垂直风动乐园、趣味水堡、滑草场、主题运动 MIX	鲁能华为智能跑道、邻里运动中心、乐龄运动乐园、乐活单车道
智慧运动系统	菁英中学、鲁能国际小学、卡路里科技馆、有氧发电探索天地	户外素质拓展基地、运动膳食堂	儿童户外运动乐园、活力健康教室、多变激光球场

——天津鲁能泰山 7 号

项目整体规划理念：鲁能泰山 7 号为鲁能在天津的第二个项目，主打鲁能“体育+”概念，倡导“健康、活力、自然”居住理念。

鲁能泰山 7 号位于天津海河教育园区，紧邻南开大学，地理位置在园区中非常优越，独享南开学校九年一贯制精英教育，拥有得天独厚的教育资源

图 11－13　天津鲁能泰山 7 号

和自然资源。该项目将鲁能文化、津派文化和学院派气质相融合，打造“学院风”书香门第品质住宅。

该项目规划重点体育社区。一方面规划为美丽汇与公园相结合，规划有健康步道及自行车道。另一方面现有 9#11# 地块规划四个主题园区和夜光跑道。

泰山体育社区—9#园区。打造四大主题园区：儿童乐园、宠物园、休闲园、老年活动园＋夜光跑道＋健身会所。

泰山体育社区—健身会所设计有：健身房、团体健身室、室内体育馆、多功能教室、户外球场。

泰山体育社区—体育学校旨在以专业教育带动全民运动的运动核心。项目特色是专业足球培训与文化素质教育结合，专业运动训练与全民健身运动结合。

泰山体育社区—娱乐商业中心定位为运动主题的娱乐目的地商业。项目特色有活力体验馆、风尚潮流荟、生活概念店、饕餮美食宴、屋顶操场。

——济南鲁能泰山 7 号

项目规划范围约 1900 亩，总建筑面积约 300 万平方米，社区内部布置多种景观广场以及环形城市公园。项目定位倡导“轻运动”生活方式，实现现代科技的人文体验，打造鲁能活力健康社区，提供未来鲁能体育社区可

图 11－14　济南鲁能泰山 7 号

复制样板。项目特色是将活力概念注入社区生活，基本功能是自然、生态、智慧。项目规划小区慢行系统①，包括慢跑和骑行，体育功能活动场地分散式遍布小区。社区主要项目有智慧健康网络、动力能源系统、活力交通空间、自然生态绿廊、活力体育健身中心。主要客户群体为社区及周边居民。

项目亮点一：动力能源——智慧能源为照明、恒温游泳池、地热球场、游乐设施提供环保而可持续的电力支持。

项目亮点二：自然生态绿廊——运动娱乐设施与自然环境、现代科技、智慧能源结合，满足亲子家庭、活力青年的健身娱乐需求。

项目亮点三：活力交通——鼓励自行车出行方式，倡导社区活动及人与人之间的交流，运用智慧网络将公众出行与社区生活、健康结合。

项目亮点四：智慧健康网络——移动科技、个性化与大数据的参与，可穿戴设备为智慧社区发展创造无限想象力。

① 慢行系统：城市慢行系统就是慢行交通，就是把步行、自行车、公交车等慢速出行方式作为城市交通的主体，有效解决快慢交通冲突、慢行主体行路难等问题，引导居民采用“步行＋公交”“自行车＋公交”的出行方式。

项目亮点五：社区体育健身中心——主题活动、健身瑜伽课程激发中心活力，俱乐部运营形式增强消费黏性、提高设施利用率。

二　鲁能泰山体育公园：丰富城市旅游元素，带来高延续性经济效益，全力辐射体育文化

鲁能泰山体育公园是鲁能“体育+”产品线的另一个重要的产品，提倡活力、专业、共享、绿肺的发展理念，通过全面的体育产品组合，丰富城市旅游元素，创造高延续性经济效益，全力辐射体育文化，最大化体育力量。目前落地的项目主要有济南鲁能泰山体育公园、三亚鲁能体育公园。

——三亚鲁能体育公园

三亚鲁能泰山体育公园项目总占地约1500亩。根据三亚的旅游城市形象和基地条件，项目将打造成商业旅游小镇、体育活动公园、主题植物园等为一体，以业余运动爱好者、休闲度假游客为主，专业选手为辅的鲁能三亚花园体育胜地。项目主要功能是旅游购物、赛事、体验、度假、观光。项目的产品体系主要包括六大板块。一是奥特莱斯板块：借鉴奥特莱斯模式，采取一站式体验模式，集购物休闲娱乐为一体。二是商业旅游小镇板块：通过曲水流觞的设计，串联各项餐饮及娱乐活动，打造和谐尺度的乐活体验。此外还有水上运动公园板块、体育公园板块、水上冷室板块和主题植物园板块。

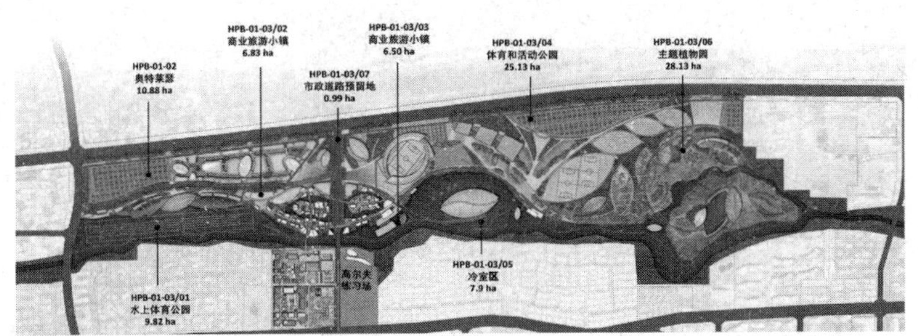

图11－15　三亚鲁能泰山体育公园

✓五大板块：

国际赛事发声地：专业赛事据点与运动培训。

动感度假先锋地：运动主题的时尚居旅生活。

户外达人挑战地：户外挑战与水上运动体验。

全民体育启蒙地：大众体育与社区运动服务。

主题运动体验地：欢乐体验的运动主题乐园。

✓十五大亮点

体育培训学院、室内综合运动场、鲁能体育大使营地、鲁能足球基地、万丽酒店、智能健身驿站、活力运动街区、水上活动挑战中心、多功能极限运动广场、自行车 Hub、户外素质拓展基地、水公园、竞速公园、飞行公园、音乐活力广场、亲子运动公园、社区康体中心。

足球训练基地

沙滩排球场

室内水上训练中心

图 11－16

三　体育综合体：以“体育＋开发”模式，实现品牌影响力、商业价值的全面提升

当前商业地产是房地产行业最主要的产品之一。全国商业综合体竞争激烈，同质化趋势明显。鲁能集团具有优质的体育品牌资源，无论是鲁能泰山

足球俱乐部还是乒乓球俱乐部，都是全国顶尖的体育俱乐部。鲁能集团充分利用体育品牌资源，打造体育综合体，有利于实现商业综合体的差异化竞争。

结合鲁能集团自身优势，体育综合体可以通过赛事承办（承办大型体育赛事，如欧洲球队夏季巡回赛、意大利超级杯等，为综合体带来大量的比赛日人流）、体育购物（凭借足球和乒乓球两大品牌，充分利用明星效应和运动品牌合作，打造体育购物中心）、体育展览（举办足球、乒乓球等相关的足球展览，培养球迷凝聚力，同时也为综合体聚拢人气）、休闲娱乐（以体育为主题打造其他休闲娱乐业态，为商业综合体带来人流）等功能，实现品牌影响力和商业价值。

——济南运动商业综合体

特色：充分运用贵和购物中心的广场和中庭空间，将商业元素与运动元素有机融合，成为亲子家庭、运动爱好者等各类客群的聚集地。

主要功能：娱乐/休闲/竞技。

主要项目：①21区室内极限运动场；②动感极限广场；③中庭活力空间；④体育概念商业；⑤香蕉运动场。

亮点项目1：21区室内极限运动场——结合商场打造以挑战体力、胆量的滑道、迷宫、弹跳床、天空步道等适合全家大小的探险娱乐设施。

亮点项目2：动感极限广场——实现户外广场的复合式使用，增加极限运动、音乐、文化等元素。

亮点项目3：中庭活力空间——利用商场室内广场与中庭作为导入体育元素聚焦点。

亮点项目4：体育概念商业——运动餐厅、休闲体育、品牌概念、健康科技等品牌入驻，增强商业的整体融合。

亮点项目5：香蕉主题运动场——现代娱乐概念主题游乐场，明黄颜色和趣味主题打造视觉和体验亮点。

青少年笼式足球

室外攀岩

图 11－17

跑道风格室内购物通道

运动文化展示空间

图 11－18

体能训练教室

Au Star 运动餐厅

图 11－19

香蕉主题运动场

图 11－20

第四节　鲁能体育地产产品线未来发展方向

鲁能体育地产产品线推出以来，广受市场青睐，在一定范围内成为地标性产品。体育地产产品线也成为鲁能七大重点打造的产品线之一。但目前体育地产产品线本身尚处在成长期，产品线还没有找到合适的长度、宽度和深度，产业间融合度尚且不够，产品标准化程度亦有待提高。多数项目辐射作用还仅限于区域范围，尚未成为促进城市泛体育产业快速发展的引领者，还没有和城市发展形成良性。未来鲁能集团将在以下方面继续打造和完善产品线，使体育地产产品成为引领健康生活和行业发展的标杆产品。

一　积极由体育地产开发商逐渐向城市运营商转变

随着房地产行业的剧烈变动，体育地产产品线的开发商不再是传统的住宅商品供应商，而是区域体育文化倡导者，泛体育产业整合者，城市体育运营者。鲁能体育地产产品已经逐渐被市场认可，在一定范围内成为地标性产品。由于“体育＋”产品线运营还处在成长期，多数项目辐射作用还仅限于区域范围，尚未成为促进城市泛体育产业快速发展的引领者，还没有和城市发展形成良性。未来，体育产业与房地产业的有机嫁接和深度融合将为城市发展提供新的动力引擎，成为城市发展的新名片。鲁能体育地产要以体育地产为载体，凭借把握市场需求的能力、整合各类资源的能力，通过体育运营城市，参与到城市的规划和建设中，从而成为城市运营者，承担一定社会职责。

二 进一步促进产业间合作、产业链融合

成熟体育地产产品线是开发商整合各产业资源，通过市场化引入体育、商贸、旅游、文创等专业的运营企业，围绕体育产业设计一系列满足消费者需求的体育产品。目前鲁能泰山7号、鲁能泰山体育公园产品线的架构已经初步形成。但产业链长度还不够。

随着体育产业的蓬勃发展，全民健身概念的全面推广以及群众体育户外休闲消费需求的提高，地产、体育、休闲、旅游、商贸等产业间合作将不断加深。设计、创意、制造、销售、服务的“体育+地产产业链”将进一步融合。鲁能体育地产开发要以“泛体育”和“泛地产”的经营理念对体育地产项目进行综合运作，充分利用市场化手段，整合配置各种社会资源，与相关产业整体开发，深度挖掘体育地产产品的市场价值，形成多层次的体育消费产品和服务，产生规模效应和范围经济，实现多方共赢。

三 打造鲁能体育地产品牌，提升品牌价值

近年来体育地产顺应了国务院对体育产业、运动消费、全民健身的推动政策，逐渐成为地产市场的重要主题地产。鲁能正是率先瞄准了体育地产的发展大趋势，凭借多年积累的体育赛事、场馆、设施等硬件资源，2016年，携手世界足球巨星、鲁能集团战略合作伙伴和形象代言人——贝克汉姆，将休闲运动、竞技赛事、体育文化进行整合，从生态、健康、运动、娱乐、科技五大维度，开启鲁能“体育+”全新生活体验。同时，在全国五大城市构建鲁能泰山7号，将硬件资源与体育运动环境、绿色人居氛围，通过社区运动俱乐部、社区体育培训营以及鲁能体育大型赛事，融会贯通，建立鲁能“体育+全龄生活示范体系”。鲁能泰山7号凭借独特的“体育+”创新理

念，荣登“2016中国房地产住宅项目品牌价值TOP10”榜单，成为鲁能集团创新发展的代表作。未来，不少房地产企业也会高度关注体育地产领域，为了保持在体育地产开发中的领先地位，鲁能集团在夯实体育地产硬实力的同时，更要打造鲁能体育地产品牌的软实力，提升品牌价值。在精确市场定位基础上，继续做好、强化鲁能7号、鲁能泰山体育公园等体育地产产品线的主题特征，充分围绕消费者的需求，在保持体育地产项目总体风格的基础上，因地制宜地融入个性化元素；提高营销服务质量，积极引入具有体育背景的人才、公众人物加入营销团队中，更好地诠释体育地产产品线的理念，向市场全面展示鲁能体育地产的文化软实力。

四　更加注重体育文化的培育，引领健康生活方式

目前鲁能体育地产产品线有两条：体育社区、体育公园。鲁能泰山7号、鲁能泰山体育公园两大体育地产产品线品牌推广已经取得成功。体育地产产品线本身尚处在成长期，产品线还没有找到合适的长度、宽度和深度。一些项目虽然已经植入了鲜明的体育元素，但在社区体育文化培育方面还有很大发展空间。因此，未来还需要重视对业主的体育兴趣、价值观的培养以及体育场地设施的管理经营开发，真正体现体育场地设施的价值。未来鲁能体育地产产品从设计到施工过程除了需要有机地融入健康、活泼、积极向上的体育元素之外，更需要通过后期运营激活这些设施，打造互动的动感社区，最终形成健康、运动的体育文化。

五　以体育地产产品为载体，积极推动足球走进社区

在中国足坛近十多年的发展史上，山东鲁能足球培训模式被公认为最成功的。鲁能足球学校成立10年间，在全国性足球比赛中夺得冠军37项，鲁能队一线队75%的队员由这个学校培养、输送，近百名队员入选了各级国家队。鲁能是中国足球俱乐部中，最大限度利用职业俱乐部培养模式的足球学校。成功的培训模式一度使鲁能足校成为中国足坛人才培养的摇篮。在国家支持足球发展的大好背景下，以鲁能泰山7号、鲁能体育公园项目为载

体，发挥鲁能足校的培训资源优势，将足球培训模式扁平化、大众化、生活化，推动足球走进社区、融入生活。从长远来看，通过潜移默化的影响、提高广泛的参与程度，能够发觉真正热爱、适合从事足球职业运动的人才。足球进社区对于足球天才的发掘，足球青训体系的建设，乃至中国足球未来发展有着重要的现实意义。

六　建立体育地产产品线的体育元素标准化体系

鲁能体育地产产品线开发的核心理念是借由大型体育赛事带动的体育发展契机，适度导入和结合国际先进理念，打造鲁能集团“体育+”板块，布局全中国计划版图。目前两大产品的开发都是按照这一核心理念开展，并取得巨大成功。目前从项目本身来看，各个项目间硬件设施建设、规划理念设计的差异，不利于形成鲁能集团产品线的产品视觉冲击和品牌影响力推广。体育社区、体育公园应该尽快凝练出可复制推广的标准化元素，并尽快形成具有标准化的设计和生产导则，使其成为鲁能体育地产产品开发的标识和形象，构成核心竞争力的重要要件之一。

第12章
鲁能健康地产产品线

十九大报告中指出，“人民健康是民族昌盛和国家富强的重要标志”。随着国民生活的日益富足，消费结构不断升级，国民对健康及相关产品服务的需求也更为求质、求新、求人性化。国家提出“健康中国2020战略”，鼓励健康相关产业发展的政策频频出台，正是对国民消费质量升级的回应，以及决胜全面小康社会目标的必然举措。鲁能健康地产产品线的提出，是鲁能顺应国内居民消费升级、响应国家政策调整、主动求变的结果。

第一节　健康地产的行业背景

随着中国城镇化的不断推进，我国居民健康意识不断提升、人口老龄化凸显，以及基本医疗保障制度覆盖面扩大等因素的影响下，我国健康地产迎来进一步发展的充足动力。

一　健康地产的政策机遇

健康是促进人的全面发展的必然要求，是国家富强和人民幸福的重要标志。习近平总书记深刻指出，没有全民健康，就没有全面小康。党的十八届五中全会从协调推进“四个全面”战略布局出发，提出“推进健康中国建设”的宏伟目标，充分体现了我们党以人为本、执政为民的理念，凸显了党和国家对维护国民健康的高度重视和坚定决心。更是在十九大报告中强调，“人民健康是民族昌盛和国家富强的重要标志”。

国务院早在2013年就出台了《国务院关于促进健康服务业发展的若干意见》（以下简称《意见》），鼓励健康产业集群发展。各部委更是在2015～2016年密集出台了一系列推进公立医院改革、鼓励健康产业发展的文件、意见等（见表12－1）。2015年10月29日，十八届中央委员会第五次全体会议通过“十三五”规划建议，提出实施“健康中国2020战略”，旨在到2020年全面建成小康社会时，全面提高全民健康水平。可以说，政策的调整是对国人不断增长的健康需求的回应。政策的支持、市场的完善、需求的细分等因素推动着我国健康相关产业领域改革的不断深化；而公立医院回归公益属性，其所附属的一批高端医疗服务占用公益医疗资源存在不公平性，受市场规律支配，必然会剥离出来，成为健康产业发展主体。在国家整体政策导向的引导下，各地方政府对战略性新兴产业的政策引导和支持都为健康产业营造了有利的发展环境。而受中央及地方政府政策鼓励，中国医疗健康产业领域不仅出现产业集聚的趋势，还呈现出各产业融合、产业交叉的趋势。

表12－1　我国健康产业发展相关政策文件出台时间轴

年份	文件
2013年	《国务院关于促进健康服务业发展的若干意见》（以下简称《意见》）提出，要到2020年，基本建立覆盖全生命周期、内涵丰富、结构合理的健康服务业体系，打造一批知名品牌和良性循环的健康服务产业集群，并形成一定的国际竞争力，基本满足广大人民群众的健康服务需求
2015年3月5日	“互联网＋”战略首次将互联网建设上升到国家层面
2015年5月18日	国务院办公厅印发《关于城市公立医院综合改革试点的指导意见》提出，2015年进一步扩大城市公立医院综合改革试点。到2017年，城市公立医院综合改革试点全面推开。意见提出要破除公立医院逐利机制，要构建起布局合理、分工协作的医疗服务体系和分级诊疗就医格局。意见还提出，到2017年，城市公立医院综合改革试点全面推开，医药费用不合理增长得到有效控制
2015年11月27日	国家卫生计生委、国家中医药管理局于对外发布《关于同步推进公立中医医院综合改革的实施意见》明确了坚持公立中医医院公益性的基本定位

续表

年份	文件
2015 年 9 月 11 日	国务院办公厅印发了《关于推进分级诊疗制度建设的指导意见》,该指导意见作为我国医改的重点举措,是我国推行分级诊疗制度、形成新的医疗体制的顶层设计和行动指导
2015 年 10 月 29 日	十八届中央委员会第五次全体会议通过"十三五"规划建议,提出实施"健康中国 2020 战略",旨在到 2020 年全面建成小康社会时,全面提高全民健康水平
2016 年 10 月	《"健康中国 2030"规划纲要》发布。该纲要坚持健康优先原则,提出把健康摆在优先发展的战略地位,立足国情,将促进健康的理念融入公共政策制定实施的全过程,加快形成有利于健康的生活方式、生态环境和经济社会发展模式,实现健康与经济社会良性协调发展
2016 年	《关于开展特色小镇培育工作的通知》,提出到 2020 年,培育 1000 个左右各具特色、富有活力的休闲旅游、商贸物流、现代制造、教育科技、传统文化、美丽宜居的特色小镇。随着生活水平的提高,社会对健康需求越来越大,而特色小镇能够集合体育、旅游、文化、健康等多种产业,对于带动地方社会经济发展作用显著
2017 年 2 月	中央一号文件将农业与健康产业紧密结合,提出大力发展养老着重、森林康养服务,健康农村老人服务体系,通过盘活农村集体建设用地、支持养老产业发展
2017 年 11 月	十九大报告指出,"人民健康是民族昌盛和国家富强的重要标志"

资料来源：根据国家相关政策文件整理。

二　健康需求为健康地产产品提供了市场

随着经济社会发展，人们生活水平大幅提高，居民的健康意识也在不断提升。这种意识的转变直接体现在消费中，其医疗健康相关的消费支出占比近年来大幅增加。从城镇和农村居民各年度医疗服务（包括医药和医疗服务）支出占消费支出比重数据来看，自 1985 年以来城乡居民的医疗服务支出大幅上涨，尤其是农村地区，基本呈现出直线上涨的趋势。虽然，数据不包括保健食品、健康器械等的支出，但仍可以看出，我国居民的消费支出中与医疗健康相关的部分提升得非常快①。

① 我国各地大医院的专家号"一号难求"，出现号贩子的现象，一定程度上反映出人们想要获取高质量医疗服务的心理。

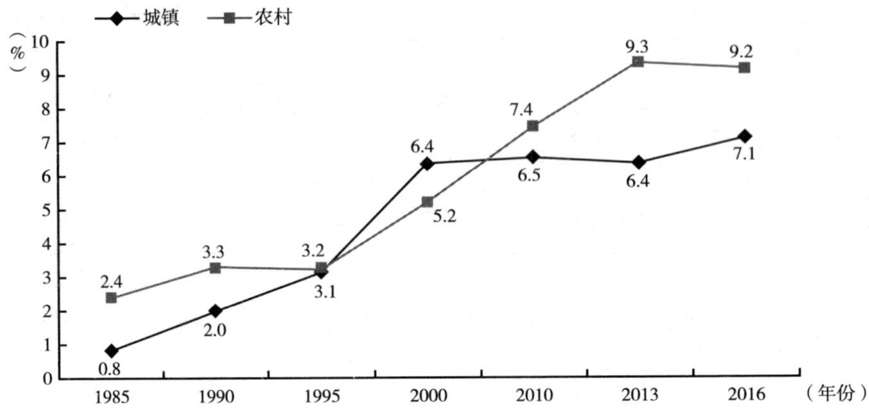

图 12-1 城镇和农村各年度医疗服务支出占消费支出比例对比

资料来源：根据《中国住户调查年鉴》（2014 年）、《中国统计年鉴》（2017 年）绘制。

中国高净值消费群体规模增长，其消费偏好相比普通消费群体对健康的重视更为明显。2015～2017 年，高净值人群的数量保持了平均 38.9% 的高速增长，潜在消费人数还在不断快速增加，这部分群体对健康产品的需求持续升高。根据胡润研究院与中航健康时尚集团联合发布《2017 中国高净值人群健康指数白皮书》显示，高净值家庭平均每月健康管理花费 1.4 万元，占日常花费的 1/4，健康管理支出比例较大，健康管理需求凸显。而且越来越多的人选择个性化的健康定制，定制化健康服务已经成为高净值人群的迫切需求。

同时，近几年我国人口结构发生了急剧变化，人口老龄化程度加快（见表 12-2）。据联合国人口预测数据显示，到 2020 年，我国 65 岁以上老龄人口占比将达到 12%，而到 2050 年，中国将继日本、德国之后成为第三大老龄化国家。而由老龄化趋势带来的市场需求非常庞大，这种需求体现在与吃、穿、住、用、行相关的各个行业上。预计到 2020 年，我国城镇老人消费潜力达 9.5 万亿元，农村老人消费潜力达 2.0 万亿元，我国老年人消费总潜力将达到 11.5 万亿元，占 GDP 比重 13.5%。而且这种人口老龄化的结构调整对市场需求的影响不容小觑，应重视中国目前出现的老龄化趋势对居民消费结构的影响。因为，随着老年人身体上不断出现衰老症状，他们对保健用品、营养用品、医药、医疗器械和健身等方面的需求更为强烈，同时他们对居住空间的舒适度、人性化、便利性的要求更高。《中国老龄产业发展报告 2014》对未来中国老龄产业的发展潜力进行预测，指出到 2020 年，中国老年群体消费总量将占到 GDP 的 9% ~13%，到 2030 年可能上升到 15% ~23%。也就是说未来与老龄化相关的医疗、健康产业发展需要充分考虑到老年人的文化品位，需要提供更多高质量、多样化且有针对性的人性化服务。但从实践来看，国内相关产业远远发展不足，无论是养老服务的覆盖面还是技术水平都与现实需求有较大的距离。

表 12-2　中国各主要年份老年人口比重

（单位：%）

年份	60 岁及以上人口占总人口比重	65 岁及以上人口占总人口比重	80 岁及以上人口占 60 岁及以上人口比重
1953	7.3	4.4	4.5
1964	6.1	3.5	4.3
1982	7.6	4.9	6.6
1990	8.6	5.6	7.9
2000	10.3	7.0	9.2
2005	11.0	7.7	10.5
2010	13.3	8.9	12.0
2014	15.5	10.1	—
2017	17.3	11.4	—

资料来源：根据姜向群、杜鹏主编《中国人口老龄化和老龄事业发展报告 2014》及《国民经济与社会发展统计公报》（2014 年、2017 年）相关资料整理。

纵观国内外健康服务业占国民经济的比重，可以发现，中国还有很大的发展潜力和空间。2001 年经济发展与合作组织（OECD）国家健康服务支出占 GDP 的平均水平为 8.4%，世界排名前三位的是美国（13.9%）、瑞士（10.9%）、德国（10.7%）。其他 OECD 国家一般达到 10% 左右。2006 年健康服务支出规模为 2.2 万亿美元，2011 年美国健康服务业的总支出规模相当于其国内生产总值的 17.9%，是世界上产业规模最大的国家，到 2016 年健康服务业规模将占 GDP 比重的 19.6%，而人均支出将达到 12782 美元，比 2007 年提高了5284美元。比较而言，中国目前是世界第二大经济体，虽然卫生费用投入逐年提高，但占GDP比重相对较低，到2012年时仍未超过2%。按照卫计委《“健康中国2020”战略研究报告》中所提出的目标，到2020年中国卫生总费用占GDP比重将提高到6.5%～7%，中国卫生消费将达到4.68万亿元到5.04万亿元人民币的规模，可以说未来中国的健康产业有着巨大的市场空间。

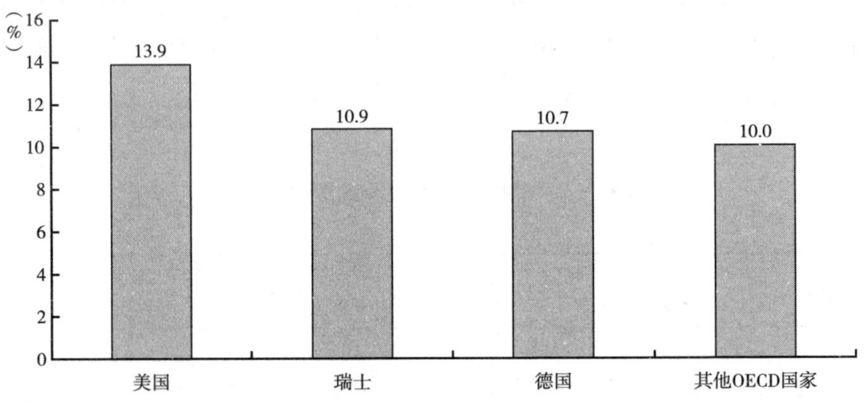

图12－2　2001年OECD国家健康服务支出占GDP比重

资料来源：http：//cc. europa. eu/eurostat/。

三　“健康＋地产”成为开发方向之一

房地产行业经近20年高速发展后，面临着转型的压力，而将养老、医疗、健康管理服务等方面引入房地产项目的“健康地产”，可成为房地产行业转型方向之一。

进入21世纪以来，中国房地产业迅速发展，已成为我国国民经济的支柱产业之一，是拉动我国经济发展的重要力量。但当前，经过“黄金十年”的急速发展后，房地产进入了转型阶段。房地产市场竞争日益激烈，并且存在同质化。在当前市场条件下，房地产开发商要想在竞争中占领市场，只有在开发理念、开发模式上创新，将消费者个性化需求融入地产产品中，打造具有市场差异化的产品。近些年，许多开发商尝试将房地产业与其他产业进行整合，把与人们生活息息相关的产业与房地产嫁接，打造出新型复合地产项目。复合地产以先进的生活理念、全新的个性化服务、用户参与式体验，成为房地产发展的重要方向。例如，文化地产、养老地产、旅游地产、体育地产、教育地产、健康地产等特色鲜明的房地产产品逐渐成为人们关注的焦点。而随着人们的健康意识的提高，追求健康生活的观念逐步被越来越多的人接受。从中国房地产行业来看，受消费市场观念转变影响，房地产市场加速细分，与健康相关的包括健康地产、养老地产、旅游地产等各种概念涌现。

随着人们对休闲健康需求的不断提高，再加上房地产调控政策的实施，人们对居住空间与居住环境的舒适度、便利性、人性化等方面产生更高的要求。开发商会结合自身优势，调整产品结构，推出类似于适养、休闲、健康等地产概念与项目，赢得先机。由于老年人因身体衰败、疾病等原因与对躯体“健康”的需求最为直接集中，使得针对老年人适老性地产出现较早，如清华大学是国内比较早设计养老地产的。清华大学美国 UCA 设计机构中国区代表陈柏旭表示，在国外养老地产有两种类型，一种类型为 ACC，即“有活力的老人社区”，消费群体在 55 岁到 75 岁之间；另外一种叫 CCRC，为年纪比较大的老人提供护理。这其中还细分为四种不同程度的养老社区。国奥投资发展有限公司凭借开发建设北京奥运会运动员村积累的绿色、低碳、环保、健康的理念和经验，以及北京国奥村参展“城市，让生活更美好”为主题的 2010 年上海世博会的成功经历，在不断总结自身开发建设体育地产、绿色地产、旅游地产的基础上，顺应人们对健康住宅的强烈需求，在重庆全力打造了重庆国奥村，将房地产开发的领域延伸到了健康地产。而恒大提出的养生谷项目，作为其健康拳头产品，将医疗保险、预防、医疗、康养融为一体，通过整合一流养老养生、医疗及商业保险等资源，为会员提供全方位全生命周期的健康管理服务。可以说这是中国房地产行业从适老性健康向全年龄段健康探索的实质性跨越。

“健康 + 地产”，通过引入医疗、健康管家服务等而开发建设的房地产项目，在为居民提供优质住宅的同时，也为业主提供优良的健康管家服务。健康地产迎合当代人们追求健康生活的消费需求，将健康管家服务融入家庭，关爱社区居民的健康，包括监护中老年人的健康状况、为中青年提供健康的生活方式，将建筑、地产发展回归到“以人为本”理念上来。在房地产市场逐渐细分化的大趋势背景下，健康地产将是房地产行业转型的重要方向，也将成为房地产业发展的新方向之一[①]。

总之，政策的支持、市场的完善、需求的细分等因素推动着我国健康相关产业领域改革的不断深化。而企业顺应国家供给侧改革大趋势，积极回应国内需求结构调整，落实国家战略调整，并结合自身产业优势，适时推出健康地产产品线则是大势所趋。

第二节 鲁能健康地产产品线

一 健康地产产品线的概念、内涵

健康产品线是针对不同客户群体，围绕健康产业链设计，主张生态、健康、休闲、养生、运动等积极生活方式理念的一系列地产商品。

与传统房地产产品相比，健康地产的核心是持续的服务价值，而非物业的居住价值。一是健康地产产品在功能上除了提供传统的居住功能外，还为业主提供健康的生活方式，倡导健康的生活文化。二是健康地产通过整合利用相关健康资源优势，积极迎合并引导市场健康需求，为市场创造生活理念，以产品核心价值引导市场。三是健康地产更加注重产品在城市中的功能，更能代表企业的战略定位。

2015 年，鲁能集团以中央确立的“创新、协调、绿色、开放、共享”五大发展理念为指引，以自身资源为基础，以倡导“国际休闲生活方式”为引领，从“生态、健康、运动、娱乐、科技”五大维度出发，整合鲁能全球战略合作资源，对产品开发模式进行了一次创新实践和有益探索。同年 10 月，鲁能集团首次向全社会发布了包括“健康 +”在内的多条产品线，力求以创

① 根据百度百科资料整理。

新、卓越、时尚、丰富的产品组合，倡导和引领未来高品质、国际化的生活方式，为公众提供全新、差异、多元的消费体验，展现鲁能集团的品牌价值和社会责任。此后，2016 年、2017 年又进一步提出了加快“健康 +”产品线的推进与落地。鲁能健康地产产品线依托鲁能原有或在建及未来大盘项目，打造健康地产产品线。通过“健康 + 公寓”、“健康 + 社区”及“健康”度假综合体，覆盖全年龄段全方位健康需求打造的丰富的产品系列。具体来说，鲁能健康地产产品线具有鲜明的特色，以“泰山 9 号”作为统一的品牌名称，共包括鲁能泰山 9 号公寓、鲁能泰山 9 号社区和鲁能泰山 9 号度假综合体三大块。其中，鲁能泰山 9 号公寓为城市高端健康公寓，为退休中高收入群体提供优选品质生活。鲁能泰山 9 号社区则是全龄智慧健康社区，以全家人的健康为己任。鲁能泰山 9 号度假综合体则是通过提供系统性的健康方案，为消费者提供身心灵的修复地。与传统的一次性盈利模式不同，鲁能健康地产产品线通过销售收入、租金、健康服务收入等达到可持续的良性盈利。

专栏：健康地产进入 2.0 时代

“健康”与“地产”结合并不新鲜。但早期的所谓健康地产仅是房产商通过与医院签约等形式来为业主提供便利的服务，即方便业主吃药看病来保持躯体健康。我们可以把这种“健康”与“地产”结合的方式称为“健康地产 1.0”。但随着时代的发展，人们对“健康”的理解更为深刻，健康也成为一种生活理念渗透到人们生活、工作、娱乐等方方面面。与此相应，新时代人们的健康需求更为丰富：不仅需要良好的居住环境、养生健康的饮食和作息习惯，还需要在工作与生活之间张弛有度、躯体健康与心灵放松实现兼顾，以此提升整体的生活品位与生命质量。在这样的背景下，健康地产也将迈入 2.0 时代——提供健康的居住空间的同时，还要引领健康的生活方式。

二　鲁能健康地产产品线价值与意义

随着中国城镇化的不断推进，我国居民健康意识不断提升、人口老龄化凸显，以及基本医疗保障制度覆盖面扩大等因素的影响，我国健康地产迎来进一步发展的强劲动力。而国家政策的调整是对国人不断增长的健康需求的回应。政策的支持、市场的完善、需求的不断细分等因素推动着我国健康相关产业领域改革的不断深化。而鲁能集团作为责任央企，顺应国家供给侧改革大趋势，积极回应国内需求结构调整，落实国家战略调整，并结合自身产业资源优势，适时推出健康地产产品线，引领国民健康生产方式转变。其提出“泛产业地产生态圈”理念、针对特色化需求的地产产品线概念更是起到了引导行业创新的领头羊作用，其健康地产产品线的提出及落地具有重要的社会价值、经济价值及人文价值。

首先，鲁能健康地产产品线的推出，顺应社会健康主流文化。根据国外经验，在人均 GDP 突破 5000 美元时，消费结构和消费模式都会向文化、娱乐、体育、健康等新兴消费领域转变。2015 年中国的人均 GDP 超过 8000 美元。当下，追求健康的生活方式、崇尚健康的生活理念深入人心。在这种背景下，鲁能适时推出健康地产产品线，在提供健康的居住空间的同时，引领健康的生活方式；让人们在体验实体的健康地产产品时，全方位感受健康的理念、享受健康。从而，提高人们生活的健康水平，并全面提升人们的健康素质，具有重要的社会价值。

其次，健康地产产品线践行“泛”产业地产开发，实现持续服务价值模式，是当前地产行业转型升级的重要方向之一。房地产行业是中国经济发展的重要一环，但在当下供给改革的背景下，房地产行业同样面临着转型升级的压力。想要继续保持甚至是超过过去的增长速度，需要在发展方向上寻求突破。而“健康 + 地产”无疑成为当前房地产行业“保值”“增值”的重要方向之一。同时，健康地产属于健康产业与房地产行业的融会发展的产物，将起到引导行业创新的作用，促进房地产的良性可持续发展。

再次，鲁能健康地产产品线开发过程中注重自然及人文资源保护，轻开发、重体验，使其人文价值在可持续性保护与利用中大放异彩。鲁能健康地产产品线依托原鲁能大盘项目，在保护性开发当地自然、人文等资源的前提下，充分利用当地的自然资源、人文风光等，将健康元素及理念融入项目开发、当地的经济建设中。打破以往的纯粹住宅建设模式，将“健康”渗透到居民的居住、休闲、运动、出行中，体现人文关怀；使居民享受到更为完善、精彩、健康的城市社区生活。而这种建设模式，无疑将改善当地的城市配套，提升项目所在地城市的城市形象，打破过去中国城市“千篇一律”的呆板印象，为项目所在城市带来更高的人文价值。

最后，健康地产产品线的“泛产业”地产开发理念，促进产业深度融合发展，为当地经济带来新的活力。“绿水青山就是金山银山”，鲁能包括健康地产产品线开发过程中极为重视生态保护与修复，其践行绿色、生态发展，并通过产业深度融合发展的发展方式，带来持续服务价值；同时，未来可以通过鲁能健康地产产品线品牌效应，吸引相关企业入驻，打造健康产业聚集，为当地也为地方经济发展带来新的活力，带来更大的经济价值。

三　鲁能健康地产产品线的特点

1. 健康地产产品线开发重视绿色开发、生态优先

纵观世界各国的健康地产及健康产业开发案例，无不依托其优越的自然环境或独特的医疗资源（如温泉）。因而，想要保持这种环境及资源优越性，将与健康相关的产业做强并不断延展，就需要在绿色开发及生态保护上下大功夫。鲁能集团深刻认识到这一点，在包括健康地产产品线在内的所有项目开发中，均是以生态保护为根本，将生态修护融入地产开发中，突出了可持续发展的理念，牢记“绿水青山就是金山银山”的发展理念。将绿色发展贯穿到规划、开发、管理、服务全过程，形成人与自然和谐发展的新格局。

2. 鲁能健康地产产品线内容丰富、满足全年龄段健康需求

目前鲁能健康地产产品线包括：鲁能泰山9号城市公寓、鲁能泰山9号社区和鲁能泰山9号旅游度假综合体三类。这三类产品分别对应当前的城市中高端养老、全龄段智慧社区生活及度假休闲养生三类健康需求；能够满足包括健康养老、健康养生、休闲度假在内的全方位的健康需求；覆盖包括儿童、中青年及老年人全年龄段的潜在消费群体。

可以说，鲁能健康地产产品线的提出，顺应目前国内消费结构升级、老龄化趋势及供给侧改革对房地产业转型升级的压力，推进房地产行业“泛产业”化发展的同时，满足了全年龄段的健康需求。

3. 鲁能健康地产产品线具有统一的品牌形象，标识度高

健康地产产品线品牌命名——鲁能泰山9号。“泰山”古代就具有长寿的寓意，“泰山北斗”则比喻德高望重或有卓越成就而为众人所敬仰的人。鲁能目前则已经有泰山7号、泰山度假俱乐部、泰山足球俱乐部等多项产品或俱乐部品牌，因此用“泰山”作为鲁能养老品牌的前缀可以形成统一的品牌形象；“9号”取“九如”之意，“九如”语出《诗经·小雅·鹿鸣之什·天保》，九如：如山、如阜、如陵、如岗、如川之方至、如月之恒、如日之升，如松柏之荫、如南山之寿，乃祝寿之辞；子项目老年大学和老年活动俱乐部可以沿用“泰山”作为前缀，命名为“鲁能泰山书院”和“泰山长者俱乐部”。

4. 健康地产产品线融合多产业发展，并提升所在城市整体价值

健康产业地产是鲁能集团践行“泛产业”地产的重要方向之一。不同于传统的房地产业发展，健康地产产品线的提出具有鲜明的时代特征。当前中国居民消费层次升级，对健康产品、生活方式等的需求旺盛。鲁能健康地产产品线项目在设计、落地时，在自身原有大盘项目的基础上，通过共享资源，积极将健康、娱乐、居住、养生、休闲、体育等多种产业融合发展，将地产融入相关产业中，并借助相关产业来促进地产的良性、可持续发展。

5. 健康产品线关注客群包括健康在内的多方向需求

鲁能健康地产产品线以“生态”“娱乐”“健康”“运动”“科技”五大维度作为开发理念，倡导与国际标准接轨的健康生活方式。同时，健康地产产品线在推进过程中，十分注重未来客户在健康需求之外的多种需求，如教育、出行、购物等，在整体资源、依托大盘项目的基础上，完善相关城市社区功能，形成完整的城市社区。在为客群提供全方位的需求基础上，也提升项目所在城市的整体形象和价值。

表 12-3　全球健康地产案例

	项目	区位	规模	主要客群	发展特点
公寓	荷兰生命公寓	主城区	200间客房的酒店改造	以自理和半自理老人的为主的全阶段老年人	集生活、娱乐、护理为一体的居家型乐老社区，把养老机构变成社交中心，让周围社区广泛参与，以尊重老人为基础的快乐养老模式
社区	美国太阳城	城市近郊	37.8 平方公里，3.8 万人	55~70 岁的活跃健康老人及相关产业服务人员	气候环境优美，超大规模的健康养老社区，配套完善娱乐、健身、商业设施，并提供一流养老服务，带动周边医疗产业聚集
商业	新加坡诺维娜	城市副中心	9 平方公里，6 万人	区域客房、高端医疗游客、产业从业人员	以高品质的医疗服务为核心，带动发展产业链完整的医疗健康服务产业，配套高品质的主题商业设施和居住环境，逐步发展为一流的医疗旅游目的地
	韩国狎欧亭洞	城市核心区	—	韩国本地客群、亚洲美国旅游客群	美容产业链发展极其成熟，分工细化且高度集中，并配套发展成熟的商业、金融和旅游服务
特色小镇	法国依云小镇	距离周边城市0.5~2小时	—	世界医疗旅游客群、家庭度假休闲客群、高尔夫爱好者、MICE 客群、本地客群	从初期的温泉理疗胜地发展成为世界著名的综合养生度假地、休闲之城和会议之都，形成矿泉水制造、美体保健、商业会展、旅游观光为一体的产业体系
	法国理肤泉小镇	城市远郊	—	温泉治疗客群	依托当地温泉的特殊疗效，发展成为著名的皮肤医疗康复基地，并延展发展了世界著名以护肤和彩妆品牌——理肤泉制药公司，形成集生产、疗养、度假于一体的医疗旅游目的地
	美国区彻斯特小镇	城市远郊	全镇 11 万人口	全美乃至世界医疗服务需求客群，以及产业从业人员、养老人群	依托世界最好的综合医疗服务机构之一——梅奥诊所集团发展形成以医疗产业集群为核心的健康服务产业链，最终发展成为国际一流的医疗旅游目的地

续表

	项目	区位	规模	主要客群	发展特点
度假综合体	泰国齐瓦颂	海滨度假区	占地 1.4 公顷,57 间客房	全球高端度假休闲人群	海滨避暑胜地,自然环境优越,气候比曼谷和清迈都要凉爽,以多样的健康医疗和全程健康咨询服务为核心特色,被评为世界最专业疗养胜地
	美国图森峡谷	沙漠中的绿洲	占地 1238 亩,度假村 510 亩,别墅(住宅)728 亩	高端度假休闲人群、健康养生人群以及养老客群	美国第一养生胜地,依托特殊的自然资源和专业医疗人员打造世界顶级水疗目的地;以健康养生服务为核心形成健康管理、养老产业等健康产业链,以“改善人们健康”为宗旨,开创健康生活方式
产业基地(园)	日本静冈药谷	城市近郊	—	高端度假休闲人群、健康养生人群以及养老客群	自然环境优越,周边拥有富士山南麓沿海平原和享誉世界的温泉资源,以医疗产业为突破口,并结合医药和医疗器械生产、研发、医疗观光形成三大医疗产业集聚,癌症和心血管疾病治理在亚洲具有重要声誉

第三节　鲁能泰山9号：内涵、定位

一　品牌喻义

鲁能泰山 9 号，品牌名称喻义极具中国文化。泰山，为五岳之首，稳如泰山；在古代，“泰山”具有长寿的寓意，象征鲁能地产追求卓越的匠心精神和品牌价值。“泰山北斗”则比喻德高望重或有卓越成就而为众人所敬仰的人。而“9”在中国文化中为最高数，极阳之数，代表天长地久、健康吉祥。可以说，“泰山 9 号”取名十分契合“健康”定位。

二　鲁能泰山9号

鲁能泰山 9 号系列，包括鲁能泰山 9 号公寓、鲁能泰山 9 号社区和鲁能泰山9号旅游度假综合体三类。这三类产品分别对应当前的城市中高端养老、全龄段智慧社区生活及度假休闲养生三类健康需求；能够满足包括健康养老、健康养生、休闲度假在内的全方位的健康需求；覆盖包括儿童、中青年及老年人全年龄段的潜在消费群体。

1. 鲁能泰山9号公寓

鲁能泰山9号公寓，依托综合地产项目，将适老化设计的养老公寓嵌入社区，提供康养服务，是项目整体开发的健康内容补充；可提供健康食品特供、营养餐定制、健康档案管理、星级管家等服务。

鲁能泰山9号公寓定位是：城市高端健康公寓，退休优选品质生活。

鲁能泰山9号公寓主要服务处于56~65岁的黄金十年，身体健康住在子女附近，并帮助照顾孙辈，期望享受优质的养老服务的老人及期望建立与同龄人的社交生活圈并享受优质的养老服务的空巢老人。

因此，泰山9号选址条件要求在一、二线城市主城区或主城区边缘，紧邻成熟社区。

图12-3　鲁能泰山9号效果图

2. 鲁能泰山9号社区

鲁能泰山9号社区定位全龄智慧健康社区，为全年龄段客群提供专属健康方案，搭建社群化健康平台，诠释系统健康生活理念；核心项目包括儿童成长促进中心、亚健康管理中心、全龄健康会所，以及丰富多元的健康社群活动。

鲁能泰山 9 号社区定位是：全龄智慧健康社区，守护全家人的健康。

鲁能泰山 9 号社区主要满足中产阶级、三代同堂的家庭。

其选址条件：位于一、二线主城区边缘或者近邻区域，距离二甲医院或老年专科医院 15 分钟车程。

3. 鲁能泰山 9 号度假综合体

鲁能泰山 9 号度假综合体针对中高端养生度假客群，提供从护肤美体、运动康复、亚健康调整到压力舒缓、情绪管理和灵修课程的身心灵全方位健康服务，核心项目包括精准医疗检测中心、自然疗法基地、顶级水疗中心、健康膳食管理中心等。

鲁能泰山 9 号度假综合体定位是：系统性健康解决方案，身体心灵焕活修复地。

鲁能泰山 9 号度假综合体的目标客群为全国范围内高端养生养老客群、MICE 客群、蜜月度假客群。

为此，其选址条件要求自然资源优良或具有特殊康养功能的度假目的地。

表 12－4　鲁能泰山 9 号产品特征

鲁能泰山 9 号公寓	鲁能泰山 9 号社区	鲁能泰山 9 号度假综合体
规模：10000—30000 平方米 选址条件：一二线城市主城区或主城区边缘，紧邻成熟社区（原鲁能大盘项目） 目标客群特征：处于 56～65 岁的黄金十年，身体健康住在子女附近，并帮助照顾孙辈，期望享受优质的养老服务；空巢老人，期望建立与同龄人的社交生活圈并享受优质的养老服务	规模：建筑面积 20 万平方米以上（200～3000 户以上） 选址条件：位于一、二线主城区边缘或者近邻区域，距离二甲医院或老年专科医院 15 分钟车程 目标客群：中产阶级、三代同堂的家庭为主	规模：建筑面积 1 万平方米以上 选址条件：负氧离子含量在于 5000 个每立方厘米；空气温度大于 65% RH；拥有优质自然资源 目标客群：全国范围内高端养生养老客群、MICE 客群、蜜月度假客群

三　细节处成就品牌价值

鲁能泰山 9 号，作为健康产品系列，十分注重细节处理，不论是在规划设计，还是在具体的项目落地过程中，处处体现“健康”的人文关怀。

1. 全社区无障碍设计

全社区公共空间环境以及建筑设施都充分考虑具有不同程度生理伤残缺陷者和正常活动能力衰退者（如残疾人、老年人）的使用需求，营造一个充满爱与关怀、切实保障人的生命安全、方便、舒适的社区生活环境。

2. 社区内风雨连廊设计

在社区内适当修建风雨连廊，连接社区各重要功能空间，方便人们到达，也可起到遮阳避雨、居民休憩、交流、聚会等作用。

3. 适应全生命周期的可变住宅户型

为满足家庭全生命周期的居住需求，泰山 9 号住宅产品优先采用开放式住宅体系（建筑结构与隔墙、管线分离）。灵活的户型变化，可按照客户生命周期发展对居住空间进行改造，以满足不同的居住功能需求，达到能够长期居住的效果。

4. 令人心情愉悦的建筑形象

为了配合鲁能泰山 9 号产品线的健康主题，建筑立面风格定位将与健康主题呼应，整体风格以新中式、新亚洲、现代风格为主，建筑体块组合简洁清晰，错落有致。

5. 人性化的室内精装设计

精装交付住宅项目采用“100 项人性化设施”，为业主们提供一个舒适、安全、方便和高效的生活环境。

6. 完备的适老化设施

健康公寓及其配套设施中充分考虑到老年人的身体机能及行动特点，配有担架电梯、适老化厨卫系统、扶手抓杆等完备的适老化设施，满足老年人的居住需求。

7. 大健康景观空间系统

鲁能健康产品线景观系统设有 4 大健康模块，包含 17 个景观元素，充分满足社区居民的活力修身、静心怡情、互动社交等多种需求。

8. 绿建三星和 WELL 认证

住宅产品通过采用环保材料，赠送新风系统、净水系统，力争绿建三星，满足 WELL 认证，通过提高住户环境健康，同步提高物业价值。

9. 社区智能化健康管理系统

健康公寓中将推广适用于老人的一系列智能化健康管理系统，实时监控老人的身体数据，为老人提供一个舒适、健康、安全、便捷的生活环境。

第四节　鲁能健康地产的发展趋势

鲁能健康地产产品线目前仍处于落地推进及不断探索中。根据国家政策导向，鲁能在项目落实与推进情况下不断总结经验，并逐步对“健康地产产品线”理念丰富完善，树立品牌形象。未来，鲁能健康地产产品线还需要不断借鉴国内外其他企业经验做法，以及在精准解读国家政策的基础上，不断丰富健康地产产品线系列产品。

1. 深入挖掘“健康”内涵，推进健康产品线品牌化发展

顺应国家政策调整及需求结构调整，借鉴全球健康地产案例，不断丰富、深挖健康地产产品线的内涵。

未来鲁能健康地产产品从设计到施工过程都应更加有机地融入快乐、积极向上的健康元素，并将其塑造成为健康地产产品线的标准化元素。尽快对鲁能泰山 9 号公寓、社区、度假综合体等健康地产产品形成具有标识化的设计和生产导则，并根据实际落地条件进行差异化、特色化建设，从而成为鲁能健康地产开发的品牌和形象，构成其核心竞争力的重要要件之一。

2. 推进专业化运营，实现健康地产产品良性发展

积极整合旅游、文创、休闲、设计、娱乐等产业，通过市场化手段，选择专业的运营机构加盟来运营，提升健康地产产品附加值，开发更为持续的

盈利模式，实现健康地产的良性、可持续发展。

3. 推进产业间合作、产业链融合，形成多方共赢

随着全民健身概念的全面推广以及群众健康消费需求的提高，地产、健康、休闲、旅游、商贸等产业间合作将不断加深。与传统的房地产项目相比，健康地产的核心是持续的服务价值，而非物业的居住价值。通过设计、创意、制造、销售、服务的“健康+”地产产业链将进一步融合。鲁能健康地产开发要以“泛健康”和“泛地产”的经营理念对健康地产项目进行综合运作，充分利用市场化手段，整合配置各种社会资源，与相关产业整理开发，产生规模效应和范围经济，实现多方共赢。

4. 积极参与城市运营，承担社会责任

未来鲁能可以与地方政府探索有效的合作，充分发挥地方自然、人文资源特色，以健康产业为导引，吸引健康产业集聚。鲁能健康产业与房地产业的有机嫁接和深度融合将为城市发展提供新的动力引擎，成为城市发展的新名片；并凭借自身把握市场需求的能力、整合各类资源能力，通过健康运营城市，参与到城市的规划和建设中，从而成为城市运营者，承担一定社会职责。

第 13 章

鲁能科技地产产品线

过去，住宅的主要功能是为了满足人们基础的居住需求。而随着时代的变迁与物质文化的快速发展，消费者开始越来越多地关注房屋的周边环境、配套设施、公共资源，甚至空间艺术和科技文化等。在国家创新驱动发展战略和供给侧改革的背景下，鲁能集团紧跟时代浪潮，以地产开发为依托，以科技创新驱动区域发展，全面引入“科技”基因，布局科技产业，构筑未来生活方式，打造区域互联，提出“科技地产产品线”的概念。

第一节　科技地产发展的政策机遇

曾经的住宅仅是为了满足人们基础的生存需求，随着时代变迁，物质文化快速发展，消费者开始追求居住环境的改善与舒适程度的提升。从烧着火炕的土坯房到人声鼎沸的筒子楼，从炊烟袅袅的低矮平房到拔地而起的高楼大厦，经济文化的发展在小小一间房的历史轨迹中体现得淋漓尽致。1998年，国务院发布《关于进一步深化城镇住房制度改革加快住房建设的通知》，首次提出建立和完善以经济适用住房为主的多层次城镇住房供应体系，停止住房实物分配，逐步实行住房分配货币化。房地产行业迅速兴起，商品房出现了多样化的趋势。

而今，除了建筑质量、朝向、材料等住房本身差异，越来越多的居民开始关注房屋的周边配套设施、公共资源、社会治安、交通状况，甚至空间艺术和科技文化等。相应地，诸多房地产开发商的事业版图也不再局限在住宅上，以产业集群为核心的科技园区迅速兴起。在这样的背景下，作为推动产业升级、促进实体经济发展的重要平台，一个崭新的概念——科技地产，开始进入人们的视野。

一　创新驱动发展，“互联网＋”为科技地产提供新思路

随着中国经济发展进入新常态，我国大力实施创新驱动发展战略，加快完善创新机制，积极培育和发展战略性新兴产业、推动传统产业优化升级、加快发展现代服务业，构建新常态下区域协同发展新机制。

党的十八大明确提出“科技创新是提高社会生产力和综合国力的战略支撑，必须摆在国家发展全局的核心位置”。强调要坚持走中国特色自主创新道路、实施创新驱动发展战略。制造业方面，技术含量进一步提高，技术密集型的高新技术产业将成为国民经济增长的主要支持力量；服务业方面，金融、养老、生活性专业服务及现代技术密集型服务业需求旺盛。

此外，以互联网为主的一整套信息技术渗入包括房地产行业在内的经济、生活各部门的方方面面，起初“互联网＋房地产”仅停留在营销领域，如门户网站开设房地产专栏、房地产网站等，究其本质，与传统营销模式仍是异曲同工。随着时间的推移，互联网掀起了房地产行业的变革，不仅使得市场信息更加完善透明，也有利于更精准地定位客户需求、提升服务质量。

中共中央、国务院先后出台系列文件，指导深化体制改革加快实施创新驱动发展战略，对科技创新的高度重视为科技地产的崛起提供了契机。中国明确提出坚持科技创新、智能转型、绿色发展，实现从“制造”到“智造”的转变。

2015 年 3 月 5 日，李克强总理在全国“两会”上做《政府工作报告》时首次提出“中国制造 2025”的宏大计划；5 月 19 日，国务院正式印发《中国制造 2025》，明确制造强国路线图。“中国制造 2025”规划中，提出了重点突破的十大领域，明确了五项重大工程，以智能制造和互联网促进制造业发展。

此后，国家陆续颁布鼓励科技创新的政策性文件。2015 年 6 月，国务院

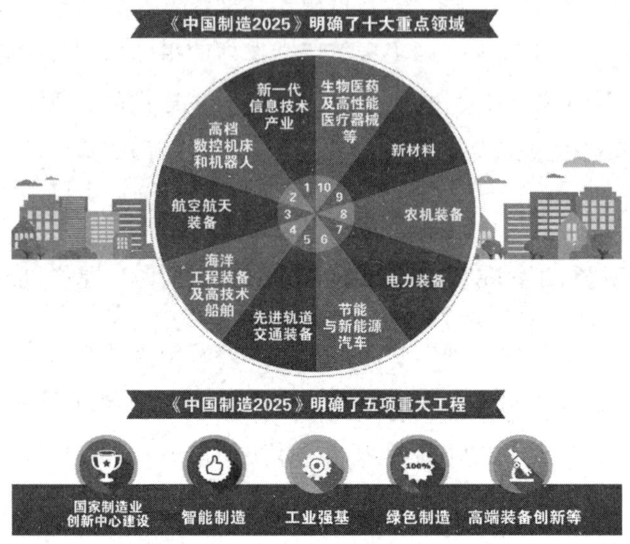

图 13－1　中国制造 2025

资料来源：新华网，http：//www. news. cn/。

印发了《关于大力推进大众创业、万众创新若干政策措施的意见》，大众创业、万众创新的理念日益深入人心，新业态不断涌现，有效激发了社会活力；2015 年 7 月，国家和发展改革委员会发布了《国家和发展改革委员会办公厅关于开展产城融合示范区建设有关工作的通知》，提出了全国范围内选择 60 个左右条件成熟的地区开展产城融合示范区建设工作的主要任务；2016 年 5 月，国务院颁布实施了《国家创新驱动发展战略纲要》，对实施好创新驱动战略进行系统谋划和全面部署；2016 年 7 月国务院发布《"十三五" 国家科技创新规划》。

表 13－1　创新驱动发展战略相关政策文件

日期/部门	政策文件	主要亮点
2015 年 3 月 国务院	《中共中央国务院关于深化体制机制改革加快实施创新驱动发展战略的若干意见》	破除一切制约创新的思想障碍和制度藩篱，激发全社会创新活力和创造潜能；增强科技进步对经济发展的贡献度，营造大众创业、万众创新的政策环境和制度环境 坚持全面创新。把科技创新摆在国家发展全局的核心位置；实现科技创新、制度创新、开放创新的有机统一和协同发展

续表

日期/部门	政策文件	主要亮点
2015 年 5 月 国务院	《中国制造 2025》	部署全面推进实施制造强国战略。是我国实施制造强国战略第一个 10 年的行动纲领。《中国制造 2025》明确了在 9 项战略任务和重点，其中之一为“提高国家制造业创新能力”
2015 年 6 月 国务院	《关于大力推进大众创业、万众创新若干政策措施的意见》	依托自由贸易试验区、国家自主创新示范区、战略性新兴产业集聚区等创业创新资源密集区域，打造若干具有全球影响力的创业创新中心。引导和鼓励创业创新型城市完善环境，推动区域集聚发展。推动实施小微企业创业基地城市示范
2015 年 7 月 国务院	《关于积极推进“互联网 +”行动的指导意见》	鼓励传统产业树立互联网思维，积极与“互联网 +”相结合。推动互联网向经济社会各领域加速渗透，以融合促创新，最大限度汇聚各类市场要素的创新力量，推动融合性新兴产业成为经济发展新动力和新支柱
2016 年 5 月 国务院	《国家创新驱动发展战略纲要》	发展智慧城市和数字社会技术，推动以人为本的新型城镇化。依靠新技术和管理创新支撑新型城镇化、现代城市发展和公共服务，创新社会治理方法和手段，加快社会治安综合治理信息化进程，推进平安中国建设
2016 年 7 月 国务院	《“十三五”国家科技创新规划》	全面深化科技体制改革，大力推进以科技创新为核心的全面创新，着力增强自主创新能力，着力建设创新型人才队伍，着力扩大科技开放合作，着力推进大众创业、万众创新，塑造更多依靠创新驱动、更多发挥先发优势的引领型发展，确保如期进入创新型国家行列

资料来源：作者整理。

毋庸置疑，中国制造正在向中国创造转变，中国速度正在向中国质量转变，中国产品正在向中国品牌转变。今天的中国制造被赋予了全新的时代意义，正以崭新的面貌呈现在世人眼前。

二　优化供给结构，智慧城市开启科技地产新篇章

城市是人类生活的基础社会空间，2008 年，IBM 公司首次提出智慧城市概念。智慧城市，顾名思义，是以智慧的理念对城市进行规划，以智慧的方式对城市进行建设，以智慧的手段对城市进行管理，使城市更有利于人全面和谐发展。

智慧城市是运用物联网、云计算、大数据、空间地理信息集成等新一代信息技术，促进城市规划、建设、管理和服务智慧化的新理念和新模式，它不仅意味着对城市基础设施的完善和对互联网及信息技术的引入，更重要的是对教育、人文、科技甚至居民安全感幸福感等城市软实力的提升，通过资源的优化整合，使城市走向智能化、包容化、可持续，提升人的居住体验。建设智慧城市需要全面借助企业的高新技术，有针对性地破解城市中存在的诸多问题，以人为本，构建和谐舒适、安全健康的城市生活环境。

2012 年，住房和城乡建设部开始启动智慧城市试点工作，将智慧城市明确定义为“通过综合运用现代科学技术、整合信息资源、统筹业务应用系统，加强城市规划、建设和管理的新模式”。此后，我国陆续出台相关政策文件，积极开展智慧城市试点申报工作。

表 13－2　智慧城市相关政策文件

日期/部门	政策文件	主要亮点
2012 年 12 月 住房和城乡建设部	《关于开展国家智慧城市试点工作的通知》	为探索智慧城市建设、运行、管理、服务和发展的科学方式，决定开展国家智慧城市试点工作。2012 年首批确定 90 个国家智慧城市试点
2013 年 住房和城乡建设部	《关于公布 2013 年度国家智慧城市试点名单的通知》	2013 年第二批确定 112 个国家智慧城市试点
2014 年 3 月 中共中央、国务院	《国家新型城镇化规划(2014—2020 年)》	推进智慧城市建设正式引入新型城镇化规划
2014 年 8 月 发改委、工信部等八部委	《关于促进智慧城市健康发展的指导意见》	提出了在 2020 年建成一批特色鲜明的智慧城市
2016 年 11 月 发改委	《关于组织开展新型智慧城市评价工作务实推动新型智慧城市健康快速发展的通知》	研究制定了 2016 年新型智慧城市评价指标、评价工作要求以及评价组织方式，通过评价工作，主要是及时发现不同地区、不同层级、不同规模城市推动智慧城市建设的优秀案例、实践经验和共性问题，总结提炼一批可复制、可推广的最佳实践，促进各地共享交流

续表

日期/部门	政策文件	主要亮点
2017年9月 交通运输部	《智慧交通让出行更便捷行动方案(2017—2020年)》	提出智慧交通出行信息服务体系建设的行动内容和工作要求
2017年12月 工信部	《促进新一代人工智能产业发展三年行动计划(2018—2020年)》	通过实施四项重点任务,力争到2020年,一系列人工智能标志性产品取得重要突破,在若干重点领域形成国际竞争优势,人工智能和实体经济融合进一步深化,产业发展环境进一步优化

资料来源：作者整理。

另外，城镇化进程的加快导致商品房的需求空前旺盛，房地产业成为国民经济支柱之一。但近年来，部分中小城市房地产的狂热投资引起了过剩供给、同质化供给的现象，房地产总量过剩的问题日益凸显。我国传统的利用需求侧解决房地产库存问题的方法显现出了局限性，优化供给结构成为房地产市场发展的突破口和新需要。为促进房地产行业持续健康发展，各大房地产开发商在改革之路上不断创新，房地产产品差异化竞争日益凸显，对地产种类的开发提出新的思路。

鲁能集团投身供给侧改革，对企业发展路径进行适时调整，确立了“泛产业地产发展商”的战略定位。其中，科技地产的发展是不断卓越创新、合理利用土地的结果，既响应了我国供给侧改革号召，又充分体现了智慧城市的愿景，实现了资源集聚及高效利用。

第二节　鲁能科技地产产品线

一　科技地产的概念与发展现状

专栏1　产业集群理论

20世纪90年代，美国哈佛商学院学者麦克尔·波特创立了产业集群理论。该理论的基本含义为：在一个特定区域内集聚一组相互关联的公司、供应商、关联产业和专门化的制度和协会，通过产业集聚形成有效的市场竞争，使企业共享区域公共设施、市场环境和外部经济，降低信息交流和物流成本，从而形成规模效应，提高区域竞争力。最初的产业集群体现在生产集群和贸易集群，即生产和市场的专业化。随着地区基础设施的完善，依托已有的产业集群，发展形成了特色产业园区及高科技企业集群区。

在产业集群理论的基础上，进一步形成了科技地产理论体系，以创新型和成长型企业为客群、以战略性新兴产业为主导、以房地产开发为手段的科技地产进入了人们的视野。

科技地产，是指在工业地产的高阶阶段，通过专业化的园区开发运营和要素资源整合，打造高新技术产业集群，从而实现政府、入园企业、开发商三方和谐发展与利益均衡的一种科技园区开发模式。在这种开发模式中，政府可以减少财政支出，提高土地资源的集约利用；开发商通过科学的规划，对科技园区进行市场化开发和运营管理，使产业与城市之间的矛盾冲突降到最低，各业态功能得以充分发挥。

早在 20 世纪 50 年代，依附于斯坦福大学成立的斯坦福研究园区（Stanford Research Park）成为世界上第一个科学园区，这也是美国硅谷的雏形。短短几十年里，包括苹果、谷歌、英特尔、甲骨文在内的大量高科技公司落户硅谷，硅谷也从曾经的果园发展成为世界知名的高科技技术产业园区。如今的硅谷堪称世界电子工业的王国，从这里走出了无数的科技富翁，诞生了不胜枚举的科技成果，创新、竞争、平等、开放的硅谷精神也影响着一代又一代科研工作者。

从国际趋势看，发达国家科技地产经历了与国家城镇化的磨合后，科技园区设计已经步入了成熟阶段，形成了较为稳定的开发模式，在资金运作、产业发展和产品功能等方面日趋完善，产业园区周边多聚集丰富的教育资源和科研资源，产业划分详细，未来主要朝产业的精细化和地域拓张发展。

作为推动产业创新发展的复合性房地产开发，无论是从土地效益上，还是从实现的功能上，相对于普通住宅和商业地产，科技地产的开发运营流程都更为复杂。面对市场发展和科技创新的巨大机遇，地产商参与到产业孵化大潮的例子不断涌现。在许多国家，集个人、企业、高校、科研机构于一体的科技创新园已经成为国家科技发展的重要配套。一些国内外成熟的科技地产产品主要体现在科技园区及产业基地，可提供一定的参考借鉴。

专栏2　世界著名科技创新园区

案例1：美国硅谷

硅谷（Silicon Valley）位于美国加利福尼亚州北部、旧金山湾区南部，是高科技事业云集的美国加州圣塔克拉拉谷（Santa Clara Valley）的别称。硅谷融科学、技术、生产为一体，以上万家规模不等的电子工业公司为基础，同时拥有包括谷歌、苹果、雅虎、英特尔、惠普等在内的高科技公司总部；具备高水平、高素质的从业人员，集结着上百万来自世界各地的科技人员，仅美国科学院院士在硅谷任职的就有近千人，获得诺贝尔奖的科学家达三十余人，是美国乃至世界典型的高新技术产业和知识密集型产业聚集地。

案例2：日本筑波科学城

日本筑波科学城始建于1963年，位于东京东北约60公里处的筑波山麓，形成以国家实验研究机构和筑波大学为核心的综合性学术研究和高水平教育中心。筑波科学城注重因地制宜、合理利用本地优势，采取独特的国家统一领导、各部门分工协作的管理体系，以建设产、学、研相结合的中心城市为目标，选取高能物理、生命科学、材料科学等领域进行研究开发，保证科学城持续健康发展。今天的筑波科学城凭借其独特的环境条件及科研成果，成为日本最瞩目的科学中心和知识中心，被誉为“现代科技的乌托邦”。

案例3：北卡研究三角园区

北卡研究三角园区位于美国南方北卡罗来纳州的罗利、杜兰和查佩尔希尔三个主要城市之间的交接地带，被北卡罗来纳大学、北卡罗来纳州立大学和杜克大学三所名校环绕，园区选址合理，政府扶持得宜，道路交通便捷，吸引了包括国家环境卫生科学研究院、微电子研究中心、GE、IBM、杜邦等在内的多家大型跨国公司的科研机构，科研领域涉及计算机、医药、电信、微电子、农业生物等十多个尖端学科，是世界上最为成熟和知名的科技园区之一。

国内产业发展一度受到城镇化率较低的限制，随着我国城镇化进程加快，国家的政策支持为科技地产的蓬勃发展提供了更广阔的空间。然而，随着人口红利的逐步减弱，越来越多的城市出现了居民就业与生活脱轨、产业与城市脱节的现象。

与此同时，以科技产业园区为主的科技地产发展态势良好、速度迅猛、潜力巨大，主流房地产商陆续启动科技园、科技城、智慧园区等产品。这些科技园区将商务办公、商业休闲、居住场所等多种业态进行规划组合，兼具金融、会计、法律、咨询、中介、物流等配套产业机构，改变了单一的商业模式或居住模式，实现了园区内居住、就业、娱乐一体化，避免了员工在工作场所与住宅之间的奔波，最大限度地满足入驻企业及其员工的工作、生活、娱乐需求，既节约入驻企业的人力成本、有利于企业发展，又提升了园区内从业人员的生活品质，使员工在优美宜人的科技园区中更高效地完成日常工作，形成产业和居住之间的良性互动。

专栏3　科技地产产品种类

目前国内市场主流的科技地产产品主要有四种，分别是传统制造园、产城融合体、科技创新园，以及现代物流园。

传统制造园以传统制造业为主导，具有低附加值、高污染等特点，与产业升级的宏观方向相左，市场日趋低迷；产城融合体以先进的第二产业为主导，聚焦战略新兴、高新科技的产业的制造环节，同时开发城市功能；科技创新园以生产性服务业为主导，包括科技研发、商贸服务、文化创意、孵化空间、总部经济等；现代物流园面向汽车、电子等高端装备制造、电商仓配等高标仓市场，对仓库的建设和库内管理、仓库的全国网络格局和大客户关系绑定有很高的要求，尽管全国需求较大，但对发展商本身的物流产业积累要求较高。

目前，科技地产有两大发展趋势，新兴市场以制造为主体的产城融合体，成熟市场以科技创新为主体的科创园。鲁能集团根据近年来市场发展趋势，选择产城融合体和科创园作为重点开发对象，并据此规划出智造城与科技创新园两大产品系列。

科技地产充分发挥产业集群的聚集效应和扩散效应，是高新技术产业和创新产业的载体，同时带动周边经济发展，为政府创造了持续税收、就业，实现了区域产业结构升级和发展方式转变，不仅提升了土地价值、丰富了城市功能，而且实现了政府、入驻企业、开发商、金融资本等各种资源和力量的利益均衡，有助于提升区域形象及综合实力。

如今，科技地产已经成为推动科技创新和城镇化的重要渠道，只有兼顾城市功能和产业发展，才能使科技园区保持持久的生命力，实现科技地产的可持续发展。

二　鲁能科技地产产品线的概念与内涵

鲁能科技地产产品线，是以地产开发为依托，以科技创新驱动区域发展，全面引入“科技”基因，布局科技产业、构筑未来生活方式、打造区域互联。该系列产品重在以科技创新驱动区域发展，聚焦轨道交通、节能环保、智慧城市等产业主题，通过高新技术产业与传统地产行业的有机融合，导入丰富的科技元素，吸引不同类型的企业及城市高端消费群体入驻，以科技创新驱动城市产业升级，以生态宜居促进城镇化建设，真正做到了与城市相融相交，营造鼓励创新、激发活力的空间环境。

1. 精科技

鲁能集团顺应国家产业升级及产业转移趋势，紧扣国家主导产业发展方向，重点关注经济升级转型期战略性新兴行业和在科技前沿领域处于前沿定位，并追求高附加值产业链环节的精致产业布局。

与此同时，鲁能科技地产产品线致力于将科技元素注入日常生活的每一维度，从构筑未来生活方式出发，全面引入“科技”理念，布局科技产业，营造智能体验，为客户提供高效整合的智慧生活整体解决方案。在产业选择上，鲁能集团优先选择国家鼓励的、具有科技尖端性的先进制造业和服务业；在园区建设上，运用云计算、大数据、物联网等领先的科技手段，实现园区物联和信息互联，使园区整体更加智能化、现代化；在智慧园区设计中，会议中心将引入机器人引导、AR 技术等尖端科技硬件，为先进会议体验技术树立标杆；在住宅的规划中，融入中央管控中心、能源管理系统与环境保护、智能交通系统、智能工厂等，科技使生活更便捷、更美好。鲁能集团还将在科技园区内建设以先进智能硬件和科技体验为主题的商务酒店，通过智能家居系统（如手机 App 钥匙、光感窗帘、智能温控等）提升入住体验。

2. 全互联

鲁能集团积极落实国家电网倡导的全球能源互联网发展概念，结合国网和鲁能已有的产业资源，打造具有鲁能特色的全球能源互联网相关园区网络。

运用互联网、物联网等手段，园区内各主导产业间协同，实现产业共享、企业互联、信息互联；对非核心公共空间，实行空间共享、分时使用等方法，优化园区资源配置，节约入驻企业成本；运用“大数据”“云计算”等领先科技手段搭建园区平台，确保园区内信息互联互通，人才交流通畅，实现智能化办公，并在平台上提供多种园区服务功能。

鲁能科技地产将以高新技术研发区为主体，辅之以舒适住宅区和商务功能区，真正做到工作、居住、娱乐一体化，旨在打造集科技研发、创业孵化、商务办公、酒店住宿、会议会展、休闲娱乐于一体的智慧园区产品。

3. 新生态

经济的发展与生态环境密不可分，习近平总书记关于“绿水青山就是金山银山”的论述生动形象地体现了经济发展与环境保护之间的关系，也体现了我国天人合一的传统文化和可持续发展的理论思想。节能环保产业作为“十三五”重点规划的七大新兴战略产业之一，在全国环保力度加强的背景下，进入了发展黄金期。

为打造绿色友好的生态环境，营造舒适宜居的生活氛围，在科技地产的整体规划中，鲁能集团始终从产业发展和人的需求出发，构建合理地产业链生态和生活圈生态，充分考虑到园区与环境的协调。例如，科技园区的面积有限，机动车辆将停放在专用地下停车场内，园区设置专用的自行车道和慢跑道，提倡园区内绿色出行；园区内将通过清洁能源采购消纳为园区物业提供电力支持，通过光电薄膜、导光管、雨水收集、智能充电桩等构筑绿色生态科技；通过无土栽培、垂直绿化、智能香薰构筑花园式公共空间，通过屋顶花园设计，构筑社交型空间景观。通过人文与自然环境的结合，使各个年龄层的居民都能享受独具特色的园区文化。

鲁能集团坚决履行央企使命，积极探索产城融合新形态，打造以产为先、以人为本、升级城市功能的新生态科技地产体系；恪守“发展公司、服务社会、以人为本、共同成长”的社会责任观，将科技园区和生态环境相融合，实现对环境的尊重与合理利用。

三 鲁能科技地产产品线的价值与意义

自改革开放以来，科技产业园区迅速发展，其成功的实践经验堪称开拓创新和经济转型的典范，对城市形象的塑造和资源的高效利用有着重要意义。

鲁能科技地产产品线最大限度地体现了资源集聚的优势，产品科技含量高、业态丰富多样，且有利于环境与城市的协调发展，其意义主要体现在人文价值、经济价值和社会价值三个方面。

人文价值：园区内将包括各个类型的入驻企业、科研机构，并配以人才公寓、商务酒店、购物餐饮、往返班车等，通过科技园区内工作生活一体化，满足入驻企业及其员工的工作、生活、娱乐需求；园区绿化覆盖率高、环境宜人，提供完善的生活便利服务和基础的运动设施、娱乐设施，如咖啡厅、书店、快餐店、慢跑道、健身器械等，提升员工的生活品质，形成产业和居住之间的良性互动。

经济价值：鲁能集团科技地产产品线具有强大的资源整合能力。集聚多种类型的金融机构，帮助企业解决资金烦恼；通过创办金融学院、定期召开商业圆桌会议等，帮助企业及时了解国内外经济形势；吸引包括互联网、新能源、软件开发、法律咨询、设计创意等不同类型的企业入驻，实现企业之间互联协作，降低企业的综合成本。

社会价值：鲁能集团科技地产产品线不仅提升了土地价值、城市功能和区域形象，而且加速了高新技术产业创新和发展，有助于实现区域产业结构升级和发展方式转变。另外，科技地产充分考虑了环境与城市的协调发展，在园区整体设计的过程中合理利用城郊周边自然环境，于细节处体现对环境的尊重，将对自然的破坏和改造控制在尽可能低的范围内；通过高新技术产业的集聚，充分发挥企业之间的协同作用和规模效应，不仅能够优化资源配置，而且有利于节约能耗、减少污染。

鲁能集团科技地产将以“全球科技生态互联助推器”为愿景，通过精准的产业选择，筛选出与科技地产理念吻合且符合自身特点的产业，紧抓产业增量，实现科技地产的健康发展。

第三节　鲁能科技地产产品线发展战略构想

鲁能集团科技地产发展遵循“引领、创新、共赢”的发展理念，将“生态、健康、运动、娱乐、科技”五大维度作为重要指导原则，聚焦于“科技”“互联”“生态”三大关键词，打造充满活力的新一代科技地产。

经过对市场深入的研究分析，鲁能集团现已发展形成了“智造城·鲁能2025”和“科技创新园·鲁能硅谷”两大较为完善的科技地产产品系列，结合外部趋势和内部优势，全面体现科技地产的核心理念。最终，鲁能科技地产将形成“城区硅谷科学城、城郊智造城”的区域布局。

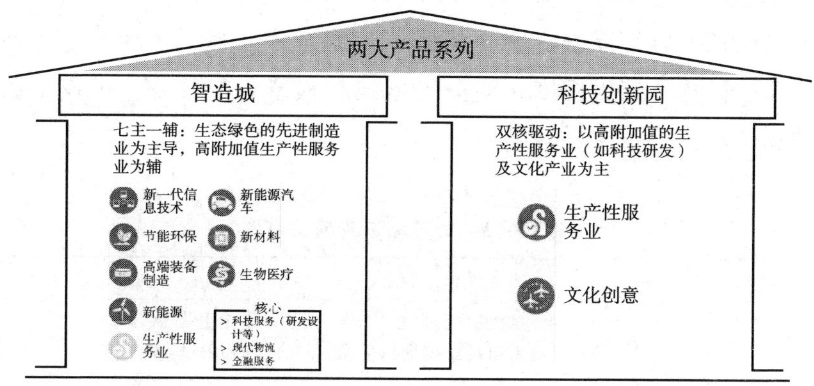

图 13-2　鲁能集团科技地产两大产品系列产业组合

资料来源：鲁能集团内部资料。

一　智造城·鲁能2025

“中国制造 2025”和国家“十三五”规划明确提出制造业向着智能化、信息化转型，实现从“制造”到“智造”的转变。

“鲁能 2025”是在产城综合体模式下，以先进的科技制造业为主导产业，撬动鲁能及国网产业资源，紧抓产业升级、智能制造、高效能源的机遇，打造核心卫生城，将科技、宜居、智慧完美融合，搭建完善的商务、商业、生活、休闲体系，吸引高端产业人才和高素质居民安居乐业。

1. 运营服务

根据入驻企业的不同需求，智造城将为企业提供不同层次的服务。特色服务旨在为企业解决科技技术、融资支撑、人才招募等方面可持续发展的需求，通过专业的金融、科技支撑平台和专业的资讯平台，提供技术咨询，有利于企业创新高速发展；核心服务将满足企业入驻运营所需要的基础需求，包括行政服务和经营配套，如注册、税务等行政事务办理，空间、物流等生产经营条件；基础服务包括优质的物业服务和完善的生活配套，为园区运营及居民生活提供保障，满足入驻企业及员工基础的工作餐饮、卫生清洁保持、办公设施维修等需求。全面的服务覆盖充分诠释了“生态、健康、运动、娱乐、科技”五大维度，使员工增强幸福感、归属感，企业得以更加高效地运转经营。

表 13－3　智造城运营服务概览

项目	需求内容	服务内容
特色服务	>企业可持续发展的需求 - 科技、技术可持续发展的需求 - 融资支撑的需求 - 生态可持续发展的需求	金融平台 科技支撑平台 能源管理服务 >绿色能源供给 >节能技术咨询 >园区能源互联
核心服务	>企业入驻的基础需求 - 行政事务办理，如注册、税务等 - 生产经营基础需求 - 空间 - 物流	行政服务 >一站式服务 >网上平台 >服务专员 经营配套 >物流服务 >采购平台服务
基础服务	>园区运营的基础需求 - 基础园区运营需求 - 园区内居民的“衣食住行娱”需求	基础物业服务 生活配套服务

资料来源：鲁能集团内部资料。

2. 规划构想

智造城整体涵盖五大功能业态，分别是：包括绿化系统、亲水系统在内的绿色生态模块，包括医疗机构、生活购物、教育机构在内的光能生活模块，包括人才公寓、复合小区在内的风尚住宅模块，包括科研中心、定制厂房在内的动能制造核，以及包括互联会议中心、鲁能品牌酒店在内的商务充电模块。

制造城将在绿色生态的城市环境中把生产与生活完美融合。园区内将打造集园区事务管理、行政办公、政务服务于一体的服务中心，为各类企业提供产业政策扶持申报、工商行政审批、园区融资咨询、企业科技服务咨询等服务。在全互联会议中心里，企业可以召开企业会议、举办展览展出，科研机构可以在此定期举办各类型学术会议、技术论坛；会议中心还将设有演出准备室、化妆间、大型货梯等，满足各类企业的演出、会议需要。在健康管理中心，有着国际水平的健康管理服务，为科技城内入住员工提供移动远程医疗、健康跟踪、疾病预防、健康大数据管理等服务。

此外，根据不同人群的消费需求，科技城内将匹配不同的住宅生活区：针对入驻企业基层员工，科学城将设计租售结合的人才公寓，满足就近居住需求，真正实现工作生活一体化；针对具有一定消费能力的专家、教授和管理人才，科学城内将提供高品质的精英生态小区，提供完善温馨、适合家庭居住的住宅；另外，科学城将结合鲁能集团泰山 7 号产品，融合健康运动及开放社区的理念，开发综合性的体育活力社区，提高居民参与体育运动的热情。

二　科技创新园·鲁能硅谷

智造城以产城融合体模式发展，而科技创新园将以科技研发和创意空间为主体，规模体量较小，通常落位于主城区周边或制造业聚集区域，服务于制造业。

1. 运营服务

鲁能集团发力布局科技地产产品线，领先之作鲁能硅谷，将集“互联网 +”、创新空间、科技成果转化、智慧智能家居、休闲运动娱乐等于一体，营造鼓励创新、激发活力的空间环境，涵盖传统产业升级，快速发展现代服务业，探索开拓科技园、工业空间、办公商务空间、物流配送空间、孵化空间和各类服务中心等产业地产形态，建立精细化、定制化、标准化、平台化、轻资产的产业模式，支撑优势产业落地，满足行业发展需求。

图 13－3　鲁能硅谷

资料来源：鲁能集团泛产业地产宣传片。

表 13－4　科技创新园运营服务概览

	需求内容	服务内容
特色服务	>企业创新高速发展的需求 －科技、技术、生态可持续发展的需求 －融资支撑的需求 －人才集聚以及能力提升的需求	金融支撑平台 科技支撑平台 专业咨询平台 线上线下商务平台 能源管理服务
核心服务	>企业入驻的基础需求 －行政事务办理，如注册、税务等 －生产经营基础需求	行政服务 经营配套
基础服务	>园区运营的基础需求 －基础园区运营需求 －园区内居民的“衣食住行娱”需求	基础物业服务 生活配套服务

资料来源：鲁能集团内部资料。

2. 规划构想

鲁能硅谷同样是具有多种业态的综合体，将包括智能凝聚核、绿色生态模块、光能生活模块、风尚住宅模块、商务充电模块五大功能业态。智能凝聚核将以基本办公功能为主，物业形态包括满足初创企业的众创空间和标准写字楼等，是鲁能硅谷的核心业态；商务充电模块提供广阔的技术论坛交流、商务演讲、创业工厂等空间，活跃鲁能硅谷的科创氛围；光能生活模块将设置高端购物中心和休闲场馆以满足客群不同层次的生活需求；风尚住宅模块将包含基本的配套住宅，匹配现代化的公寓式风格和物业管理；绿色生态模块中，将打造专门的自行车和慢跑道，并在楼宇间点缀小型商务广场和花园，提倡绿色出行和健康的生活方式。

鲁能硅谷致力于打造真正以人为本的科技创新园区，将提供金融、科技、人才、市场、咨询等全方位的服务。科创园每位员工，都将享受到健康舒适、生态宜居的一天：早上在物业管理完善的鲁能酒店公寓醒来，步行经过鲁能泰山 7 号的塑胶跑道，抵达鲁能国际中心开始一天的工作；在鲁能生活馆中，可以享受到包括餐饮、娱乐、超市在内的便捷的生活服务；在鲁能能量之心和鲁能众创空间，来自不同企业的员工有丰富的机会互相交流，在轻松愉快的氛围中进行潜在合作沟通；结束一天的工作后，可以前往鲁能健康运动中心进行有氧运动，放松身心，舒缓压力。

随着鲁能硅谷开发建设的快速推进，园区投资环境不断提升，一个以高

图 13－4　鲁能硅谷

资料来源：鲁能集团泛产业地产宣传片。

新技术产业和科技服务业为先导、以文化服务业为特色、以房地产经济为形态的现代化科技园区正在逐步形成。

第四节　鲁能科技地产产品线未来发展方向

一　完善产品功能，打造健康生态型产城融合体

伴随城镇化的逐步成熟，土地红利的逐渐降低，土地获取、招商和运营管理成为科技地产商制胜关键。近年来，全国各地产业园区和科技园区的建设如雨后春笋，但科技园区的性质注定了科技地产运作周期长、前期投入大的特点，资金的回笼速度远远低于普通开发住宅项目，二、三线城市甚至出现了产业园区场地空置的情况，产业园区和科技园区的运营举步维艰。产城融合可以在提升城镇化率的同时，促进产业的发展，集聚并稳定人口，形成正向的发展循环。在国内许多城市，伴随着城市化率的提高及产业的升级和转移，科技地产在传统工业园区的基础上，发展起具有中国特色的产城融合体。

鲁能集团把握科技地产发展机遇，顺应科技地产发展大趋势，积极探索产城融合新模式。以新产业、新业态为导向，强调园区整体与城市的融合，不断探索挖掘科技地产新价值，完善产品功能，增加园区的服务附加值，优化空间发展布局，营造集约高效的生产空间、生态宜居的生活空间、山清水秀的生态空间，打造健康生态型产城融合体。

专栏4　产城融合

伴随国家新型城镇化发展和产业升级，区域转型由原先的“工业主导”逐渐向“产城融合”转变。

产城融合通过对城市生态的综合考量，推动城市产业的转型和名片的重塑，帮助城市凝聚更多的外部人才，进而为城市生活环境的改善与品质的提高注入活力。通过加强城市基础设施建设，改善城市生态环境和生活设施，

以城引产，以产兴城，产城共长；通过为优质人才提供更为优越的生活环境、就业机会，也通过人才集聚为城市繁荣带来新思维，以城聚人，以人创城，城人共荣；通过吸引高素质人才提升企业创新活力，产业进步升级进一步为高素质人才的成长和发展创造更广阔的舞台，以人促产，以产育人，人产互进。

另外，产城融合的核心是以人为本，这也要求产业地产的发展中重视生态宜居的元素。加强环境管理，积极开展生态优化绩效评估，积极建设超前的环境基础设施；推进绿化建设，打造覆盖园区的自然生态系统、城市公园系统和慢行交通系统，构建优美宜居的园区；打造绿色生态社区，推广绿色建筑，鼓励新能源使用，打造智能公共交通体系，鼓励绿色交通出行方式；构建生态产业链，推动废物再利用和产业集群化，引导企业从产品设置、原料选用、工艺控制等多层面开展循环经济试点。通过多种业态的综合开发，促进“业”与“城”的有机融合，实现不同业态之间的功能互补、相互溢价。

只有实现产城融合、共同发展，才能保证科技地产的生机与活力，从而实现对城市价值的增值。

二　追求卓越创新，形成科技地产产品线规范化、标准化体系

在鲁能集团科技地产的探索中，永不停歇的是对科技创新和应用的追求。鲁能集团致力于颠覆旧有理念，保持创新精神，鼓励创造真正具有颠覆性、创新性的产品。

面对经济新常态和新型城镇化建设的发展机遇，鲁能集团科技地产产品线逐渐成形，目前鲁能集团科技地产产品线主要有两条，即“智造城·鲁能2025”和“科技创新园·鲁能硅谷”。目前，两大产品系列围绕各自不同的产品定位有序开展，并已经取得初步认可。但在众多产品线中，科技地产产品线依然处于起步阶段，没有完善的管理体系及运营体系，暂时没有成熟的落地产品，在核心竞争力方面依旧需要全面提升。

鲁能将在科技地产领域的关键环节发力，着力打造招商体系、运营体系和土地拓展体系，积极寻求改进和创新，在核心资源、产业规划、开发机制

等方面完善与提升。在打造科技地产产品线的过程中，鲁能集团将进一步探索园区设计规范化、标准化体系，在保持不同产品系列特色的基础上，尽快形成可以广泛推广、准确复制的鲁能特色科技元素，加强品牌影响力、提高辨识度和认可度，明确鲁能科技地产产品线的定位，增强科技地产的核心竞争力。认真审视集团发展历程，科学制定发展战略，积极借鉴优秀经验，科学分析内外部环境，参考其他成熟产品线的开展与建设情况，扬长避短、因地制宜，坚持科技地产与商住地产相互协调，鲁能集团科技地产产品线将继续保持快速规范推进。

三　承担社会责任，积极响应国家发展战略

毋庸置疑，企业业务发展应该符合国家发展战略，探索更为适宜的盈利模式，在保证科技地产项目品质、经济效益和长周期运作的资金需求的基础上，更好地承担企业的社会责任。

鲁能将建立畅通的信息渠道，与诸多高新技术企业保持及时有效的沟通；着眼全球能源互联网技术革新和前沿方向，鲁能集团积极寻求对应前沿研发团队的产业导入机遇，打造能源互联网的全球技术高地；园区建设力求对环境最大限度地保持和尊重，体现以人为本的人文理念、人与自然和谐发展的生态理念。

依托长久以来的建设经验和优势，鲁能集团将对科技地产产品线进行更为科学的功能布置，倾力打造涵盖高科技园区、金融商务、生态住宅等产品形态于一体的科技新城，在国家科技地产开发建设领域，发挥更加有力的推动和引领作用。

未来，鲁能集团将通过“打基础”“扩规模”“广输出”三步走策略，以“全球科技生态互联助推器”为愿景，延续一贯发展的良好态势，目标成为全球领先的科技地产发展商。

第14章
鲁能民生地产产品线

党的十七大提出“住有所居”的民生保障和改善目标后，国家出台了一系列相关政策措施，加快解决中低收入家庭住房困难问题。十九大报告也提出，坚持“房子是用来住的、不是用来炒的”定位，加快建立多主体供给、多渠道保障、租购并举的住房制度，让全体人民住有所居。国家政策的调整，为民生地产的发展创造了良好的政策机遇。民生保障是中国住房市场重要的组成部分。鲁能在国家供给侧改革过程中，顺应国家政策调整、消费需求变动及行业转型大趋势，主动承担并发挥自身的社会责任，为保障性住房正名、为广大中低收入群体的“住有所居”梦想发力，适时提出“民生地产产品线”。这一举措及理念的创新，对于完善中国住房体系、决胜全面建成小康社会目标都具有重视意义，也体现出强烈的责任担当。

第一节　民生地产的行业背景

房地产行业具有天然的民生性质。近些年来，中国的房地产业高速发展，出现房价过快上涨、土地违规使用等混乱景象。政府新政提出“住有所居”，使得如何保障中低收入群体的住房问题凸显。在中国经济经过40多年的快速发展后，中国经济发展改变投资拉动的转型问题十分迫切，需要寻求创新、科技、文化新动力；这在房地产行业同样存在，房地产行业自身的转型也不可避免。可以说民生地产是房地产行业在多方压力下被迫响应或主动回归民生基本取向的必然选择。

一 民生地产的政策机遇

十九大报告强调，要“坚持房子是用来住的、不是用来炒的定位，加快建立多主体供给、多渠道保障、租购并举的住房制度，让全体人民住有所居”。早在2007年召开的党的十七次全国代表大会上，不仅强调要加快推进以改善民生为重点的社会建设，而且提出了努力使全体人民“学有所教、劳有所得、病有所医、老有所养、住有所居”的民生保障和改善目标。2007年8月出台的国务院24号文件（即《国务院关于解决城市低收入家庭住房困难的若干意见》）开宗明义地指出：“住房问题是重要的民生问题”，而且在文件的结尾还进一步强调：“凡过去文件规定与本意见不一致的，以本意见为准。”2008年的《政府工作报告》，明确提出抓紧建立住房保障体系，指出：解决城市低收入群体住房难，靠廉租住房和经济适用住房；帮助中等收入家庭解决住房难，是增加中低价位、中小套型普通商品住房。

为应对由美国次贷危机引发的国际金融危机对我国的不利影响，中央于2008年11月出台了“扩内需、保增长、调结构”的十大措施，并将加快建设保障性安居工程列为十大措施之首。随后，时任国务院总理温家宝在省区市人民政府和国务院部门主要负责同志会议上指出，“房地产业是国民经济的重要支柱产业，对于拉动钢铁、建材及家电家居用品等产业发展举足轻重，对金融业稳定和发展至关重要，对于推动居民消费结构升级、改善民生具有重要作用”。温总理在这里既讲到了房地产业对经济增长的拉动作用，同时也强调了它对改善民生的重要作用。而且温总理还进一步指出，“要增加廉租房、经济适用房等保障性住房的投资收购和开发建设；落实和完善促进合理住房消费的政策措施；促进中小户型、中低价位普通商品房开发建设稳定发展；加快发展二手房市场和住房租赁市场。继续整顿房地产市场秩序，规范市场交易”。时任国家主席胡锦涛在庆祝建党90周年大会发表讲话中指出：“保障和改善民生，促进社会和谐，是实现全面建设小康社会宏伟目标的必然要求。”国土资源部2012年7月2日公布的《全国土地整治规划（2011—2015年)》提出，“十二五”期间将鼓励有条件的地区开展旧城镇改造。

随着《廉租住房管理办法》《经济适用住房管理办法》等相关政策的出台，70%的土地供应保障、相关税费的减免等措施，明确了国家对于房地产业的产业方向。2017年8月28日，国土部、住建部联合发布《利用集体建设用地建设租赁住房试点方案》，确定第一批在北京、上海等13个城市开展利用集体建设用地建设租赁住房试点。试点方案提出，村镇集体经济组织可以自行开发运营，也可以通过联营、入股等方式建设运营集体租赁住房。2017年11月14日，国家又根据国务院办公厅《关于促进房地产市场平稳健康发展的通知》（国办发〔2010〕4号)、《国务院关于坚决遏制部分城市房价过快上涨的通知》（国发〔2010〕10号）和住房和城乡建设部等七部门《关于加快发展公共租赁住房的指导意见》（建保〔2010〕87号）对公租房建设和运营有关税收政策提出细则。

这些政策及细则的出台，是国家政策从源头上引导保障性安居住房、鼓励住房体系租售并举的重要举措，具有保障性质的民生类住房将是中国房地产供给体系的重要组成部分，也将会对中国的房地产市场产生深远影响。未来国家对保障性住房支持力度将持续加大，对市场的影响会逐渐显现，商品房市场份额将减少，房地产行业将出现结构性调整。

二　“住有所居”不可忽视中低收入群体的居住需求

房价收入比是衡量一国房价合理与否的一个重要指标。一般认为，合理的房价收入比的取值范围为4～6，若计算出的房价收入比高于这一范围，则认为其房价偏高，房地产可能存在泡沫，高出越多，则存在泡沫的可能性越大，泡沫也就越大。中国的房价收入比在1998年后不断走高，并在2008年前后徘徊于7.5～8（见图14－1）。易居房地产研究院发布的《中国房价收入比分析与国际比较》报告显示，2016年中国房价收入比进一步攀升至近五年最高值7.4，房价收入偏离度10%，在合理区间内，但已接近上限。

图 14－1　中国房价收入比趋势

资料来源：根据国家统计局相关数据整理。

在通过鼓励农民进城为市民的方式推进中国城镇化的同时，也需要思考，针对流动人口的住房供给问题。中国 2016 年城镇化率为 57. 35%，而大量流动人口大规模跨区域的流动是推动中国城镇化进程重要动力，同时这部分群体也将是中国城镇中的中低收入群体重要组成部分。一般来讲，流动人口在流入地的主要居住方式是通过租赁住房来解决的（有部分流动人口是由就业所在企业提供住房）。根据 2015 年全国流动人口卫生计生动态监测调查情况，今后打算在流入地长期居住的流动人口占 57. 34%；不打算在流入地长期居住的流动人口占 12. 73%；还没有想好的流动人口占 29. 94%。由此推断，在流入地有购买住房的需求流动人口至少占 57. 34%。按照 2015 年 2. 47 亿流动人口和 2020 年 2. 91 亿流动人口可推测出流动人口的住房保障需求。

中国目前的住房保障体系只关注了城市中户籍居民的住房问题，而忽视了现代社会发展的人口流动性所带来的住房问题，包括随着城市化水平的提高，不断涌入城市的大量的进城务工人员的住房问题以及各类流动性人才的住房问题。

表 14－1　不同单元需要提供住房保障的人数测算

单位:%，万人

	需要提供住房保障人口比重	流动人口比重	2015 年	2020 年
全部样本	0.1172	100	28.96	34.11
东部地区	0.0978	47	11.26	13.26
中部地区	0.1185	21	6.11	7.20
西部地区	0.1244	33	9.99	11.77
直辖市	0.2406	14	8.08	9.52
副省级市	0.6730	15	24.85	29.28
地级省会	0.1105	17	4.64	5.47
一般地级市	0.1831	46	20.95	24.68
其他地级行政单位	0.1312	8	2.63	3.10
县级市	0.1017	14	3.59	4.23
省内跨市	0.1230	30	9.22	10.86
市内跨县	0.2049	20	10.00	11.78
跨省流动	0.1116	50	13.75	16.19

注：表中 2015 年流动人口数按 2.47 亿人进行计算；2020 年流动人口是以 2.91 亿人进行计算。

资料来源：中国社会科学院城市发展与环境研究所创新项目 2016 年研究报告。《统筹城乡住房保障研究》。

无论是当前的商品住房体系，还是住房保障体系，单纯想过通过购买获得产权式住房，对于中低收入群体而言无疑较为困难。中国到 2020 年将全面建成小康社会，实现第一个百年奋斗目标。而小康社会，则需要努力使全体人民“学有所教、劳有所得、病有所医、老有所养、住有所居”。其中，“住有所居”除了可以通过市场化手段购买商品房的部分外，中低收入群体的居住需求需要另寻出路。这部分需求不可能完全通过住房商品化途径解决，只能加强对保障性质住房的研究及投入力度，推进房地产市场理性发展，才能得到根本解决。而通过具有保障性功能住房，无论是产权式还是使用权租赁式，在国际上已有一些成熟的做法。

三　民生地产是中国住房体系的重要组成部分

自 1998 年中国房地产市商品化改革以来，房价不断攀升。2008 年中国房地产业发展处于巅峰时，全国房地产企业总数达到了 5 万多家。房地产业成为“名副其实”的国民经济支柱产业，吸引了大量的经济资源。在市场经济条件下，房地产一定程度的资本化无可非议，但过度资本化会导致房地产业畸形发展。资本逐利驱使下，房地产将更关注中高收入阶层的商品住房市场建设，而向中低收入阶层的安居房和经济适用房建设名存实亡。这将加剧社会的不公现象、激化社会矛盾，与政府施政的基本原则背离。同时，过分依赖市场的作用也有可能失去对市场的宏观调控能力，对城市的总体发展不利。因为，房价的攀升，将推高居民生活成本、企业劳动力成本，从而加大城镇化及工业化的成本，影响城市的健康发展。

需要看到的是，即便是房地产市场化程度很高的美国、中国香港等国家和地区，房地产市场发展之外，都有针对社会中低收入群体的保障性住房部分。从而形成完整的住房供应体系。例如，美国通过政府补贴，英国通过分享式购房计划做法减轻政府负担，而中国香港特区政府则利用土地批租制度发挥市场机制对资源的配置效用，并从中获得巨大财政收益而补助于保障性住房建设。

2007 年 8 月，国务院发布《国务院关于解决城市低收入家庭住房困难的若干意见》，提出了住房保障制度目标和框架。其核心内容是要“加快建立健全以廉租住房制度为重点、多渠道解决城市低收入家庭住房困难的政策体系”。今后一段时间，保障性住房将成为中国住房供给中发展的重点，住房供应结构将改变原来单一商品房供给体系，将会形成针对不同收入水平下的分层次的住房供应体系，以满足不同居民的购房需求。进入新时代，我国的主要矛盾已经转化为人民日益增长的美好生活需求与不平衡不充分的发展之间的矛盾。从房地产行业的发展来看，房地产过度强调完全产权的商品住宅发展，忽视了社会上需要国家政策倾斜的居住需求。因此，未来中国房地产将向保障性住房倾斜，保障性住房也将成为多层次住房供给体系的重要组成部分。

第二节　鲁能民生地产产品相关

一　民生地产概念

“民生”一词，按照现代汉语词典的解释，可以将其理解为“人民的生计”。“安居乐业”在中国文化中曾被视为民生安康的理想境界，这表明住房与就业都是关涉民生的重大事项。孙中山先生一生以“关怀民生”为念。他在1924年的《民生主义》对“民生”概念做出定义性解释，“民生就是人民的生活——社会的生存、国民的生计、群众的生命便是”。可大体理解为，主要是人类生存的基本需要，即衣、食、住、行四要素。

而在市场经济条件下，房地产市场的发展是为满足人们“住”的需求，不论是普通老百姓的住房，还是企业或行业的经济活动，都是以拥有或租赁能够满足其需要的房地产为必要条件的。只是随着市场经济的发展，从其使用价值中衍生出的资本性质，在过度发展中，导致房地产行业发展存在泡沫化的风险。但从住房的使用价值来看，房地产行业本身就与民生息息相关。

我们可以认为，所谓“民生地产”，是在尊重市场经济发展规律的基础上，以保障和改善民生作为发展的基本取向。“民生地产”以保障和改善民生为房地产业发展宗旨，它所关注的是在市场经济规律作用下无法正常获取居住场所的社会群体，带有“保障性”功能属性。其主要不在于经济价值，而在于社会价值。

二　民生地产产品线的概念、内涵

民生地产产品线则是在满足和保障民生作为房地产发展基本取向的基础上，围绕居住需求而设计，主张满足基本需求、适度消费和公平正义的理念的一系列具有保障功能的地产产品。

民生地产产品以保障和改善民生为出发点，是在房地产过度资本化背景下，为保障经济可持续发展，以及推进房地产行业健康良性转型，由国家民生新政策所催生。

从其内涵来看：一是倡导满足基本需求。民生地产产品线是从企业社会责任角度出发，以满足社会需要为取向的，即无论是中高收入人群还是低收入人群，都应当由一个以保障和改善民生为宗旨的房地产业来为其提供住房需要。同时，在当代背景下民生地产产品的推出，需要从大民生的视角出发，以满足人们围绕居住及衍生的综合需要为目标。它不仅要解决人民群众的居住问题，还要方便人们的出行、购物、就学、就医等各种生活和社会需求，并为人们提供良好的居住环境。二是消费适度。即引导住房的理性消费，促进人与自然的和谐。在资源环境一定的约束条件下，倡导适度消费，加快推进资源节约型和环境友好型社会建设。三是公平正义。房地产过度资本化，不利于一国经济体的健康转型升级，并导致房地产偏离民生的基本要义。住房是人类生存的必要条件，住有所居是社会和谐与文明的标志，对于买不起房也租不起房的低收入人群，也需要必须保证他们有房子住，这也是民生地产的要义所在。

三　鲁能民生地产产品线特点

鲁能集团自觉承担相应的社会责任，在国家政策引导下，积极完成在商品住房建设过程中相关保障性住房建设责任，并适时提出“民生地产产品线”概念。

从目前鲁能民生地产产品线项目落地情况来看，“民生地产产品线”尚处于概念完善及实践探索阶段，主要指配套建设的安置房类等保障性住房。可以说，并未形成“产品”品牌。

但从鲁能民生地产项目（主要是安置性保障住房）实施情况来看，鲁能民生地产项目在严格执行并比照当地政策标准的同时，一定程度上形成了自身的特点：一是对民生地产基本做到“一视同仁”，不对“保障”住房与商品住房“区别对待”，防止民生地产被“边缘化”；二是配套齐全，围绕基本“居住”需求之外，保障居住者的出行、教育、购物、健康、休闲等更高层次的需求，维护社区和谐。

四　鲁能民生地产产品线经验总结

民生地产产品线尚处于探索阶段。随着房地产行业的剧烈变动，地产开发商不再是传统的住宅商品供应商，而是从基本民生需求取向出发，实现泛地产产业整合者，做城市地产运营者。由于“民生+”产品线运营还处在探索期，多数项目仅作为政策引导下的被动参与，尚未成为促进城市地产产业快速发展的引领者，还没有和城市互动。

鲁能民生地产产品线在建设过程中，与其他产品线基本“一视同仁”。民生地产在建设之初很大程度上是大盘项目的附属部分。但鲁能积极发挥央企社会责任，对民生地产产品与其他地产产品线基本“一视同仁”。包括在住房建设规划、用材、建设标准、配套设施建设等各个方面。作为同一个大盘项目的必要部分，民生地产产品与其他地产产品共享资源，真正做到了名义上的独立“地产产品线”。

在保障基本的同时，鲁能集团根据实际情况差异化处理。如海南三亚美丽五区保障房建设过程中，就充分尊重当地少数民族后些特殊需求，且居住面积以100平方米为主，一定程度上考虑了当地居民基本需求以外的改善性需求。

五　鲁能民生地产产品线的社会价值及经济价值

民生地产产品线的提出最初是针对国家政策要求配建的保障性住房项目，但随着住房市场的不断发展与完善，则包括所有具有保障性功能，如保障房、共有产权住房、公租房等。保障性功能的民生地产建设，本就是中国房地产供应体系重要内容，以保障全民“住有所居”的权益，为决胜全面小康提供助力。

鲁能民生地产产品线的提出，让具有保障性功能住房的“身价”提升，将不被地产商重视的保障性住房推到了同商品住房同等重要的位置，并且作为鲁能未来七大产品线之一，足见鲁能对民生地产的重视。全国在建设保障性安居功能住房的过程中，多地存在着保障性安居住房与商品住房被人为分隔、社区分化明显等问题。鲁能民生地产产品线在建设过程中，充分发挥央企的社会责任，对民生地产与商品住房在建设标准、配套设施等方面"一视同仁"，尽最大努力保障当地居民的"住有所居"的需求与权益，有效地避免了保障性安居项目被"边缘化"，抬升了保障类住房的身份与价值；并通过"民生地产产品线"品牌的塑造与推广，改善人们保障类住房的感观与认知，将有助于促进城市社区的和谐与稳定。如鲁能民生地产在原有大盘项目中，社区居民可以共享各种配套资源与设施，从而有利于促进社区和谐，具有重要的社会价值。

民生地产产品线让鲁能集团"产品线"系列兼具人性关怀，体现企业社会责任。在中国房地产供给侧改革、居民消费结构升级的大背景下，鲁能积极探索自身产业转型，并在对产业融合深度理解的基础上提出"泛产业地产"理念。在泛产业地产项目开发建设中，鲁能集团基于生态、健康、运动、娱乐、科技五大维度发展理念的指引，创造性地开发出"产品线"系列。产品线各具特色、侧重点不同，但总的来看，鲁能希望能够通过产品线系列积极倡导国际休闲生活方式，保护自然生态资源，崇尚全龄健康发展，关注体育社区人文，构筑娱乐度假功能，探寻智慧生活未来。从表现来看，民生地产产品线似乎与利润最大化的市场规则相背。但作为责任央企，鲁能在着重为潜在客群打造全新生活方式的同时，不能也不会忘记中低收入群体的居住需求；关注良好的社区人文沟通、和谐的邻里关系。从而，让产品线系列在向高端、精品、特色、雅致、生态方向发展的同时，兼具人情味，让鲁能的产品系列更饱满，兼顾市场价值与人性关怀。

鲁能民生地产产品线既是民生产品，又具有稳经济的功能。保障性功能的民生地产建设是一项民生工程，可解决更多的中低收民众住房问题，同时还可以填补商品房调整可能造成对当地 GDP 增长及关联行业需求所造成的影响与冲击。在中国经济发展供给侧改革过程中，"民生地产"细化产品线的提出及落地推进，适应国家宏观政策对中国房地产市场的调控及房地产行业自身发展的趋势，代表着地产行业的转型方向之一。可以说，民生地产产品线是当前中国经济供给侧改革及国家房地产政策背景下的必然结果，将有利于促进当地产业顺利转型升级及经济稳定发展。

专栏　公租房？共有产权住房？年轻人城市梦的“底气”

公租房，即公共租赁房，是政府对公民的一种补贴性政策住宅。是政府投资或政府提供政策支持的其他投资主体，通过限定户型面积、供应对象和租金标准，面向无房的大学毕业生、引进人才和其他住房困难群体出租的住房。是解决新就业职工等夹心层群体住房困难的一个产品。公租房不是归个人所有，而是由政府或公共机构所有，用低于市场价或者承租者承受起的价格，向新就业职工出租。

公共租赁房是对住房困难人群的过渡性的解决方案，旨在为不属于低收入人群但住房困难的“夹心层”人员，提供住房帮助。公共租赁房不归个人所有，而是由政府或公共机构所有，用低于市场价或者承租者承受起的价格，向新就业职工出租，包括一些新的大学毕业生，外地迁移到城市工作的群体等。公共租赁房主要布局在主城区的聚居区，有相对成熟的产业支撑，周边交通相对便利、配套完善。近年来中国房价、地价大涨，出现了大批的虽不属于低收入人群但买不起房的“夹心层”群体。公共租赁房的完善，可能在一定程度上抑制房价攀升，让人们放弃急于买房的心理；形成租、住并举的良性住房格局。在很大程度上缓解了社会的住房压力，成为低收入民众延续生活梦想的基础。

共有产权住房，指地方政府让渡部分土地出让收益，然后低价配售给符合条件的保障对象家庭所建的商品住房。中低收入住房困难家庭购房时，可按个人与政府的出资比例，共同拥有房屋产权。房屋产权可由政府和市民平分，市民可向政府“赎回”产权。共有产权房自2007年起在江苏省淮安市进行试点，该模式已在江苏省其他地区获得了推广。2017年7月，北京拟推“共有产权住房”，新北京人分配不少于30%。9月30日，《北京市共有产权住房管理暂行办法》正式实施。

第三节　鲁能民生地产产品线案例

一　北京西红门集体租赁住房项目

北京西红门集体租赁住房项目，位于北京大兴区，南五环内。从所属区位条件来看，距离北京市中心约14千米，距南苑机场约5千米，距离新机场线约1.1千米，距离大兴生物医药基地约为8.4千米。但其交通条件十分便捷——城市主干道槐房西路与城市快速路南五环经过基地附近，通往市中心，基地交通情况便利。本项目距地铁4号线新宫站约3.3千米。

该项目位于都市与乡野的接合部，其土地性质为集体用地上的租赁住房项目，包括租赁房、宿舍（其中集体宿舍占总户数的5%）、配套公建。

1. 回归居住功能、生活配套齐全

居住空间注重通透性、面宽资源最大化与均好性平衡，配套各种舒适的公共区域。同时，一居、两室到多室的户型设计满足各类居住需求，不论是单身贵族，还是史密斯夫妇，抑或是三口之家，或二孩家庭，都能找到理想的居住空间。

另外，周边景观资源丰富，生活配套相对齐全，完全可以满足住户的日常观赏、休闲需求。附近有老三余公园和北京国际露营公园，还有星光影视园、鸿坤金融谷；项目配套设施齐全，建设有商业用地、城市绿地、公交场站和变配电站。

地面设计上注重人车分流，车行注重流线便捷，人行注重体验感。地面停车位设于地块北侧，与内部人行不交叉。地下车库出入口结合小区出入口布置，内部无常规车流，真正做到人车分流。

2. 绿色节能，环保理念融入方方面面

项目为绿色建筑，从关注节能延伸到关注全寿命周期建筑综合绿色度。项目在建设中全面利用可再生能源，从太阳能光伏到可再生能源综合利用，零能耗、被动房屋和生态城市，积极探索新的节能形式，通过太阳能—风能—生物燃料绿色能源应用，实现建筑—人—机器—循环体有机整体。

此外，项目采用绿色BIM智能化的设计模式，关注建筑信息模型到设计—施工—运维—管理的全链条智能服务。

3. 满足住户精神追求，让租赁不“掉价”

首先，在建筑外观上，项目将中式文化融入其中。即便是租赁的房子，仍处处能感受到中华文化的博大精深，增进精神享受。

图14－2　北京西红门集体租赁住房项目效果图

其次，项目走在时代前列，引领年轻一代生活时尚，让生活多姿多彩。时下，年轻人是租赁市场的主体，但当前的租赁市场主要是满足居住功能，生活空间单一，缺乏人与人之间的社交空间与平台。针对年轻人的全新社交概念，北京西红门集体租赁住房项目打造适合社交的环境和场所，通过大堂、DIY生活馆（提供公共厨房、活动场地等多功能用途）、咖啡阅读、社区食堂、运动健身、迷你影院及便利店六大板块功能来营造社交氛围，让居住者主动社交。

二　张家口下花园区杨树沟棚改安置房项目

下花园区位于张家口市东南部，隶属张家口市，西北毗邻宣化区，东南毗邻怀来县，总面积315平方公里。杨树沟村位于下花园区东部，毗邻老城区。

项目位于杨树沟路东侧，龙兴路北侧，分为两个地块，土地面积共70733平方米，分三期建设棚改安置房，用于下花园区棚改被拆迁户的回迁安置，回迁人群范围由政府设定。项目距张家口市中心50公里，距北京市中心100公里。

1. 安居典范

该项目为安置房项目，是安居示范工程，主要面对下花园区回迁户和符合当地保障房、公租房申购标准的家庭。

项目旨在打造现代化便捷宜居的居住社区。结合现有基地情况，顾及周边环境资源，最终形成适老适幼的生态园区。社区将建设超市、农贸市场、幼儿园等配套设施，满足回迁安置村民的基本生活需求。

除满足经济、适用的基本居住需求，住宅设计注重私密空间、公共空间、家务空间和卫生空间的合理布局。布局紧凑，减少室内单一性交通空间面积。通过空间相互借用，增大实用面积。随着家庭结构的变化，提供空间灵活划分、使用的条件。遵循绿色建造、可持续建筑原则。减少建筑装饰性构件的使用。造型设计简洁并注重周边建筑立面的和谐与统一。

2. 配套齐全

项目配置幼儿园、超市、商业街、社区中心，提高生活品质，打造舒适品质生活。项目配套可满足日常生活的各方面需求，自然景观资源方面优势明显。

表14-2　周边配套一览

相关配套	现有配套	未来配套
教育配套	下花园区幼儿园、下花园区后堡小学、下花园区小学、下花园区中学	幼儿园
商业办公	新园商场、新合作乐家购物中心、步行商业街	社区服务中心、农贸市场
医疗配套	下花园煤矿医院、下花园区妇幼保健站、博仁医院、花园乡卫生院等	
交通配套	火车站、下花园客运站、下花园高铁站	

3. 健康型的居住环境

以中小户型为主，经济适用，布局合理，合理安排各功能行为空间，按公私分离、食寝分离、洁污分离的原则，保证其居住的舒适性。

注重崇尚、回归自然的建筑风格，以浪漫主义的建筑语言，塑造诗意的居住环境。使居住者情感回归于宁静与自然，同时彰显建筑的时尚感。完整和谐的整体格局与精心设计的建筑细节充分体现居住建筑在走向理性的同时，又注重对人性的全面关怀。户型设计突出强调均好性、多样性、协调性、居住性、灵活通用性。设计中始终以“人居”为基准点，追求居住的舒适度与品味，同时建立社区独特风格，将”以人为本，健康生活”贯穿设计的全过程。

图 14－3　张家口下花园区杨树沟棚改安置房项目效果图

三　海南三亚美丽五区保障房

海南三亚美丽汇项目中的美丽五区 2 号地块的保障性住房位于天涯区新城路北侧，属于典型的狭义概念上的“民生地产”。但相比一般的保障性住房，鲁能美丽五区保障性住房建设标准处于“高于一般保障性住房，而低于普通商品住房”的层次。

首先，能够满足基本需求。因为鲁能集团项目往往体量较大，属于完善的城市社区建设，一定程度上发挥了城市运营者的功能。所以，在选址及功能模块上，能够完善的覆盖目标群体的“衣、食、住、行”需求。可以说，该保障性住房除保障基本的居住需求外，在选址上可以看出，居民的教育、医疗、出行、购物等需求均可保障。

其次，建设标准较高。该保障性住房建设标准与商品房建设基本同等。不仅在工程质量上高标准、安装节能设备使用，并且提供完善的配套建设（如绿化覆盖率大于30%、预留了充分的文体、商业、医疗卫生、市政公用、消防等配套用房面积）。另外，其居住面积以100平方米为主，一定程度上考虑了基本需求以外的改善性需求。

最后，对保障性住房“另眼相看”。大部分地区保障性住房建设给人们的印象是地处偏远、空间狭小、质量不高等。但鲁能美丽五区的保障性住房除了是鲁能集团项目必要的附属物以外，还将发挥聚集人气、激活社区活力的功能。因为保障性住房客群对象多为中低收入者，能够保障固定的居住群体，从而聚集人气。这也使得民生地产与其他鲁能集团产品线项目相得益彰、“互惠互利”，实现良性循环。

该项目已于2018年4月27日交付政府使用。

第四节　鲁能民生地产的发展趋势

1. 积极参与城市运营，发挥央企社会责任

民生产业与房地产业的有机嫁接和深度融合将为城市发展提供新的动力引擎。未来鲁能民生地产可以以保障性住房建设为契机，凭借把握市场需求的能力、整合各类资源能力，积极主动参与到城市的规划和建设中，从而成为城市运营者，承担一定社会职责。

图 14－4　鲁能三亚湾美丽五区保障房鸟瞰示意

图 14－5　鲁能三亚湾美丽五区保障房平面示意

2. 完善民生地产产品线品牌建设，提高产品标准化

目前鲁能民生地产产品线尚未成形，处于概念提出及设计导则研究阶段。未来应发展租购并举，逐步完善“绿色家园”民生产品品牌，找准自身产品定位，形成完善的民生产品线，如自住型商品住房与共有产权住房、产权出让住房与产权自持的低价租赁住房并举，纯居住功能与工业、商业、

教育、医疗、文化等功能性质民生地产多元并存。同时，在打造完善的产品线的同时，还需要不断提高民生产品线的标准化程度。

3. 进一步促进产业间合作、产业链融合

随着国家逐步重视中低收入者的居住需求，提出“住有所居”的小康目标之一，房地产业逐步回归民生性质。而“民生地产”不仅限于住宅地产，它同时还必然要涉及与民生相关的工业地产、商业地产、公共地产（如交通、教育、医疗、文化等）。

房地产业的健康发展，民生概念的全面推广，地产、体育、休闲、旅游、商贸等产业间合作将不断加深。设计、创意、制造、销售、服务的“地产+”产业链将进一步融合。鲁能集团地产开发要以“泛民生”和“泛地产”的经营理念对地产项目进行综合运作，充分利用市场化手段，整合配置各种社会资源，与相关产业整理开发，产生规模效应和范围经济，实现多方共赢。

第15章
鲁能美丽乡村产品线

鲁能美丽乡村产品线，是充分体现鲁能集团的泛产业地产发展商战略定位的产品线。在践行生态文明、共建美丽中国的背景下，鲁能集团立足于国家“创新、协调、绿色、开放、共享”的五大发展理念，与美丽乡村、特色小镇、乡村振兴、精准扶贫等国家战略深度对接，通过生态治理、文化挖掘和资源整合，联动乡村产业链条，激活乡村内生发展力，推进农业农村现代化发展，探索出一条旅游空间拓展、生态空间延续、乡村建设与商旅科创等多产业跨界融合的产品线。

第一节　美丽乡村产品线的行业背景

一　生态文明不断推进，美丽乡村成为建设美丽中国的助推器

自古以来，中国就是世界上最为重要的农业大国之一，光耀全球的古老农耕文明至今夺目璀璨。然而，18 世纪 60 年代的工业革命拉大了中国与世界先进国家的差距，农村人口众多、农业经济落后、农民长期贫困成为困扰中国发展的重大难题。改革开放以后，中国城市经济高速发展，城镇化与工业化双轮齐驱。中国城镇化的快速发展使得城乡二元矛盾问题凸显，城市出现了资源短缺、生态破坏、人口膨胀、交通拥堵、城市住房短缺等一系列问

题，而乡村也面临着资源利用率低、村庄空置、农村经济发展缓慢、乡村特色及文化消失的困境。2007 年，党的十七大报告首次提出了“生态文明”建设，并把我国今后的文明发展阶段确定为生态文明。党的十八大报告指出，建设生态文明是关系人民福祉、关乎民族未来的长远大计，应该把生态文明建设放在突出地位，努力建设美丽中国，实现中华民族永续发展。在“两个一百年”奋斗目标的历史交汇期，党的十九大报告也明确指出，我们要建设的现代化是人与自然和谐共生的现代化，要建成富强、民主、文明、和谐、美丽的社会主义现代化强国，既要创造更多物质财富和精神财富以满足人民日益增长的美好生活需要，也要提供更多优质生态产品以满足人民日益增长的优美生态环境需要。

农业、农村是全国的生态保障。作为大国，没有农业农村，城市无法生存和可持续发展，农业农村农民问题是关系国计民生的根本性问题。所以，生态文明建设必须首先基于农业、农村的生态环境的保护与改善（仇保兴，2008）。2011 年，中国城镇人口达到 6.91 亿，城镇化率达到 51.27%，人口城镇化率首次超过 50%，中国进入中国社会结构的一个历史性阶段。此后，中国农业发展也面临着从“粮食总量不足”到“农业结构性矛盾”的变化，农业发展目标也逐渐从“产量增长”向“提质增效”转变，“农业增效”“农民增收”“农村增绿”成为新时期打造新农村建设 2.0 的新通道。2013 年，中央一号文件首次提出了要建设“美丽乡村”的奋斗目标；2013 年底，习近平总书记在召开的中央农村工作会议上强调，中国要强，农业必须强，中国要富，农民必须富，中国要美，农村必须美，建设美丽中国，必须建好“美丽乡村”；2014 年，《国家新型城镇化规划（2014—2020 年）》指出“美丽乡村”建设是升级版的新农村建设；2015 年，《关于打赢脱贫攻坚战的决定》再次把扶贫工作摆在更加突出的位置，指出确保到 2020 年农村贫困人口实现脱贫是全面建成小康社会最艰巨的任务；2017 年，“田园综合体”作为乡村新型产业发展的亮点措施被写进新一年的中央一号文件。至此，以“田园综合体”建设为突破口的美丽乡村建设成为缓解乡村上学难、就医难、行路难、饮水不安全问题，促进中国乡村走向现代化，实现经济社会协调发展的模式选择。

田园综合体是秉承“创新、协调、绿色、开放、共享”的发展理念，采用集“现代农业＋休闲旅游＋田园社区”为一体的特色小镇和乡村综合发展方式，通过不断夯实农田基础、聚集优质要素、挖掘地域文化、注入特色产业、丰富生态空间，利用“互联网＋”“生态＋”构建城乡统筹平台，推行绿色生产方式，带动地方经济活力，实现农业提质增效、产业联动升级、分散资源整合、人居环境极大改善的乡村以及全社会的综合发展。“田园综合体”的美丽乡村开发模式使文化旅游产业和乡村建设完美统一，产业链条价值与生态环境吸引价值齐升，是新农村建设与新型城镇化同步发展、相得益彰的一次探索实践，是创新扶贫方式、解决城乡不平衡不充分发展矛盾的重要尝试，更是实现农业农村现代化、加速乡村振兴、提速美丽中国建设的助推器。

表 15－1　相关政策文件及亮点

时间/部门	政策文件	主要亮点
2008 年 浙江省安吉县县政府	《安吉县建设“中国美丽乡村”行动纲要》	通过10年的努力，使“中国美丽乡村”的建设从抓点连线，到最终成片，逐步把安吉所有的乡村都打造成为“村村优美、家家创业、处处和谐、人人幸福”的“中国美丽乡村”。使安吉的农村成为生态环境最优美、村容村貌最整洁、产业特色最鲜明、社区服务最健全、乡土文化最繁荣、农民生活最幸福的全国新农村建设的样板。使安吉全县处处可憩可游、宜商宜居、且安且吉
2013 年 党中央	中央农村工作会议	中国要强，农业必须强；中国要美，农村必须美；中国要富，农民必须富
2013 年 国务院	《关于加快发展现代农业进一步增强农村发展活力的若干意见》	推进农村生态文明建设。加强农村生态建设、环境保护和综合治理，努力建设美丽乡村 发展乡村旅游和休闲农业。创建生态文明示范县和示范村镇。开展宜居村镇建设综合技术集成示范
2014 年 国务院	《国家新型城镇化规划（2014—2020年）》	“美丽乡村”建设是升级版的新农村建设，“美丽乡村”之美体现在自然层面，也体现在社会层面。开展“美丽乡村”创建活动，符合国家总体构想，符合社会发展规律，符合农业农村实际，符合广大民众期盼，前景广阔，意义重大

续表

时间/部门	政策文件	主要亮点
2015年 国家标准委	《美丽乡村建设指南》	美丽乡村指经济、政治、文化、社会和生态文明协调发展，规划科学、生产发展、生活宽裕、乡风文明、村容整洁、管理民主、宜居、宜业的可持续发展乡村（包括建制村和自然村）
2015年	《关于打赢脱贫攻坚战的决定》	会议确定，到2020年通过产业扶持、转移就业、易地搬迁、教育支持、医疗救助等措施解决5000万左右贫困人口脱贫，完全或部分丧失劳动能力的2000多万人口全部纳入农村低保制度覆盖范围，实行社保政策兜底脱贫
2017年 国务院	《关于深入推进农业供给侧结构性改革加快培育农业农村发展新动能的若干意见》	支持有条件的乡村建设以农民合作社为主要载体、让农民充分参与和受益，集循环农业、创意农业、农事体验于一体的田园综合体，通过农业综合开发、农村综合改革转移支付等渠道开展试点示范
2017年	《十九大报告》	实施乡村振兴战略。农业农村农民问题是关系国计民生的根本性问题，必须始终把解决好“三农”问题作为全党工作重中之重。要坚持农业农村优先发展，按照产业兴旺、生态宜居、乡风文明、治理有效、生活富裕的总要求，建立健全城乡融合发展体制机制和政策体系，加快推进农业农村现代化

资料来源：作者整理。

二　旅游经济高速发展，中国进入全域旅游时代

随着社会经济发展、物质生活改善，人们的生活方式和消费理念受到了潜移默化的影响。人们日益增加的美好生活需求逐渐从物质空间向非物质空间转变，运动休闲成为人们追求的生活方式，更多人为健康埋单，旅游业也因此成为与人民群众息息相关的幸福产业。国际经验表明，当一个国家或地区的人均GDP突破3000美元时，人们的经济收入持续提高、休闲意识逐步增强、消费结构继续升级将为人们休闲旅游提供充沛的经济支持，完善的休假制度和休闲相关的产业政策的出台将为人们提供时间和制度上的保障。据统计，2017年旅游业综合贡献8.77万亿元，对国民经济的综合贡献达11.04%，对住宿、餐饮、民航、铁路客运业的贡献超过80%，旅游直接就

业 2825 万人，旅游直接和间接就业 8000 万人，对社会就业综合贡献达 10.28%。旅游业作为战略性支柱产业的地位更加巩固，中国已经进入了旅游经济时代。

当前，旅游经济逐渐从“门票经济”的传统旅游向“产业经济”的全域旅游转型，旅游目的地从“城市及景区”向“郊区及乡村”改变。简单的“吃农家饭、住农家房”的乡村旅游已难以满足城市居民休闲旅游、农村居民生产生活生态同步改善的新要求，全面升级势在必行。集现代农业、文化旅游甚至地产于一体，一二三产业融合发展的新模式，越来越成为一种趋势。2016 年，“十三五”全国旅游业发展规划纳入国家“十三五”重点专项规划，这充分体现了党中央、国务院对旅游业发展的高度重视，对全国的旅游行业更是巨大的鼓舞和鞭策。旅游业与农村发展的融合更是成为美丽乡村建设的重要抓手。国务院的多项文件提出，要利用“旅游 +”“生态 +”等模式，推进农业与旅游业的深度融合，大力发展休闲农业和乡村旅游形式的全域旅游。至此，以全域旅游为特征的乡村旅游得到了众多有力的政策支持。

表 15 –2　相关政策文件及亮点

时间/部门	政策文件	主要亮点
2015 年 2 月 国务院	《关于加大改革创新力度加快农业现代化建设的若干意见》	扶持建设一批具有历史、地域、民族特点的特色景观旅游村镇，打造形式多样、特色鲜明的乡村旅游休闲产品。加大对乡村旅游休闲基础设施建设的投入，增强线上线下营销能力，提高管理水平和服务质量
2015 年 12 月 国务院	《关于落实发展新理念加快农业现代化　实现全面小康目标的若干意见》	依托农村绿水青山、田园风光、乡土文化等资源，大力发展休闲度假、旅游观光、养生养老、创意农业、农耕体验、乡村手工艺等，使之成为繁荣农村、富裕农民的新兴支柱产业
2016 年 1 月 国务院	《关于推进农村一二三产业融合发展的指导意见》	加强统筹规划，推进农业与旅游、教育、文化、健康养老等产业深度融合。积极发展多种形式的农家乐，提升管理水平和服务质量。建设一批具有历史、地域、民族特点的特色旅游村镇和乡村旅游示范村，有序发展新型乡村旅游休闲产品。鼓励有条件的地区发展智慧乡村游，提高在线营销能力

续表

时间/部门	政策文件	主要亮点
2016年2月 国务院	《关于加大脱贫攻坚力度支持革命老区开发建设的指导意见》	加大跨区域旅游合作力度，重点打造国家级红色旅游经典景区和精品线路，加强旅游品牌推介，着力开发红色旅游产品，培育一批具有较高知名度的旅游节庆活动
2016年2月 国务院	《关于深入推进新型城镇化建设的若干意见》	加快培育中小城市和特色小城镇，发展具有特色优势的休闲旅游、商贸物流、信息产业、先进制造、民俗文化传承、科技教育等魅力小镇，带动农业现代化和农民就近城镇化
2016年9月 国家旅游局等	《关于印发乡村旅游扶贫工程行动方案的通知》	提出"十三五"期间，深入实施乡村旅游扶贫工程，充分发挥乡村旅游在精准扶贫、精准脱贫中的重要作用
2016年10月 国务院	《关于印发全国农业现代化规划（2016—2020年）的通知》	拓展农业多种功能。依托农村绿水青山、田园风光、乡土文化等资源，大力发展生态休闲农业。加强重要农业文化遗产发掘、保护、传承和利用，强化历史文化名村（镇）、传统村落整体格局和历史风貌保护，传承乡土文化
2017年2月 国务院	《关于深入推进农业供给侧结构性改革加快培育农业农村发展新动能的若干意见》	文件就大力发展乡村休闲旅游产业、培育宜居宜业特色村镇等作出重要部署。充分发挥乡村各类物质和非物质资源富集的独特优势，利用"旅游＋""生态＋"等模式，推进农业、林业与旅游业、教育、文化、康养等产业深度融合
2017年3月 发改委	《关于深入推进农业供给侧结构性改革的实施意见》	在积极培育农村新产业新业态方面，意见提出大力发展休闲农业、乡村旅游；提升休闲农业和乡村旅游发展质量，改善公共服务设施条件
2018年1月 国家旅游局	《全国旅游工作报告》	党的十八大以来，我国旅游经济快速增长，产业格局日趋完善，市场规模品质同步提升，扶贫富民成效显著，国民旅游休闲生活更加精彩，旅游业已成为国民经济的战略性支柱产业和与人民群众息息相关的幸福产业
2018年3月 国务院	《国务院办公厅关于促进全域旅游发展的指导意见》	发展全域旅游，将一定区域作为完整旅游目的地，以旅游业为优势产业，统一规划布局、优化公共服务、推进产业融合、加强综合管理、实施系统营销，有利于不断提升旅游业现代化、集约化、品质化、国际化水平，更好满足旅游消费需求

资料来源：作者整理。

三　观光游向休闲游过渡，“田园生活”应运而生

新兴中产阶级崛起和消费客群需求的转换使得以乡村旅游为代表的文化旅游产业迎来新的机遇期。城市生活压力和工作强度的增大促使居民更加注重自身体质健康和生活环境的选择，越来越多的人希望通过亲近自然、休闲体验来实现自身情绪压力的缓解和心态的调整，并通过增强食品安全意识帮助自己追求更加健康、积极、卓越的生活方式。按照国家旅游局统计数据，2014 年乡村旅游人数已占全国游客总量的 1/3，而近年来主要城市周边乡村旅游接待人数年均增长更是高于 20%。中国社会科学院舆情实验室发布的 2016 年《中国乡村旅游发展指数报告》指出，中国乡村旅游进入“大旅游”时代，乡村旅游逐渐成为一个新的大产业，包括乡村旅游观光、乡村休闲度假等有望发展成为万亿级产业。

人们的旅游目的地和旅行方式的转变也给房地产行业带来了新机遇，房地产市场消费结构发生转变。经过多年的发展，互联网正在重构中国城市消费者的生活方式，从最初的满足“衣食用”为主体的生活用品消费，转向满足“住行”为需要的物质需求，并逐渐转向非物质需求。购房业主从满足刚需、安居乐业的居住诉求转向为父母更好养生养老、为孩子更好课外教育、为自己提供更轻松自在的农家体验和度假，消费产品更加多元化、精神化，也更加注重居住资源本身美学及其生态、历史、文化价值的整合打造。多元化需求细分下，远离城市回归乡野、养生养老需求不断释放，城市客群对生活品质改善、回归自然的意愿持续增强，满足田园生活、健康养生、劳作训练的新型居住产品应运而生。

大区域、大交通重构了经济消费空间，房地产消费目的地不断从城市向乡村转变。便捷的交通网络打破了城市和城市、城市和乡村间的封闭状态，实现人口、资源等多要素的自由流通和交换，互联网技术和物流业的发展进一步缩小了城乡的时空距离，增加了信息、知识传播的空间和范围，住房消费载体也从城市逐渐转向乡村。

随着农业现代化和产业化的推进，乡村逐渐从单一生产功能转向集生态涵养、现代加工、休闲旅游为一体的多业态综合体。为了迎合人们对乡土情结的人文需求及生态养生的健康需求，乡村旅游业从最初的农家乐、一日游向追求“田园生活”、促进假日消费的旅居一体型产品与对接城乡需求、发展“共享农庄”型服务转变，美丽乡村的地产建设也从“快速营销”转向“乡村运营”。美丽乡村地产通过不断丰富乡村服务业、完善休闲接待和配套设施、提供多元化农业特色产品与服务，把农业融入旅游，用地产服务旅游，形成宜居、宜业的全新地产模式，不断丰富了旅游地产种类，为房地产行业发展提供了新引擎。

第二节　鲁能美丽乡村产品线

一　鲁能美丽乡村产品线的概念与内涵

中国一直都有“美丽乡村”的理想蓝图。孔子的“大同社会”、老子的“小国寡民”、庄子的“逍遥自由”、陶渊明的“世外桃源”都体现了人们对乡村山川河流、田园生活的向往。望得见山、看得见水、记得住乡愁亦为新时期人们对美好生活的新诉求。在中国经济新常态的背景下，“美丽乡村”再上历史新高度。浙江省安吉县美丽乡村是中国美丽乡村的典范，安吉美丽乡村以“村村优美、家家创业、处处和谐、人人幸福”为目标，以“中国竹乡”为品牌依托，围绕打造现代化新农村样板的目标，突出美丽乡村核心区域品牌建设，走出了一条三产联动、城乡融合、农民富裕、生态和谐的符合地方特色的科学发展道路。

专栏　国外美丽乡村建设

国外美丽乡村的发展起源于1885年法国，德国、奥地利、英国、法国、日本等发达国家也已走上实现农民增收、阻止农业衰退“美丽乡村”的规范化发展轨道。

法国美丽乡村

法国乡村数量多、规模小，以农业种植、养老居住、乡村度假为主。法国乡村一般分为两类，一类是集中在西部诺曼底的农业发达区和西南部波尔多周围的葡萄园种植区的农业型农村，另一类是集中在法国西海岸、南部阳光充足地区及大城市周边的“第二住宅”型农村。法国政府为了推动乡村旅游的发展，在政府职能上进行分工，一类负责国土资源开发和顶层设计，另一类为工业、交通、旅游等方面提供技术和资金支持。政府通过整合资源，有效协调科研机构、社会团体等力量，共同推进乡村旅游开发。

英国乡村保护运动

英国作家帕克斯曼曾说，“在英国人的脑海里，英国的灵魂在乡村”，庄园一直是英国贵族生活的象征。英国在政策制度方面不断完善城市建设规划管理体系，处理城乡矛盾，于1948年制定了《城乡规划法案》、1952年颁布了《城镇发展法》，并建立由中央、地区、地方三级组成的完整的框架发展模式，由中央集中统一规划，把大学、府邸、教堂、医院等建设于乡村，开展乡村保护运动，强调公众参与，形成美丽乡村建设。

美国美丽乡村

美国乡村以高新技术产业、商业廊道、养老社区为特征。二战后，美国城市化进入郊区化阶段，郊区工业大多以高新技术产业为主。据统计，1980年以后，美国62岁以上老人中有48%生活在郊区，美国乡村通过不断加入各种商业、娱乐和医疗服务机构形成了极具特色的养老社区。

2013年中央一号文件首次明确提出“美丽乡村”的概念，“美丽乡村”从浙江模式逐渐变为国家战略。2015年5月国家标准委联合各大部委发布的《美丽乡村建设指南》中明确提出了对美丽乡村建设中产业发展的要求，提出要建设以农业、服务业为主的农村产业格局，发展规模化、现代化农业及基于乡村自身特点和特色的现代服务业和地方特色产业，由此引导形成多种形式的村庄经营创新模式，有效推动农村经济转型升级，实现农民增收、农业增长和农村稳定。2015年9月，国家旅游局启动开展“国家全域旅游示范区”创建工作，旨在推动旅游业由“景区旅游”向“全域旅游”发展模式转变，促进旅游业转型升级、提质增效，构建“资源全方动员”“产品全面创新”“需求全面满足”的全时、全境、全产业链新型旅游发展格局，以旅游带动美丽乡村建设，实现城乡一体化发展。

尔后，2017年中央一号文件提出的“田园综合体”这个全新概念迅速引起人们热捧，也使人们对“美丽乡村”开启了无限的想象空间。鲁能集团立足于国家“创新、协调、绿色、开放、共享”五大理念，以“田园综合体”和“全域旅游”两大供给侧改革方式为抓手，以乡村自然风光、农耕文化、特色民俗为载体，联合各部门齐抓共管，将农牧生产、加工制造、观光旅游有机结合，通过生态治理、建筑改造、文化挖掘，盘活乡村资源、发现旅游价值，构建全产业链网络格局生态圈，探索一条旅游空间拓展和生态时间延续、产业群落价值网络互动提升的美丽乡村产品线，鲁能也因此成为带动中国乡村发展的领军企业。

鲁能美丽乡村产品线是以农民为主体，以都市郊区自然环境优良的万亩空间为载体，在土地综合整治和修复提升区域生态环境的基础上，通过区域综合运营及政府合作为手段，围绕田园生态、智慧生活、农业生产的“三生”主题而设计的主张自然、健康、养生、研学等积极生产方式和生活理念的系列休闲旅游产品。在鲁能美丽乡村建设的不断探索与实践中，我们认为美丽乡村应当具备以下四个特征：一是环境美，美丽乡村以乡村为载体，以山川、河流、田地为依托，保护生态环境、修复生态资源，实现天蓝、地绿、水净的人居环境；二是生活美，在田园生活的配套基础上注入现代生活方式和时代特征，构建更加尊重自然、尊重人性的智慧养生憩居住地；三是人文美，美丽乡村建设轻资产重内容，不断挖掘本地特色文化和民俗，把当地文化植入美丽乡村的生产、生活和娱乐中，形成最具吸引力的乡村旅游目的地；四是产业美，实现农业产业链的完善以及地产与商业、住宅、旅游等产业的融合，打造成比城市更友好、比乡村更文明的产业孵化地。

二　鲁能美丽乡村产品线价值与意义

鲁能集团积极承担社会责任、响应国家号召，立足于公司“生态、健康、运动、娱乐、科技”五大维度，打造出既丰富生态资源、优化人居环境、整洁村庄面貌，又发达乡村产业、完善公共设施、幸福居民生活的鲁能美丽乡村产品线，焕发出乡村经济、社会、环境、人文多维价值。

鲁能美丽乡村是一条实现农民增收、产业兴旺、城乡统筹发展的产品线。在家庭生活方面，鲁能美丽乡村以农民为主体、农民增收为核心目标，通过农村土地经营权入股等方式增加农民收入渠道，通过教育和培育农村建设者增加农民技术水平，通过壮大农村产业新业态给农民创造丰富的就业岗位，帮助农民资源变资产、资产变资金、资金变资本形式的就地脱贫致富；在农业发展方面，鲁能美丽乡村坚持质量兴农的原则，强化农业的技术扩散和科技创新，通过建设循环农业、有机农业、生态农业、休闲农业等方式全面提升农产品质量和食品安全水平，提供优质的农副产品，推进农业提质增效，引领现代农业快速发展；在产业联动方面，鲁能美丽乡村夯实农村发展基础，把教育、旅游、文创、康养与农业相结合，通过“互联网＋”“生态＋”构建生产产业园、电商产业园、孵化器收益园等产品平台，聚集现代生产要素，建设“生产＋加工＋科技”的现代农业产业服务体系，并通过产品包装、品牌宣传、技术扩散和成果转化打造乡村农产品品牌，形成区域性生产链和生产网络；在乡村建设方面，鲁能美丽乡村盘活农村闲置房屋、土地资源，通过农房变客房、产品变商品的形式，将闲置资源变废为宝，并通过把社会资本加入农村建设，拓展农村发展空间，打开城乡统筹的发展格局，支持县域经济的协调发展。

鲁能美丽乡村是一条优化农业区位布局、改善农村人居环境的产品线。在村庄面貌方面，鲁能美丽乡村以城乡均衡发展为原则，通过村镇统一规划，补齐农业农村短板，不断改善农村道路、危房、饮水、照明、环卫、消防、水利、电网、亮化、宽带等基础设施，改善村容整洁的新面貌，建造设备完善的营商环境，夯实农村共享发展基础；在人居环境方面，鲁能美丽乡村通过配合当地政府，帮助农民集体安置、易地扶贫，通过改造农家建筑、庭院空间，辅助居民室内改装和景观设计，给村民建造生活宽裕、安居乐业的田园社区。

鲁能美丽乡村是一条保护自然环境、整治生态资源的产品线。鲁能美丽乡村坚持不劈山、不砍树、不填池塘河流、不拆优秀传统建筑、不破坏历史文化名镇名村风貌、不盲目改直道路、不截弯河道的原则，以区域运营商的身份，进行荒山荒坡整治、土地修复、耕地污染治理，并通过保护树林等形式开展森林康养类绿色旅游，把生态环境优势转变为经济优势，促进乡村经济增长与生态环境保护的齐发展。

鲁能美丽乡村是一条挖掘特色民俗文化、激活乡村活力、改善民生的产品线。一方面，鲁能美丽乡村以田园博物馆的形式把乡村特色风俗、农耕文化、田园风情、自然景观等有形和无形资源结合，盘活农村特色人文价值，构建区别于城市的新的乡村发展形态；另一方面，鲁能美丽乡村通过改造厂房、广场、图书文化站点等建筑，增加健身房、乒乓球台等体育设施，改善乡村医疗条件，并开展业主感恩活动、社区礼物互赠、田园欢乐节等活动，丰富农村居民文化娱乐生活，焕发乡村活力。

三　鲁能美丽乡村产品线开发理念

与传统房地产产品相比，鲁能美丽乡村建设在项目建设、开发、运营等方面具有跨时代特征和独具特色的开发理念。

第一，充分尊重农民意愿，激活农业农村内生发展力。农民身上蕴藏着无限的创造热情，他们是生产、生活的主人，也是美丽乡村的受益者和建设者。鲁能美丽乡村建设围绕农业增效、农民增收、农村增绿的发展方向，坚持以农民为主体，以农民增收为核心目标，充分尊重农民意愿、调动农民积极性，以现代农业为基础，以休闲农业旅游为引擎，以田园综合体建设为突破口，串点成线、以点带面，加快农业产业结构调整及农村改革，培植乡村产业特色、人文魅力和内生动力，增加农民收入和富余资金积累，夯实农村发展基础，激活农业农村内生发展动力，提高农业综合效益和竞争力，实现农业农村现代化，打造宜居宜业的美丽乡村。

第二，开拓住宅市场空间，定义田园生活新时代。鲁能美丽乡村产品线是对其他产品线在建筑风格、居住理念、产品种类上的改造、融合和补充。一方面，鲁能美丽乡村摒弃了传统地产陈旧的建筑风格，因地制宜，通过保护生态、整合资源、构建消费吸引核，推广生态共生理想，把当地文化民俗和现代高新技术有机地融入传统建筑中，创建人与自然和谐共处开发模式，提供便利便捷的“智慧旅居”，打造人居理想养生地；另一方面，鲁能美丽乡村拓展了地产开发空间和开发形式，针对不同客群提供个性化、差异化的设施配套和物业服务，在居住、餐饮、出行的基础上增加了农业休闲、田园种植和娱乐研学等业态，丰富了住宅类型，开启了田园生活的新方式。

第三，丰富服务价值体系，从地产向泛产业拓展。鲁能首创“生态、健康、运动、娱乐、科技”五大维度，立足地产、商业、文旅、养生、体育、科创等多领域，创造高品质生活。鲁能美丽乡村产品线以互联网为平台，把传统物业公司整合重组，将实体社区变成基于大数据的互联网社区服务系统，以地产发展为中心向产业上下游拓展。在物业服务方面，鲁能美丽乡村在提供住宅产品基础上，依托自然资源，植入医疗、康养、体育、教育、旅游等配套设施，利用“互联网”和“生态”概念把闲置资源点石成金，丰富服务价值体系；在产业链拓展方面，鲁能美丽乡村通过合理规划，以农业生态为核心，延伸农产品产业链，引导区域的第二、第三产业的发展，实现从生产种植农作物、丰富农业产业链环节到输出农业产品及品牌的阶段升级，坚持“泛产业”的发展理念，探索乡村与商业、旅游、住宅等模块组合和盈利模式，形成“社区服务运营商”。

第四，突破商业模式手段，从重资产向轻资产转型。鲁能美丽乡村是房地产企业从重资产向轻资产转型的一种新型地产开发业态。鲁能美丽乡村不同于以往快周转模式，通过农业、旅游和地产的结合，改变原有“销售＋持有”的现金流模式，实现“所有权销售＋使用权租赁＋自持经营”的“产业链＋代建运营”的软硬件模式，从“房东”向区域运营商和项目开发商转变。在休闲旅游的大趋势下，结合文化旅游产业和房地产业两种资产投资模式，尝试产业链上下游的轻资产业务，推进住宅产业化和旅游生活化的升级改造，通过整合内外资源，合理外包经营，从"开发+销售"的"卖房子"模式逐渐向"产业培育+物业服务"的"卖服务"模式转变，推动资金融通，降低运营成本，减轻资产压力，将资金和经历集中于核心业务，增强地产企业的品牌竞争力，最大限度盘活土地价值。

四 鲁能美丽乡村产品线构成与特点

鲁能美丽乡村产品线自上线以来，融合中国文化精粹和全球农业顶级科技，把农业高科技与农业生产相结合、乡村生活与青少年课外教育相结合、农业生活方式与环境修复保护相结合，不断探讨与地产相结合的"现代农业""休闲旅游""田园社区"的运营模式和板块组合，并把"产业扶贫""旅游扶贫""电商扶贫""科技扶贫"等创新扶贫方式嵌入鲁能美丽乡村精品项目中，使脱贫攻坚工作与乡村建设工作相衔接，与新型工业化、信息化、城镇化、农业现代化相统筹。目前，鲁能美丽乡村产品线已经形成了包括"农业主题公园""田园生态生活区""CSA 农业示范区""城乡统筹区""农业生产区"在内的五个主体板块，拓展了居民生活空间，打造出乡村旅游集中地，实现了地产与乡村建设有机融合的多功能、复合型的地域经济综合体。这五大主体板块结合各自的发展理念和特定的客群定位为鲁能美丽乡村塑造了绿色、生态、休闲、共享、包容的生活氛围。

（一）农业主题公园

农业主题公园是集教育、商业、度假、观光、高科技农业展示、亲子乐园多功能为一体的农业及乡村主题旅游度假区，该板块以经营性资产配置为主，是实现鲁能美丽乡村长期现金流动的主要盈利区。农业主题公园的设计遵循以下三个规划原则：

原则 1：以标准化、全国统一性的文化品牌显示度作为设计的首要原则。在标志性建筑、主要游乐设施、景区门口等设置标准化的视觉识别要素，建立鲁能美丽乡村统一形象。

原则 2：以地方性、特色化的文化元素应用作为设计的辅助原则。在具体项目的设计节点中引入本地文化元素，增强项目的设计特色和主题差异。

原则3：以生态保护理念作为设计的基本原则。在项目设计中要充分贯彻生态保护理念、增强生态保护显示度，使农业主题公园成为鲁能生态环保理念的重要展示和宣传窗口。

农业主题公园针对亲子家庭散客、庄园居民辅助客群、青少年团体客群和时尚年轻客群，设计六大发展模块。

模块1："大地乐园"。以活力、趣味、寓乐为核心理念，以亲子家庭、青少年团体为主要客群，通过撰写鲁能特色农业产品故事和地域特色文化历史故事，定制集游乐、高科技体验、科普教育、演艺等为一体的体验式农业教育主题乐园。

模块2："自由田野"。以自然、农业、团队为核心理念，以亲子家庭、教育机构团体为主要客群，在保留农业的质朴和原生态的基础上植入艺术性、童趣感的多形式色彩元素，强调农业价值表达和农业知识教学，建立趣味娱乐游戏和亲子及校园团体活动等功能于一体的创新型户外儿童农业见习营地和第二课堂。

模块3："未来乡村"。以创新、科普、价值链拓展为核心理念，以农业科研者和农业从业者为主要客群，建设诸如高科技温室花园、垂直农场的标准型高科技农业展示中心，并将农业发展历史与农业科技未来串联成技术简洁、主题鲜明的农业故事，通过电子讲解和智能互动对农业耕织文化进行展示，增强人们对于农业科技的理解以及食品加工的认知，实现当地产品的展销和品牌的推广。

模块4："田园假日"。以生态自然、古朴简约为核心理念，以高端商务、都市白领为主要客群，将田园景观、绿色景致嵌入康体活动和体育运动板块中，将绿色建筑设计融入室内外的空间细节里，打造集住宿、餐饮、娱乐、休闲为一体的多功能农业主题客栈。

模块5："醉原乡"。以葡萄酒文化为主题，以红酒爱好者、高端商务人士为主要客群，为游客提供学习葡萄酒文化的红酒主题板块，为度假者提供有利于修心养生的独家活动板块。

模块6：“乡村大道”。以本地化、创意化、整洁化为核心理念，针对周边游客和本地居民，开发以步行街区为尺度、商业消费服务和旅游公共服务为内容的农业主题商业区。

（二）田园生态生活区

田园生态生活区是鲁能美丽乡村产品线中体现新型农业生活方式的重要组成部分和整体开发运营的重要环节。田园生态生活区致力于满足当地居民生活和度假游客体验的新型生活方式，在完备市政安防、完善医疗通道的基础上，以“共享农庄”的组团开发为形式，通过生活配送、农田管理、活动定制等软硬件配套，优化田园社区服务，丰富家庭休闲和度假生活需求。

鲁能田园生态生活区极力打造旅居一体的生活场景，为养老客群、亲子客群、微度假客群、商务客群、企业等不同群体提供了旅游或置业服务。其以互联网为纽带，采用“共享农庄”的方式，通过使用权交易，将农庄的闲置资源与城市需求之间进行最大化、最优化的重新匹配，引导农民盘活资源，增加农民收入，拓宽“共享农庄”的使用权共享，实现乡村生活的生活资料共享、生产资料共享、空间共享、权益共享、资产共享以及情感共享。鲁能田园生态生活区主要遵循“共享农庄”的“大分散、小集聚”的开发原则，一方面采用土地流转、租赁、与村集体合作以及升级改造等方式，利用闲置宅基地、村庄产业用地、农林用地、村庄公共服务用地、村庄基础设施用地、未利用土地、国有建设用地等乡村土地类型，开发乡村休闲、旅游养老、田园观光、休闲度假、乡村双创、农业生产、加工流通等项目，形成多功能组团式布局；另一方面尽量集中农民社区，采用集中布局方式，优化景观节点和公共活动场地，按照人口规模配置相应的基础设施和公共服务，通过集聚经济激活乡村活力，丰富乡村生活。田园生态生活区的建设遵循以下三个设计原则。

原则1：与山水景观相结合。社区建设应根据当地地形地势，依水而布，依山就势，进行“花园式”环境景观打造，既融入了山水相依、生态相连的山水田园风光景色，也有利于农业生产耕作。

原则2：与原生态风貌相融合。社区建筑“就地取材”，运用泥土、土坯、石块等天然材料，以自然纯朴的原生态风貌作为优先选择，降低人工雕琢的程度，采用与周边地区同一调和色系为基本色调，实现人造物与天然物的完美融合。

原则3：与民俗民风相契合。建筑的细节装饰代表一个地方人民的生活习俗，是地方特色的重要表现。在建筑风格上有效地将现代建筑元素与设计与传统建筑相融合，既保留、修复并挖掘传统建筑中的原乡文化精髓，又补充现代建筑的功能使用，体现田园生活生态区的城乡文化的情感共享以及传统与现代思想的跨时期融合。

（三）CSA农业示范区

CSA农业示范区是鲁能美丽乡村的盈利保障。CSA即社区支持农业，鲁能CSA农业示范区是以项目所在地中心城区内鲁能业主作为先导核心客群，遵循低耗能、低污染、低投入、高起步、高产出、高品位的原则和朴门永续设计的理念，建立一套可持续的农业生产和生活模式，让生产者和消费者之间共担风险、共享收益。消费者通过预付生产费用与生产者共同承担在未来农业种植过程中可能出现的风险；生产者通过对接消费者，采用从田间到餐桌直供会员服务模式，为消费者提供安全、健康的有机蔬菜，打造绿色农业知名品牌。

鲁能CSA农业示范区主要采用“认领田园—自耕自作—专业托管—采摘配送”的一条龙服务形式。一方面使市民拥有自己的田园集市，既可以自主经营、定期采摘，又可以专人照料、专线送达，满足市民对新鲜、绿色、健康食品的需求；另一方面通过在CSA农业示范区的中心位置以及电子商务平台出售园区特色食品，帮助农户拓展农产品销售渠道、增加产品销量。鲁能CSA农业示范区为需求端的农副产品提质和生产端的农业产业增效、农民增收提供了保障。目前，鲁能CSA已形成一种成熟的运作和服务模式，对客户实现会员制管理，采取套餐式的服务方式。

套餐A：当地当季的蔬菜配送——包括半年会员套餐和全年会员套餐。

套餐B：菜地租种服务——包括月套餐、季套餐和全年会员套餐。为每个会员提供30平方米左右的土地，提供农资和技术服务，并配有专业的农

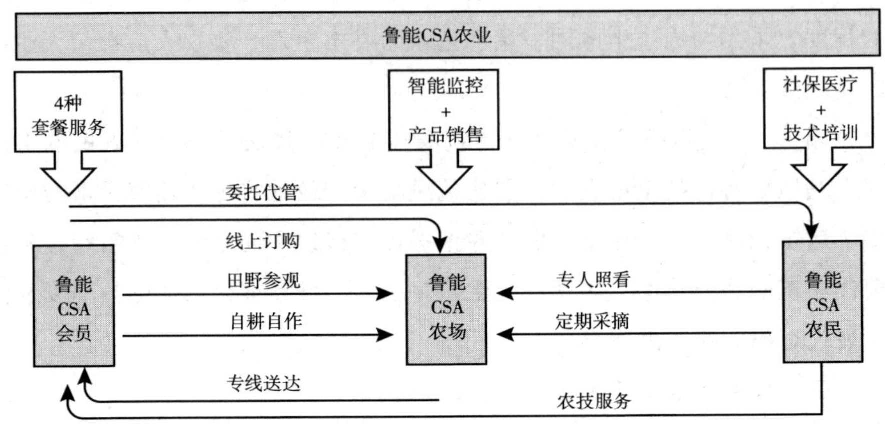

图 15－1　鲁能 CSA 农业

场工人讲解。

套餐 C：农场参观、采摘、垂钓等活动——提供月套餐，也可购买单次访问票，定期开展田野参观实践活动。

额外服务：针对没有购买以上套餐的需求客户，通过 App 线上订购、线下配送的方式，为客户建立信息平台，配送优质蔬菜、水果、禽肉，分享烹饪技巧和健康知识。

（四）城乡统筹区

城乡统筹区是鲁能集团承担社会责任、顺势国家战略机遇，协助国家解决“三农”问题、建设社会主义新农村的重要环节；也是鲁能美丽乡村长期平稳运营的社会环境基础，对整个项目良性发展有着重要的作用。城乡统筹区主要涉及原村落范围内的村民，以实现农民增收和长期稳定就业为核心，以做大做强优势特色产业为目标，通过改造村镇风貌、整合优势资源、激活农村要素流动、构建乡创产业平台，处理好农村易地扶贫、农民就业安置和产业孵化联动的重点问题，增强产业竞争力与区域辐射能力，提升区域价值，促进城乡统筹和经济社会的长期平稳发展。

为了实现城乡统筹区内生产方式从小农生产向农业企业规模化型、公司加农户型、合作社型、服务业企业型以及服务业的个体经营型等多形式生产转变，提升劳动生产力，增加服务部门就业机会，构建良好营商氛围。鲁能美丽乡村城乡统筹区已建设四大服务平台，为乡创企业和乡创者提供了优质的资金、技术和服务保障。

平台1：物流服务平台——帮助乡创者的单件微型货物运输，降低物流成本。

平台2：营销及渠道服务平台——帮助乡创产品的设计、推广与营销。

平台3：技术及信息服务平台——为乡创者提供咨询服务及必要的技术培训。

平台4：金融服务平台——为乡创企业和小微企业构建流动资金等小微金融服务体系。

（五）农业生产区

农业生产区是推行绿色生产方式、加大生态工程建设、增强农业可持续发展能力的主体板块，是鲁能美丽乡村中专门服务于农业产业化和农业现代化的重点区域。鲁能美丽乡村的农业生产区建设主要包括以下三个方面内容。

一是加强重大生态工程建设，构建乡村生态屏障。鲁能美丽乡村农业生产区主张尊崇自然、造福环境、与自然和谐共处的绿色发展理念，推进山水林田湖整体保护、系统修复和综合治理，实现农业环境改善；通过观光农业、休闲农业等新型农业发展模式，实现美丽乡村的旅游空间的拓展和生态时间的延续，真正实现绿水青山向金山银山的转变。

二是推行绿色生产方式，增强农业可持续发展能力。一方面，通过推进化肥农业零增长、农业节水工程、高效生态循环养殖等清洁生产方式，保证食品安全，实现农业节本增效，解决农业环境污染和农业生态恶化的突出问题。另一方面，通过强化农业科技推广，利用云计算、数据挖掘等技术实施智慧农业工程，推进农业物联网试验示范和农业装备智能化，完善农业的智能化生产和信息化远程监控，通过对农产品高效可靠识别和对生产、加工环节的监测，实现农产品追踪、清查功能，确保农产品安全。

三是优化产品产业结构，拓展农业产业价值链。农业生产区通过农村技术信息和农业高科技项目推广，加强农村与地方农业科研机构、高等院校等技术合作和成果转化。并通过搭建产业平台，实现农业产业链的原材料加工、中间产品生产、制成品组装、品牌销售、售后服务等多环节纵向整合，完善农产品生产、加工、销售、服务四大功能，保证该产业价值链中人流、物流、信息流、资金流的畅通，进而达到互补、互动、双赢的效果。

第三节　鲁能美丽乡村产品线案例

鲁能美丽乡村建设已经确定了一套严格的选址和建设准则。公司综合城市经济、资源属性、人口属性、政策环境等因素，对国家城市进行遴选，选择诸如重庆、成都、武汉等区域性中心城市近郊，发展现代农业、休闲旅游、田园住宅等产品。其中重庆江津美丽乡村是鲁能美丽乡村产品线中开工最早、建设最为完善的项目。

一　重庆江津美丽乡村的优势区位

重庆江津美丽乡村地处重庆一小时经济圈范围，是重庆都市功能核心区和拓展区的有效辐射区域，是大都市与生态区的“粘连地带”。项目区与主城中心区行车距离 92 千米，具有多个对外交流的交通接口，是有效承接西南地区休闲度假客群需求、打造乡村旅游集中地的有利区位。

江津也因其独特的气候条件和地形特征拥有丰富的农业资源基础。江津属四川盆地亚热带季风温润气候区中的盆地南部长江河谷区，日照充裕、雨水充沛，适合水稻大麦等粮食作物、油菜花生等经济作物、南瓜芋头等常见蔬菜的种植，又因其土壤富硒，非常适合柑橘、花椒等果树林木的生长。江津植被丰富，畜牧种类繁多。据调查项目区域有本地树种 250 余种、引进树种 100 余种，药用植被品种在 1500 种以上，并有包括牛、猪、羊、马、兔、鹌

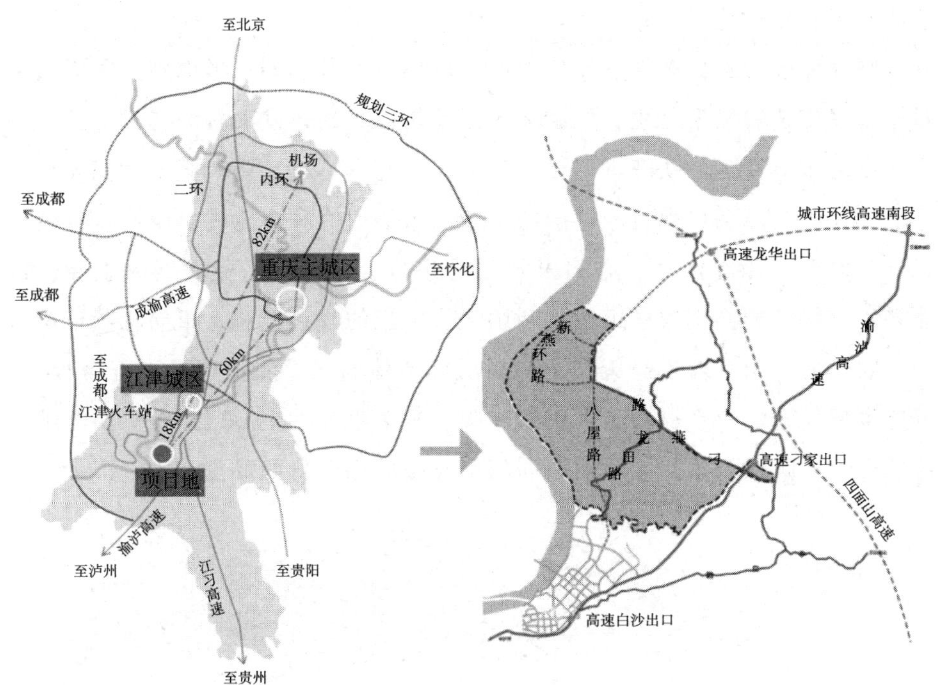

宏观交通
铁路：成渝、川黔、渝黔昆高铁（即将开通，设江津北站）
公路：210国道、成渝、渝黔调整；渝泸、三环、江习调整（即将开工）；合壁津调整（规划中）
水路："黄金水道"长江过境127公里，分布着5个国家级深水港，现有6条国家级通道与江津结缘，境内大小溪河通航里程长达306公里。
航空：1个小时车程到江北机场。
驾车：至江津城区15分钟，至重庆主城40分钟，轻轨5号、7号、12号线将跨江进入江津
城区微观交通
外部接口：刁家出口（现状），龙华出口（规划）
主要公路：刁燕公路

图 15－2　重庆江津美丽乡村的交通区位示意

鹑、鸽、蜂等鸟、虫、鱼和哺乳类动物。据统计，2016 年江津农业总产值破 120 亿元，且连续五年位于全市第一，是国家现代农业园区和国家农业产业化示范基地，这也为发展农业现代化和农业产业化提供了有力的资源支持。

二　重庆江津美丽乡村的整体规划

江津美丽乡村项目占地面积约 5.8 万亩，首开区面积约 5300 亩。规划形成五大板块，分别是花彩柑橘乐园、农业博览园、养生健康农场、品质生

活体验区和新村建设点；七大功能分区包含主题商业、休闲娱乐、科技研发、观光体验、文化教育、康养度假、乡创就业等功能。考虑到重庆周边乡村旅游以传统农家乐为主，旅游休闲活动粗放，整体发展较为初级，并且还存在旅游季节性强、淡旺季明显、基本设施配套不足、旅游服务意识欠缺等问题。江津美丽乡村项目经过前期不断的市场研究和多轮规划设计，确定项目首开区以"乐在江津、心归田园"为宗旨，以富硒产业发展为主导，构建多主题特色的共享农庄组团，利用起伏山丘的浅丘地貌，布局花彩柑橘乐园、农业博览园、养生健康农场、品质生活体验区、新村建设点五个板块，打造集现代农业、乡村旅游、田园度假、研学康养、生态运动等多功能于一体的现代田园综合体，创建中国创新型农旅居综合发展平台。

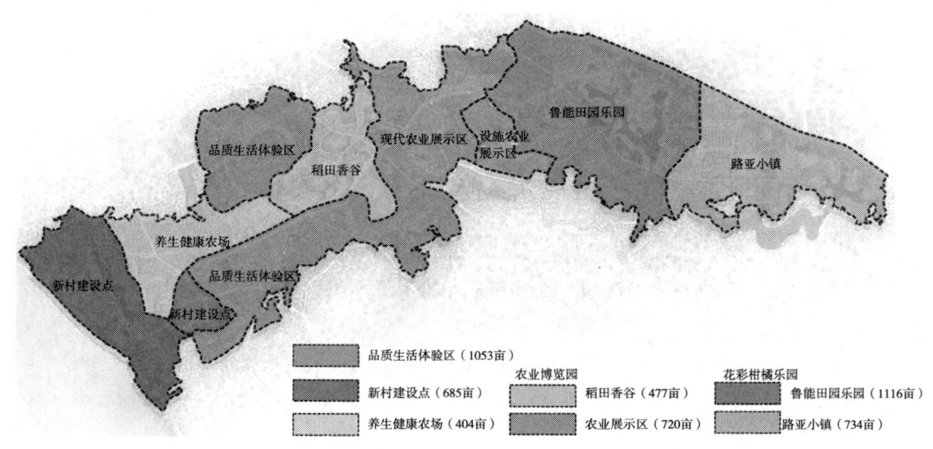

图 15－3　重庆江津美丽乡村首开区规划示意

花彩柑橘乐园位于首开区的东部片区，以全年龄家庭亲子为目标客群，是集主题游乐、乡村美食、创意购物、花卉节庆、户外休闲、民宿度假等功能于一体的乡村亲子乐园。该乐园不仅以柑橘为核心品牌并引入鲁能自持IP，还根据四季变化，分别以浪漫花海和柑橘之乡为亮点，突出春秋两季特色。花彩柑橘乐园配有柑橘文化博物馆、半地下室景观温室园、水幕灯光秀、伴手礼盒 DIY、飞跃花海、房车露营地等项目设施，通过引导游客的时间安排，增加对田园故事的直观描绘和深度体验，起到寓教于乐的作用。

农业博览园位于首开区中部，分为 3 个片区。东部为设施农业展示区；西部地区设为基本农田保护区，依托浅丘地形，山地做养殖，沟壑做稻田，建立立体养殖和循环系统，打造高标准农田；中部打造现代农业展示区，以农业科技展示、教育体验为核心特色业态，以采摘、观光为形式，让业主、市民、游客、学生认识乡村生活方式、体验乡村特色文化。

品质生活体验区位于首开区沿江侧，是“房屋 + 庭院 + 农田”形式的生态型田园居所。品质生活体验区配有医疗诊所、运动场、游泳池等生活设施，通过把周边破旧老厂房改造成小酒吧、书吧、水吧、茶吧、会议室、禅修房等，增加田园生活商业配套。养生健康农场位于品质生活区的西侧，以康体养生群体和少数度假客为目标客群，建造中草药养生居所和健康食品养生工坊，开展健康知识文化学习和养生主题休闲娱乐活动。新村建设点位于养生健康农场的西南侧，是当地村民的集体安置区和就业点，短期以开展农家乐等相关服务配套为主，长期打造以建设乡创企业为目标的乡创者聚集地。

共享农庄以“大分散、小集聚”的形态分布在江津美丽乡村的全域，同时依托不同的农业产业基础，开发诸如“柑橘农业主题共享农庄”“水果侠游乐主题共享农庄”“蓝莓美食主题共享农庄”“稻田游乐主题共享农庄”“牧场休闲主题共享农庄”多个不同主题、不同功能的共享农庄，形成特色主题农庄集群，构建江津项目的特色旅游吸引力。

三　重庆江津美丽乡村的特色借鉴

重庆江津美丽乡村建设可以总结为以下七点特色，值得其他美丽乡村建设学习与借鉴。

特色之一，注重 IP 植入和推广。江津美丽乡村在项目宣传方面，注重品牌打造和推广。如通过汲取江津乡土文化，亮化“花椒”“柑橘”等优势农作物，突出江津“富硒、长寿、生态”的特色农业品牌，并将鲁能自持 IP 注入娱乐项目和产品中来，定制游乐设施、策划创意活动、推广并售卖特色农产品及衍生品，给人们提供具有较强参与感和丰富视觉感受的体验之旅，吸引周边大区域范围的游客，带来丰富的衍生品消费和较高的旅游收入。

特色之二，有效利用时空扩展。一方面，江津美丽乡村集约节约利用土地资源，如保留原有的柑橘产业，同时利用区域内空余耕地，发展花卉苗木产业；利用梯田及部分坡耕地种植玫瑰、牡丹、月季等花卉，打造梯田花园；利用地理条件优势，综合“江水”“稻田”“花海”和“生态牧场”等景观，步移景异，满足更多消费者喜好。另一方面，江津美丽乡村合理规划，通过各组团分工，使各区域中产业强者重生产销售、交通优者重综合服务、生态佳者重休闲度假，打造农业旅游组团，并通过赏花游、水果游等节事安排，增加各旅游服务组团联系，以“共享农庄组团”的形式串点成线，以线带面，促进整个乡村的有序发展。

特色之三，充分融合城乡要素。一方面，江津美丽乡村高度重视资源利用方式，按照全域旅游的建设和服务标准，推进多规合一，在整体上优化环境、优美景观，优质服务，将城、乡、景、人和交通线路五大要素融为一体，对全域空间进行符号装点，带动区域经济发展。另一方面，江津美丽乡村通过 CSA 农场的“认领田园—自耕自作—专业托管—采摘配送”一条龙服务实现城市需求与乡村资源的有效对接，通过“共享农庄”的“闲置资源整合—多方收益共增”实现城市居民与乡村居民的利益共享，为当地农民的幸福家园和城市居民的幸福乐园建设提供了支持。

特色之四，满足多元化消费需求。江津美丽乡村通过探究不同时间阶段、不同消费客群的诉求，开发有针对性的产品项目和物业服务。如针对 3 ~9 岁亲子家庭提供休闲娱乐设施设备及活动的“田妈妈”项目，针对 10 ~16 岁青少年提供科普、教育以及田园娱乐设备设施的“代湾头区”，主要面向中年人群的“田园生活生态区”和 CSA 农场，面向老年人群康养小镇。除此之外，项目还根据不同时间阶段的旅客主体变化，规划合适户型的田园社区和软硬搭配，提供度假、养老、生活、休闲、生产配套，满足不同客群需求。

特色之五，搭建平台提升载体功能。江津美丽乡村不仅高起点地建设一批现代农业示范园区、农业产业化和农产品加工示范基地、休闲农业与乡村旅游示范乡村，推动专业化、规模化、集约化生产，打造乡村现代农业示范区。还积极搭建农业创业平台、惠农利农平台、销售推广平台、交流研发平台，帮助农户将新鲜食品、花卉及家庭农业设施销售到全国各地，并以平台的形式加强与专业科研机构的合作研发，实现从农产品种植到农业产业链构建到新型农产品及技术研发推广的演变。

特色之六，乡土特色与活动展览有机融合。江津美丽乡村通过组织乡村歌舞、乡村竞技、乡村风情、乡村婚俗、乡村观光等表演和活动，提供具有乡土气息的文化服务。如江津美丽乡村的设施农业展示区、基本农田保护区、现代农业展示区三个农业片区以农业发展时间脉络为线索，分为传统农耕、现代农业、未来生活三个时间线，通过田园风光、文化展示、科普教育、特色美食、互动娱乐、花卉节庆对田园故事进行直观描绘和深度体验，推广乡村文化和田园生活新方式。

特色之七，先进科技与传统行业密切配合。如江津美丽乡村通过线上电子商务平台和 App 终端出售园区特色农副产品，实现 CSA 农场的商品与社区有效对接；通过智能化和信息化远程监控，有效监测农产品的生产、加工环节，识别农产品质量与安全，定位农产品配送过程，实现农产品溯源功能。

第四节　鲁能美丽乡村产品线未来发展方向

一　注重精品项目开发，突出鲁能美丽乡村品牌特色

乡村旅游发展的基础是乡村性与文化性，一味地拆建改造与盲目模仿仅仅停留在美丽乡村建设的表面工作方面，忽略了游客的情感体验与乡愁归属。因此要不断挖掘乡村旅游产品深度，坚持“因地制宜、突出特色、持续发展”的原则，以当地地理环境、经济发展水平、历史文化元素为背景，以游客多元化、个性化消费为诉求，编制具有鲁能特色的美丽乡村精品产品专项规划，提高乡村旅游要素附加值。通过多个精品项目以点串线、串线成面，增强美丽乡村产品线的文化深度和内容厚度，塑造在消费群体中良好口碑，大幅提升产品线的竞争力，形成整体有大同、内部有差异的乡村旅游发展新模式。

二　加强产业横向融合，丰富乡村服务支撑体系

完备的乡村产业支撑体系在美丽乡村建设中起到了重要的“造血”作用，是美丽乡村长久健康、可持续发展的必要条件。因此要充分借鉴《美丽乡村建设指南》和《关于开展特色小镇培育工作的通知》等政策文件，紧扣产业发展趋势，延伸产业链、提升价值链，努力培育出特色鲜明、产业发展、绿色生态、美丽宜居、多就业渠道的创新集群，尽显美丽乡村在产业上“特而强”、功能上“聚而和”、形态上“精而美”以及社区服务和就业提供上的“多而全”的独特魅力。

（1）加强与现代农业的融合

农业是乡村旅游的基础资源，乡村旅游是现代农业的成果展示。以产业发展为基础，以特色生态农业园区建设为方向，形成乡村旅游和休闲观光农业紧密结合、互相促进的发展态势。充分利用农业新技术、新品种、新工艺、新产品，积极引导特色生态农业园区多样化、差异化发展，争创“全国休闲农业和乡村旅游示范区”。

（2）加强与现代工业的融合

将现代工业发展融入美丽乡村的建设过程中有利于留住乡村人口、生产并推广本地特色农副产品、增强乡村实力。依托当地区域产品特色，重视现代加工业的发展，延伸农业产业链，提高农产品附加值，使农业与工业强力融合。

（3）加强与文化产业的融合

文化是乡村发展的软实力，文化建设是美丽乡村建设的重要内容。建设美丽乡村是一个涉及经济、政治、文化、社会与生态文明多种秩序的解构与建构过程，文化则是社会成员集体精神寄托和群体认同感、归属感的标识。找准地区文化定位，依托乡村的特色风貌与民俗风情，塑造美丽乡村特色形象。

（4）加强与现代科技的融合

以互联网、物联网、大数据等为代表的现代信息技术是美丽乡村建设的动力之一。在移动互联网时代，乡村资源开发需要和互联网相结合。如在美

丽乡村建设中，需强化对农业企业、专业合作社、家庭农场负责人电子商务的知识培训，提高使用农产品电子商务的积极性；打造互联网营销思路，建设网销特色农产品展示厅，提升乡村旅游互动性、知名度与影响力；建立乡村网络社区，为游客提供导游、导购、导览、导航等智慧服务，全面提升乡村服务水平。

三　改善乡村居住环境，提高农民生活质量

农民是美丽乡村的生活者、建设者，更是美丽乡村文化的传递者，美丽乡村建设的可持续发展离不开农民的整体素质提升。因此要真正从农民的日常生活入手，结合他们的生活方式和生活习惯，以农民为核心，科学规划，改善其生活环境，提高其生活质量，吸引外出人口回流。在此过程中，要注重农民对生活生产环境诉求和乡村文化的保留，拒绝简单的“穿衣戴帽”工程，通过村居环境改善逐渐唤起当地农民的社区意识，提高乡村旅游社区文化形象，增强游客的乡村体验和文化感知，让更多人喜爱乡村，使美丽乡村建设和乡村发展相互促进。

四　建立人才激励制度，培养新一代乡旅工作者

美丽乡村建设的一个问题是缺乏专业的乡旅工作者。一方面，目前乡村旅游工作者多是当地的农民或返乡工作者，整体素质还有待提高，工作人员缺乏专业的岗位技能，难以提供专业化、规范化、标准化服务；另一方面，在美丽乡村建设初期，愿意留在基层从事相关工作的专业人才明显不足。因此要特别注重专业人才培育，建立良好的人才留用机制，培养一支懂农业、爱农村、爱农民的“三农”工作队伍。在内部的员工成长方面，建立系统性奖罚机制，通过加强员工对企业文化的认同感、增加服务行业的标准培训，激发内部员工的工作热情和服务意识。再通过增加福利待遇发掘并引进具有乡村管理经验的专门人才，强化与科研院所的科学技术合作，提升乡村软实力，做到产、学、研相结合的乡村旅游发展的新模式。

参考文献

[1] Hammer, S. et al. , Cities and Green Growth: A Conceptual Framework, OECD Regional Development Working Papers 2011/08, OECD Publishing. http: //dx. doi. org/10. 1787/5kg0tflmzx34 – en.

[2] UnitedNations, Department of Economic and Social Affairs, Population Division, World Urbanization Prospects: The 2014 Revision, CD-ROMEdition.

[3] Van Donkelaar, A. , Martin, R. V. , Brauer, M. , Kahn, R. , Levy, R. , & Verduzco, C. , et al. Global estimates of ambient fine particulate matter concentrations from satellite-based aerosol optical depth: development and application. Environmental health perspectives, 2010, 118 (6), 847.

[4] 百度百科: https: //baike. baidu. com/item/产城融合/2567962? fr = aladdin。

[5] 百度百科: https: //baike. baidu. com/item/职住平衡/10646488? fr = aladdin。

[6] 陈冰:《新加坡产业地产的主要模式与策略探析》,《中国高新区》2015 年第 3 期。

[7] 陈佳贵、黄群慧、钟宏武:《中国地区工业化进程的综合评价和特征分析》,《经济研究》2003 年第 6 期。

[8] 陈晴:《日本商业地产: 注重特色体验与服务》,《中国商报》2016 年 4 月 13 日。

[9] 迟立岩:《当前我国养老地产的类型研究》,《企业改革与管理》2017

年第 7 期，第 208 ~ 209 页。

[10] 仇保兴：《生态文明时代乡村建设的基本对策》，城市规划，2008。

[11] 初霁：《“We Work 模式”在中国的适应性》，《中国房地产：市场版》2016 年第 8 期，第 22 ~ 26 页。

[12] 〔日〕大桥衫木、柳河敬田、梶机星岳著《漫谈日本工业地产》，王庄林译，《资源与人居环境》2014 年第 9 期。

[13] 单贺明、王振坡：《新型城镇化视角下科技地产发展策略探讨》，《天津城建大学学报》2014 年第 5 期，第 365 ~ 371 页。

[14] 董昕：《新形势下房地产市场的短期调控措施选择和长效机制构建》，《城市》2017 年第 7 期，第 44 ~ 48 页。

[15] 房玲、蔡建林，“体育 + 地产”！房企布局体育产业四重利好，http：//www. cricchina. com/research/Details/5469。

[16] 顾玉清：《法国立法保障谚房建设》（国外保障性住房系列一），人民网，2011 年 1 月 18 日。

[17] 郭叶波：《中国城市人口吸纳能力研究》，中国市场出版社，2016。

[18] 郭叶波、魏后凯、袁晓勐：《中国进入城市型社会面临的十大挑战》，《中州学刊》2013 年第 1 期。

[19] 国家旅游局：《全域旅游示范区创建工作导则》，2017 年 6 月 12 日。

[20] 国家旅游局旅游数据 http：//www. cnta. gov. cn/zwgk/lysj/。

[21] 国家统计局住房调查办公室编《中国住房调查年鉴——2014》，中国统计出版社，2014。

[22] 国务院，“十三五”旅游业发展规划，2016 年 12 月 7 日。

[23] 韩宝富：《产城融合：由工业园区向功能多元的城市空间转变》，http：//chanye. focus. cn/news/2014 - 11 - 02/5707419. html。

[24] 洪浩、郭杰群：《房地产资产证券化：REITs 进行时——溯源 REITs 之海外镜鉴》，《金融市场研究》2017 年第 3 期，第 23 ~ 34 页。

[25] 洪浩、郭杰群：《房地产资产证券化：REITs 进行时——溯源 REITs 之海外镜鉴》，《金融市场研究》2017 年第 3 期，第 23 ~ 34 页。

[26] 华高莱斯国际地产顾问（北京）有限公司，美国商业地产发展四步曲，《中国房地产报》2004 年 2 月 13 日。

[27] 黄群慧：《进一步深化工业化进程不能让房地产成炒作对象》，2017 年 4 月 3 日，新浪网 http：//finance. sina. com. cn/zl/china/2017 - 04 - 05/zl - ifycwyns4823351. shtml？/j2bx。

[28] 黄群慧：《中国的工业化进程：阶段、特征与前景》，《中国工业经济》2013 年第 7 期。

[29] 黄燕芬、张超：《"十二五"规划以来我国房地产调控的政策分析——兼论未来房地产调控应妥善处理的四大关系》，《价格理论与实践》2017 年第 4 期。

[30] 建设部政策研究中心课题组：《全面建设小康社会居住目标研究》，《经济研究参考》2005 年第 43 期。

[31] 姜北京：《美国商业地产一切围着商业转》，《城市开发》（综合版）2007 年第 2 期。

[32] 姜向群、杜鹏主编《中国人口老龄化和老龄事业发展报告 2014》，中国人民大学出版社，2014。

[33] 金晨：《阿里入股苏宁会掀起怎样的波澜》，《市场观察》2015 年第 8 期，第 10 ~ 14 页。

[34] 拉切尔、库克著《澳大利亚旅游地产及其资源开发》，王志成译，《资源与人居环境》2015 年第 3 期。

[35] 李春华、王业强：《中国房地产发展报告 No. 14（2017）》，社会科学文献出版社，2017。

[36] 李刚：《城市运营视角下的体育地产研究》，《沿海企业与科技》2006 年第 12 期。

[37] 李国庆：《日本智慧城市建设特征及对中国的启示》，《中共福建省委党校学报》2017 年第 6 期，第 11 ~ 18 页。

[38] 李景国、尚教蔚等：《房地产市场"十一五"回顾与"十二五"展望》，载潘家华、李景国主编《中国房地产发展报告 No. 8》，社会科

学文献出版社，2011。

[39] 李燕燕、高雪峰：《奥林匹克花园体育地产研究》，《体育文化导刊》2014年第8期。

[40] 刘宇："深化改革创新　做强做优做大为加快建设一流现代企业集团而奋斗——在鲁能集团（都城伟业集团）公司第二届职工代表大会第一次会议暨2017年工作会议上的报告"，2017年1月20日。

[41] 刘刚：《浅析万达广场景观照明的设计理念——以万达广场的动线设计为切入》，《中国照明》2014年第10期，第70～72页。

[42] 刘晴：《房地产业发展影响因素的实证分析——以武汉市为例》，《当代经济》2016年第2期，第126～128页。

[43] 刘荣、赵光洲：《对体育地产开发的战略思考》，《昆明理工大学学报》（社会科学版）2007年第7卷第4期。

[44] 刘伟：《鲁能布局健康地产：鲁能泰山9号》，《中国房地产报》2016年10月17日B06版。

[45] 刘翔：《房地产中介市场存在的问题及对策研究》，《产业与科技论坛》2012年第12期，第33～34页。

[46] 刘寅坤：《从经济普查数据看物业管理行业发展趋势》，《中国物业管理》2015年第1期，第30～32页。

[47] 刘云佳：《科技与地产：关系与观念》，《建设科技》2005年Z1期，第152～157页。

[48] 刘志明：《中国乡村旅游发展指数报告》，中国社会科学院舆情实验室，2016。

[49] 柳建云：《北上广三大城市逾七成上班族亚健康》，《广州日报》2011年4月27日。

[50] 龙慧芳、方华：《供给侧改革背景下我国房地产行业发展的研究》，《中国集体经济》2017年第17期，第37～39页。

[51] 卢海元：《完善城镇养老保险制度的战略思路与政策建议》，载潘家华、魏后凯主编《中国城市发展报告No.4》，社会科学文献出版社，

2011。

[52] 卢星海:《体育地产市场需求与前景分析》，成都体育学院硕士学位论文，2014。

[53] 鲁能集团大事记 2003~2016。

[54] 鲁能集团内部资料，鲁能胜地产品线规划。

[55] 鲁能集团总经理报告 2010 年、2011 年、2014 年、2015 年、2016 年、2017 年。

[56] 陆德:《绿地集团：科技引领地产创新》，《城市住宅》2014 年第 3 期，第 104~107 页。

[57] 洛涛:《政府民资携手体育地产 50 亿打造云南“财富新地图”》，《经济参考报》2006 年 1 月 16 日，第 17 版。

[58] 旅游地产观察:《2016—2017 年中国旅游地产发展报告》，2017 年 5 月 2 日。

[59] 马云俊:《物业管理行业发展现状与培训体系的构建研究》，《经济研究导刊》2014 年第 12 期，第 217~218 页。

[60] 毛焕华:《浅谈物业管理行业发展现状与对策》，《经营管理者》2015 年第 5 期，第 234~235 页。

[61] 孟庆彦:《中国商业地产发展趋势》，《财讯》2016 年第 5 期，第 10~12 页。

[62] 倪凤友:《广东利海：高扬“绿色地产”旗帜》，《中国房地产报》2003 年 12 月 22 日，第 1 版。

[63] 潘海祥:《主导物流地产未来的因素》，《中国储运》2017 年第 2 期，第 58~59 页。

[64] 钱水苗、范莉:《美国绿色地产理论述评》，《云南大学学报》(法学版) 2003 第 2 期。

[65]《人民日报》：关系我国发展全局的一场深刻变革，人民网，2015 年 11 月 12 日。

[66] 尚东:《医疗办公楼：美国商业地产新秀》，《中国房地产报》2016 年

1 月 23 日。

[67] 世界银行、国务院发展研究中心课题组：《2030 年的中国：建设现代、和谐、有创造力的高收入社会》，中国财政经济出版社，2013。

[68] 孙亮、石建勋：《中国供给侧改革的相关理论探析》，《新疆师范大学学报》（哲学社会科学版）2016 年第 3 期，第 75~82 页。

[69] 唐小飞、刘伯强、王春国等：《我国房地产行业发展趋势影响因素研究》，《宏观经济研究》2014 年第 12 期，第 59~66 页。

[70] 陶芳：《房地产价格影响因素探究及实证分析》，天津大学，2008。

[71] 透过“供给侧结构性改革”看懂中国经济转型新趋势，新华网，http://news.xinhuanet.com/video/sjxw/2015-11/24/c_128461284.htm。

[72] 汪蕾：《浅议供给侧改革中房地产去库存问题》，《中国商论》2016 年第 21 期，第 123~124 页。

[73] 王晗：《鑫茂齐鲁科技城工业地产项目营销策略研究》，山东财经大学，2016，第 65 页。

[74] 王荷：《中关村软件园太湖分园　北科建打造科技地产样本》，《城市住宅》2012 年第 6 期，第 76 页。

[75] 王良智：《房地产业将跨入民生地产时代》，《城市开发》2007 年第 12 期。

[76] 王良智：《科技地产缺少“低价产品”》，《城市开发》2005 年第 9 期，第 47~48 页。

[77] 王刘玉、高军：《当代中国社会阶层分化现状及其走势》，《学术交流》2009 年第 6 期。

[78] 王薇：《房地产开发模式转型升级路径》，《人民论坛》2016 年第 27 期，第 88~89 页。

[79] 王晓欣：《创新保障模式打造民生地产》，《河南日报》2009 年 9 月 29 日，第 66 版。

[80] 王新国等：《中国体育—地产复合功效及前景研究》，《广州体育学院学报》2003 年第 23 卷，第 1 期。

[81] 王振华：《中国房地产行业发展现状及未来发展趋势》，《中国市场》

2012 年第 45 期。

[82] 魏后凯：《我国城镇化战略调整思路》，《中国经贸导刊》2011 年第 7 期。

[83] 温希锦：《我国房地产中介企业发展现状分析》，《现代交际》2013 年第 4 期，第 118 页。

[84] 吴炜：《科技地产：园区开发创新模式》，《中关村》2013 年第 3 期，第 20～24 页。

[85] 吴晓青：《环境保护部副部长吴晓青介绍环境空气质量标准等方面情况并答记者问》，2012 年 3 月 2 日，中华人民共和国环境保护部网站，http://www.mep.gov.cn/zhxx/hjyw/201203/t20120302_224179.htm。

[86] 吴照云：《市场营销》，经济管理出版社，2012。

[87] 西蒙·库兹涅茨：《各国的经济增长》（中译本），商务印书馆，1999。

[88] 习近平：《决胜全面建成小康社会夺取新时代中国特色社会主义伟大胜利——在中国共产党第十九次全国代表大会上的报告》，人民出版社，2017。

[89] 习总书记“下团组”漫评：《创新发展理念是方向是钥匙》，中国经济网，2016 年 3 月 6 日授权发布：中国共产党第十八届中央委员会第五次全体会议公报，新华网，2015 年 11 月 9 日。

[90] 潇琦：《科技地产的生命力在哪里?》，《北京房地产》2006 年第 7 期，第 43～45 页。

[91] 杨凡：《“城市体育地产”是合作优势》，《中国房地产报》2011 年 5 月 15 日，第 A05 版。

[92] 杨磊、周学荣：《奥林匹克花园的“体育—地产复合模式”在中国的发展研究》，《山西师大体育学院学报》2008 年第 23 卷，第 1 期。

[93] 赢商网 http://www.winshang.com。

[94] 于昊田：《体育地产开发理念及运行模式分析》，《价值工程》2017 年第 8 期。

[95] 于昊田：《体育地产开发理念及运行模式分析》，《价值工程》2017 年第 8 期。

[96] 余彬：《我国绿色地产的发展前景与美国 Leed（Tm）的效用》，《沿海企业与科技》2009 年第 6 期。

[97] 袁静：《日本："养老地产"典范》，《金融博览》2015 年第 10 期。

[98] 约翰·凯·史密斯著《美国：生态旅游地产发展纵览》，王志成译，《中外企业文化》2015 年第 6 期。

[99] 约翰·科迪等：《发展中国家的工业发展政策》（中译本），经济科学出版社，1990。

[100] 臧大巍：《国内外房地产中介行业的比较》，《工会论坛》2012 年第 5 期，第 74~76 页。

[101] 张道航、郑雪梅：《论房地产的民生性质及其产业定位》，《甘肃行政学院学报》2009 年第 2 期。

[102] 张昊：《房地产碰撞体育地产大佬们的运动梦》，《中国证券报》2013 年 12 月 10 日，第 A08 版。

[103] 张劲松、任柏菘：《中体地产：城市体育地产领跑者》，《中国房地产报》2011 年 9 月 26 日，第 A07 版。

[104] 张婷婷：《鲁能：聚焦国家战略　争当绿色地产先行者》，《重庆日报》2017 年 5 月 2 日，第 5 版。

[105] 张焱：《李宁"体育地产梦"生变》，《中国经济时报》2012 年 12 月 27 日，第 10 版。

[106] 张耀、杨靖、陈婷：《重庆国奥村：健康地产的先行者》。

[107] 张元端：《"民生地产"是行业发展的主旋律》，《上海房地》2011 年第 9 期。

[108] 张占斌：《中国经济新常态的趋势性特征及政策取向》，《国家行政学院学报》2015 年第 1 期。

[109] 中房：《华润置地剑指商业地产发力购物中心》，《上海百货》2017 年第 5 期，第 52~52 页。

[110] 中国社会科学院城市发展与环境研究所：《统筹城乡住房保障研究》，2016。

[111] 中国物业管理协会：《2015 全国物业管理行业发展报告》，《中国物业管理》2015 年第 10 期，第 11～15 页。

[112] 中国医师协会等：《2009 年中国城市健康状况大调查》，《中国保健营养》2010 年第 1 期。

[113] 中国指数研究院：《2015 年中国商业地产市场发展情况分析》，2016 年 3 月 14 日。

[114] 《中华人民共和国国民经济和社会发展第十三个五年规划纲要》，2016 年 3 月。

[115] 钟和、高杉：《实体商业多重困境求变商业地产向体验中心转型》，《东南置业》2016 年第 5 期，第 44～47 页。

[116] 周建成：《主题商业地产的蓝海——体育地产的发展战略与运营模式》，《易居》2011 年 8 月，第 3 期。

[117] 周杰：《新加坡的绿色地产》，《国际商报》2009 年 5 月 19 日。

[118] 周留建：《养老地产要有点泛产业思维》，《中国经济导报》2014 年 9 月 27 日，第 B08 期。

[119] 周雪松：《企业纷纷转型产业地产成为新风口》，《中国经济时报》2017 年 2 月 20 日。

[120] 周幼曼：《健康地产发展模式及金融资产管理公司投资机会探究》，《海南金融》2017 年第 3 期。

[121] 朱崇文：《新加坡商业地产开发案例研究》，《江苏科技信息》2012 年第 6 期。

[122] 朱连杰：《长春北湖科技园发展战略研究》，吉林大学，2016，第 67 页。

[123] 朱琳、李辉：《对房地产供给侧改革的浅论》，《科技展望》2017 年第 9 期，第 254、256 页。

[124] 邹琳华：《学者解读：房子是用来住的，不是用来炒的》，《中国青年报》2017 年 2 月 6 日。

[125] 邹琳华：《对中国住房市场的再定位》，《中国青年报》2017 年 2 月 6 日，第二版。

[126] 邹琳华：《中国楼市的新结构时代》，《上海证券报》2015 年 5 月 20 日，第 A01 版。

[127] 左凌英：《他山之石 6 德国那些让人心动的养老地产》，《沪港经济》2015 年第 5 期。

图书在版编目(CIP)数据

泛产业地产"生态圈"：鲁能集团战略转型与创新发展之路 / 鲁能绿色发展研究院主编. -- 北京：社会科学文献出版社，2018.12
ISBN 978-7-5201-3364-7

Ⅰ.①泛… Ⅱ.①鲁… Ⅲ.①房地产业-企业集团-产业发展-研究-中国 Ⅳ.①F299.233

中国版本图书馆 CIP 数据核字（2018）第 199876 号

泛产业地产"生态圈"
——鲁能集团战略转型与创新发展之路

主　　编 / 鲁能绿色发展研究院

出 版 人 / 谢寿光
项目统筹 / 陈　颖
责任编辑 / 陈晴钰

出　　版 / 社会科学文献出版社 · 皮书出版分社（010）59367127
地址：北京市北三环中路甲 29 号院华龙大厦　邮编：100029
网址：www.ssap.com.cn
发　　行 / 市场营销中心（010）59367081　59367083
印　　装 / 三河市龙林印务有限公司

规　　格 / 开 本：787mm×1092mm　1/16
印 张：23.25　字 数：350 千字
版　　次 / 2018 年 12 月第 1 版　2018 年 12 月第 1 次印刷
书　　号 / ISBN 978-7-5201-3364-7
定　　价 / 89.00 元